길 하나 건너면
벼랑 끝

길 하나 건너면

벼랑 끝

봄날 지음

성매매라는 착취와 폭력에서 살아남은 한 여성의 용감한 기록

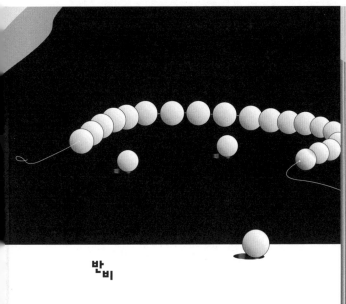

반비

추천의 말

　너무나 용감한 한 여성의 이야기입니다. 한국에서 태어난 여성이라면 어느 한 부분 겹치지 않을 수 없는 '평범한' 삶의 경험들이지만, 고통의 결들이 겹겹이 쌓이고 겹쳐 한 번도 상상해보지 못한 '남다른' 이야기로 직조됩니다.

　가난, 가족 내 성차별, 폭력적인 아버지, 학교 중퇴, 공장 노동, 성폭력과 통상적으로 진행되는 '잘못된' 사건 처리, 첫사랑의 아픔과 임신중절수술, 자살 시도, 잘못된 만남과 취업사기, 돈벌이와 가족 부양을 위해 전전하는 업소, 노동 착취와 성 착취 등, 저자는 한국 사회를 살아가는 여성들이 생애단계마다 겪는 차별의 견고한 벽과 마주합니다. 그러나 저자는 지속적인 폭력과 학대, 모멸감과 자기비하에 좌절한 채 주저앉은 무력한 피해자로 남지 않습니다. 온몸과 정신에 새겨진 상처를 다독이고 내 탓이 아니라고 스스로 위로하며, 죽을힘을 다해 사방의 벽을 뚫고 기나긴 터널을 지나 여러분 앞에 섰습니다.

　한국 남성들의 성폭력 문화와 놀이 문화가 얽혀 있는 성매매라는 거대한 산업 구조에 압사되지 않고 살아남은 평범하되 평범하지 않은 한 여성을, 독자 여러분이 빨리 만나게 되기를 기원합니다. 소소한 일상의 슬픔과 아픔을 진솔하게 길어 올리는 글솜씨를 따라가다 보면, 요리를 즐겨하고 여행과 콘서트를 좋아하는 한 여성이 어느새 내 마음 깊숙이 들어와 있음을 깨닫게 됩니다. 기쁨과 희망의 미소가 꽃향기처럼 퍼지며 마지막 페이지를 넘기게 됩니다.

이 책의 출간이 씩씩하고 당당하게 새로운 길을 만들고 있는 많은 여성들에게 힘을 주리라 믿어 의심치 않습니다. 지지와 응원의 마음으로 함께 걸어가주시길 간곡히 바랍니다.

—이나영(중앙대학교 사회학과 교수)

성매매 경험 당사자인 작가의 이야기는 구체적이며 담담하다. 그래서 힘이 세다. 글을 따라 읽으며 고통스러운 질문을 멈출 수 없었다. 나라면 달랐을까? 다른 삶을 살 수 있었을까? 절대 그 길로 들어서지 않았을 거라고 장담할 수 없었기에 책을 놓을 수 없었다.

—최진영(소설가)

이 책이 리얼리티 '소설'이었으면 했다. 그 마음은 나도 모르게 올라왔고, 이내 반성했다. 왜 나는 이 목소리를 또 지우려고 했을까. 이미 착취자와 공모자들로부터 지워지고 지워져서 꿈에서만 만나지는 존재를 살려내, 어렵게 토해낸 이 목소리를, 나는 또 어쩌자고 소설이라며 지우려 했을까. 나는 이런 내가 참담하다. 울려야 할 목소리는 흔해 빠진 수신불능자들에 의해 꾸준히 지워졌다. 그렇지 않고는 성착취 카르텔을 눈앞에 두고 '강제냐 자발이냐', '착취냐 아니냐'를 궁금해할 수 없다. 이 불필요하며 사악한 질문이 또 떠오른다면 이 책부터 완독하기를 권한다.

—김홍미리(여성주의 연구 활동가)

나는 왜 말하는가

나는 20여 년 동안 성매매를 경험한 여자입니다. 내게 성매매 경험 당사자라는 정체성은 내 몸의 일부와 같기에 버릴 수가 없습니다. 나는 성매매를 하며 살아왔습니다. 처음에는 가난한 집안의 생활비를 벌기 위해서, 그 뒤에는 불어나는 빚을 갚기 위해서 빠져나오기 힘든 긴 터널을 걸어왔습니다. 그러나 내게도 누군가의 딸로, 보살 핌 받아야 할 어린 학생으로, 가난을 짊어진 여공으로 살아왔던 삶이 존재합니다.

가난이라는 무게 때문에 짊어져야 했던 폭력이 성추행으로, 미성년자 강간으로, 사랑을 빙자한 데이트 폭력으로 이어졌습니다. 그리고 그 모든 폭력의 완성은 성매매였습니다.

이 책을 쓰게 된 주된 이유는 빈곤하고 자원이 없는 여성인 나에게 어떤 방식으로 폭력이 가해졌는지, 그 폭력이 어떻게 또 다른 폭력으로 이어질 수밖에 없었는지 그 과정을 보여주기 위함입니다. 그 폭력이 한 여성의 삶을 어떻게 파괴했는지에 관해서도, 그리고 성매매의 굴레를 마침내 떨쳐버리기 위해 살아온 그 이후의 삶도 풀어보았습니다. 폭력의 굴레에서 벗어나려 했지만 쉽게 벗어나지 못했던 이유, 그 폭력이 어떻게 성매매로 이어지게 되었는지에 대한 답을 내 삶의 밑바닥을 들여다보며 여러분과 함께 찾아가고자 합니다. 그리고 나는 그동안 경험한 성매매라는 폭력의 아픔과 상처를 이겨낸 사람이 아니라, 여전히 일상 속에서 트라우마로 인해 악몽을 꾸고, 과거와 현재가 이리저리 섞여 힘들어하고, 잃어버린 나를 찾아가는 과정 속에 서 있는 사람임을 밝히고 싶습니다.

이 책이 나오기까지 많은 격려와 애정을 보내주신 모든 분에게 감사 인사를 드려야 하지만 짧은 지면에 다 담지 못해 죄송한 마음을 전합니다. 내 삶에 지대한 영향력을 주었던 사단법인 여성인권지원센터 살림 이기숙 이사장님과 변정희 대표님을 비롯한 살림 활동가 여러분, 정경숙 전 소장님, 이숙재 전 원장님께 감사드립니다. 늘 변함없는 마음으로 응원해주신 대구여성인권센터 신박진영 대표님, 대구여성인권센터 힘내 상담소 정박은자 부소장님, 여성인권센터 보다 이하영 소장님, 수원여성의전화 마소현 사무처장님, 여성주의 타로분석연구가 타로시스터 랑랑님, 숨 심리상담연구소 이경희 선생님께 고마운 마음을 전합니다. 그리고 내 삶에 큰 변화를 주고 흔들리는 마음을 다잡아준 성매매경험당사자네트워크 '뭉치', 특히 지음, 짤, 요아, 바라, 버리, 진이, 도리, 술래 님께 고개 숙여 감사의 마음을 전합니다.

마지막으로 2000년, 2002년 군산 화재사건으로 희생되신 언니들과 내 가슴속에서 별이 되신 언니들께 추모하는 마음을 담아 이 책을 바칩니다.

차
례

1부

긴
터널

1   "어떻게 성매매를 하게 되었나요?"

공식적인 자리에서 내가 성매매 경험 당사자임을 커밍아웃할 때가 종종 있다. 정체성을 드러내기가 쉬운 것은 절대 아니다. 그 순간 나를 다르게 바라보는 사람들의 시선을 견뎌야 하기 때문이다. 매번 두근거리는 심장, 터질 것 같은 가슴을 진정시키며 성매매 경험 당사자임을 밝히고, 무거운 입술을 열어 내가 어떻게 살아왔는지를 이야기한다.

그 과정에서 "어떻게 성매매에 유입되었고, 어떻게 업소에서 나오게 되었나요?"라는 질문을 많이 받는다. 묻는 사람들에게는 쉬운 질문인지도 모른다. 그러나 그 질문에 답하기가 나는 상당히 어렵다.

사람들은 자기 나름대로 결론을 내린 채 그 결론에 맞는 답을 기대한다. 대부분 나의 이야기를 들으면서 폭력이 더 큰 폭력으로 이어지는 현상을 생각하지 않는다. 업소에서 왜 도망 나오지 않았냐는 물음을 들으면 모든 책임이 나에게 있다고 말하는 것 같았고, 성매매로 유입되어 탈성매매를 하기까지 내가 겪은 모든 과정이 생략되는 듯해 씁쓸한 마음을 지울 길이 없었다. 사람들은 내가 어떤 문제를 겪었는지 알려고 하지 않았고, 나의 목소리를 들어주지 않았다.

사람들이 알려고 들지 않는 나의 상처는 가슴속에서 오랫동안 비수가 되어 나를 찔렀고, 내가 스스로를 원망하고 혐오하도록 만들었다. 그런 악순환이 반복되어도 나는 살아야 했고, 살아가야 했다. 이제 사람들이 나에게 쉽게 건네는 그 첫 질문에 대한 어려운 답을 하려고 한다.

　어린 시절 나는 외할머니의 보살핌을 받고 자랐다. 가난했던 나의 부모는 맞벌이를 하며 나를 돌볼 여유가 없었다. 외할아버지와 외할머니도 경제적으로 좋은 형편은 아니었지만 가난 속에서도 사랑이 많은 분들이라 외손녀를 자식같이 키우셨다. 할아버지와 할머니가 살던 동네는 6·25 피난민들이 정착해서 오랜 시간 살아왔던 곳이었다. 할아버지와 할머니도 피난민이었다. 외할아버지는 증조부와 증조모를 모시고 고향보다 안전한 남쪽으로 내려왔다고 했다. 동네 사람들은 전쟁 피난민이라는 공통점이 있고 대부분이 일가친척이어서 서로 정답게 지냈다. 외할아버지는 근처 부두에서 막노동을 하셨다. 어느 날은 부두에서 쌀을 실어 나르다가 관리자들이 한눈을 파는 사이에 주머니와 양말 가득 쌀을 주워 담아 오셨다고 했다. 집으로 돌아와 쌀을 쏟으니 바가지에 가득했다고, 그 쌀로 부모와 자식을 먹여 살린 외할아버지의 고된 노동 이야기를 할머니가 들려주셨다. 어리고 천진난만했던 나는 이웃들과 어울려 놀았고 연세 지긋한 어른들은 나를 자신의 손녀처럼 대했다. 외할아버지가 사주신 장화가 너무 좋아서 비가 오지 않아도 늘 신고 다니다 한 짝을 잃어버려 동네가 떠나갈 듯 울던 나에게 괜찮다며 사탕을 손에 쥐어주고 어린 나를 달래주던 고마운 두 분. 지금은 세상을 떠나셨지만 그 따뜻함은 잊지 않고 고이 간직하고 있다.

맞벌이를 하는 부모가 찾아와 장난감도 사주고 옷도 사주며 며칠 머무르는 주말도 있었다. 엄마가 외가로 찾아올 때면 내 손을 잡고 시장에 가서 옷을 사주고 좋아하는 반찬도 만들어줘서 동네 아이들에게 엄마 왔다고 자랑도 했다. 하지만 아버지가 찾아오는 것은 싫었다. 아버지는 외할머니가 잔소리를 하거나 한숨을 내쉬면 어김없이 나를 아무도 없는 방으로 데리고 가서 때렸다. 뭘 잘못했는지 몰라도 맞는 것이 두려워 두 손을 싹싹 빌며 잘못했다고 했다. 빌어도 맞았고, 안 빌어도 맞았다. 집이 떠나갈 듯이 울면 운다고 더 때렸다.

외할아버지가 아버지를 말려야 끝났기 때문에 외할아버지가 들을 수 있도록 더 크게 울었다. 그러나 외할아버지가 안 계실 때는 더욱더 끔찍하게 때렸다. 그렇게 맞아서 아픈 팔다리에 외할머니는 울면서 약을 발라주었고, 제발 아버지가 오면 잔소리하지 말아달라고 당부하는 어린 나를 잡고 더 서럽게 우셨다.

주말이 지나 엄마가 가고 나면 허전한 마음에 엄마와 함께 잤던 이부자리 냄새도 맡아보고, 어딘가 남겨진 엄마의 향기를 찾아서 이곳저곳 기웃거려보고, 그러다 할머니에게 엄마는 몇 밤 자면 오냐고 묻고, 할머니는 숫자도 모르고 한글도 모르는 나에게 손가락을 벌려 보이며 다섯 밤만 자면 엄마가 온다고 달래주었다.

어느 날은 엄마가 너무 보고 싶어서 버스 정류장에 나가 하루 종일 쭈그리고 앉아 엄마를 기다린 적이 있다. 버스가 멈추고 사람들이 내리면 그 속에 엄마가 있을까 찾아보곤 했다. 해가 질 때까지 정류장에 앉아 있던 나는 얼굴이 버스 매연으로 까매져도 신경 쓰지 않았다. 그러다 할머니가 찾는다는 친구의 말에 고개를 숙이고 집으로 돌아갔다. 친구와 놀다가도 엄마 생각이 나면 정류장으로 다시 뛰어갔다. 그날도 기약 없이 발길이 정류장으로 향했다. 버스가 도착하고 사람들이 내리고, 나는 계속 정류장에 쭈그리고 앉아 있었다. 내 얼굴은 버스 매연으로 점점 까매져갔다. 또다시 버스 한 대가 도착하고 많은 사람들이 버스에서 내렸다. 그 사람들 속에서 엄마를 발견한 순간 눈이 번쩍 뜨였다. 엄마는 내 이름을 부르며 어떻게 나와 있었냐고 물었다. 엄마를 보니 기분이 너무 좋아서 몇 날 며칠 매일같이 기다린 것은 아무렇지도 않아졌다. 엄마는 얼굴이 이게 뭐냐고, 위험하니까 이제는 나오지 말라고 하며 내 손을 잡고 서둘러 할머니 집으로 갔다. 잔소리를 들어도, 매연에 얼굴이 아무리 까매져도 괜찮았다. 그날 어린 내가 잡아본 엄마의 따뜻한 손이 오래도록 기억 속에 남았다.

1970년대였던 당시는 집집마다 흑백 텔레비전이 보급되고 있었다. 하필 할머니 집의 텔레비전은 고장 난 채로 방치돼 있었다. 삼촌들은 늘 불만이었고, 고장 난 텔레비전은 내 약점이기도 했다. 텔레비전을 보려면 동네 친구들에게 통사정을 해야 했고 친구들과 싸우기라도 하는 날에는 텔레비전을 볼 수가 없었다. 어느 날 아버지가 텔레비전을 가지고 오셨다. 새 제품이었다. 삼촌들과 나는 신이 나서 얼른 설치되기를 기다렸다. 동네 친구들에게 우리 집에도 텔레비전이 있다며 너희 집보다 더 좋은 제품이라고 자랑했다. 온 가족이 저녁 식사를 하면서 텔레비전을 보니 오랜만에 웃음꽃이 피었다. 그날은 아버지도 나를 때리지 않아서 더 행복했다.

초등학교 입학이 다가오면서 엄마와 동생이 사는 집으로 돌아가야 했다. 그때는 할머니와 더 이상 함께 살지 못한다는 슬픔보다, 학교를 간다는 설렘과 엄마와 같이 살 수 있다는 기쁨이 더 컸다. 외할머니는 쌈짓돈을 꺼내어 책가방을 사주었고, 외삼촌들은 학교 가서 공부 열심히 하라면서 공책과 연필을 사줬다. 외할머니와 살던 그때가 그립다. 다시 돌아갈 수는 없지만 내 인생에서 가장 행복했던 나날들이었다.

엄마와 동생이 살던 곳은 낡고 초라한 단칸방이었다. 수도와 화장실이 공용이던 그 집은 무서웠다. 첫날밤은 잠도 오지 않았고 외할머니가 얼마나 그리웠는지 모른다. 초등학교에 입학한 지 얼마 지나지 않아 엄마는 내게 걸레질과 설거지를 가르쳤다. 제대로 따라하지 못하는 나에게 짜증을 냈다. 그날 아버지는 나를 때렸다. 걸레에 물기가 남아 있다는 이유였다. 아버지는 어린 나에게 맞는다는 것이 얼마나 무서운 일인지 교육시켰다. 나를 때리는 아버지의 입에서는 술 냄새가 났고, 그 냄새가 결국에는 공포가 되었다. 아버지의 폭력에는 온갖 이유가 붙었지만 그건 오로지 아버지만의 이유였다. 그 폭력에는 사실 이유가 없었다.

여덟 살에 밥 짓는 법, 청소하는 법을 배운 나. 그 집에는 자식인 내가 아니라 허드렛일을 하는 식모가 필요했던 것 같다. 학교에 갔다 오면 친구들과 어울려 놀 시간도 없었다. 아버지 대신 돈벌이를 하는 엄마는 늘 집에 없었고, 나는 엄마 대신 동생들을 돌봐야 했다. 배가 고프면 어설프게 지어놓은 밥을 먹으며 엄마를 기다렸다. 학교 숙제는 옆집 아주머니의 도움을 받았다.

밤이 되어 귀가한 엄마와 같이 저녁을 먹고 잠자리에 들면 어김없이 술에 취한 아버지의 발소리가 들렸다. 술에 취한 아버지가 무서워 나는 눈을 감고 자는 척을 했다. '자는 척하면 안 때리겠지.' 그건 나만의 착각이었다. 아버지는 나를 깨웠고, 일어나지 않으면 발로 밟았다. 일어나면 숙제는 했냐고 물어보면서 공책을 가지고 오라고 했다. 공책을 보며 "글씨가 이게 뭐냐!" 트집을 잡으면서 나를 때렸다. 울면 운다고 더 때렸다. 엄마가 말리면 엄마도 때렸다. 엄마와 나는 아버지에게 맞고 집에서 쫓겨났다. 옥상으로 올라가 서로 부둥켜안고 아버지가 잠들 때까지 기다렸다. 새벽이 되어 추위가 찾아왔다. 집 안의 불이 꺼졌는지 확인하다 어느 정도 시간이 흐르면 엄마와 나는 조용히 집으로 들어가 이불을 덮고 누웠다. 흐느끼며 우는 엄마의 울음소리에 나도 따라 울었다.

어느 날씨 좋은 일요일, 엄마는 밀린 빨래와 청소를 하느라 정신이 없었다. 나는 옆집 언니와 밖에서 놀고 있었다. 그 언니의 삼촌이 나를 불렀다. 평소에 가깝게 지내던 이웃이라 아무 생각 없이 삼촌을 따라갔다. 삼촌은 다락방으로 올라오라고 손짓을 했다. 언니의 아버지와 동생들은 텔레비전을 보고 있었고, 다락방 문을 열고 좁은 계단을 몇 개 올라가니 삼촌이 있었다. 내 기억에 삼촌은 키가 작은 편이었다. 삼촌은 나에게 엎드려서 그림책을 보라고 했다. 나는 삼촌이 시키는 대로 했다. 그림책을 보던 나는 등 뒤에서 무슨 일이 생길지 예상도 하지 못했다. 삼촌은 내 바지와 팬티를 한꺼번에 내리고는 자신의 성기를 올렸다. 순간 나는 아무 소리를 낼 수가 없었고, 온몸이 얼어붙었다.

어린 나는 이럴 때 어떻게 해야 하는지 몰랐다. 무서워서 뒤를 돌아볼 수가 없었다. 삼촌은 신음소리를 내며 내 몸에 쓰러지듯이 밀착했다. 나는 아무 말도 못 했고 눈물도 나지 않았다.

멀리서 엄마의 목소리가 들렸다. '엄마 나 여기 있어, 빨리 나

좀 데려가.' 그 말은 입에서만 맴돌았고 목소리가 되지 못했다. 삼촌도 나를 찾는 엄마의 목소리를 들었는지 주춤거리며 일어서 옷을 입고 내 바지를 다시 입혀줬다. 그리고 100원짜리 동전 두 개를 손에 쥐어주며 아무에게도 말하지 말라고 했다. 나는 200원을 들고 도망치듯 다락방을 빠져나왔다.

나를 본 엄마는 어디 가서 뭘 했냐며 얼른 청소나 하라고 화를 냈다. 나는 무슨 일을 당했는지 말하고 싶었지만 걸레를 손에 쥐어주는 엄마는 청소가 우선인 것 같았다. 결국 입을 다물 수밖에 없었다. 그날 이후 그 언니와 어울리면서도 언니 집으로 가서 노는 일은 없었고, 삼촌과 마주칠까 봐 두렵고 무서웠다.

아버지는 점점 자주 술을 마셨다. 어느 날 옆집 아주머니가 "네 아버지 술집에서 술 마시더라. 지나가는 길에 보고 왔다."고 했다. 순간 오늘도 맞을 거라는 공포에 긴장되기 시작했다. 술 취한 아버지에게 맞지 않기 위해 무슨 짓이라도 해야 한다는 생각에 동네 언니를 따라갔던 교회에서 선물로 받은 사과양초를 들고 옥상으로 올라갔다. 초를 켜고 내가 알고 있는 모든 신의 이름을 불렀다. 제발 오늘 밤에는 맞지 않게 해달라고 빌고 또 빌었다.

잠결에 아버지가 대문을 열고 들어오는 소리가 들렸다. 순간 잠이 확 깼고, 이불을 붙잡고 떨었다. '제발, 오늘은 제발.' 아버지는 엄마와 몇 마디 말을 주고받더니 밥상을 차리라고 했다. 애들은 자냐고 묻는 말에 엄마는 조용히 하라며 깨우지 말라고 했다. 그날은 초를 켜고 빌어서인지 아버지에게 맞지 않았다. 그러나 잠이 깨버린 나는 이리저리 몸을 뒤척이며 좀처럼 다시 잠을 이루지 못했다.

커갈수록 아버지의 폭력은 더욱 심해졌다. 그 폭력에는 정말이지 아무런 이유가 없었다. 동네 사람들은 나에게 문제가 있다고 했다. "네 아버지같이 법 없이도 살 사람이 너를 때린다는 것은 네가 잘못했기 때문이야."라고 말했다. 맞는 것도 억울한데 내 잘못이라는 소리까지 들어야 했다. 밖에선 법 없이도 산다는 아버지는 집에서는 절대 권력의 폭군이었다. 내가 안 맞으면 엄마를 때리는 나쁜 아버지라고 아무리 말해도 사람들은 들어주지 않았다.

중학교에 들어갈 무렵에는 가정 형편이 더욱 나빠지고 있었다. 엄마는 건강하지 못한 몸으로 생계를 책임지고 계속해서 일을 했다. 밤마다 힘들어하는 엄마, 어린 동생, 술 취한 아버지를 바라보는 내 마음도 편치 않았다. 중학교 공납금을 제대로 내지 못해서 담임 교사에게 늘 혼이 났고, "네가 다 썼지?" 하며 문제아 취급도 받았다. 방학이면 인근 공장에서 아르바이트를 해서 공납금을 냈다. 그렇게 지긋지긋한 가난 속에서 하루하루를 보냈다.

중학교 2학년 때였다. 수학여행을 보내달라고 아버지에게 부탁했다. 엄마도 거들어줘서 간신히 허락을 받아내어 기뻤다. 하지만 그 기쁨도 잠시, 담임 교사와 교감 선생의 "공납금도 제대로 못 내는 주제에 무슨 수학여행이냐? 그 돈으로 공납금이나 내라."라는 한 마디에 나는 수학여행을 포기했다. 전부 돈이 문제였다. 담임 교사는 내가 어떤 환경에서 사는지 알려고 들지 않았고, 공부 잘하고 돈 많은 집안의 아이들에게만 신경 썼다. 담임 교사의 눈에 나는 그저 가난하고 지질한 아이였다.

2학년 겨울방학이 끝나갈 즈음 아버지는 나에게 학교를 그만 두라고 했다. '그냥 힘드니까 해본 소리겠지.' 했다. 그런데 분위기가 심상치 않았다. 정말로 그만두라는 것이었다. 엄마에게 매달리며 이제 3학년인데 중학교만 졸업시켜주면 고등학교는 알아서 하겠다고, 제발 아버지에게 말 좀 잘해달라고 부탁했다. 하지만 엄마도 먹고 살려면 어쩔 수 없다는 말만 되풀이했다. "동생들은 어쩔 거냐?" 그 한마디에 나는 입을 다물었다. 자식의 앞날을 위한 교육보다 먹고 사는 것이 우선인 부모 앞에서 아무리 고집을 피워봤자 소용이 없었다. 이 집안에서 나의 존재는 소모품에 불과했다. 내가 희생함으로써 동생들이 제대로 교육을 받았으면 하는 심정으로 모든 것을 포기했다. 결국 아버지가 원하는 대로 자퇴서를 제출하기 위해 학교로 향했다.

학교로 가는 길이 너무나 멀었다. 운동장은 추운 날씨로 텅 비어 있었고, 온통 벌겋게 된 눈으로 눈물을 흘리는 나만 덩그러니 외롭게 서 있었다. 교무실로 가는 학교 복도는 익숙한 길이었지만, 그날은 너무나 낯설고 무서웠다. 교무실로 들어서고 싶지 않은 내 마음이 울고 있었다.

담임 교사를 만난 나는 학교를 자퇴하겠다고 했다. 담임 교사는 부모님과 이야기해보자고 하며 나를 따라 집으로 왔다. 아버지와 담임 교사는 한동안 마주본 채 말이 없었다. 긴 침묵을 끝내고 담임 교사는 이제 1년 남았는데 학교는 졸업시켜야 하지 않겠냐고 말을 건넸다.

아버지는 자신이 장애가 있다고 하며 "장애 등록을 하고 학교에 보낼 수도 있지만 지금은 그럴 형편이 아닙니다."라며 무안할 정도로 단칼에 거절했다. 담임 교사는 더 이상 아버지를 설득하지 못했고 내 의사를 물었다. 내가 그 자리에서 어떤 말을 할 수 있을 거라고 생각했을까? 학교를 포기하겠다고 말하는 수밖에 없었다. 훗날 이 이야기를 꺼낼 때마다 아버지는 "너도 학교 안 다니겠다고 하지 않았냐."며 내게 책임을 돌렸다.

담임 교사와 다시 학교로 돌아가는 길에 말 한마디도 나누지 않았다. 교무실로 가서 자퇴서를 쓰고 인사를 하고 나온 것이 전부였다. 교실을 지나 교문으로 나오는 순간까지 나는 멍하니 걸었다. 운동장에서 선 채로, 학교생활을 전부 기억에서 지우고 싶으면서도 발길을 돌리기가 힘들었다. 텅 빈 교실을 돌아보고 다시 돌아보며 내 뺨에는 눈물이 그치지 않았다. 높은 하늘을 올려다보며 이 세상에 내가 태어난 것을 원망했다. 매일 학교로 향하던 그 길목, 학교의 높은 담장을 바라보며 하염없이 울었다. 절망이 무슨 감정인지 그날 비로소 나는 알게 되었다. 다시 돌아올 수 있으리라는 아주 작은 기대도 품어보았지만, 그럴 일은 절대 없을 것이라는 걸 이미 알았고 나는 모든 것을 단념했다.

　　　한동안 하루 종일 잠만 잤다. 학교도 안 다니고 할 일도 없는
데 일찍 일어날 이유가 없었다. 학교를 다니지 않는다는 사실이 부
끄러워 밖으로 나가지도 않았다. 아버지와 엄마는 마치 기다렸다는
듯이 내가 일할 공장을 물색하고 있었다. 당시 저금리, 저유가, 저달
러의 3저 시대였기에 한국 경제는 호황이었고, 저임금 덕에 생산 공
장들은 활기를 띠었다. 내가 살던 도시에는 신발공장, 고무공장, 봉
제공장이 많이 생겨났고 작은 인원으로 하청을 하는 공장들도 생겨
났다. 생산량은 많고 일할 사람이 없어서인지 구인광고가 넘쳐났다.
나는 봉제공장에 취업해 소위 '공순이'가 되었다. 그때의 내 삶은 누
구를 위한 삶이었을까? 아마 나는 그 순간부터 내 삶이 아닌 남의
삶을 대신 살았던 것은 아닐까.

　　　내가 다니는 공장은 어느 작은 아파트 지하실을 전세 내어 사
용하고 있었다. 환기도 제대로 되지 않았고, 불빛이 닿지 않는 곳은
캄캄해서 분간이 어려웠다. 공장의 남자 사장은 주로 납품하는 일
을 해서 얼굴을 볼 일이 별로 없었고 사모가 공장 사람들과 같이
일을 했다. 공장에는 나만큼 어린아이는 없었다. 가끔 아르바이트를
하러 오는 언니는 있었지만 나처럼 학교를 포기하고 오는 아이는 없

었다. 중학교 2학년 중퇴인 나는 같이 일하는 사람들 중에선 고학력자였다.

기술이 없었던 나는 이모들이나 언니가 시키는 일만 했다. 그러다 공장 주인이 나이도 어리니까 미싱을 배워보라고 했다. 언니들은 "미싱 기술은 함부로 알려주지 않는데, 공장 주인이 마음씨가 좋네."라고 하면서 점심시간과 일과 후 잠시 짬을 내어 미싱 기술을 알려줬다. 공장을 다니면서 월급을 많이 받으려면 기술이 있어야 했고 나는 공장 주인과 언니들의 눈치를 보며 미싱 기술을 익혔다. 기계를 다룬다는 것이 신기하기만 했다.

아침 8시 반부터 저녁 7시까지 일을 했고 점심시간은 40분이 주어졌다. 어린 나에게는 무척이나 고된 노동이었지만 감당할 수밖에 없었다. 공장 주인은 한 달에 한 번 일요일에 쉬도록 했다. 쉬는 일요일이 되면 피로를 풀기 위해 하루 종일 잠만 잤다. 일거리가 많아서 야근을 많이 했다. 수당이 뭔지 알지도 못했지만 그걸 받아야 월급을 많이 받을 수 있다는 엄마의 말에 다리가 퉁퉁 부어서 신발을 제대로 못 신어도 힘들다고 말하지 못했다. 잦은 야근으로 아침에 코피가 흘러도 내가 가야 할 곳은 공장이었다. 공장에서 받은 한 달 월급은 야근 수당을 포함해도 10만 원이 채 되지 않았다.

어느 날 학교 친구를 거리에서 만났다. 피하려 했으나 그 아이가 먼저 알은체를 하며 다가왔다. '어쩌지?' 순간 난감했다. 하지만 내심 반가웠던 마음을 드러내고 말았다. 친구는 자기 집으로 가서 놀자고 했다. 당장 출근해야 했지만 친구에게 넘어가 결국 신나게 놀았다. 친구 언니의 옷장을 열어 옷을 입어보며 깔깔대고, 라면을 끓여 배불리 먹고는 싼 값에 영화를 볼 수 있는 삼류 극장에 갔다. 그 순간에는 모든 것을 잊었다. 공장도, 지긋지긋한 엄마의 잔소리도, 아버지의 매질도 영화 속에서 자취를 감추었다. 영화가 끝나고 해가 질 무렵 친구와 헤어지면서 걱정이 되기 시작했다. 오늘 땡땡이 친 것을 제발 아버지가 몰랐으면 하는 마음으로 긴장하며 집으로 갔다.

그날 나는 죽기 직전까지 맞았다. 아버지는 매를 들지 않았다. 손발로 사정없이 때렸다. 뺨을 세게 맞아 입술이 터져서 밥을 먹기도 힘들었다. 이 꼴로 출근해야 한다는 부끄러움에 이대로 죽었으면 좋겠다는 생각을 했다. 공장에서 월급이 나오면 엄마가 가져갔다. 쥐꼬리만 한 용돈을 주면서 생색내는 "아껴 써라." 소리를 꼬박꼬박 들었다. 일을 해도 맞고, 일을 하지 않아도 맞는 내 처지가 싫었다.

그 무렵 같이 일하던 언니가 조금 더 큰 공장을 소개해주었다. 새로운 공장은 집에서 거리가 있는 곳이라서 통근버스를 타고 출퇴근을 했다. 돈이 없는 나는 통근버스를 놓치지 않으려 늘 애썼다.

그날은 연말 회식이 있던 날이었다. 회식을 마치고 집으로 가려는데 언니들과 즐겁게 놀다 보니 술이 과해져 구토를 하고 머리가 어지러웠다. 통근버스 기사는 오늘은 각자 집으로 간다며 버스를 타든 택시를 타든 알아서 하라고 했다. 내가 난감해하자 통근버스 기사는 자기 집과 우리 집이 가까우니 태워주겠다고 했다. 그저 고마울 따름이었다. 술은 취했고 차비도 없는 나는 싫다고 할 이유도 없었다. 버스를 타고 곧 잠이 들었다.

뭔가 이상한 느낌에 눈을 떠보니 퀴퀴한 냄새가 나는 여관방이었다. 기억나는 것이라고는 통근버스를 타고 잠이 든 것밖에 없는데 옷이 다 벗겨져 있었다. 뭔가 잘못되고 있다는 것을 알았을 때 눈을 뜬 내 앞으로 벌거벗은 통근버스 기사가 웃으며 다가왔다. 소리를 지르기 시작했다. 그놈은 내 입을 틀어막으며 말했다. "조용히 해. 누가 들으면 너 죽이는 줄 알겠다." 그러나 이러지 말라고 빌어도 아무 소용이 없었고 힘껏 저항해도 건장한 남자의 힘을 막아낼 수 없었다. 너무 아파 고함을 질러도 나를 도와줄 사람은 아무도 없었다. 울고 있는 나에게 그놈은 자주 보자고 말하며 유유히 여관방에서 나갔다. 퀴퀴한 냄새가 나는 여관방에서 혼자 남겨져 멍하니 앉아 있었다. 잠시 나의 정신이 내 육체를 떠나 있는 듯한 느낌을 받았다. 한동안 정신이 돌아올 때까지 앉아 있었다. 정신을 차릴 무렵 아랫도리에 통증을 느꼈고, 내 몸을 내려다보니 기가 막혔다. 욕실로 가서 비누로 몸을 씻으며 울고, 그 와중에도 아버지가 알면 맞아 죽을 거라는 무서움에 또 울었다. 겨우 몸을 추스르고 집으로 돌아왔다.

엄마는 밥상을 차리면서 왜 늦었는지, 얼굴은 왜 부었는지 물었다. 아는 언니 집에서 한숨 자고 왔다고 거짓말을 했다. 엄마는 내 앞에 밥상을 가져다 놓고는 돈 타령을 했다. 이번 달에는 얼마가 필요하다느니, 나는 숟가락을 들지도 못했다. '엄마, 나 지금 강간당했단 말이야. 지금 나는 아프다고.' 말하고 싶었지만 아버지에게 맞아 죽을 것이라는 두려움에 몸서리가 쳐졌다. 마음속에서만 맴돌던 말은 끝내 하지 못했다.

강간당한 내 몸을 감추기 위해 샤워를 한 번 더 했다. 아버지에게 들키지 않으려면 씻어야 했다. 흐르는 물에 모든 것이 제자리로 돌아가기를 간절히 바랐다.

잠이 오지 않았다. '엄마가 무슨 일이 있었냐고 한 번만 더 물어봐줬다면 나는 모든 것을 말할 수 있었을 텐데.' 하는 후회가 밀려왔다. 소리 내어 울지 못해 숨죽여 눈물만 흘리던 그날 밤이 서러웠다. 뭐가 잘못된 걸까? 돈이 없어 택시를 못 탄 내 잘못일까? 태워주겠다는 말에 얼른 통근버스에 올라탄 내 잘못일까? 혼란스러운 마음으로 까만 밤을 하얗게 지새웠다.

아침이 되어 출근하는 것이 끔찍하게도 싫었다. 하지만 내게는 출근하지 않을 방법이 없었다. 그놈은 나를 보며 히죽거리며 다가왔다. "안 나올 줄 알았는데 출근은 했네?" 나는 그놈이 하는 말을 무시했다.

퇴근 시간이 되었다. 내가 통근버스에서 마지막에 내리는 사람이라 또다시 해코지를 할까 봐 그날은 나보다 앞에 내리는 사람과 같이 내렸다. 미리 내린 곳에서 집까지 거리는 상당히 멀었지만 버스비가 없었던 나는 다리가 아파도 걸어서 집으로 왔다. 그런데 그놈은 우리 집 근처에서 나를 기다리고 있었다. 놀라서 얼른 몸을 돌렸지만 그놈에게 붙잡혔다. 그렇게 몇 번을 다시 끌려가서 강간당했다. 어떻게 도망쳐야 하는지, 어떻게 소리를 쳐야 하는지, 그놈을 보면 몸이 굳어버리는 나는 피할 방법을 몰랐다. 내가 할 수 있는 것이라고는 제발 이러지 말라는 한마디였다. 그러나 그놈은 아랑곳하지 않고 웃으면서 나를 끌고 갔다.

그날도 그놈이 집 앞에서 나를 기다리다가 실랑이를 벌이고 있는 사이 집으로 돌아오는 아버지에게 들켰다. 나는 차라리 잘되었다고 생각했다. 아마 집에서 쫓겨나겠지만 그놈에게서 벗어날 수 있을 테니 다행이라고 여겼다. 그놈의 멱살을 잡은 아버지는 무슨 일이냐고 나와 그놈에게 번갈아 물어봤고, 둘 다 입을 떼지 못하고 고개를 숙이고 있자 아버지가 나에게 고함을 지르며 바른대로 말하라고 했다. 하지만 사람들이 지나다니는 길거리에서 강간당했다는 말을 할 수 없어 눈물만 흘렸다. 아버지는 그놈의 멱살을 더욱 세게 잡으며 말하라고 다그쳤지만 그놈도 아무 말도 못했다. 아버지는 그놈과 나를 노려보면서 내일 공장을 찾아갈 테니 꼭 출근하라고 말하며 멱살을 놓아주었고 그놈은 뒤돌아 도망쳤다.

집으로 돌아온 아버지의 입에서는 술 냄새가 나지 않았다. 아버지가 무슨 일이냐고 묻는데 또다시 눈물만 흘렸다. 엄마는 도대체 무슨 일인지 말을 하라고 옆에서 다그쳤다. 내 입에서 나오는 말을 다 들은 아버지와 엄마는 입을 다물고는 아무 말도 하지 않았다. 그제야 몸은 괜찮냐고 묻는 엄마의 말에 서러워서 눈물이 났다. 엄마는 아직 결혼도 하지 않은 애를 어떻게 산부인과에 데리고 가냐고, 아픈 데 없으면 됐다고 해서 나를 더 힘들게 했다. 같은 여자로서 딸에게 너무나 무책임했다. 나를 사람으로 대하지 않는 것 같았다. 그날은 술도 마시지 않는 아버지가 더 무서워 눈치만 봤다. 평소처럼 화를 내고 나를 때리면 마음이 놓일 텐데 아버지의 멀쩡한 모습이 두려웠다.

날이 밝자 아버지가 공장으로 찾아와 그놈과 공장 사장이 있는 자리에 나를 불렀다. 아버지는 법대로 하겠다고 했고 그놈의 얼굴은 사색이 되었다. 공장 사장은 아버지에게 그놈을 해고할 테니 그만 화를 풀라고 하면서, 결혼시켜야 하는 것 아니냐고 말해 나를 깜짝 놀라게 했다. 아버지는 화를 내면서 말도 안 되는 소리 말라며 우리 애가 뭘 잘못했다고 저런 놈과 결혼을 하냐고 사장에게 따졌고, 사장은 한번 해본 소리라며 변명했다. 나는 아무 말도 못하고 죄인처럼 고개만 숙이고 있었다.

아버지는 매우 화가 난 목소리로 그놈에게 "경찰서 가게 앞장서라."라고 했다. 그놈은 손을 모아 아버지에게 빌었다. 아버지는 큰소리로 빨리 일어나라고 다그쳤다. 그놈이 의자에서 일어나지 않자 아버지는 그놈의 멱살을 잡았고 공장 사장이 아버지를 말렸다. 의자에서 주춤거리며 일어나는 그놈을 보니 온몸의 힘이 빠져나가는 듯했다. 아버지와 그놈이 공장 정문을 나간 뒤 나는 일하던 자리에서 물건을 정리해 집으로 돌아왔다.

내가 열여섯 살에 겪은 강간 사건은 아버지가 관할 경찰서를 잘못 찾아가는 바람에 그놈은 뺨을 몇 대 맞고 아버지와 헤어졌다는 해프닝으로 끝이 났다. 아버지의 방식대로 마무리된 것이다. 공장 사람들은 "어린 것이 발라당 까져 가지고 남자를 유혹하냐.", "남자 맛을 알기나 하냐."면서 내가 잘못한 것처럼 비난하고 손가락질했다. 그러나 아버지는 나를 때리지 않았다. 공장 일을 하루라도 땡땡이치면 나를 죽도록 때리던 아버지가 내가 괴로워하는 것을 알았는지 집에서 쫓아내지 않은 것에 고마움을 느꼈다.

통근버스에서 내려 집으로 걸어가고 있는데 길거리가 술렁이고 있었다. 집으로 가는 길목에는 큰 로터리가 있었고 육교를 건너야 했다. 그날은 유독 사람들이 웅성거리며 거리에 서 있었다. 육교로 올라간 나는 놀라운 광경을 접했다.

내 눈에 들어온 모습은 로터리를 점령한 시위대였다. 짧은 단발머리를 하고 흰색 티에 청바지를 입은 언니 한 명이 버스 위에 올라 소리를 치고 있었다. 주변에는 많은 남자들과 여자들이 마스크를 쓰고 그 언니를 에워싸고 있었다. 내 눈에 들어온 그 언니는 너무나 멋있었다. 우렁찬 목소리로 팔을 흔들며 구호를 외쳤다. 언니가 외치는 말을 알아들을 수는 없었지만 난생 처음 보는 광경에 내 가슴은 뛰기 시작했다. 저 멋진 언니들, 오빠들은 어디서 왔을까? 공장에서 아저씨들, 언니들이 말하던 나쁜 학생들일까? 하라는 공부는 하지 않고 곳곳에서 데모하며 우리나라를 곤경에 빠뜨리는 사람들일까? 잡다한 생각들이 내 머리를 스치고 있을 때 시위대에서 노래를 불렀다. 무슨 노래인지 알 수 없었지만 거리에 서 있던 사람 중에 그 노래를 따라 부르는 사람도 있었다. 1절이 끝나갈 무렵 방패와 곤봉을 든 전경이 로터리 쪽으로 진입했고 그 모습을 본 시위대는 더욱더 큰소리로 외쳤다. 그 외침이 희미하게 '대통령 직선제'라는 말로 내 귀에 닿았을 무렵 매운 연기가 눈앞을 가렸고 얼굴이 너무나 뜨거워 제대로 서 있을 수가 없었다. 육교에서 어떻게 내려왔는지, 집으로 어떻게 왔는지 몰라도 나는 온통 매캐한 냄새를 뒤집어쓰고 돌아왔다. 집에 들어서자마자 대야에 물을 담아 얼굴을 씻어도 화끈거리는 느낌을 지울 수가 없었다. 다시 얼굴을 대야에 박고는 한참을 견뎌보았지만 얼굴은 계속 화끈거렸다. 선풍기 바람을 높이고 물수건을 만들어 얼굴을 덮으니 조금 진정되었다. 엄마는 시위대를 만났냐고 물었다. 고개를 끄덕이는 나에게 조심해서 다니라며 경찰에 끌려가면 큰일 난다고 했다.

그날 내가 목격한 그 광경은 전두환 정권의 장기 집권을 막고 대통령 직선제를 요구하던 민주항쟁이었다는 것을 훗날 알게 되었다. 그 시위대에는 대학생들만 있었던 것도 아니었다는 것과 맵고 화끈거리던 그 냄새는 최루탄이었다는 것을 당시에는 몰랐다. 그러나 당시 나에게 민주항쟁은 큰 의미가 없었다. 공장에서 돈을 많이 버는 것이 더 중요했다.

그놈은 아버지와 경찰서까지 갔는데도 공장을 열심히 다니고 있었다. 그놈이 일하고 있는 공장에서 벗어나야 했다. 공장을 옮기는 일은 쉬웠다. 미싱을 할 줄 안다는 것이 큰 자원이 되었다. 그 공장을 그만두고 나서 기숙사가 있고 직원도 훨씬 많은 큰 공장으로 옮겼다. 옮겨간 공장은 한 달에 두 번 쉬는 날이 있었고, 노조가 있는 공장이었다.

아버지의 폭력, 지긋지긋하게 가난한 가족들과 떨어져 산다는 꿈이 실현되었는데도 기쁘지 않았다. 언제 또 그놈이 찾아올지 모른다는 두려움에 외출 후에 집으로 돌아올 때는 주변을 살피는 습관이 생겼다. 엄마는 어디서 구했는지 새 이부자리를 한 채 주며 밥잘 챙겨먹고 일 열심히 하라고 했다.

기숙사 한 방에서 여섯 명이 지냈고 각자 일하는 부서도 달랐다. 기숙사에는 사감이 있고 내부 규칙이 엄격해 자유로운 외박은 허락되지 않았다. 공장이 쉬는 주에는 휴일이라 외박을 할 수 있었고, 야간학교나 산업체학교에 다니는 학생들도 있었다. 규모가 큰 공장답게 식당도 제법 컸고 통근버스도 여러 대가 있었다. 부장이 새로 입사하는 사람들에게 이력서를 받는다고 하면서 사무실로 가서 이력서를 작성하라고 했다. 난생처음 써보는 것이라 무엇을 어떻게 써야 하는지 몰라 난감했다. 사무실 여자 사원이 예시를 보여주면서 비슷하게 작성하라고 했다. 이력서에는 학력을 쓰는 칸이 있었는데 솔직하게 써내기가 부끄러워 고등학교를 중퇴한 것처럼 거짓으로 적어서 냈다. 최종학력 중학교 중퇴는 크나큰 상처였기에 쉽게 드러낼 수 없었다.

새로운 공장에 적응해갈 무렵 건너편 전자공장에서 노사분규가 일어났다. 며칠 동안 그 공장은 많은 사람들로 시끄러웠고 결국 생산을 중단하기까지 이르렀다. 나와는 상관없는 일이라고 생각했지만 내 눈 바로 앞에서 벌어지는 일이라 신경이 쓰이기도 했다. 공장에서 일하는 아저씨와 언니들은 "다들 배가 불러서 저러는 거다. 대학생들이 야학에서 나쁜 것만 가르치니까 그런 데 절대 가서는 안 된다."고 했다. 그 말은 너무 무섭게 들렸고, 저런 사람들과 절대 어울려서는 안 된다고 다짐했다.

주변 공장에서 하나둘씩 노사분규가 일어나자 사장은 노조를 통해서 무기명으로 공장에 대한 불만이나 불편사항을 적어 내도록 했다. 훗날 이 노조가 어용노조였다는 것을 알았다. 노조는 사장과 의논해서 제일 불만이 많은 점심시간과 기숙사 문제를 해결하겠다고 했다. 점심시간은 1시간을 보장했고, 기숙사는 외출과 외박을 자유롭게 할 수 있도록 한다는 공지가 내려왔다. 그리고 몇 달 후에는 쉬는 일요일이지만 단체 체육대회 겸 야유회를 하겠다는 말도 덧붙였다. 다른 공장에서 노사분규가 일어나도 내가 다니는 공장은 직원들을 위해서 최선을 다한다는 느낌을 받았고, 하루하루 생산하는 물량이 많아져 야근을 해도 불만 없이 일했다.

한 방에서 지내는 동생이 자기 외삼촌이 군인인데 부대가 가까운 거리에 있다고 하면서 만나보라고 했다. 사진을 보여주며 성격도 좋다고 자랑했다. 사진 속 남자가 험한 인상이 아니라서 호감이 갔다. 동생의 소개에 못 이기는 척 그 남자와 만나보았다. 그 남자는 내가 마음에 드는지 질문을 많이 하고 내 눈치를 보며 행동하기도 했다. 첫 만남 후 동생은 삼촌이 언니와 사귀고 싶다고 했다면서 내 의사를 물어보았다. 나도 그 남자가 마음에 들어서 그날 이후 연인 사이로 발전했다. 나는 강간의 상처를 철저히 숨기고 그 남자를 만났다. 만나면 만날수록, 그 사람이 좋아질수록 죄책감에 시달렸다. 그렇지만 그에게 푹 빠진 나는 그 남자만을 믿었다. 그가 잠자리를 요구했을 때도 불안한 마음은 덮어두고 그 남자이기에 받아들였다. 다만 내가 당한 강간의 흔적을 들키지는 않을까 걱정되었다.

우리는 편지를 주고받으며 사랑을 키웠다. 그 남자의 휴가가 정해지면 그날을 손꼽아 기다렸다. 만나는 날이 잦아질수록 그가 내게 잠자리를 요구하는 횟수 또한 잦아졌다.

잔업을 하는 도중에 속이 메스꺼워 저녁 식사를 하지 못한 나는 다음 날 병원을 찾아갔다. 내과 진료를 받으러 갔더니 산부인과로 가보라고 했다. 혹여 공장 사람들이 산부인과에 드나드는 나를 발견하고 흉을 볼까 봐 공장과 멀리 떨어진 동네에 있는 산부인과를 찾아갔다. 의사는 내가 임신했다고 알려주었다. 임신을 확인하고는 너무 기뻤다. 이제 그 남자와 나는 결혼할 것이고, 가난한 집구석의 지긋지긋한 맏이 노릇도 그만해도 될 것이었다. 구름 위를 걷는 기분으로 공장 기숙사로 돌아왔다. 그리고 나의 전부인 그 남자에게 임신 소식을 알리는 편지를 썼다. 그러나 설레는 나의 마음과는 달리 그 남자는 곧바로 답장을 하지 않았다.

며칠 후 기숙사로 전화가 왔다. 답장 대신 목소리를 통해 그 남자가 몸은 괜찮은지 물었을 때는 신혼살림을 하는 새댁이 된 것 같은 기분이 들었다. 그 남자는 내 걱정을 하며 며칠 지나면 포상 휴가가 있는데 그날 만나서 이야기하자고 했다. 설렘에 가슴이 부풀었다. 둘만의 삶을 꾸려가는 미래를 떠올리면 공장 일도 힘들지 않았다. 드디어 만나는 날이 다가왔다. 그를 만나러 가는 발걸음은 가벼웠다. 하지만 그의 얼굴색이 좋지 않았다. 나는 내 몸에 대한 걱정도 제쳐두고 그 남자 걱정만 했다. 무슨 일이 있냐고 물어보니 그는 대답을 하지 않고 고개만 숙이고 있었다. 굳게 다문 입술만 바라보고 있자니 가슴이 답답했다. 당연히 임신을 축하받을 수 있을 것이라고 상상했던 내 마음을 짓밟으며, 그 남자는 내 손을 꼭 잡고는 자신이 아직 군인 신분이고 우리는 너무 어리다고 했다. 책임지지 못하는 게 아니라 지금은 때가 아니라고 말했다. 제대한 상태였다면 달랐겠지만 지금은 자신을 이해해달라면서 임신중절 수술을 하자

길 하나 건너면 벼랑 끝

고 했다. 임신중절은 열일곱 살인 내가 감당하기에 너무나 큰일이었다. 그러나 당시 내게 절대적인 존재였던 그 남자가 원하는 일이라면 하겠다고 말하며 울었다. 그는 나를 달래주며 사랑한다고 했다. 나중에 결혼해서 꼭 예쁜 아기 낳자고 하는 그 남자의 말을 믿었다.

이 세상은 돈만 주면 못하는 것이 없는 것 같았다. 나는 혼자 산부인과를 찾아갔고, 여자 의사는 보호자도 없는 미성년자인 나를 성인인 것처럼 위장해서 수술을 해주겠다고 했다. 처음 간 산부인과의 느낌은 차가웠다. 건물 벽조차 온통 하얀색인 병원 안의 풍경이 어쩐지 어디에서도 위로받지 못하는 나와 닮아 있었다. 수술대로 올라가라는 간호사의 말이 들렸다. 수술대 위로 올라가면서 나는 휘청거렸다. 팔에는 링거를 매달고 마취를 하는 간호사를 바라볼 수 없어서 고개를 돌렸다. 간호사는 나의 팔에 주사를 놓으며 숫자를 세기 시작했다. 점점 눈꺼풀이 무거워졌다. 언제 잠이 들었는지조차 몰랐다. 눈을 떴을 때는 작은 방에 내 몸이 누워 있었고, 간호사가 주의할 점을 알려주는데도 제대로 들리지 않았다. 마음은 금방이라도 일어나 이 병원을 나가고 싶지만 몸이 전혀 움직여지지 않았다. 얼마나 시간이 흘렀는지, 잠에서 깨어난 나는 몸을 추스르며 자리에서 일어났다. 팬티 속에는 커다란 패드가 채워져 있었고 팔에는 링거를 맞은 자국으로 반창고가 붙어 있었다. 걸음을 걸을수록 배가 당기고 아파왔다. 간호사는 질에 솜뭉치를 넣어놨다고, 몇 시간 후에 빼내면 된다고 일러주면서 약국에서 타 먹을 약의 종류를 적어 건조한 표정으로 건넸다. 병원을 나오니 머리가 어지러웠다. 사람이 북적거리는 시장으로 가서 잔치국수를 한 그릇 사먹었다. 버스를 타고 기숙사로 돌아오는 도중에 낯선 길에 내려 먹은 것을 다 토해냈다. 나의 첫 임신중절 수술은 이렇게 끝이 났다.

부장에게 몸살이 났다고 거짓말을 하고 차가운 기숙사 방에 누워 쉬었다. 제대로 먹지도 못하고 몸조리도 못하는 주제에 그 남자를 떠올리며 내 사랑을 담아 편지를 썼다. 답장에서 내 몸을 걱정하는 그 남자의 마음을 확인할 수 있어 기분이 좋았다.

제대 전 마지막 휴가를 나온다며 남자에게서 전화가 왔다. 제대를 앞둔 목소리가 들떠 보였다. 늘 만나던 곳에서 만나기로 하며 그날을 즐겁게 보내자는 말에 기분이 좋아 하늘을 나는 듯했다. 수술 이후 나는 몸이 자주 아팠다. 하지만 아파도 쉬지 못했고, 몸이 아픈 것인지 마음이 아픈 것인지 구분도 되지 않았다. 그 남자와의 관계에서 오는 고민을 털어놓고 하소연할 만한 친구도 없었다. 자칫 위로를 받을 생각으로 말을 꺼냈다가 예전처럼 '몸을 함부로 굴리고 남자 맛을 아는 년'으로 오해받는 것은 끔찍이도 싫었다. 그 남자와의 약속만이 유일하게 나를 기쁘게 했다.

고대하던 그날이 왔고 약속 장소로 나갔다. 그 남자와 내가 늘 만나던 커피숍은 추운 겨울 날씨 속에서도 연말연시의 들뜬 분위기가 느껴졌다. 커피숍에서는 크리스마스 캐럴이 흘러나왔다. 나는 조용히 커피숍 한쪽 자리에 앉아 오늘은 뭘 할까, 이벤트라도 준비했

길 하나 건너면 벼랑 끝

을까 하는 즐거운 상상을 하며 그 남자를 기다렸다.

예정된 시간이 되었는데도 그 남자는 나타나지 않았다. 차가 밀려서 늦는다고 생각하면서 묵묵히 기다렸지만 약속 시간이 훨씬 지나서도 그 남자는 나타나지 않았다. 혹시나 자리를 비우면 나를 못 찾을까 봐 화장실도 못 가고 기다렸다. 그러나 끝끝내 남자의 모습은 볼 수 없었다.

기숙사로 돌아오는 버스에서 갑자기 일이 생겨서 약속을 못 지켰을 거라고 애써 스스로를 위로했다. 눈물을 하염없이 흘리면서도 누구의 잘못도 아니라고 믿었다. 추운 날씨에 기다리느라 고생했으면서도 나는 기숙사로 돌아와서 그 남자에게 편지를 썼다. 오늘 만나지 못하게 된 이유가 무엇이든 이해한다고, 원망하거나 나쁘다고 생각하지 않는다고, 오히려 걱정하고 있다고 써서 보냈다. 그러나 아무리 기다려도 답장은 오지 않았다. 내 속은 타들어갔다. 그를 소개시켜준 동생에게 그 남자와 전화 통화나 편지를 주고받았는지 넌지시 물어보았다. 그 동생은 어제 삼촌과 통화했다고 하면서 요즘은 연락 안 하느냐고 되물었다. 아무 일도 아니라고 대답하면서 그 자리를 피했다. 답답한 마음에 다시 한 번 편지를 보냈다. 고대하던 답장은 일주일이 지나 나의 손에 도착했다.

답장에는 자신을 그만 잊어달라고, 내가 부담스럽다고, 이 편지가 도착할 무렵이면 자신은 제대를 하고 군대에 없을 것이라고, 진심으로 미안하고 잘 지내라는 마지막 인사가 있었다.

절대적인 존재, 나를 해방시켜줄 거라 믿었던 그 남자의 배신이 믿어지지 않았다. 혹여 내가 다른 남자에게 강간당한 사실을 알았을까, 그것이 헤어지는 이유가 되었을까 자책하며 편지를 읽고 또 읽어도 도무지 이해가 되지 않았다. 그의 뜻에 따라 임신중절 수술까지 시키는 대로 다 했는데 이럴 수는 없다고, 내 인생은 이제 살아갈 의미가 없다는 생각이 들었다. 기숙사 옥상에 올라가 목이 쉬도록 울었다. 그 남자의 마음을 돌려보려 다시 한 번 편지를 썼지만 편지는 반송되었다.

그 남자를 잊기까지 오랫동안 힘들었다. 자살 시도는 그때가 처음이었다. 살고 싶은 의지가 없었고 허망했다. 시간이 흐르고 겨우 겨우 살았지만 그 기억을 잊었다. 머릿속에는 아무런 기억이 남아 있지 않지만 내 몸은 가끔씩 찾아오는 편두통으로 그날을 기억해달라고 호소했다. 그날 이후 나는 다시 계속해서 내 삶을 살았다. 질긴 목숨조차 내 마음대로 하지 못하는 채 무기력하게 공장 일만 했다.

그즈음 공장에서 친하게 지내던 친구가 밤마다 사라지는 일이 종종 있었다. 아침이 되면 입에서는 술 냄새가 나고, 무슨 일이냐고 물어보아도 대답이 없기에 더 이상 묻지 못했다. 엄마는 여전히 돈

타령을 했다. 얼마를 벌어줘야 닦달을 안 하려는지, 답답한 환경은 변함이 없었다.

친구가 같이 외박을 하자고 하더니 오늘 자기가 무슨 일을 하는지 그동안의 궁금증을 풀어주겠다고 했다. 친구를 따라간 곳은 가라오케라고도 불리는 술집이었다. 그곳에서 친구는 아르바이트를 하고 있었다.

술집에는 커다란 원탁과 마이크가 있었고, 바닥에는 카펫이 깔려 있어 발자국 소리가 나지 않았다. 친구는 그 원탁에서 손님을 맞이했다. 내가 어리둥절해하고 있자 친구가 '언니'라고 부르는 업주가 다가오더니 잘 왔다며 밥은 먹었냐고 물었다. 친구가 일 마치고 같이 먹을 거라고 대답하자 업주는 밥을 사주겠다고 하고는 맥주를 몇 병 주더니 더 마시고 싶으면 말하라고 했다. 업주의 친절에 의아해하는 나에게 친구는 언니가 인간성이 좋아서 그렇다고 했다.

조금 시간이 흐르니 남자들이 업소로 들어왔다. 자기들끼리 술을 마시고 이야기하고 노래를 불렀다. 그러다 친구가 건너편에 앉아 있는 남자를 가리키며 "단골손님인데 같이 맥주 한잔해."라고 했다. 어찌할 바를 몰라 하는 내 표정을 보고, 친구는 남자 옆에 앉지 않아도 된다며 남자들이 건네주는 술을 마셨다. 내가 자신들이 건네는 술을 마시자 한 남자가 팁이라며 2만 원을 줬다. 놀라는 나에게 친구는 얼른 받아두라는 뜻으로 눈을 찡긋하며 사인을 보냈다. 또 다른 남자들이 업소로 들어왔고 나에게 노래를 한 곡 하라고 했다. 친구는 억지로 시키는 것 아니니까 하고 싶은 노래 부르라며 노래책을 건네주었다. 무슨 곡이었는지는 기억나지 않지만 노래를 한 곡 불렀다. 그랬더니 남자들이 집에 갈 때 차비 하라며 5만 원을 건네주었다. 도대체 저 남자들은 돈이 어디서 났기에 이렇게 펑펑 쓰는지 이해가 되지 않았다.

친구와 업소에서 나와 밥을 먹으러 갔을 때 남자들로부터 받은 돈을 전부 친구에게 줬다. 친구는 무슨 짓이냐며 너한테 준 돈이니까 네가 가지라고 했다. 9만 원이었다. 그 돈 9만 원이 내 인생을 바꿔놓을 줄은 상상도 하지 못했다. 15만 원의 월급을 받는 나에게 9만 원이라는 돈은 상당히 컸다. 9만 원이라는 거액 앞에서 나는 흔들렸다. 친구는 집안 사정이 좋지 않아 돈이 필요해서 아르바이트를 한다면서 잠시만 하다 그만둘 거라고 했다. 이야기를 나누는 사이 업주가 와서 갈비를 사주며 자주 놀러오라고 했다. 나는 웃으며 그리 하겠다고 순진하게 대답했다. 그때부터 업주는 나에게 눈독을 들이고 있었다.

친구와 헤어져 엄마 집으로 갔다. 동생이 학용품을 사야 한다며 엄마에게 돈을 달라고 애원하고 있었다. 엄마는 돈이 없으니 친구한테 빌려서 쓰라며 한숨을 쉬었다. 엄마는 몸살이 왔는지 온몸이 쑤신다며 내일도 일하러 가야 하는데 파스라도 붙여야겠다고 말해 내 마음을 더 아프게 했다. 나는 업소에서 받은 돈을 엄마에게 줬다. 엄마는 금세 만면에 웃음을 지으며 어디서 난 돈이냐고 물었

길 하나 건너면 벼랑 끝

다. 차마 업소에 갔다는 말은 못 하고 보너스가 나왔다고 거짓말을 했다. 돈을 받은 엄마는 "공장 간부들이 시키는 대로 일 잘하고 말 잘 들어."라고 말하며 웃음을 감추지 못했다. 좋아하는 엄마의 모습과 어린 동생들을 보면서 깊은 고민을 했다. 한 달 동안 공장에서 팔다리 아파가며 벌어도 업소에서 하루에 받는 팁과 비교가 되지 않았다. 그 큰 금액이 나를 혼란스럽게 했다.

이후 친구는 몇 번 업주가 안부를 묻는다며 같이 가자고 했다. 나는 싫다고 대답했다. 친구의 입에서 나는 술 냄새도 싫었고, 요란하게 화장을 하는 모습도 싫었다. 그런데 어느 날 친구가 몸살이 나서 아프다며, 하루만 대신 가서 일해달라고 부탁했다. 뿌리치지 못해 업소로 갔다.

나를 본 업주는 함박웃음을 지으면서 잘 왔다고 했다. 손님이 오면 자리만 안내해주고 술은 자주 따라 주지 않아도 괜찮다며 노래할 때 같이 박수만 쳐주라고 시켰다. 대수롭지 않은 일이라는 듯 너무 긴장하지 말라고도 했다.

시간이 어떻게 갔는지 정신이 없었다. 손님은 많았고, 나는 로봇처럼 업주가 시키는 대로 했다. 어떤 남자들은 나에게 나이를 묻거나 집이 어디냐고 물어보았다. 대충 답을 하고 건네주는 술을 한잔 마셨다. 그러면 어김없이 돈을 주었다. 그날도 돈을 많이 벌었다.

업주는 여기 오면 친구와 둘이서 지낼 방을 얻어주겠다, 월급은 얼마 주겠다, 같은 조건을 내걸며 같이 일하자고 했다. 나에게 왜 이러는지 몰라 대답도 못하고 있는데 업주가 이렇게 말했다. "업소에서 일한다고 다 나쁜 거 아니다. 눈만 질끈 감으면 집도 사고 차도 사. 여기서 일하던 언니들은 돈 벌어서 가게도 차리고 얼마나 잘사는지 몰라." 너만 잘하면 돈 많이 번다고, 잠시 동안만 일하는 것이라고 생각하라고 했다. "우리 가게는 매너 좋은 사람들이 많이 오니까 언제든지 일하러 와." 그러면서 비싼 화장품을 선물했다. 받지 않으려 하는 나에게 언니, 동생으로 지내자면서 언니가 주는 선물이니 얼른 가방에 넣으라고 했다.

그날 번 돈도 엄마에게 가져다줬다. 엄마는 동생들이 커가면서 돈이 많이 든다며, 힘들겠지만 어쩌겠냐며 열심히 하라고 했다. 돈이 생기면 당연히 엄마에게 갖다줘야 했다. 내가 공장에서 버는 돈은 가족들에게 늘 부족했다. 우리 가족이 좀 더 잘살았으면 하는 마음, 커가는 동생이 나보다는 부족함 없이 자라기를 바라는 마음이 나를 유혹했다. 이미 흔들릴 대로 흔들린 나를 붙잡아주는 사람은 없었다. 나는 어린 나이에 이미 공장에서 잔뼈가 굵어버렸다. 야근을 너무 많이 해서 깜빡 졸다가 미싱 바늘에 손가락이 찔려 손톱이 빠지기도 했고, 남자 관리자들은 시시때때로 집요하게 성추행을 일삼았다. 하루 생산 물량을 맞추지 못하면 집으로 보내주지도 않았던 그곳에서 공순이라는 이름으로 열심히 살았다. 그러나 공장에서 일하는 것보다 돈을 더 벌 수 있는 곳으로 가는 것이 내 가족들을 위하는 길이라고 생각했다. 며칠 후 사직서를 내고 그 수렁 속으로 내 발로 찾아갔다. 그리고 20여 년 동안 빠져나오기 힘든 기나긴 여행을 떠났다.

♟

　20여 년을 업소에서 일하면서, 그리고 탈성매매 후에도 한동안은 내 발로 업소를 찾아갔다는 사실이 죄책감이 되었다. 맞아도 내 잘못, 강간을 당해도 내 잘못, 남자에게 버려져도 내 잘못, 성매매를 해도 내 잘못. 모든 것을 내가 감당해야 했다.

　성매매 업소에서 일하면서 만났던 많은 여성 중에는 부모와 사별한 여성, 부모의 이혼으로 혼자 남겨진 여성, 가출 청소녀로 유입된 여성, 조부모와 살면서 학대를 견디다 못해 탈출한 여성, 남편의 도박과 바람, 폭력으로 이혼하고 아이를 먹여 살리기 위해 업소에 나온 여성 등 다양한 사연을 가진 여성들이 있었다. 그중 한 여성은 유독 내 열등감을 자극했다. 그녀는 모든 것을 다 가진 듯 완벽했다. 얼굴도 예뻤고, 대학교를 다닌 고학력자이며 집안도 좋았다. 어쩌다 빚이 많아지면 아버지가 나타나 빚을 갚아주고 잠시 사라졌다가 다시 업소로 돌아오곤 했다. 나는 그녀가 부러워서 미워했다.

　어느 날 술을 한잔하며 그녀는 자신의 이야기를 들려주었다. 집으로 돌아가면 뭐하냐고. 언니, 오빠는 좋은 대학 나와서 부모가 입에 침이 마르도록 자랑하지만 자기는 대학도 겨우 갔고 사고뭉치라 자식 취급을 하지 않는다고. 언니, 오빠는 길에서 만나도 아는 척하지 않는다고 했다. 친척들이 집에 오면 방 밖으로 나오지 말라고 해서 늘 방에만 있었다며 그녀는 소리 내서 울었다. 나는 그녀에게 부모가 원하는 삶을 살라고, 배부른 소리 하지 말라고 했다. 그녀는 외로움을 감당하기가 힘들었고 왕따인 자신이 너무 싫었는데, 업소에 오니 모두가 예뻐해주고, 성적이 형편없어서 가족에게 무시당했던 대졸이라는 학력도 업소에서는 대단한 이력이 되는 것이 신기하다고 했다. 이것을 이 여성의 잘못이라고 할 수 있을까? 이 여성은 업주에게 계속 사랑받기만 했을까? 구매자에게서 예쁨 받던 시절은 얼마나 갔을까?

내가 가난하고 못 배웠다고 성매매로 유입되어야 했을까? 내가 강간당하고 버림받았다고 성매매를 해야 했을까? 나는 왜 성매매를 했을까? 내가 잘못한 것일까? 끝없이 스스로에게 질문을 던지며 그 이유를 찾아봤지만 나의 잘못이 무엇인지 나는 모른다. 나를 벼랑 끝으로 몰아낸 것은 누구일까?

나는 업소에서 잔인한 삶의 방식을 자연스럽게 배워나갔고 점점 익숙해졌다. 나는 살아야 했다. 아니, 죽지 못해 살았다. 자살 시도를 몇 번이나 했지만 죽지 못한 내 삶은 끝없이 추락했다. 내가 겪은 가정폭력, 가난, 강간, 성폭력으로 인해 나는 성매매 여성으로 만들어져온 것은 아닐까.

내가 20여 년간 경험한 성매매 업소는 나를 때린 아버지와 어린 나를 성추행했던 삼촌과 나를 강간하며 웃던 그놈, 임신한 나를 버리고 간 군인의 모습과 너무나 닮아 있었다.

2

열여덟 살에 유입된
업소

공장 일이 끝나고 기숙사로 들어가 텔레비전을 틀어보면 올림픽 중계로 온 세상이 시끄러웠다. 우리나라에서 처음 열리는 올림픽에 도시들은 뜨거웠다. 우리나라 선수가 출전하는 경기는 시간대를 가리지 않고 중계되었고, 매일같이 어느 나라에서 금메달을 많이 땄는지 알려주느라 정신이 없었다. 올림픽 주제가가 거리에 울려 퍼지고 사람들은 축제 분위기로 들떠 있던 그해 겨울, 나는 열여덟 살의 나이로 업소에 유입되었다.

언니, 동생으로 지내자던 업주는 팔을 벌려 환영해주었다. 친구가 얻어놓은 작은 방으로 거처를 옮겼고, 가지고 온 짐이라고는 옷가지 몇 개와 이불이 전부인 나는 초라하게 짐을 풀었다.

가라오케에서 일하면서 입을 옷이 마땅치 않았던 나는 친구의 홀복을 빌려 입었다. 홀복을 제대로 갖추어 입지 않아도 일하는 데는 지장이 없었다. 나이가 어리니까 옷을 못 입어도, 화장을 잘 못해도 전부 용서되었다. 예전에 일하던 여성의 홀복을 세탁해서 입으라고 했던 업주는 처음부터 홀복을 사 입으라는 강요는 하지 않았다. 업주에게는 홀복보다 미성년자인 내 나이가 밝혀지지 않는 것이 급선무였다. 구매자가 물으면 "나이는 스물한 살이고 내가 돈 벌고 싶어서 업소로 왔다."라고 대답하라고 교육시켰다. 왜 그런 것을 가르치는지 당시에는 이해가 되지 않았지만 업주가 시키는 대로 성실하게 대답했다.

가라오케에서는 한 달 월급을 받았고, 일을 오래 하면 월급도 올라간다고 했다. 가라오케에서 일하는 여성, 남성 모두 '마스터'라는 호칭으로 불렸다. 경력이 많은 마스터는 'A급 마스터'라고 불리며 월급도 많이 받았다. 남자들이 주는 팁은 각자 모으기도 했지만 팁을 넣는 바구니를 만들어서 모으기도 했다. 영업시간이 끝나면 모아놓은 팁을 마스터끼리 나누었다. A급 마스터는 6 대 4 정도로 더 많은 팁을 가져갔다. 나는 친구와 반반씩 나누었고, 팁 수입은 불안정했기 때문에 한 달에 얼마를 번다고 정확히 말하기는 어려웠다. 팁을 많이 받기 위해 남자들 앞에서 노래를 부르며 애교를 떨고 과도하게 술을 많이 마시기도 했다. 가라오케에 남자만 술을 마시러 오는 건 아니었다. 남성과 여성이 같이 오는 경우, 여성들끼리 오는 경우도 많았다. 남자 마스터들은 단골손님을 만들기 위해 여자 손님들과 따로 나가서 술을 마시거나 밥을 먹기도 했다. 사람들은 가라오케가 건전하다고 했지만 그건 어디까지나 술을 마시러 오는 사람들과 업주의 입장이었다. 가라오케에서 실제로 일을 하는 사람들은 여성이든 남성이든 시키는 대로 술 매상을 올리고 흥을 돋우는 행위와 때로는 2차를 강요당했다. 여느 업소나 마찬가지였다.

나는 월급의 절반 이상은 집으로 보냈고 나머지 돈과 팁으로 화장품 등 필요한 물품을 사고 친구와 밥을 해먹으며 생활했다. 이 업소에서 스무 살이 되기 전까지 일했다.

돈은 모이지 않았고 공장에서 받던 월급의 몇 배나 되는 많은 돈을 집으로 보냈지만 우리 집은 여전히 가난했다. 힘들고 괴로웠지만 집에 보탬이 된다는 마음을 위안 삼아 업소 일을 했다.

남자들은 가끔씩 나에게 2차를 나가자고 했다. 내가 미성년자였기 때문인지 업주가 절대 2차는 안 된다고 했고, 나 또한 상상조차 하지 못했던 일이라 그런 말을 들으면 얼굴이 사색이 됐다. 거절당한 남자들은 욕을 하며 때리려는 시늉을 했다. 그때는 잠시 주방에 숨어 있다가 업주가 손님을 달래거나 아예 술값 계산을 하고 내보내면 다시 일을 했다. 그런 업주의 행동에 나를 지켜준다는 든든한 마음이 들었고 가족처럼 느껴져 고마워했다.

그러다 월급이 밀리면서 업주와 사이가 틀어지기 시작했다. 업주는 조금만 기다리라고 했지만 3개월이 넘어가도록 주지 않는 월급을 마냥 기다릴 수는 없었다. 친구와 나는 다른 업소를 알아보는 것이 좋겠다고 이야기를 나누었지만 갈 곳이 없었다. 며칠 후 친구가 알고 지내던 언니가 다른 도시에 있는 가라오케를 소개해준다고 했다. 여기처럼 월급이 밀리면 어떻게 받아내냐고 하자 그 업소는 다른 지역에 있기 때문에 한 달 월급을 미리 선불로 지급한다고 했다. 지금 일하는 업소는 우리 집과 거리가 멀지 않기 때문에 언제든지 가족이나 친척들에게 들킬 위험이 있었다. 다른 도시로 가는 것이 내게는 최선이었다. 그곳 업소에서 밀린 월급 이상으로 돈벌이가 된다면 멀리 가는 것도 문제가 되지 않았다.

업주에게 밀린 월급을 달라고 하며 일을 그만두겠다고 하자 "오갈 곳 없는 것들 거둬줬더니 은혜를 원수로 갚는다."고 했다. 친구와 나는 업주의 말에 기가 막혔지만 대꾸도 하기 싫었다. 밀린 월급만 해결해달라고 했다. 업주는 당당하게 월급은 한 푼도 못 준다고 하며 나가려면 당장 나가라고 소리쳤다. 기다려볼 걸 괜히 그만둔다고 말해서 월급도 못 받는 것은 아닌지 혼란스러웠다.

친구는 업주에게 따져 물었다. "언제 줄 건데요?" 그 말을 들은 업주는 친구와 나를 때리려는 시늉을 하며 겁을 줬다. 그러더니 일단 한 달 월급을 주고, 나머지는 통장으로 입금해주겠다고 했다.

한 달 월급을 손에 쥔 우리는 곧바로 짐을 싸서 고향을 떠나 낯선 도시로 갔다. 나머지 돈을 입금해준다던 업주는 계속해서 기다리라고만 했고 전화도 받지 않더니 끝내 돈을 주지 않았다. 때로는 나를 지켜주고 친언니처럼 잘해주던 업주가 미웠지만 밀린 월급을 받아낼 방법이 없었기에 포기할 수밖에 없었다.

밤늦은 시간에 기차를 타고 충청남도 D시에 내렸을 때 도시를 감싼 기운은 쓸쓸하고 어두웠다. 나 혼자였으면 두려웠을 낯선 도시에서 친구가 있어 위안이 되고 의지가 되었다. 친구와 나는 낡은 여관에 선불로 달방을 얻었다. 여관 앞에는 식당이 몇 개 있었고 작은 슈퍼도 있었다. 새로 일할 곳의 남자 업주가 우리를 찾아왔고 인사를 나누고는 자신을 오빠라고 부르라고 했다. 나이가 삼촌 정도 되어 보였지만 오빠라 부르라기에 그렇게 불렀다. 밥은 먹었냐며 상냥하게 웃는 업주는 해장국 한 그릇을 깨끗하게 비우는 우리에게 더 먹고 싶은 것은 없냐고 친절하게 물어왔다. 우리는 짐 정리를 한다는 핑계로 업주와 헤어졌다. 낡고 허름한 여관으로 돌아와 가지고 온 옷이며 물건을 정리했다. 친구는 남자 친구와 찍은 사진을 액자에 넣어왔고 나는 그것을 보며 부러워했다.

밤이 되어 여관 앞 작은 슈퍼에서 소주와 간단한 안주를 사서 방에서 술을 한잔했다. 이 밤이 지나면 내일은 새로운 곳에서 일을 할 것이라는 기대감에 흥분이 되기도 했고, 먼 길을 올 수밖에 없는 처지가 서러워 울기도 했다. 금방 돌아가자고, 빨리 돈 벌어서 가자고, 다시 돌아갈 수 있을 것이라고 그렇게 서로를 위로하며 술잔을 비워냈다.

새로 일하게 된 가라오케는 원탁이 있는 룸이 두 개 있었고, 넓은 스테이지가 보이는 유리로 된 방이 하나 있었다. 우리 둘은 떨어져 일을 했다. 일하는 아가씨는 룸마다 두 명씩 있었고 웨이터가 두 명 있었다. 예전 업소보다 규모가 컸다. 인테리어도 훨씬 더 세련되었고 주방장이 있어 안주도 훨씬 고급스러워 보였다.

일을 시작하고 얼마 안 지나 업주가 우리를 불러 옷차림이 그게 뭐냐, 손님에게 불친절하다며 트집을 잡기 시작했다. "다른 언니들 좀 봐라. 옷도 잘 입고, 손님들에게 친절하고, 얼마나 일을 잘하냐? 너희는 뭐냐?" 뭘 잘못했는지 알 수 없었지만 업주의 말에 고개를 숙였다. 흥분한 업주를 달래면서 내일 시내에 가서 옷을 사 입겠다고 하니 "두고 보겠다."면서 잔소리를 늘어놓고는 가서 일하라고 했다.

같이 일하던 언니에게 물어보니 업주는 화도 잘 내고 잔소리가 많다고 하며 한 귀로 듣고 한 귀로 흘리라고 했다. 내가 홀복을 사야겠다고 한숨을 쉬니 언니는 자신이 안 입는 옷을 골라 오겠다며 눈치껏 몇 개만 사라고 일러주었다. 업주가 시킨 대로 홀복을 사서 입고, 화장도 신경 써서 하고, 남자들에게도 친절하려고 애를 썼다. 나의 노력에도 불구하고 업주는 잔소리를 달고 살았고 어떤 날에는 내가 그냥 화풀이 상대가 아닌가 하는 느낌도 받았다. 그곳에서 일을 하는 것이 점점 순탄치 않았다.

결국 업주가 2차를 강요하는 바람에 일을 그만두는 지경까지 이르게 되었다. 한 달 월급을 미리 받았으니 다음 달은 돈이 없는데 집에서는 내가 돈을 부치기를 기다릴 것이라는 생각에 가슴이 답답했다. 그러던 어느 날 가라오케에 자주 술을 마시러 오던 룸살롱♦의 사장이 우리에게 일 마치고 한잔하러 가자고 제안했다. 나는 스트레스도 풀 겸 좋다고 했고, 친구도 선뜻 약속에 응했다. 술자리에서 룸살롱 사장은 업주와 일하기는 어떻냐고 운을 뗐다. 2차를 강요한

♦ 유흥주점허가를 낸 업소이고 노래방, 단란주점과는 달리 유흥종사자(접대부)로 여성들을 고용할 수 있는 업소.

이야기와 한 달 월급을 미리 받은 이야기를 했을 때 룸살롱 사장은 우리에게 자기 업소로 와서 일하라고 했다. 2차는 안 나가도 되고 테이블만 봐도♦ 충분히 돈을 번다며, 생활비가 없으니까 한 달 월급 정도는 미리 주겠다고 했다. 구세주를 만난 기분이었고, 사람이 죽으라는 법은 없다고 생각했다. 룸살롱 사장은 자기 업소에서 일을 한다고 소문이 나도 가라오케 업주는 해코지하지 못하니 걱정 말라고 안심시켰다. 그날 마셨던 술은 너무나 달았다. 그 이후 어떤 일이 벌어질지는 상상조차 못 했다. 룸살롱 사장은 자신을 '아빠'라고 부르라고 했다. 같이 술잔을 기울이며 순순히 아빠라고 불렀다.

다음 날 가라오케 업주에게 계약한 한 달이 얼마 남지 않았으니 친구와 나는 업소를 그만두겠다고 했다. 업주는 떨떠름한 표정을 지으며 "싸가지 없는 것들, 미리 이야기해야 아가씨를 구할 것 아니야? 정확하게 달 채우고 그만둬." 그러더니 차마 입에 담지 못할 욕을 해댔다.

친구와 나는 하루하루 시간이 빨리 가기만을 바랐다. 밤마다 룸살롱 사장은 친구와 나를 불러내서 술을 사주었고 울고 있는 나를 다독여주었다. 우리를 챙겨주는 룸살롱 사장에게 믿음이 갔다.

마지막 날 대충 짐을 챙기며 언니에게 잘 입었다며 세탁한 홀

♦ 2차를 가지 않고 룸에서 구매자를 접대하는 것. 2차만 안 나갈 뿐, 룸에서 이루어지는 구매자들의 추행을 그대로 견뎌야 한다. 선불금이 있으면 테이블만 보면서 일할 수는 없었고, 업주의 강요에 의해서든 선불금을 갚기 위해서든 결국 2차를 나가야 한다.

복을 건네주니 언니는 가져가서 다른 곳에서도 입으라고 했다. 고맙다고 인사하고 다음에 밥이나 먹자며 연락처를 주고받았다. 업주에게는 얼굴도 제대로 쳐다보지 않고 가겠다는 인사만 했다. 업주는 물건을 훔쳐가는 도둑놈 취급을 하면서 몸을 이리저리 돌려보더니 손으로 밀쳐냈다. "야, 빨리 꺼져." 두 번 다시 볼 일 없는 사람처럼 취급하는 업주에게 욕이라도 하고 싶었지만 한 대 맞기라도 하면 나만 손해라는 생각에 아무 말도 하지 못했다.

그런데 친구가 자신은 집으로 돌아가야겠다고 했다. 순간 숨이 멈추는 것 같았다. 무슨 일 때문에 그러냐고 물어보니 남자 친구가 예전부터 같이 살자고 했다며 이제 돌아가야겠다고 했다. 만약 업소를 옮기는 데에 지장이 생기면 자기가 룸살롱 업주에게 잘 말하겠다고 했다. 미워서 쳐다보기도 싫었다. 눈에서는 눈물만 났다. 나도 따라 같이 가고 싶은 마음을 숨긴 채 간다고 마음먹었으면 빨리 가라고, 왜 내 걱정을 하냐고 마음에도 없는 말을 했다. 친구도 미안함에 나를 제대로 보지 못했다.

룸살롱 업주에게 말하니 문제없다고, 나 혼자 일을 하라고 했다. 대신 한 달 월급을 받는 것에 대한 보증만 서라고 했다. 친구는 자신 때문에 일이 틀어지지 않아서 다행이라며 룸살롱 업주 말대로 보증을 서주고 고향으로 내려갔다. 친구와 나는 그날 이후 딱 한 번 고향에서 만났다. 서로가 그날 이후의 삶에 대해서 말하고 싶지 않았기에 더 이상 만나지 않았다.

친구가 떠난 빈자리는 너무나 컸다. 텅 빈 방에 혼자 있자니 눈물밖에 나지 않았다. 그동안 내게는 미우나 고우나 둘이라는 힘이 컸는데, 혼자 남겨진 외로움으로 힘들어했다.

업주는 나를 불러내어 룸살롱에서 일하려면 헤어스타일을 고급스럽게 해야 하기 때문에 지정된 미용실을 이용하라고 했다. 그곳 디자이너들이 알아서 스타일을 변신시켜줄 것이라고 했다. 그리고 룸살롱에서 입는 홀복은 가라오케에서 일할 때 입었던 홀복과는 격이 다르다고 했다. 홀복을 판매하는 매장도 알려주면서 그곳에서 구입하라고 했다. 홀복 매장에 간 나는 너무 비싼 가격에 놀랐다. 룸살롱 업주는 걱정하지 말고 입고 싶은 옷을 골라보라고 했다. 옷을 몇 벌 사고, 신발도 사고, 가방도 샀다. 화장품을 살 때는 "피부는 좋을 때 가꾸는 것"이라며 비싼 앰플도 고르라고 했다. 다 나를 위해 하는 말이라고 해서 고분고분 골라 담았다.

양손에 쇼핑백을 들고 업주가 말한 지정 미용실로 향했다. 염색을 끝낸 후 메이크업을 하고 마지막으로 핑크빛이 도는 매니큐어를 발랐다. 머리부터 발끝까지 내가 아닌 다른 모습으로 변신했다. 다시 쇼핑백을 들고 거리에 나섰을 때 친구가 떠난 빈자리는 없었다. 내가 아닌 다른 나로 변신한 모습만이 이 도시에 혼자 남아 있었다.

마치 영화나 드라마에 나오는 돈 많은 사람들이 양손에 쇼핑백을 가득 들고 다니는 모습 같다고 느끼며 어깨가 올라가 우쭐대고 발걸음은 가벼웠다. 행인이 나를 쳐다보면 연예인이 된 기분이었고, '돈만 있으면 다 이렇게 살게 되는구나.' 하는 생각이 들었다. 업주가 온 얼굴에 미소를 띠며 고급 자동차의 문을 열어줬을 때는 더 짜릿했다. 보란 듯이 콧대를 세우며 올라탄 업주의 자동차는 시내를 빠져나갔다.

이제 내 눈 앞에는 룸살롱이 보였다. 업주는 여기가 앞으로 일하게 될 곳이라며 웅장한 입구의 문을 열어주었다. 바닥이 전부 대리석으로 깔려 있어 하이힐을 신은 내 발소리가 유난히 크게 들렸다. 복도 사이로 여러 개의 룸이 있었다. 문을 열어본 룸 안에는 적당한 쿠션이 있는 소파와 고급 인테리어, 그리고 조도가 조절되는 조명이 갖춰져 있었지만 따스함이라고는 찾아볼 수 없었다. 남자 화장실은 룸 안에 있고 아가씨들이 쓰는 화장실은 밖에 있다고 했다.

업주는 젊은 여자 한 명을 소개하며 마담◆이라고 했다. 30대 초반 정도 되는 여자는 웃으며 나를 맞이했고 혼자 지내면 위험하니

◆ 업소에서 구매자와 아가씨를 관리한다. 아가씨들이 2차를 가거나 테이블을 보면 수수료를 받고 업주에게는 월급을 받기도 한다. 마담은 단골손님을 유치하기 위해 구매자들에게 술값을 외상으로 해주기도 했다. 보통 '술값 사인지'라고 부른다. 구매자의 술값 사인지 수금이 제대로 되지 않아 엄청난 빚에 허덕이는 마담들이 많았다. '새끼마담'이라고 부르는, 마담 일을 배우는 여성도 있다. 업소마다 새끼마담에게 시키는 일이 달랐는데 낮 시간에 업소 홍보를 다니는 '외교'를 보내거나 아가씨 출퇴근을 관리하게 하기도 했고, 큰 마담이 2차를 강요해서 보내기도 했다. 마담들은 아가씨와 달리 2차를 가지 않았다. 큰 마담이 업소를 옮길 때마다 관리하는 아가씨와 함께 새끼마담도 같이 옮기기도 한다. 아가씨들에게 2차를 보내기 때문에 성매매 알선죄가 적용된다. 마담이라는 명칭 외에 실장, 부장, 피디 등으로 불리기도 한다.

숙소로 들어와서 지내라고 했다. 마담은 나에게 말을 건넸다. "이름이 뭐니?" 본명을 대니 마담은 '이런 촌년을 봤나.' 하는 듯 큰소리로 웃었다. "그래, 네가 아무것도 몰라서 그렇구나." 그러면서 가명을 쓰라고 했다. 떠오르는 이름이 없었다. 그날부터 마담이 지어주는 이름으로 불렸다. 마담은 다른 마담이 한 명 더 있다고 말해주었다. 업주는 조금 있으면 예약 손님들이 올 시간이라며 대기실로 가서 앉아 있으라고 했다. 마담은 나를 데리고 아가씨들이 있는 대기실로 갔다.

이곳의 광경은 화려한 룸에 전혀 어울리지 않는 공간이었다. '아가씨'라고 불리는 여성들 대략 30여 명이 담배를 피우거나 화장을 하거나 옷을 갈아입거나 밥을 먹거나 각자 할 일을 하고 있었다. 대기실은 넓은 방처럼 만들어서 사용하고 있었다. 신발장에 엄청나게 쌓여 있는 구두를 보고 신발 주인을 제대로 찾을 수 있을까 하는 생각이 들었다. 나는 이 업소에서 나이가 제일 어렸고 경력도 없는 막내였다.

마담은 그중 한 언니에게 막내 왔으니 잘해주라고 했다. 나는 고개를 끄덕이는 것으로 인사를 대신했다. 언니는 올라와서 자기 옆에 앉아 있으라고 했다. 몇 살이냐고 묻는 언니의 질문에 늘 준비되어 있는 대답인 스물한 살이라고 했다. 나의 대답에 언니는 좋을 때라고 하면서 웃었다. 룸에 들어갈 준비가 다 되어 있는 나는 할 일이 없었다. 담배 한 대를 꺼내 입에 물었다.

잠시 후 또 한 명의 마담이 대기실로 들어왔다. 그 마담은 나이가 조금 들어 보였다. 마담이 들어서자 아가씨들이 일제히 고개를 돌려 인사를 건넸다. 누구인지 궁금해서 언니에게 물어봤다. 지금 들어온 사람이 큰 마담이라며, 아까 같이 온 마담은 새끼마담이라고 했다. 큰 마담은 이 업소에서 업주 다음으로 힘이 크다고 했다. 큰 마담은 나에게 따라오라고 손짓했다.

큰 마담은 작은 룸으로 들어가 룸에서 일해본 적이 없는 나에게 많은 것을 가르쳤다. 손님에게 인사하는 법, 손님맞이 하는 법, 손님이 신고 온 신발을 벗겨 한쪽에 두고 슬리퍼로 갈아 신길 것, 항상 내 손은 손님의 허벅지 위에 있어야 할 것, 손님 안쪽으로 들어갈 때는 신발을 벗고 손님 등 뒤로 돌아갈 것, 양주잔과 물잔 나누어 놓는 법 등 다 외우기도 힘든 것들을 가르쳤다. 그리고 미용실과 사우나는 가는 곳만 간다고 하며 한 달마다 업소에서 계산을 하니까 나중에 새끼마담하고 같이 가라고 했다. 숙소비는 따로 낸다고 했다. 일명 '예절교육'과 이 업소의 룰이었다.

이 업소에서는 보름에 한 번 큰 마담이 아가씨 관리를 위해 좌담회를 했다. 좌담회는 형식일 뿐이었다. 몸무게를 잰다든가 옷차림새를 지적하고, 손님에게서 들어온 불만 사항을 들먹이며 아가씨들을 혼내기도 했다. 아가씨들은 좌담회에 참석하지 않으면 벌금을 내야 했다.

큰 마담이 "너는 2차를 안 간다며?" 하고 물었다. 나는 고개를 끄덕였다. "손님에게 왜 안 나간다고 이야기하지 말고, 그냥 남자관계가 없다고 해라." 무슨 소리인지 그때는 몰랐지만, 남자관계가 없다는 것은 나의 특별한 이력이 되었다. 구매자들에게 나의 가치를 높이는 말이었다.

큰 마담이 나를 데리고 룸으로 들어갔다. 룸살롱에서 처음 남자를 대하는 것이었다. 40대 중후반 정도로 보이는 남성 두 명이 있었다. 큰 마담은 새로 온 아이라며 인사를 시켰다. 넓은 룸 안에 단 네 명이 있는 자리에 나는 사시나무 떨 듯이 떨며 서 있었다.

남자들은 재미난 구경을 하듯이 턱에 얼굴을 괴고 쳐다보고 있었다. 얼굴이 빨개져 있는 나에게 한 남자는 들어와서 앉으라고 했다. 큰 마담은 과일 안주를 직접 깎아서 남자들 앞으로 적당히 덜어주고는 이내 룸을 나갔다. 나는 떨리는 손으로 남자들에게 술을 따라주었다. 남자들은 나에게 관심을 주지 않았고 자기들만 아는 내용으로 이야기를 했다. 나는 어쩌다 술을 한 잔 주면 마실 뿐 대화에도 끼어들지 못했다. 가끔씩 큰 마담이 들어왔고 그러면 화제가 잠시 바뀌어서 대화를 나누었다. 주로 섹스 이야기였고, 2차를 안 나가는 나에게 언제 머리 올릴 거냐고 물었다. 내가 대답을 못 하고 있으면 남자들은 순진하다고 좋아했다. 당분간 그렇게 지내라고 했던 큰 마담의 말을 떠올렸다. 그날 세 번 룸을 들락거렸고 일을 마쳤다. 술기운이 올라와 옷을 겨우 갈아입고 새끼마담을 따라 숙소로 향했다.

숙소는 난장판이었다. 30평 남짓 되는 아파트에 방이 세 개가 있었다. 새끼마담은 나에게 작은 방에서 언니 한 명과 같이 지내라고 하며, 빨리 자고 아침에 짐 가지고 오라고 한 뒤 자기가 쉬는 방으로 들어갔다.

차츰 친구가 없는 빈자리가 익숙해져갔다. 하지만 막상 업소 일을 마치면 혼자라는 마음에 외로워서 매일 술을 마시러 갔다. 집에 보내주는 돈을 제외하고는 다 술값으로 나갔다. 술을 마신다고 해서 비어 있고 외로운 마음이 채워지지는 않았다. 그러나 업소가 아닌 낯선 술집에서라도 위로를 받고 싶었다. 낯선 도시, 적응 안 되는 업소, 밖에서는 화려하게만 보이는 룸살롱. 그리고 차츰 나도 그 추악하고 더러운 곳에 적응하기 시작했다.

6개월은 지났을까, 업주가 나를 룸으로 불렀다. "너 왜 자꾸 술 마시러 다니냐?" 그게 무슨 큰 잘못인가 싶어 업주가 무슨 말을 하고 싶은 것인지 궁금했다. "돈도 안 벌고 왜 이래?" 업주는 내 걱정을 하는 걸까? 그러나 업주가 내민 영수증에 내 눈은 휘둥그레졌다. 품목별로 상세히 적힌 영수증에는 내가 샀던 옷, 화장품, 신발, 미용실 비용이 고스란히 적혀 있었다. 700만 원이라는 거금을 보며 머리가 하얗게 되었다. 업주는 그동안 특별히 시간을 많이 주었다고 하며, 이제 테이블만 봐서는 안 되고 2차를 나가라고 했다. 업주는 나에게 돈 걱정 말고 옷을 사라고 했고, 룸살롱에서는 화장을 예쁘게 해야 한다며 화장품을 사라고 했고, 미용실은 필수이니 스타일을 바꾸라고 했었다. 이 모든 것이 빚이 되어 돌아올 거라고는 상상도 하지 못한 나는 고개를 숙이고 울었다. 울고 있는 나를 향해 업주는 더 큰소리로 말했다. "다 싫으면 지금 당장 빚 갚고 나가." 내가 갈 곳이 없다는 것을 알고 있다는 듯 말했다. "언제 돈 갚을 거냐? 네 친구가 뭐라고 보증만 믿고 돈을 줬겠어? 너희 집이 어딘지, 아버지 연락처는 뭔지 다 알고 있어."라고 했다. 너무 놀라서 바닥에 주저앉 았다. 이 모든 사실을 아버지가 아는 날에는 가족에게 돌아가지도 못할 것이라는 생각이 들었다.

울면서 2차를 나가겠다고 말했다. 업주의 목소리가 갑자기 부드러워졌다. 말 잘 들으면 돈 많이 번다고, 빨리 돈 벌어서 집으로 가야 할 것 아니냐고 했다. 업주는 영수증에 적힌 빚은 1할 이자를 내야 하고, 마담 엠티비,♦ 정해진 출근 시간에 늦으면 지각비, 결근하면 결근비, 생리하면 미리 마담에게 체크를 넣고 안 그러면 벌금을 내야 한다고 했다.♦♦

그러면서 업주는 "내 말 잘 들어, 안 그러면 사창가에 팔아버린다."고 협박했다. '사창가', 말로만 들었을 뿐 한 번도 가본 적이 없지만 언니들 말로는 그곳으로 팔려 가면 나오지 못한다고 했다. 외출도 못 하고 밖에서 지키고 있어서 도망도 못 가고 죽어도 아무도 못 찾는다고 했다. 그런 무서운 곳으로 나를 팔아버리겠다는 업주의 말에 놀라서 온몸이 움츠러들었다. 사창가로 팔려 가면 안 되니

♦ 마담이 아가씨를 룸으로 들여보내주는 대가로 받는 돈. 업소마다 계산하는 방식이 다르다. 룸으로 들어가는 횟수를 따져서 계산하기도 하지만 대부분 아가씨들이 마담에게 한 달마다 일정한 금액을 주었다.
♦♦ 업소마다 다르지만 지각비는 대략 시간당 2~5만 원, 결근비는 하루 50만 원을 냈다.

이곳에서 업주 말을 잘 듣고 시키는 대로 하자고 다짐했다.

업주가 시킨 대로 2차를 나갔다. 처음 2차를 나간 상대는 50대 초반의 남성이었다. 딸 같다고 말하면서 온몸을 더듬더니 처음 2차를 나간다는 큰 마담의 말에 반색하면서 술을 마시는 도중에 빨리 나가자고 재촉했다. 같이 온 남자들은 그 남자를 부러운 표정으로 바라보면서 나에게 손님 잘 모시라고 했다. 대기실에서 옷을 갈아입으며 걱정하는 나에게 언니들은 누워서 눈 감고 돈을 세거나 숫자를 세거나 사랑하는 사람을 떠올리라고 했다. 떨리는 가슴이 진정되지 않았고 언니들의 노하우는 아무런 위로가 되지 않았다. 잔뜩 긴장한 상태로 가까운 모텔로 향했다.

남자가 먼저 샤워를 하는 사이에 나는 맥주를 시켜 마셨다. 취하지 않고는 저 남자를 도저히 상대할 수가 없을 것 같았다. 욕실에서 나온 남자는 나더러 얼른 씻고 오라고 했다. 나는 욕실에 물을 틀어놓고 울었다. 무서웠고, 이 현실이 도저히 믿기지 않았다. 대충 씻고는 큰 마담이 일러준 대로 납작하게 포장된 콘돔을 남자에게 건넸다. 남자는 아주 불쾌해하며 무슨 병자 취급 하냐고 했다. 나는 혹시나 무슨 일이 생길까 봐 그런다고 하며 다시 콘돔을 건네주었고, 남자는 콘돔을 끼면 성기가 서지 않는다고 했다. 어떻게 달랠 힘도 없어서 콘돔은 사용하지 않았다.

그 남자가 내 몸으로 올라왔을 때 샤워를 했는데도 불구하고 역하게 풍기는 술 냄새가 싫어서 나도 모르게 고개를 돌려 숨을 쉬었다. 얼른 이곳을 빠져나갔으면 하는 마음이 나를 슬프게 했다. 나는 천천히 숫자를 세기 시작했다. 하나, 둘, 셋, 넷. 이 행위가 너무나 싫어서인지 영혼이 몸과 분리되는 느낌을 받았다. 남자는 서른여섯을 셀 때쯤 내 몸에서 내려왔다. 남자는 곧바로 욕실로 향하는 나를 억세게 잡으며 좀 더 누워있자고 하면서 나를 침대에 눕히려 했다. 나는 남자의 손을 뿌리치고 욕실로 들어갔다. 몸을 씻는 내 손길이 싫고, 욕실 거울에 비친 내 모습이 싫었다. 젖은 몸을 닦고 방으로 들어가 옷을 입는 사이에 남자도 욕실로 들어가 씻었다.

남자는 자신은 가정이 있어서 비누 냄새를 풍기면 안 되기에 물로만 씻었다면서 자랑처럼 떠들어댔다. 옷을 다 입은 남자는 차비나 하라며 몇만 원을 내 손에 쥐어주고 다음에 보자며 모텔 방을 나갔다. 나는 문을 잠그고 담배를 피웠다. 다시 업소로 돌아가고 싶은 마음은 없었고 그 남자가 주고 간 몇만 원으로 소주를 마시기로 했다. 우울했다. 소주의 맛은 쓰고 아랫도리는 아프고 떠올리면 끔찍한 장면들이 싫어서 포장마차에서 나는 울었다.

몇 달 동안 집에 돈도 부치지 못하고 벌면 버는 대로 빚을 갚아 나갔다. 몸이 아파도 참고 일을 했다. 아픔의 정도가 심하면 병원에 갔다. 특히 산부인과를 자주 다녔다.

차츰 나를 보러 오는 단골도 생기고 내 몸은 업소에 익숙해져 갔지만 나의 마음은 늘 외로웠다. 가족을 생각할 때면 내 심정은 죄인이나 다름없었다. 엄마와는 평소에도 자주 연락을 하지 않았지만 돈을 보내지 못할 때에는 미안해서 더 연락하기 힘들었다.

몇 달이 지나자 빚을 절반 정도 갚을 수 있었다. 그러면서 그만둬야겠다는 생각을 했다. 나의 행동을 감시하는 마담들의 눈빛에 숨이 막혔다. 다 버리고 싶고 떠나고 싶은 마음이 간절했다. 그렇다고 아는 업소가 있는 것도 아니었다. 혼자 고민만 하던 중 방을 같이 쓰는 언니가 소개소♦ 삼촌을 소개해주겠다고 했다. "너는 나이도 어리니까 소개소 삼촌들이 좋아하겠다." 이곳을 벗어나고는 싶었지만 막상 언니의 말을 들으니 더 심란해졌다. 고향을 떠나 이곳까지 와서 함께 고생했던 친구가 떠나가고, 아픈 마음을 겨우 추스르고 여태까지 지내왔는데, 또 다른 곳으로 가면 다시 혼자라는 외로움과 무서움이 한꺼번에 닥치는 것이 아닐까 하는 두려운 마음이 들었다. 결정을 내리지 못하는 나의 마음을 아는지 언니는 급할 것 없으니 천천히 고민해보라며 위로해주었다. 며칠이 지나 마담에게 불려가 홀복과 화장이 엉망이라며 혼이 난 나는 이곳을 떠나야겠다는 결론을 내렸다.

언니와 함께 소개소를 찾아갔다. 식당 2층에 자리 잡고 있는

♦ 직업소개소라고도 부른다. 업종별, 지역별로 아가씨들을 보내서 소개비를 받는 사람을 말한다. 소개소에서 소개를 받아 업소를 옮기는 것을 '소개소를 탄다'라고 표현했다.

그곳은 책상이 몇 개, 테이블이 따로 두세 개가 있었다. 그리고 상담을 나누는 곳처럼 칸을 질러놓은 공간이 하나 있었다. 업체 허가증이 벽에 걸려 있었고 사무실에는 남자 몇 명이 있었다.

언니는 한 남자에게 다가가 자기가 말했던 아가씨라면서 인사를 시켰다. 남자는 명함을 내밀고 어디론가 전화를 하더니 잠시 앉으라고 했다. 곧 다방 아가씨가 커피를 들고 사무실로 왔다. 커피를 사이에 두고 언니와 그 남자, 셋이서 이야기를 나눴다.

나는 보증 서줄 사람은 없다고 했다. 빚은 얼마냐는 질문에 집에 보내줄 돈까지 포함해서 100만 원을 더 올려서 말했다. 그 남자는 문제없다고 하며 신분증을 달라고 하더니 복사를 했다. 남자는 선불금♦ 계산을 언제 하면 되겠냐고 물어보았다. 업소를 그만두려

♦ 성매매 업소에서 일을 하는 대가로 받는 돈. 선불금의 시작은 여성마다 다르고 액수 또한 다르다. 다른 업소로 옮기거나 업소 일을 그만둘 때 해당 업소의 선불금을 모두 갚아야 한다. 선불금을 받을 때 보증을 하게 하는데, 여성들끼리 연대보증(맞보증)을 서게 하거나 차용증, 공증 서류를 작성하게 한다. 선불금에 대한 이자는 매달 1-3할가량 받는다. 예를 들어 선불금이 1000만 원이고 이자가 1할이면 100만 원을 여성의 수입에서 업주가 가져갔다. 선불금이 늘어나는 주된 이유로는 성형수술, 홀복, 미용실, 사우나, 화장품, 신발, 외출복, 홀복에 맞는 액세서리 등에 들어가는 비용이 있으며 이 빚을 '앞방'이라고 불렀다. 생활비, 교통비, 휴대폰 요금, 일수 이자, 사채 이자 등으로 늘어나는 빚은 '뒷방', '가외빚'이라고 구분해서 부른다. 1000만 원의 선불금이 있는 여성이 한 달에 지출하게 되는 최소 비용은 선불금에 대한 이자 100만 원, 마담 엠티비 40만 원, 숙소비 30만 원, 미용실 30만 원, 사우나 20만 원, 홀복값 50만 원, 화장품값 30만 원 등이다. 홀복이나 화장품은 할부로 계산하는 경우가 많았고, 교통비와 휴대폰 요금, 기타 지출(외출복, 신발, 액세서리 등) 비용도 100만 원가량이 되었다. 거기에 지각비 시간당 2-5만 원, 결근비 50만 원 등 업소에서 아가씨들을 통제하기 위해 만든 벌금이 선불금으로 고스란히 더해진다. 매달 안정된 수입이 들어오지 않기 때문에 생활비가 없으면 일수나 사채를 이용하는 경우가 많으므로 이 역시 고스란히 빚으로 올라간다. 불어나는 선불금이 여성들의 발목을 잡아 탈성매매를 더욱 어렵게 만든다.

길 하나 건너면 벼랑 끝

면 남아 있는 선불금이 먼저 계산되어야 했다. 흔히 '업소에 계산 봐 준다'라고 말한다고 알려주었다. 그러면서 가고 싶은 지역이 있냐고 물어봐서 딱히 생각한 곳은 없다고 했다. 그 남자는 많은 도시의 많은 업소를 알고 있다며, 자기가 관리하는 아가씨도 많다고 자랑했다. 나는 다시 연락하겠다고 하며 자리에서 일어났다. 그 남자는 꼭 연락하라며 웃으며 언니와 나를 보냈다.

업주가 눈치를 챘는지 나를 불렀다. "빚이 어느 정도 까지니까 바람이 났냐? 가고 싶으면 가야지." 하며 열흘 후에 선불금 계산을 하라고 했다.

예약이 넘쳐서 아가씨가 모자라도 마담들은 나를 룸으로 넣어 주지 않았다. 나는 대기실 뒷방 공주가 되어 계속 앉아 있었다. 일 없이 담배만 피우며 시간이 빨리 가기를 바랐다. 그런데 새끼마담이 나를 부르더니 예전에 단골이었던 남자가 오랜만에 와서 나를 찾는다고 했다. 나더러 그만둔다는 말은 하지 말라고 당부했다. 홀복으로 갈아입고 룸으로 들어갔다. 새끼마담은 그 남자와 2차를 가라고 했다. 2차 매너가 좋지 않아 힘들었는데 마지막까지 힘들게 한다고 투덜대면서 근처 모텔로 갔다. 남자는 뭐가 좋은지 싱글벙글 웃었고 나는 맥주를 마셨다. 남자는 먼저 샤워를 하겠다고 욕실로 들어갔다. 그 밤이 무척이나 길게 느껴졌다. 흐르지 않는 시간이 미웠다.

소개소 삼촌, 일명 소개쟁이에게 업주와 계산을 보게 되었다고 연락을 했다. 소개쟁이는 자신이 직접 가서 계산을 해줄 수도 있다고 했지만 나는 소개쟁이와 업주가 만나는 것이 싫었다. 내가 그동안 업소에서 번 수입을 적은 장부♦를 바탕으로 하여 소개쟁이에게 돈을 보내달라고 했다.

업주와 계산이 맞지 않아서 내가 작성한 장부를 꺼내들었고 업주도 자신이 작성한 매상 장부를 펼쳐들었다. 업주가 계산하는 방식에는 상당히 문제가 있었다. 내가 인상을 쓰며 이해가 안 된다고 했지만 업주는 정확한 계산이라고 우겼다. 우기는 업주를 이기지도 못한 나는 얼른 벗어나고 싶은 마음에 소개쟁이가 보내온 돈으로 업주의 계산대로 선불금을 정리하고 자리에서 일어났다. 걸어가는 나의 뒤통수에 대고 업주는 "잘해줘도 소용없어. 처음부터 열심히 했으면 지금은 집도 샀겠다."라고 말했다.

소개쟁이의 차를 타고 어딘지 모르는 도시를 향해 달려갔다. 소개쟁이의 차에는 내 짐과 나만 덩그러니 있었다. 소개쟁이는 한숨

♦ 업소마다 조금씩 차이는 있지만 보통 하루를 단위로 수입을 적어놓는다. 장부를 적을 때 룸 호실, 구매자의 신분이나 특징, 같이 들어간 아가씨 이름, 2차인지 테이블인지, 카드 계산인지 술값 사인인지 등을 정확하게 적어놓을수록 일주일 또는 한 달마다 업주와 계산을 할 때 유리하다. 업소를 그만둘 때는 이를 바탕으로 선불금 계산을 해야 하기 때문에 수입 장부를 잘 적어놔야 한다.

자라고 했다. 음악도 나오지 않는 자동차 안은 잠자기에 딱 좋은 분위기였지만 긴장한 탓에 잠이 오지 않았다.

차로는 그다지 멀지 않은 전라북도 J시에 도착했다. 낯선 곳에서 낯선 곳으로 왔다. 소개쟁이와 짐을 들고 업소 안으로 들어갔다. 숙소는 업소 2층에 자리 잡고 있었다.

사무실 용도로 쓰이는 작은 룸에서 소개쟁이와 나는 남자 업주와 마담을 만났다. 마담은 소개쟁이가 관리하는 여성이었다. 나에게 다정하게 굴며 오느라 피곤했겠다고, 올라가서 짐 풀고 쉬라고 했다. 입에서는 술 냄새가 풍기고 진한 화장에 유독 입술이 예쁜 마담이었다. 소개쟁이는 업주에게 내가 일을 엄청 잘한다며 내 앞에서 거짓말을 해댔다. 당시 내게 소개쟁이는 갈 곳도 없는 나를 업소에 소개시켜주는 고마운 사람이었다.

이 업소는 룸이 다섯 개 정도 있는, 규모가 작은 룸살롱이었다. 대충 업소를 둘러보고 숙소로 올라갔다. 숙소는 매우 넓었고 비어 있는 방도 있어서 내가 지내기 편한 방을 정할 수 있어서 좋았다. 소개쟁이는 내가 사용할 방에 짐을 옮겨주면서 한잔하겠냐고 물어보았다. 소개쟁이와 근처 술집으로 갔다. 소개쟁이는 내가 술 마시는 모습을 보더니 "어린 것이, 작작 마셔. 속 다 버린다." 그런 말을 했다. 내가 술을 마시는 것인지 술이 나를 마시는 것인지, 무슨 분풀이라도 하듯이 그렇게 술을 마셔댔다. 소개쟁이는 나를 숙소로 데려다주고는 얼마간 돈을 건네며 무슨 일이 있으면 전화하라고 하고 떠나갔다. 소개쟁이의 뒷모습을 바라보며 씁쓸한 마음이 들었다.

아침이 되어 잠에서 깨어나니 머리는 어지럽고 속이 쓰려서 물을 마시고 싶었다. 주방에는 주방 이모♦가 밥을 짓고 있었다. 내가 다가가자 "새로 온 언니구나?" 하면서 시원한 콩나물국을 끓였으니 한 그릇 먹으라고 했다. 나는 고맙다고 인사하고 얼른 국 한 그릇을 시원하게 비웠다.

어제 본 입술이 예쁜 마담이 수방으로 왔다. "너는 업소 주변 길을 모르니 당분간 사우나 같이 가자."라고 말했고 나는 짧게 대답했다.

아가씨들이 하나둘씩 일어나 주방으로 왔다. 화장도 안 지우고 잤는지 얼굴에 온통 립스틱이 번져 있는 아가씨, 머리가 산발이 되어 있는 아가씨, 밤새 마사지를 했는지 얼굴에 윤기가 가득한 아가씨 등 모여 있는 모습들은 제각각이었다. 다들 속이 쓰리다는 공통점을 가지고 밥상에 둘러앉았다. 나는 방으로 와서 사우나에 갈 준비를 했다.

입술이 예쁜 마담은 나더러 어디서 일했냐고 물어보았다. 다 말할 필요는 없어서 충청남도 D시에서 일했다고 했다. 사우나에서 나눈 이야기는 간단했다. 이 목욕탕은 여러 업소 아가씨들이 이용한다고 하면서 다른 업소 마담이나 아가씨들이 보는데 혼자 때를

♦ 업소에서 운영하는 아가씨 숙소에는 주방 이모가 있다. 주방 이모는 청소, 빨래, 식사 준비를 했고 여성들에게 채소 주스를 직접 갈아 팔기도 했다. 여성들의 수입에서 숙소비를 받아 업주가 주방 이모 월급을 줬다.

미는 천박한 짓은 하지 말라고 했다. 목욕탕 이모에게 세신을 받으며 몸매 관리를 하라고 했다. 이 마담도 보통 성격이 아니라는 것을 직감했다. 나중에 마담은 겉옷만 중요한 것이 아니라 여자는 속옷이 중요하다고 하면서 속옷은 꼭 세트로 입으라고 했다. 속옷을 세트로 입지 않은 아가씨들에게는 "네가 때밀이 이모냐?"라면서 면박을 주었다. 속옷조차도 업주나 마담이 간섭할 수 있다는 사실이 나의 존재는 뼛속까지 성매매 여성임을 알려주었다. 내 몸은 구매자들 기분을 맞춰주는 도구이기 때문이었다. 업주나 마담은 내 마음대로 내 몸을 꾸밀 수 없게 했고, 어떻게 내 몸을 다뤄야 하는지 철저하게 교육시켰다. 마담과 같이 간 사우나는 업소에서 상당히 거리가 있었다. 오갈 때는 언제나 택시나 자가용을 이용하도록 했다. 다른 사람들이 보는 시선을 중요하게 생각하기 때문이었다. 업소 아가씨들은 일반 여성들과는 완전히 차별되는, '품위 있는 여성'이라고 내세우기 위해서였다. 아가씨들은 일명 '품위 유지비' 명목으로 상당한 금액을 업주에게 내기도 했다.

사우나에서 몸을 씻고 미용실로 갔다. 미용실 담당 언니는 새로 온 아가씨에게 어떤 스타일이 맞을지 난리법석을 떨었다. 머리 손질이 끝난 뒤 화장을 하고 업소로 갈 준비를 마쳤다.

이 업소는 매상을 굉장히 강조했다. 입술이 예쁜 마담이 나를 불러놓고 업소의 룰을 말해주었다. 이 업소는 술과 안주가 따로 계산되는 D시 업소와는 달리 술값만 받고 안주는 무료로 나오는 방식으로 운영되고 있다고 했다. 술만 집중 처리하면 매상은 자연스럽게 올라가니 일하기는 어렵지 않을 것이라고 했다. 안주 값을 받지 않고 술값만 받는다고 하지만 그만큼 술값이 다른 지역보다 비쌌다. 남자들은 술 두 병 정도는 예사롭게 마시다가 세 병째 시키려고 하면 아가씨들과 크고 작은 실랑이를 벌이고는 했다. 마담은 나에게 2차를 가야 돈이 되지 않냐고 하며 매상에 신경 쓰라고 했다. 나는 늘 술에 취해서 살았다. 일하는 아가씨들은 나를 합쳐 열다섯 명 정도 되었고 룸에 비해 아가씨가 많았다.

이 도시가 낯설었지만 관광지를 둘러보고 싶어도 하루하루 피곤해서 낮에는 잠만 잤다. 마담은 2차를 가면 남자들 명함을 받아 오라고 시켰다. 나는 순순히 말을 잘 들었다.

그렇게 J시 업소에서 일한 지도 보름이 넘어 서서히 적응이 되어갈 무렵 2차를 나갔다가 '진상'이 터졌다. 그 남자는 많이 취해서 몸도 못 가누면서 억지로 성관계를 가지려고 했다. 말다툼으로 번졌고 남자는 결국 나를 때렸다. 입술이 터지고 온몸에 멍이 들었다. 속옷도 제대로 입지 못하고 맨발로 모텔 방에서 뛰쳐나왔다.

모텔 카운터에서 일하는 이모는 내가 어디서 일하는지 알고 있는 듯했다. 나를 숨겨주며 자기가 가서 옷과 가방을 가져다주겠다고 했다. 숨소리도 내지 않고 조용히 숨어 있었다. 카운터 이모는 내 옷과 가방을 가져다주었고 나는 마담에게 전화를 했다. 벌어진 상황을 이야기하고 펑펑 울었다. 마담은 기다리고 있으라며 모텔로 웨이터를 보낸다고 했다. 웨이터의 도움으로 다시 업소로 돌아왔다. 그런데 나를 바라보는 업주와 마담의 눈빛이 심상치 않았다.

대기실에 앉아 있는 나에게 업주와 마담은 얼마나 맞았는지, 괜찮은지 묻지 않았다. 업주는 다짜고짜 욕을 했다. "야, 저 손님이 어떤 사람인지 아냐? 미친년이 나가서 잘할 생각은 안 하고 처맞을 짓은 왜 하냐? 지금 전화오고 난리 났으니까 네가 다 책임져라. 에이, 시발." 그러더니 손으로 내 머리를 쳤다. 기가 막혀서 할 말을 잃었다. 억울해서 눈물만 났다. 입술이 예쁜 마담은 업주를 말리더니 자기가 알아서 하겠다고 하며 업주를 내보냈다.

마담은 담배를 한 대 피워 물더니 입을 열었다. "야, 이 시발년아. 아주 장사 말아 먹으려고 환장을 했냐?" 나도 화가 나서 담배를 입에 물었다. "이 상황에서 담배가 피워지냐? 너 오늘 술값 네가 다 물어내. 알겠어? 술값 물어내기 싫으면 소개쟁이 오라고 하든가." 꼴도 보기 싫다며 숙소에 올라가라고 했다. 숙소에 올라와 서러움에 북받쳐 소리를 내서 울었다. 내 곁에는 아무도 없고 남자에게 맞은 몸과 터진 입술은 아프기만 했다.

언제든지 연락하라던 소개쟁이에게 전화했다. 울며불며 하고 싶은 말을 다 하고는 술값을 다 물어내라고 했다는 말을 하면서 또 울었다. 소개쟁이는 밤이 늦었으니 일단 자고 내일 다시 통화하자며, 오라면 가겠다고 했다. 나는 소개쟁이의 말에 위안받았다. 잠시 후 일을 마치고 숙소로 들어온 아가씨들이 내 꼴을 보고는 약을 발라주며 하소연도 들어주었다. 그중 한 언니에게 소개쟁이와 통화한 얘기를 했더니 언니는 내가 처음 소개소를 탔다는 것을 이제야 알았다며, 오늘 같은 일이 생겨 일을 더 못하겠다거나 업소가 나와 맞지 않다고 생각될 때는 일을 시작한 지 일주일 안으로 소개쟁이에게 연락해서 다른 업소를 찾든지 소개소로 돌아가든지 해야 한다고 했다. 이유를 물어보니 생각지 못한 답이 돌아왔다. "업주가 소개쟁이에게 소개비를 미리 주니까 그런 거야. 너는 보름을 일했기 때문에 아마 업주는 소개쟁이에게 준 소개비를 너한테서 다 받아낼걸. 그리고 업주가 오늘 술값 물어내라고 하면 그 술값 포함해서 빚이 얼마나 올라가겠냐? 이제 보름 지났으니 보름만 참으면 한 달이 되고, 그때는 소개비를 물어내야 할 일은 없으니 그때 그만둬도 되잖아." 나는 할 말을 잃었다. 남자에게 맞은 내 몸을 보여주며 언니에게 억울하다고 했다. "소개쟁이는 네 앞에서는 업주한테 따지겠다고 해도 사실 별로 신경 안 써. 다른 업소에 보내면 소개비가 얼만데. 그게 소개쟁이 돈벌이잖아." 내가 몰랐던 사실을 이야기해주며 언니는 소개쟁이에게 오지 말라고 하고 내일 업주와 마담한테 잘 말해보라고 했다.

어렵게 잠이 들었고 힘겹게 잤던 것 같다. 아침이 되어 소개쟁이에게 오지 말라고 했다. 보름을 일하고 그만두는 대가를 치르자니 빚이 올라가는 것이 너무 무서웠다. 마담은 같은 소개소라는 것이 무색할 만큼 매정했다. 나를 때린 남자의 술값 중 100만 원을 나에게 물어내라고 했다. "지금 당장 현금으로 내놓으라고 하지 않는 게 다행인 줄 알아라."

한 달 일을 하고 사장과 마담, 나 셋이서 수입이 얼마인지 계산을 봤다. 한 달 동안 벌어들인 수입에서 선불금에 대한 이자 2할을 떼고 숙소비, 미용실, 사우나, 홀복, 화장품 비용을 떼고 술값 100만 원을 물어냈더니 빚이 더 늘어났다. 어이가 없었다. 이곳에서 일을 그만하기로 마음먹고 소개쟁이에게 짐을 가지러 오라고 전화했다. 소개쟁이는 바빠서 못 온다며 다른 삼촌을 보낸다고 했다. 번 돈도 없고 빚은 올랐고, 한 달 일했을 뿐인데 10년을 일한 것처럼 몸이 쑤시고 아팠다.

소개쟁이의 사무실에 도착하니 소개쟁이가 내 앞에서 입술이 예쁜 마담에게 전화를 걸었다. "야, 이년아." 소개쟁이는 꼭 자신이 보호자라도 되는 것처럼 "애를 이 꼴로 보내면 어떻게 하냐."라고 따졌다. 눈에서는 눈물이 흘렀고 소개쟁이가 나 대신 화를 내주는 것이 고마웠다.

빚이 올라도 상관없었고 오로지 얼마나 쉴 수 있을지가 내 관심사였다. 소개쟁이에게 며칠 휴가를 받았고, 온몸이 아팠지만 그동안 늘어난 빚을 정리한다고 생활비도 제대로 주지 못한 미안한 마음이 앞서 가족들이 살고 있는 집으로 가보기로 했다. 소개쟁이가 집에 갈 차비라며 돈을 주었다. 돈을 받아들고 집으로 가는 밤 기차를 탔다.

집으로 가는 길이 참 멀었다. 기차에서 내릴 곳이 가까워지자 불빛들이 모여들었다. 갑자기 눈물이 났다. 뿌옇게 보이는 차창 밖의 모습들이 너무나 낯설고 아팠다. 이렇게 오면 될 걸, 나는 왜 집으로 오는 것에 겁을 냈을까.

기차에서 내려 집으로 갔다. 예전 그 집이 맞을까, 혹시나 이사를 갔을까 해서 전화를 했다. 엄마는 내가 도착했다는 말에 반가워했다. 그리고 집은 이사를 갔다고 하면서 위치를 알려주었다.

예전에 살던 곳보다는 조금 나아 보여 다행이었다. 동생들이 훌쩍 커 있는 모습이 낯설었다. 엄마는 그동안 많이 고생한 탓에 늙어 있었다. 엄마는 내게 밥상을 차려주며 이런 저런 이야기를 했다. 어떻게 지냈냐는 말에 눈물이 핑 돌았지만 말할 수 없는 비밀을 간직한 나는 잘 지낸다고 했다. 아버지는 나를 보더니 "왔냐?" 하며 쳐다볼 뿐 더 이상 아무 말이 없었다.

아버지는 오히려 얼굴이 좋아보였다. 엄마는 아버지가 이제 술을 안 마신다고 자랑스럽게 말했다. 엄마의 말에 아버지는 웃었다. 그러나 나는 아버지가 싫었고 불편했다. 집으로 오지 말고 밖에서 엄마만 만났으면 좋았을 텐데, 하는 후회가 밀려왔다. 많이 늙어버린 엄마였지만 이제는 아버지의 폭력에서는 조금 편해진 느낌이었다. 동생과 하룻밤을 같이 자기가 너무 불편해서 친구 집에 갔다가 내일 온다고 거짓말을 하고 모텔로 향했다. 나는 모텔이 내 집같이 편했다. 담배를 피워도 괜찮고 다 벗고 자도 괜찮았다. 혼자라는 것에 익숙했다.

소개쟁이와 약속한 날짜가 되어 다시 일을 하러 가기 전에 집으로 갔다. 엄마에게 돈을 주며 간다고 인사했다. 엄마는 언제 다시 올 거냐고 물었다. 서로에게 상처를 주는 말은 하고 싶지 않아서 자주 오겠다고 거짓말을 했다.

기차를 탔다. 다시 술집 여자로 돌아가는 내 모습을 차창에서 발견했다. 얼굴은 푸석했고 눈은 초점 없이 멍하니 창문만 바라보며 눈물이 뺨을 적시고 있었다.

소개쟁이는 나를 충청남도 J시의 업소로 보냈다. 이 업소에도 지금 들어가서 일하고 있는 아가씨가 있다며 돈벌이가 좋다고 했다. 조금 있으면 업주가 직접 올 테니 미용실에 가서 머리하고 화장을 하고 오라고 했다. 미용실에는 순서를 기다리며 앉아 있는 여성들이 많았다. 업소 주변은 늘 이렇다. 업소가 문을 여는 시간이 되면 일반인들이 미용실로 들어서려다 흠칫 놀라기도 했다. 업소 주변에 미용실은 기본적으로 몇 군데가 있었고, 그 외에도 여성의류 매장, 식당, 다양한 술집이 즐비했다. 낮에는 미용실만 빼고는 활기를 찾아볼 수가 없었지만 밤이 되면 나머지 가게들이 활기가 넘쳤다. 업소 주변 가게들은 오로지 아가씨들의 생활 패턴 위주로 가게가 생겨나고 유지되었다.

나는 순서를 기다리며 미용실 소파에 앉아 화장을 했다. 누군가 나를 아는 척하며 반갑게 웃었다. 소개쟁이를 소개시켜준 언니였다. 반가워서 어떻게 지냈냐고 물어보니 언니도 소개를 받는다고 했다. 서로 그동안 살아왔던 이야기들을 나누었다.

언니와 내가 소개소에 도착했을 때 업주가 와 있었다. 업주는 나와 언니 둘이 일하러 오라고 했다. 언니도 좋다고 했고, 나도 혼자가 아니라 안심이 됐다.

충청남도 J시의 룸살롱은 시설이 형편없었다. 업소가 오래되어 룸마다 벽지 색깔이 바랬고 대기실도 엉망이었다. 이 업소는 업주보다 주방 이모가 아가씨들에게 더 까다롭게 굴었다. 아가씨들이 주방 이모는 업주의 친언니라고 말해주었다. 마담과 주방 이모 사이가 좋지 않아서 일하는 내내 불편했다. 첫날부터 주방 이모의 간섭이 심해서 어떻게 견디나 하며 고민했다. 일을 마치고 언니와 술을 한잔했다. 언니는 "첫날인데 이렇게 속 시끄럽냐."라며 투덜댔다. 업소에서 조심해야 할 상대가 주방 이모라는 것이 웃긴다는 소리를 하며 언니와 나는 술잔을 비웠다.

업소에 출근을 하면 절대 잊어서는 안 되는 중요한 일이 있다. 피임약을 먹는 일이다. 나는 피임약을 어떻게 복용하는지 잘 몰랐다. 언니들이 하루에 한 알씩 빠지지 않고 먹으면 된다고 가르쳐줘서 그렇게 먹었다. 생리하면 2차를 못 나가는 생리 체크는 이 업소에서는 2일에서 3일만 허락했다. 생리 기간이 길든 짧든 업소 룰에 따를 수밖에 없었다. 피임약 먹는 것을 깜빡 잊어버리면 한꺼번에 두 알을 먹기도 했다. 언니들은 산부인과에서 피임기구를 시술받아 몸을 보호하기도 했다. 콘돔 사용은 거의 불가능한 일이라 생각조차 하지 않았다.

점점 새로운 업소 환경에 익숙해질 무렵 몸 상태가 좋지 않아 힘들었다. 몸살이 오는 듯 춥고 기운이 없었다. 불안한 마음에 약국에서 구입한 임신 테스트기가 양성 반응이었다. 내 몸에 나타나는 반응에 분노가 일었다. 산부인과로 가서 진료를 받기 위해 병원 의자에 멍하니 앉아 기다렸다. 병원 벽에 붙어 있는 산모와 아기의 사진들이 나와는 아무 상관없는 일처럼 느껴졌다. 의사는 출산할 것인지 물었고, 나는 수술하겠다고 건조하게 말했다. 의사는 내일이라도 당장 하자고 했고 비용을 말해주었다.

숙소로 돌아와 언니와 마담에게 임신 사실을 말했다. 마담은 업주에게는 자신이 대신 말하겠다고 하면서, 주방 이모 성격에 업소에서 아가씨가 임신을 하면 손님이 없다는 미신 때문에 오히려 너에게 책임을 지라고 할 거라며 주방 이모에게는 절대 말하지 말라고 했다.

수술비 걱정을 하는 내게 언니는 이럴 때 소개쟁이가 필요한 거라고, 소개쟁이한테 전화하라고 했다. 소개쟁이에게 전화를 걸며 내내 식은땀이 났다. 수술 후에는 당분간 일도 하지 못하는데 어떻게 해야 할지 걱정이 앞섰다. 소개쟁이는 수술비에 모텔에서 며칠 지낼 돈을 보태 보내주었다. 그동안 벌어들인 수입보다 지출이 더 많아 점점 불어나는 선불금이 부담이 되었는데 임신까지 되니 내 몸을 원망할 수밖에 없었다.

다시 찾은 산부인과 병원은 열일곱 살 때 갔던 병원과 별반 다르지 않았다. 온통 하얀색의 벽이 어린 나에게 위안을 줬다면 지금은 더럽혀진 내 몸을 비웃는 것 같았다. 차가운 수술대, 간호사의 건조한 말. "올라가세요, 식사는 안 하고 오셨죠?" 짧게 대답하고 이내 수술대로 올랐다. 수술대에서 다리를 벌려야 한다는 것이 수치스러웠다. 이제 곧 잠들 것이고 잠시나마 모든 것을 잊겠지. 빨리 잠들어버렸으면 좋겠다며 눈을 감아버렸다. 간호사는 마취를 했다.

눈을 뜬 회복실에서는 내 옆에 다른 여자가 누워 있었다. 내 모습을 보는 사람이 있다는 것이 싫어서 아픈 배를 부여잡고 병원을 나왔다. 숙소로 갈 수도 없고 업소와 가까운 모텔로 발길을 옮겼다. 힘없는 목소리로 언니에게 전화를 걸었다. 언니는 빈속에 약을 먹으면 안 된다고 하면서 죽을 사왔다. 먹어보라며 숟가락을 쥐어주는 언니의 손길에 서러워서 눈물이 났다.

언니가 돌아가고 나는 깊은 잠에 빠졌다. 꿈을 꾼 것 같은데 무슨 꿈을 꿨는지 기억이 나지 않았다. 온몸에 식은땀을 흘리며 새벽에 잠이 깼다. 커튼을 들춘 모텔 창밖은 조용했다. 간밤에 아무 일도 일어난 것 같지 않은 평화로운 모습이 불편했다.

길 하나 건너면 벼랑 끝

모텔에서 3일을 지내고 업소로 돌아왔다. 업주는 나를 불러 몸은 괜찮냐고 묻고는 3일 동안의 결근비를 물린다고 했다. 사정이 있었지 않았냐고 하며 한 번만 봐달라고 애원했다. 그러나 업주는 그건 내 잘못이라 했다. 대꾸도 못하고 고개만 숙였다. 업주는 선심 쓰듯 원래는 하루에 50만 원씩인데 임신중절 수술을 했으니 하루 30만 원만 받겠다고 했다. 30만 원씩, 3일 90만 원이라는 계산에 어이가 없었다. 너무하는 것 아니냐고 따지니까 업주는 "야. 몸뚱이가 네 밑천인데 네가 관리해야지 누가 관리하냐? 누가 임신하래? 그리고 당분간 2차도 못 나가는데 손님은 어떻게 가려서 받냐?" 소리를 질렀다. 수술비에 결근비에, 빚이 하늘 높은 줄 모르고 치솟고 있는데 나는 아무것도 할 수 없었다. 업주는 너를 많이 걱정해서 이 정도에서 끝내는 거라며 고마워하라고 하면서 방을 나갔다.

　　마담은 꿀 먹은 벙어리처럼 앉아 있다가 업주가 나가고 나서야 20만 원을 깎아주는 것에 만족하라고 했다. 마음이 아팠지만 별 도리가 없었다. 당장 일을 그만두고 싶어도 대신 빚을 갚아줄 사람도 없으니 모든 것을 받아들이고 일을 해야 했다. 그게 업소 룰이라고 하면 따라야 하는 것이 내 처지였다.

　　이 업소에서 더 이상은 빚을 늘리지 않으려고 3개월은 죽어라 일만 했다. 소개쟁이는 한곳에서 너무 오래 일하는 것 아니냐고 하면서 이제 그만두고 나올 생각 없냐고 물었다. 단 100만 원이라도, 50만 원이라도 빚을 줄이고 싶은 마음에 3개월을 일했지만 다른 업소로 나를 보내야 수입이 생기는 소개쟁이는 내가 한 업소에 오래 있는 것을 탐탁지 않아했다.

소개쟁이 눈치도 보였고, 죽어라 고생했지만 더 이상 이 업소에서는 빚을 정리하기 어렵다는 판단이 들어서 업주에게 그만두겠다고 했다. 업주는 또 소개비를 주고 아가씨를 데려오는 것보다 내가 일을 계속하는 것이 이득이기에 더 일하지 그러냐고 부드럽게 회유했다. 소개쟁이와 이야기를 끝낸 상태라고 하니 마지못해 다음에 다시 일하러 오라는 말을 했다. 다행히 3개월간 힘들게 일해서 빚은 겨우 제자리걸음을 걸을 수 있었다.

다시 소개소로 돌아와 마주앉은 소개쟁이는 고생했다며 자기 집에서 하룻밤을 지내라고 했다. 모텔비를 아껴보려고 알겠다고 대답했다. 소개쟁이의 어린 딸이 나를 물끄러미 쳐다보면서 이모라고 부르며 다가왔다. 머리만 잠시 쓰다듬을 뿐 내가 해줄 수 있는 것은 없었다. 소개쟁이의 집은 크거나 화려하지 않았다. 짐을 넣어놓은 작은방에서 하룻밤을 지내려 누워 있으니 소개쟁이와 결혼한 여자가 미역국을 끓여와 나에게 말없이 내밀었다. 나 또한 고맙다는 인사 대신 말없이 미역국을 받아들었다. 땀을 흘려가며 미역국 한 그릇을 먹고 곧바로 잠이 들었다. 아침이 되었고 소개쟁이는 더 쉬라고 했지만 친구와 약속이 있다는 핑계를 대고 고맙다는 인사를 한 뒤 다시 모텔 방을 잡아 쉬었다.

　소개소 사무실에 나와 있으면 어디서 저렇게 많은 업주들이 찾아오는지 신기하기만 했다. 당시 술집은 12시까지만 영업을 하도록 되어 있었고, 영업시간을 어기면 경찰의 단속도 있었다. 그러다 1990년대 중반 몇 개 도시에 관광특구라는 이름으로 새벽까지 영업할 수 있도록 허가를 내어주었다. 관광특구의 업주들은 업소를 단장하고 아가씨들을 구하느라 정신이 없었다. 아가씨를 많이 구한다는 것은 그만큼 장사가 잘된다는 뜻이고 구매자들이 많이 모인다는 뜻이었다. 소개소는 업주들로 가득했고 서로 경쟁하듯 소개쟁이에게 좋은 아가씨를 내놓으라고 했다.

　새로운 업소를 오픈한다고 아가씨 여섯 명과 마담을 소개받으려는 남자 업주가 찾아왔다. 소개쟁이는 자신 있는 표정으로 몇몇 아가씨들에게 전화를 했고 나에게도 얼른 준비해서 오라고 했다. 업소 위치는 경기도 K시라고 했다. 인테리어 공사는 다 끝났고 다른 소개소에서 아가씨 몇 명이 더 일하러 온다고 하며 소개쟁이는 나와 몇몇 아가씨들에게 설명했다. 소개쟁이가 설명하는 동안 업주는 소파에 앉아 있는 아가씨들을 유심히 훑어보았고, 소개쟁이에게 손짓을 해 바로 옆자리로 옮겨서 나지막하게 이야기를 나누었다.

　소파에 둘러 앉아 있는 아가씨끼리는 커피를 마시며 저녁밥은 뭘 먹느냐는 대화만 나누었을 뿐 별다른 말은 하지 않았다. 소개쟁이는 소개소 사무실을 나서는 업주를 배웅하고 소파에 앉아 있는 나를 포함한 아가씨들에게 다가왔다. 소개쟁이 말로는 여기 소개소에서 마담 한 명과 아가씨 다섯 명이 갈 것이라고 하면서 나를 포함한 몇 명의 아가씨들을 불러 3일 후에 출발해야 하니 그렇게 알고 각자 준비해서 사무실로 오라고 했다. 아가씨들은 어울려 밥을 먹으러 갔다. 저녁 식사를 하면서 많은 이야기를 나누었다. 각자 일했던 지역의 정보를 교환하기도 했다. 결근비, 지각비 등은 지역마다, 업소마다 다른 듯했지만 벌금이 있다는 것은 공통점이었다. 오랜만에 즐거운 시간을 가졌다.

며칠 후 경기도 K시로 일을 하러 떠났다. 도착해서 업주는 밥을 사주며 우리를 반겼다. 아가씨들이 지내는 숙소를 보여주면서 여기는 지역이 경기도라 서울과 가까워서 서울에 놀러가는 아가씨들이 많다고 했다. 그 업소는 룸도 많았고 새롭게 공사를 해서인지 인테리어도 예뻤다. 정해진 오픈 날짜 며칠 전부터 일을 시작했다. 마담이 나와 같은 소개소를 타고 업소에 왔기 때문에 우리는 다른 소개소에서 온 아가씨들에게 은근히 세력을 과시했다. 큰 룸으로 아가씨들을 다 불러모아놓고 마담은 아가씨들의 나이와 이름을 알려주며 서로 잘 지내라고 했다. 그리고 이 업소의 룰을 말해주었다.

2차 나갔다가 오후 1시까지는 숙소로 들어와야 하고 일이 있으면 마담에게 전화를 하라고 했다. 2차를 일부러 펑크 내거나 남자들이 2차비를 물어내라고 하는 경우에는 아가씨에게 술값을 다 물린다고 했다. 지각비, 결근도 공지했다. 사우나와 미용실은 정해놓

길 하나 건너면 벼랑 끝

은 곳으로 가라고 하며 숙소비는 개인당 받는다고 했다. 마담은 목에 힘을 주고 정해진 규칙에 잘 따르라고 했다. 우리는 대답을 하고 대기실로 갔다. 마담이 말하는 업소의 룰을 듣기만 해도 마음이 무거웠다. 이전 업소에서 임신을 한 경험이 있던 나는 더 이상 빚이 늘어서는 안 된다고, 열심히 일해서 빚을 정리하자고 다짐했다.

오픈 업소답게 예약이 넘쳐났다. 하루에 2차는 기본이 두 번 정도 있었고 테이블만 보는 횟수는 그보다 더 많았다. 마담은 다른 아가씨들에 비해서 나에게 무척 신경 써줬다. 업주도 접대를 하는 자리에는 나를 불러 앉혔다. 2차를 나가는 척하고 나를 돌려보내는 남자도 있었다. 한 달 정도는 고생하지 않았다. 점점 아가씨가 늘어나고 경쟁이 붙기도 했다. 다른 소개소에서 온 아가씨들과의 경쟁에서 살아남는 길은 업주나 마담의 말을 잘 듣는 것뿐이었다. 업주나 마담이 묻는 말에 대답을 잘했고 다른 아가씨들이 숙소에 들어오지 않는 등의 행동거지를 즉각 마담에게 알렸다. 그럴수록 마담은 나를 더욱더 신뢰하면서 내 수입이 늘어날 수 있도록 신경 써줬다. 마담의 이간질에 놀아난 것이다.

경기도 K시 업소에서 일을 한 지도 몇 달이 지났는데 소개쟁이에게서 전화 한통이 없었다. 예전에는 몇 달 일을 하면 그만 나올 때 되지 않았냐고 하면서 전화를 해대더니 너무 조용한 것 같았다. 그러나 소개쟁이에게 신경 쓸 정도로 한가하지 않은 업소 일에 바빠서 대수롭지 않게 여겼다.

업소가 오픈한 지 몇 달이 지나면서 나를 찾아오는 남자들이 늘어났고 업소는 영업이 잘되었다. 마담도 자꾸 옮겨서 뭐하겠냐며 여기도 괜찮으니 있을 때까지는 있어보자 했다. 6개월이 지난 어느 날 마담은 나에게 소개쟁이가 경찰에 구속되었다는 소식을 전했다. 어이가 없었다. 구속된 이유는 소문이 하도 무성해서 어떤 것이 맞는지 모르겠다며 자신이 알고 있는 것은 마약 때문이라고 했다. 소개쟁이가 구속되든 말든 나와는 아무 상관이 없었기에 별다른 감정이 들지 않았지만 마약에 손을 대는 인간이 내가 아는 사람이었다는 것에 놀라웠다.

업주가 나를 사무실로 불러서 소개쟁이가 구속된 것을 알고 있냐고 물었다. 나는 그것이 나와 무슨 상관이냐고 되물었다. 그러나 업주가 내민 차용증을 보고 경악했다. 차용증에는 내가 소개쟁이에게 받은 선불금의 딱 두 배 금액이 적혀 있고 내 도장이 찍혀 있었다. 내가 쓰지 않은 돈에 대해서 어떻게 책임져야 할지 난감했다. 업주는 이중 차용증♦같다고 했다. 발을 동동 구르며 어떻게 해야 할지 몰라 마담에게 물어봤지만 마담도 자신의 선불금이 걱정되는지 아무 말도 없었다. 같은 소개소 사무실이지만 소개쟁이가 달

♦ 소개소를 이용하면 최초 선불금은 소개쟁이 앞으로 차용증을 쓰게 되므로 업소에서 일을 그만두면 내가 작성한 장부와 업주 장부만 맞춰보고 나머지 금액은 소개쟁이가 입금한다. 이 과정에서 다시 다른 업소를 소개받을 때 소개쟁이와 다시 차용증을 작성하지 않는 허점을 이용해 허위로 차용증을 작성해 업주에게 보여주고 돈을 받아 챙기는 것을 이중 차용증이라고 했다.

랐던 아가씨들은 아무 피해가 없었다는 것이 부럽기까지 했다. 이 소개쟁이와 엮여 있는 아가씨들은 다들 자신의 피해 규모를 알아보기 위해 업주를 만났다. 이중 차용증을 본 아가씨들은 모두 경악을 금치 못했다. 사기당한 금액이 적게는 100만 원부터 많게는 700만 원까지 됐다. 업주는 신경 쓰지 말고 여기서 계속 일하라고 하면서 다른 소개소를 소개시켜준다며 걱정 말라고 했지만 나는 아무도 믿을 수가 없었다. 그 빚을 갚으려고 얼마나 많은 노력을 했는데 이런 일을 당하다니. 해결 방법이라고는 이 업소에 남아 계속 일을 하거나 다른 소개소를 소개받는 것밖에 없었다. 업주와는 사이가 좋았으나 같이 온 아가씨들과 믿었던 마담마저 다른 업소로 옮기면서 혼자 남고 싶지 않았다. 다른 소개소를 소개받는 것으로 정리하기로 했다.

마담에게 경상남도 T시의 소개소를 소개받았다. 억울하게도 갚아야 할 선불금이 늘어서 마음에 걸렸지만 그 소개쟁이에게는 별 어려움이 아닌 듯했다. 업주의 만류에도 불구하고 나는 이 업소를 그만두었다.

경상남도의 소개쟁이는 나에게 아무 걱정 말라고 하며 업주와 계산을 봐주러 온다고 했지만 업주와 관계가 좋았기에 혼자 계산을 보고 소개소 사무실에서 만나자고 했다. 서로 계산이 틀린 것도 없고 깔끔하게 마쳤다. 계산이 끝나고 소개쟁이가 업주와 통화하더니 돈을 입금해주었다. 이제 가겠다고 인사하고 일어서는데 업주는 차비 하라며 50만 원을 줬다. 그리고 다음에 꼭 놀러오라고 하며, 다시 일하고 싶으면 언제든지 연락하라고 했다. 일을 그만두고 가는 마당에 차비까지 챙겨줘서 고맙다고 인사하고는 소개쟁이를 만나러 갔다.

밤늦은 시간에 소개쟁이와 마주할 수 있었다. 소개쟁이가 나에게 차용증을 건넸고 짚어주는 대로 적었다. 이름과 주소, 생년월일, 차용하는 금액이 내용의 전부였다.

소개쟁이는 담배를 한 대 피워 물고 어디서 잘 거냐고 물었다. 모텔에서 혼자 자겠다고 하니 소개쟁이는 술이나 한잔하자고 했다. 같이 간 술집은 소개쟁이가 소유한 룸살롱이었다. 소개쟁이는 술에 취하니까 점점 몸을 기대기도 하고 찐득한 시선을 던지며 혼자 잘 거냐고 몇 번을 물었다. 술을 같이 마시는 것이 부담스러워져 친구를 급히 만나야 한다고 거짓말을 하고 빠져나왔다. 모텔에 들어간 나는 기분을 전환하기 위해 혼자 술을 마셨다. 이렇게 혼자 마시는 술이 나에게는 위로가 되고 편하고 좋았다.

술이 과했는지 쉽게 일어나지 못했다. 소개쟁이는 아무 일 없다는 듯 전화해 일어났냐고 물었다. 조금 더 자고 연락하겠다고 했다. 모텔 방 안은 내 삶이 그렇듯 술 냄새에 담배 냄새로 찌들어 있

길 하나 건너면 벼랑 끝

었다. 속은 메스껍고 머리는 아프고, 더 자려고 해도 잠이 오지 않아 샤워를 했다. 쓰린 속을 시원한 물 한 잔으로 달래고 소개쟁이에게 전화했다. 나는 무미건조하게 업주가 왔냐고 물었고, 소개쟁이는 오후에 온다며 준비하고 나오라는 말 외에는 아무 말도 없었다. 미용실에 가고 화장을 했다. 업주를 만날 것이니까 더 신경 쓰라고 했지만 나는 별다르게 신경을 쓰지 않았다.

관광특구에만 새벽 영업을 할 수 있도록 허가했던 시절이 가고, 정권이 바뀌면서 전국에 있는 술집들이 새벽 영업을 할 수 있도록 바뀜에 따라 우리나라 전 지역이 술집으로 넘쳐나는 것 같았다. 업소는 줄어들 생각을 않았다. 소개소 사무실로 들어서니 남자 업주가 한 명 와 있었다. 소파에 앉아서 이런저런 이야기를 했다. 업소는 전라남도의 G시에 있었다. 예전에 일했던 전라북도 J시가 떠올라서 별로 내키지 않았지만 선불금이 많아진 나는 일을 할 수밖에 없었다. 진열된 상품을 골라가는 것처럼 업주는 이리저리 내 몸을 살펴봤다. 당장 오늘이라도 일하러 가자는 업주에게 나는 하루만 더 쉬게 해줬으면 좋겠다고 말했다.

속풀이를 해야겠다며 소개소 사무실을 나섰다. 거리는 온통 가을의 풍경을 뽐내고 있었다. 단풍도, 떨어지는 낙엽도 나와 아무 상관없다는 듯 무심하게 걸어갔다. 해장이 필요할 뿐, 계절이 무슨 대수냐고 마음을 달랬다.

아침이 되어 홑복과 옷이 든 가방을 챙겨 화장을 하고 미용실에서 머리를 하고 소개쟁이와 함께 차를 타고 출발했다. 얼마나 졸았는지 잠시 눈을 떠보니 마지막 휴게소에 도착해 있었다. 커피를 한 잔 마시고 정신을 차렸다. G시에 도착했을 때는 밤이었다.

업소는 평수가 큰 편이라 룸도 큼직했다. 카운터에 있는 커다란 그림이 눈에 들어왔다. 소개쟁이와 룸으로 들어가 앉았다. 웬 여자가 웃으며 룸으로 들어왔는데 소개쟁이가 업주라면서 나에게 인사를 하라고 했다. 나는 얼떨결에 인사를 하고 그 여자를 쳐다보았다. 소개소 사무실에서 본 업주와 동업 관계인 여자 업주였다. 업주는 먼 길 오느라 피곤하겠다며 얼른 짐 풀고 쉬라고 했다.

한 방에서 두 명의 아가씨들과 지내게 된다고 했다. 소개쟁이는 온 김에 술 한잔하고 내일 간다고 했다. 그 업소에는 같은 소개쟁이를 탄 아가씨들 몇 명이 있었다. 나와 다른 두 명의 아가씨가 소개쟁이와 함께 술을 마셨는데 소개쟁이는 용돈이나 하라며 돈을 줬다. 적당하게 마시고 먼저 숙소로 갔다. 같이 술을 마시던 한 아가씨도 숙소로 바로 올라왔는데 왜 혼자 왔냐고 물어보니까 남아 있는 아가씨는 소개쟁이와 애인 사이라서 둘이 모텔로 갔다고 했다. 그 아가씨는 내게 "혹시 소개쟁이가 집적거리지 않았나?"라고 물었다. 나는 소개쟁이와 둘이서 술을 마셨던 기억이 떠올라 지저분하게 술을 마시는 편인 것 같다고 했다. 그 아가씨 말로는 다른 지역에서도 소문이 자자하다며 소개쟁이는 애인이 여럿 있다고 했다. 아가씨들이 돈벌이가 되기 때문에 아가씨를 애인으로 만들었고, 아가씨들도 소개쟁이에게 좋은 업소를 소개받아 골라서 가려하는 이해관계가 맞아서 그런 것 같다고 하며 항상 조심하라고 일러주었다.

전라남도 G시 업소는 업주과 마담이 아가씨들의 홀복과 화장에 엄청나게 신경을 썼다. 홀복은 업소에서 나를 대표하는 물건, 내 몸을 자랑하기 위해 꼭 필요한 도구였다. 업종마다 입는 홀복은 달랐지만 업주와 구매자는 언제나 비싼 홀복을 좋아했다.

어느 날 남자 세 명이 업소에 와서 아가씨를 초이스♦하겠다고 했다. 남자들은 룸으로 들어와서 쭉 늘어선 아가씨들을 보며 자기 스타일을 찾느라 눈이 바빴다. 나는 남자들이 초이스를 한 세 명 중 한 명이 되어 남자 옆에 앉았다. 남자는 나에게 몇 살인지, 고향이 어디인지 물었다.

나는 나이도 고향도 거짓으로 말했다. 중학교 2학년 중퇴가 전부이지만 대학교를 다니다가 중퇴했다고 했다. 그 말에 남자는 너무 좋아했다. 그리고 자연스럽게 내 목덜미 속에 있는 옷의 상표를 확인했다. "메이커가 뭐야?" 그러더니 다른 남자들도 일제히 아가씨들의 옷 상표를 봤다. 나는 개인 디자이너의 브랜드라고 하며 비싸지만 입는다고 했다. 변명같이 들렸는지 자기가 알지 못하는 메이커 홀복을 입었다는 이유로 아가씨를 교체해달라고 했다. 남자는 오로

♦ 남자들이 아가씨를 보고 직접 선택하기 위해 룸으로 아가씨들이 들어가 인사를 하는 것.

지 명품 홀복을 입는 아가씨가 최고라고 생각하는 것 같았다. 마담을 불러주겠다며 룸을 나갔다. 내가 대기실로 와서 마담을 부르는 사이 또 한 명의 아가씨가 그 룸에서 나왔다. 언니와 나는 대기실에 앉아서 남자들을 욕했다. "미친 새끼, 진상 떨고 있네. 지가 무슨 메이커를 안다고." "저런 새끼들은 2차 나가면 더 진상이야." 담배를 피우며 서로 주거니 받거니 이야기를 하고 있었다. 다른 아가씨들이 룸으로 들어갔고 대기실에 앉아 있는 나와 언니에게 업주가 소리를 쳤다. "야, 못생긴 년아. 얼굴이 안 받쳐주면 옷발이나 화장발이라도 있어야 할 거 아니야? 잔소리 말고 내일 매장 가서 홀복 사 입어. 알겠어? 옷 안 사 입으면 룸에 안 넣어준다. 알겠지." 홀복과 화장, 머리스타일에 집착하는 업주와 마담이 이해되지 않았다. 하지만 홀복을 제대로 갖춰 입지 않는 여성들은 당연히 업주와 마담 눈 밖에 났고, 업소에서 일명 진상처리반 또는 뒷방 공주로 만들어버리기 때문에 여러 벌의 홀복은 꼭 필요했다. "옷이 그것밖에 없냐? 너는 그 옷밖에 없냐?"라는 말은 홀복을 새로 구입하라는 뜻이며, 업주는 늘 홀복 잘 입는 것이 돈을 잘 버는 일이라고 강조했다. 대기실에서 다른 아가씨들이 다 듣고 있는데 나를 다그치는 소리에 기분이 좋지 않아 애꿎은 담배만 더 피웠다.

　홀복을 사라고 닦달을 해 언니와 나는 시내 매장으로 향했다. 여자 업주는 몇 군데 매장을 말해주며 그곳에 가서 옷을 사라고 했다. 홀복 매장과 업주는 서로 돕는 사이였다. 업주는 홀복 매장을 이용해 카드깡을 하는 경우도 있었고, 홀복 매장은 업주에게 홀복을 많이 팔 수 있도록 로비를 하는 등 이익으로 엮인 사이였다. 매장에서 홀복을 두 벌씩 샀고, 외출복에도 신경을 써야 하기 때문에 다른 옷을 몇 벌 더 샀다. 화장품도 몇 개 샀다. 여자 업주는 "진작 꾸미고 그러지 그랬냐?" 하고 흡족해했다. 여자 업주는 새로운 홀복을 사 입는 아가씨를 무조건 첫 번째로 룸으로 들여보냈다. 그리고 대기실이나 숙소에서 늘 다른 아가씨들과 비교하면서 얼굴이 안 받쳐주면 옷발이라도 있어야 한다면서 홀복을 제대로 입으라고 강요했다.

한 방을 쓰는 동생이 마담을 접대하라고 했다. 무슨 접대를 하냐고 묻자 동생은 두 달에 한 번씩 호스트바에 마담을 데리고 가서 술을 샀다고 했다. 그러면 한 달 정도는 잘 밀어준다고 했다. 혼자 술값 부담하면 힘드니까 다른 언니랑 같이 반반으로 하라고 했다. 아니면 외제 화장품 메이커를 알려주면서 그 회사 제품을 세트로 사주라고 했다. 너무 비싼 제품이라 부담이 된다고 하니까 동생은 호스트바에 데리고 가라면서 마담은 화장품보다 호스트바를 더 좋아한다고 했다.

돈을 벌어야 하는 상황은 다들 똑같았는지 언니도 나와 함께 동생의 말에 귀를 기울였다. 호스트바를 어떻게 찾을 수 있냐고 물어보니 업주한테 물어보면 외상으로 술 마실 호스트바를 말해준다고 했다. 우리는 마담을 접대하기 위해 함께 호스트바를 물색했다. 이왕이면 술값이 싼 곳을 알아보려 했지만 나의 처지에 맞는 곳은 없었고, 업주가 말해주는 호스트바로 갈 수 밖에 없었다. 마담에게 언니와 셋이서 한잔하자고 은근히 이야기를 건넸다. 마담은 기대하겠다며 좋아하는 눈치였다.

　호스트바에 처음 가본 나는 모든 것이 신기하기만 했다. 인테리어나 시설은 일반적인 룸과 다름없었고 다만 달랐던 것은 술 안주였다. 여자들 입맛에 맞췄다며 과일안주는 기본에 떡볶이, 만두 같은 분식이나 스테이크 종류가 많았다. 남자 마담이 들어와서 인사를 하며 메뉴판을 마담에게 보여주었고, 마담은 익숙한 태도로 술과 안주를 시켰다. 그리고 남자 마담에게 "오늘 선수들은 몇 명이나 되냐?" 물으며 담배를 입에 물었다. 남자 마담은 라이터를 켜 담뱃불을 붙여주면서 "30명 정도 됩니다."라고 대답했다. "이상한 애들 보여주지 말고 확실한 선수만 골라서 보여줘."라고 주문하는 마담의 능숙한 태도에 놀랐다. 내가 업소에서 겪는 남자들이 여기서는 고분고분하게 내가 하던 역할을 하는 게 우습기도 했다.

　문이 열리더니 일명 '선수'라는 남자들 일곱 명 정도가 들어왔다. 각자 한 명씩 나와서 자기 이름을 말하고 인사를 했다. 그리고 단체로 "좋은 시간 되세요!"를 외치고 나갔고, 또 다른 무리의 남자들이 들어와 앞에서 한 행동들을 똑같이 했다. 선수 행렬을 세 번을 보니 누가 누구인지 헷갈리고 그 얼굴이 그 얼굴 같았다. 그러나 마담은 남자 마담에게 "선수가 이게 다야?" 하고 물었다. 남자 마담은 당황했지만 곧 아무렇지도 않은 듯이 마음에 안 드냐고 물었다. 마담은 인상을 쓰더니 다른 애들은 없냐고 물었고 남자 마담은 내일부터 영업할 애들이 있는데 인사를 시키겠다고 했다.

마담은 화가 난다는 듯 술병을 따더니 혼자 술을 따라 마시기 시작했다. 나는 얼른 마담의 잔에 술을 채웠고 낯선 분위기에 주눅이 들었다. 잠시 후에 서울에서 왔다는 남자 네 명이 들어왔다. 남자 마담은 어떻냐고 물었다. 마담은 "마지못해 앉힌다."고 하면서 선수라는 남자를 두 명을 각각 자기 옆자리에 앉혔다. 그리고 자연스럽게 남은 두 명이 한 명씩 언니와 내 옆에 앉았다. 처음 호스트바 선수를 보는 나는 부담스럽기도 하고 불편하기도 했다.

마담은 노래를 부르고 춤을 추면서 두 명의 선수와 잘 놀았다. 나와 언니는 싫어도 내색도 못하고 박수만 치며 눈치만 살폈다. 한참 놀고 있는데 가운을 걸친 남자 두 명이 룸으로 들어왔고, 마담은 소리를 지르면서 너무나 좋아했다. 나는 무슨 일인지 영문을 몰랐고 언니는 앉아서 멍하니 그 남자를 바라봤다. 그 남자들은 일명 '쇼맨'이었다. 가운을 벗고 팬티만 입은 채 음악에 맞춰서 야한 몸짓을 했다. 마담은 그 남자들 곁으로 가서 춤을 췄다. 마담은 호스트바를 많이 다녀본 솜씨로 선수들과 어울려서 놀았다.

접대를 마치고 호스트바를 나서니 날이 밝아 있었다. 마담은 술에 취해서 해장국을 먹으러 가자고 했다. 언니와 내가 그만 집으로 가자고 했지만 마담은 혀가 꼬여 말도 제대로 못하면서도 자기와 놀았던 선수 중 한 명과 밥을 먹어야겠다고 고집을 부렸다. 그 남자는 인상을 쓰며 짜증을 내는 듯했고 남자 마담이 눈치를 보며 애들이 피곤하니 숙소로 보내고 밥은 자기와 먹자고 했다. 마담은 비틀거리면서 빨리 가자고 했다. 마담과 해장국을 먹고 숙소로 온 언니와 나는 피곤해서 화장도 못 지우고 잠에 빠졌다.

그 후 마담은 한 달 정도 언니와 나를 확실하게 밀어줬다. 그 업소에서 마담은 아가씨들에게 호스트바를 전수하는 사람으로 소문이 나 있었다. 마담 접대가 아니어도 아가씨들도 호스트바에서 술을 마셨다. 업소 영업을 마치면 술을 마실 수 있는 곳이 제대로 없었고, 외상으로 술을 마실 수 있는 유일한 곳이 호스트바였기 때문이다. 업주는 아가씨들의 수입에서 호스트바 술값을 받아낼 수 있기 때문에 호스트바를 다니며 술을 마시는 아가씨를 좋아했다.

한 달이 지나고 업주와 계산을 봤을 때는 빚이 조금 더 늘어나 있었다. 홀복 비용이 상당히 부담이 되었고 화장품 값도 만만치 않았다. 마담 접대비도 큰돈이었다. 결근 한 번 하지 않고 지각 한 번 하지 않아도 빚을 갚아 나가기가 힘들었다. 내 속도 모르는 소개쟁이는 한 달 더 일하면서 빚을 줄이라고만 했다. 가족들에게 생활비를 보내주지도 못하고 개인적으로 쓰는 돈도 없는데 여기서 어떻게 더 빚을 줄일 수 있을지 방법이 없었다. 그 업소에서 두 달을 일을 했지만 수입보다 지출이 많아진 탓에 빚만 더 늘어났고, 집으로 보내는 돈은 아예 생각하지도 못했다. 빚이 1000만 원이 넘어서자 소개쟁이는 그만 일하고 다른 업소로 옮기자고 했다. 빚이 많이 늘어나면 소개가 어렵다고 말해서 겁이 났다.

그래서 옮긴 곳이 경상북도 K시의 룸살롱이었다. 새롭게 오픈하는 업소였다. 소개쟁이는 오픈하는 곳이니 벌이가 좋을 것이라고 했다. 소개쟁이가 관리하는 아가씨 몇 명과 함께 일을 했다. 그곳의 룸살롱은 업소에서 숙소가 떨어져 있었고 시내 쪽에 위치한 곳이라 업주가 외출복에 신경을 많이 썼다. 업주는 숙소에서 짐을 풀고 있는 아가씨들을 데리고 자신의 남동생이 운영하는 옷가게로 갔다. 그 옷가게는 홀복과 액세서리, 향수 등 온통 업소 아가씨 전용 물품을 팔고 있었다. 대체로 가격은 비쌌다. 업주는 나에게 홀복은 대여도 가능하니까 마음 편히 입으라고 했다.

공사를 막 끝낸 업소는 차갑고 낯설었다. 같이 일할 마담과 아가씨들끼리 인사하고 대기실에 앉아서 화투를 치기도 하고 카드놀이도 하며 시간을 보냈다. 웨이터가 인사하는 소리가 들리고 마담이 대기실로 들어왔다. 혼자 온 남자라며 아가씨 한 명을 데리고 룸으로 가는 것을 보고 나는 벽에 기대서 졸았다. 담배를 피우고 커피를 마셔도 잠이 쏟아졌다.

그날은 혼자 온 그 남자가 업소 매상의 전부였다. 2차를 간 그 아가씨는 아침이 되어서야 숙소로 돌아왔고, 딱 일주일 후 빚퉁◆을 하고 업소를 그만뒀다. 나에게는 기회조차 없는 그런 일이 내 눈앞에서 일어난다는 것이 신기했다. 그 아가씨는 짐을 챙겨가면서 얼굴에는 온통 웃음이 가득했다. 남자가 갚아야 할 빚보다 더 많은 돈을 주었다며 자랑도 했다. 아가씨들은 "얼굴은 못생겼으면서 밤일은 잘하나 봐."라고 질투하며 일찌감치 사우나로 향했다. 사우나에서 땀을 빼면서 누군가가 나에게 빚을 갚아줄 테니 같이 살자고 하거나 애인이 되자고 하면 당장 그만둘 것이라고 생각했다.

일한 지 보름 정도 되던 날 업주는 마담에게 손님 네 명이 왔다며 "아가씨들 신경 써서 룸에 넣어라."라고 했다. 자신이 관리하는 손님이니 신경을 많이 쓰라는 말같이 들렸다. 선택을 받은 나와 아가씨들에게 업주는 손님 잘 모시라고 한 번 더 말했다. 남자들은 모두 정장 차림이었다. 그리고 들어온 우리에게 소위 '신고식'을 시켰다. 여러 사람이 보고 있는데 옷을 벗어 맨몸을 보인다는 것이 수치스러웠지만 이왕 할 거면 빨리 하고 자리에 앉는 것이 낫기 때문에 얼른 치마를 올리며 팬티를 내리고 인사를 했다. 시간을 끌면 끌수록

◆빚을 다 갚는 것. 종종 구매자들이 빚을 갚아주고 아가씨와 동거나 결혼을 하는 경우도 있었다.

남자들은 더욱더 황당한 것을 주문하기 때문에 최대한 빨리 신고식을 끝내는 게 나았다. 그날도 술 작업*을 했다. 노는 것에만 정신이 팔린 남자들은 술이 어떻게 되는지 관심이 없는 듯했다. 술 매상은 적당히 올렸고 마칠 분위기로 몰아갔다. 한 명이 술값 계산을 하겠다면서 마담을 불러오라고 했다.

나와 아가씨들은 대기실로 향했다. 대기실에 앉아서 담배를 피우며 마담이 들어오기를 기다렸다. 그런데 마담이 인상을 찌푸리며 대기실로 들어왔다. 담배를 꺼내 물더니 "저 방에서 무슨 일 있었어?" 하고 물었다. 나와 아가씨들은 아무 일 없었다고 대답했고 마담은 "야, 이년들아. 손님 잘 모시라고 했지? 야, 술도 작작 버려야지!" 하고 화를 냈다. 나와 아가씨들은 놀라서 서로 얼굴을 쳐다봤다. "너희들이 술을 너무 많이 버려서 술값 못 주겠단다. 이제 어쩔 거야?" 마담은 다시 담배 한 대를 다 피우더니 "룸에 다시 들어가. 어쨌든 계산하게 만들어. 알았어? 대답해, 이년들아." 하고 소리쳤다. 우리는 기가 죽어서 작은 목소리로 대답을 하고는 다시 룸으로 들어갔다.

♦ 업소에서 매상을 올리기 위해 술을 몰래 버리는 것을 말한다. 남성들이 술을 많이 주문해야 업소는 이득이지만, 아가씨들은 한 테이블만 보는 것이 아니라서 남성들이 건네는 술을 다 마실 수 없다. 음료수 캔에 입에 있는 술을 버리기도 하고, 술로 재떨이를 씻기도 하고, 음료수 잔에 술을 모아 쓰레기통에 버리고, 얼음 통에 얼음을 다시 채우면서 술을 버리고, 남성들이 노래를 부르고 분위기가 고조된 사이 술이 담긴 쓰레기통을 치우는 작업을 한다. 아가씨들끼리 손발이 잘 맞아야 남성들에게 들키지 않는다. 잘못해서 술을 버린 것을 들키면 아가씨들에게 술값을 물게 했다.

남자들은 의기양양했다. 룸으로 들어온 우리를 보더니 술이 확 깬다고 하며 무릎 꿇고 바닥에 앉으라고 했다. 나는 술값 계산만 한다면 시키는 대로 할 심정이었다. 그리고 한 남자가 테이블 밑에 있는 쓰레기통을 올리더니 아가씨 중 한 명에게 버린 술을 따르라고 했다.

쓰레기통에는 담배꽁초, 먹다 만 안주, 가래, 침 등 쓰레기와 우리가 버린 술이 섞여 있었다. 나는 술을 거르는 작업을 하는 아가씨의 손길을 바라보았다. 쓰레기통에서 걸러지는 술의 색깔은 붉다 못해 검은색을 띠고 있었다. 한 남자가 술을 잔에 따르라고 시키고 아가씨들에게 마시라고 했다. 아가씨들이 인상을 쓰며 술을 못 마시고 있자 남자는 거친 욕을 했다. 웨이터에게 "주인 불러 와!" 하며 고함을 쳤다.

우리는 결국 그 술을 다 마셨다. 그 사이 한 남자가 얼음통에는 얼마나 버렸겠냐고 말해서 더 긴장하게 만들었다. 업주가 들어와 남자들에게 진정하라고 하면서 아가씨들에게 대기실에 가 있으라고 했다. 대기실로 돌아온 우리는 아무 말도 하지 않았다. 아가씨들은 화장실에서 토하기도 하고 물을 마시기도 했다. 술이 확 올라오는 기분을 느꼈다. 그러다 대기실 문이 열리고 업주가 들어왔다. "야, 이 미친년들아. 내가 뭐라 그랬어?" 우리는 고개만 숙이고 아무 말도 못 했다. 여자 업주는 "오늘 저 손님 계산 안하고 갔고, 외상도 아니야. 너희 넷이 나눠서 오늘 술값 다 내라. 야, 이 시발년아, 장사 말아먹으려고 환장했냐?" 부서져라 문을 닫고는 업주가 나갔다. 머릿속이 백지가 되었다. 한 아가씨가 울었고, 결국 우리는 다 같이 울었다. 계산을 안 하려면 쓰레기통 술이라도 먹이지 말든가, 그 남자들의 행동에 화가 났다. 마담은 "뭘 잘했다고 울어? 울면 누가 봐주냐?" 하며 빈정댔다.

그날 일을 마치고 우리 네 명은 더러워진 기분을 풀기 위해 술을 마시러 갔다. 숙소로 돌아와서도 쉽게 잠들지 못했다. 나 자신도 미웠고, 나를 술집에서만 전전하게 만든 모든 것이 미웠다. 결국 업주는 아주 공평하게 우리에게 술값을 물렸다. 업주는 대기실에서 다른 아가씨들에게 들으라는 듯 큰소리로 술 버리다가 잘못되면 알아서 하라고 했다.

남자들이 마신 술값도 내 빚이 되었다. 대부분의 업소는 선불금 이자를 1할로 받았는데, 이 업소는 2할로 받았다. 나는 업주와 마담에게 찍혔다. 그들은 나를 자신들이 관리하는 구매자의 룸에 넣어주지 않았다. 예뻐하는 아가씨를 돈이 되는 남자들의 룸으로 넣어주었기 때문에 나는 서서히 뒷방 공주가 되어갔다. 혹시 기회가 와서 룸으로 들어가면 최선을 다해서 남자들을 대했고, 술을 버리다가 또 들켜서 또다시 빚이 늘어날까 두려워 전부 마시며 매상을 올렸다. 결국은 위장병을 얻었고 질염도 심해졌다. 병원비도 내가 벌어야 감당할 수 있는 돈이었다. 아파도 약국에서 임시로 사 먹는 약이 전부였다. 이 업소는 지각비도 출근 시간 30분 후부터 꼬박꼬박 받았기에 나는 술을 많이 마셔 토하느라 밥 한 끼 못 먹어도, 밑이 빠질 것 같이 아파도 벌금으로 나가는 돈이 아까워 출근 시간을 칼같이 지켰다.

이 업소에서 3개월 동안 일하고 그만뒀다. 업주와 계산을 보는데 갚지 못한 홀복값을 선불금에 포함시켜 이자를 받는다고 했다. 이러는 경우가 어디 있냐고 따지기 시작하자 나에게 미친년이라고 욕을 했다. 악담에 주눅이 들었다. 업주는 소개쟁이 불러서 얼른 짐을 빼라고 큰소리를 쳤다.

나는 소개쟁이에게 울면서 전화했다. 수화기 넘어 들려오는 소개쟁이의 한숨소리가 너무 커서 더 울고 싶었다. 지금 당장 온다는 말에 나는 숙소에서 짐을 정리했다. 업주는 숙소에 남아 있는 아가씨들에게 없어진 물건 있는지 꼼꼼히 살펴보라고 하며 나를 도둑 취급했다. "몸 파는 주제에."라고 말하며 나를 비웃었고, 숙소에 있는 물건이 없어지거나 선불금 계산 똑바로 안 하면 절도에 사기죄로 고소한다며 큰소리쳤다.

화가 치밀었지만 말대꾸를 할 수 없었다. 업주 말대로 나는 몸을 파는 여자였다. 내 몸으로 벌레가 기어 다니는 듯한 느낌을 받았다. 몸 파는 주제라고 나를 비웃지만, 그런 내 몸을 이용해 돈을 버는 업주는? 분노가 치밀어서 얼굴이 굳어졌다. 나와 함께 짐을 정리하는 언니에게 업주가 발길질을 하는 모습을 보면서 당장 달려오겠다던 소개쟁이가 왜 이리 늦는지 답답했다. 늦은 시간에 소개쟁이가 도착했고 업주와 적당한 선에서 계산이 끝났다. 소개쟁이 차에 짐을 실은 나와 언니는 뒤돌아보지 않고 K시를 떠났다.

소개쟁이는 충청남도 J시에서 업주가 올라와 있다며 며칠 쉬었으면 좋겠다는 내 말을 무시하고 일을 빨리 들어가라고 재촉했다. 하루라도 쉬자고 매달렸다. 소개쟁이는 딱한 사정 봐준다는 듯 이틀만 쉬고 일하라고 했다. 또 모텔 방을 잡아 얼른 씻고 누웠다. 무슨 악몽을 꿨는지 잠에서 깼다. 온몸에 식은땀이 흐르고 몸이 아팠다. 전기장판이 깔린 침대에 누워 아픔을 견뎠다. 이틀을 꼬박 아팠지만 소개쟁이의 전화에 다시 짐을 챙겼다.

업주는 자기 차에 짐을 싣고 가자며 재촉했다. 소개쟁이는 신난 듯 얼른 따라나서지 뭐하냐고 내 등을 밀었다. 그렇게 또 다른 도시로 내 몸은 팔려갔다. 고속도로를 달리다가 휴게소에서 잠시 쉬면서 업주는 나에게 배가 고프지 않느냐고 상냥하게 물었지만 밥을 먹고 싶은 기분이 아니라 도착해서 먹자며 눈을 감고 잠든 척했다.

조금 있으면 도착한다고 하더니 업주는 업소로 바로 가지 말고 바람이나 쐴 겸 놀러가자고 했다. 나의 대답을 기다리지 않고 열심히 운전을 했다. 차를 세운 곳은 모텔 앞이었다. 나는 깜짝 놀라서 업주를 바라봤다. 업주는 태연하게 모텔로 들어가자고 했다. 내가 완강하게 싫다고 하자 업주는 멋쩍은 듯이 나를 바라보더니 "내 손님이 얼마나 많은 줄 아냐? 내가 신경 써서 돈 많이 벌게 밀어줄 건데 너는 복을 찼어."라면서 기분 나쁜 표정을 지었다.

그 자리에서 소개쟁이에게 전화를 해서 돌아가겠다고 하고 싶었지만 빚이 많은 나에게는 쉽지 않았다. 힘들어도 한 달만 견뎌보자고 나를 달랬다.

숙소는 업소와 한 건물에 있었고 업소는 제법 규모가 컸다. 대기실에 들어서서 본 풍경은 어느 업소를 가나 비슷했다. 나는 적당히 둘러보고 숙소로 향했다. 어수선한 방을 치우고 이불을 깔고 누웠다. 피곤했는지 잠이 몰려왔다.

얼마나 잤을까, 한 무리의 여자 목소리가 들리며 주변이 시끄러웠다. 나는 얼른 일어나 주위를 살폈다. 한 아가씨가 문을 열고 들어와서 방 벽을 더듬어 불을 켰다. 마주친 그 아가씨를 보고 반가움에 자리에서 일어났다. 내 빚을 두 배로 늘려 떼어먹고 수감된 소개쟁이와 같이 일했던 친구였다. 친구도 이게 얼마만이냐며 손을 마주 잡았다. 다른 아가씨들이 아는 사람이냐고 물으며 옷을 벗고 담배를 피워 물었다.

친구는 한잔하면서 이야기를 나누자고 했다. 우리는 근처 술집으로 가서 못다 한 이야기를 했다. 서로가 그동안 지내왔던 이야기를 하며 시간가는 줄 몰랐다. 그러면서 친구는 말하고 싶지 않은 이야기도 있다고 한숨을 내쉬며 술을 마셨다. 서로를 위로하며 오랜만

길 하나 건너면 벼랑 끝

에 눈물도 흘리고 답답했던 마음도 풀어내서 그날 밤이 행복했다. 과자 몇 봉지를 사들고 숙소로 향했다. 낯선 곳에서 친구가 있다는 것이 많은 위안이 되었다.

아침에 눈을 떠서 주방 이모가 해주는 밥을 먹고 방으로 들어가 쉬려는데, 길을 모르니까 같이 다녀야 하지 않겠냐며 친구는 한숨 더 자고 사우나를 가자고 했다. 나는 친구 곁에 누워 잠을 청했다. 눈만 감으면 이상한 꿈을 꿔서 힘들었지만 마음은 편했다.

친구가 업소 주변에 있는 사우나와 미용실을 알려주었고 업소에는 마담이 두 명이라고 하면서 이 업소는 초이스를 하기보다 마담이 직접 아가씨를 룸으로 넣어주는 경우가 많다고 했다. 예전에 일했던 곳처럼 마담 접대를 해야 하는지 물어보니 접대는 받지 않는다고 했다. 하지만 내가 선물한 화장품을 좋아하는 마담들의 모습을 보니 은근히 접대를 바라는 것은 아닌가 싶었다.

이 업소에는 미성년자, 일명 '미짜'들이 몇 명 있었다. 그들은 업주에게 대단한 신임을 받고 있었고 마담도 신경을 많이 썼다. 남자들에게도 인기가 많았고 콧대가 높았다. 대기실에서는 아가씨들끼리 기 싸움도 하고 몰래 서로 헐뜯는 말도 많이 했다. 호칭만 언니, 동생이었다. 한 업소에서 같이 일한다고 해서 사이가 다 좋지는 않았다. 아가씨들은 업주와 마담에게 잘 보여서 돈을 많이 벌기를 바랐다. 구매자들 사이에서 톱이 되고 싶어 하는 아가씨들의 마음을 업주와 마담은 교묘히 이용했다. 아가씨들끼리 경쟁의식을 갖도록 부추겼다. 누군가 선불금을 갚지 않고 도망친다거나 수상한 행동을 하는 모습을 보이면 즉각 보고하도록 했으며 서로 감시하도록 만들었다. 미짜나 어린 아가씨들은 업주나 마담들이 시키는 대로 했고 말을 잘 듣는 편이었다. 숙소에서도 마담은 미짜나 어린 아가씨와 한 방을 사용했다. 친구는 그 아가씨들 앞에서 특히 말조심하라고 당부했다.

업소는 접대를 받는 자와 접대를 하는 사람들의 비즈니스 장소로 많이 이용되었다. 사업체끼리 오는 경우도 있었고, 공무원을 접대하는 경우도 있었다. 그리고 업소 단속을 피하기 위해 경찰들에게 하는 접대는 업주가 직접 했다. '손님'이라는 남자들의 연령대는 높은 편이었다. 어쩌다 그중 젊은 남자가 끼어 있으면 아가씨들의 시선은 온통 그 남자에게 몰렸다. 젊은 남자의 파트너가 되는 아가씨는 마냥 즐겁고 신나서 술시중도 잘했다.

다람쥐 쳇바퀴 돌듯 똑같은 나날이 계속되던 어느 날이었다. 일찍 2차를 나갔던 나는 다시 업소로 돌아와 대기실에 앉아 한숨을 돌리는데 마담이 얼른 화장을 고치고 옷을 갈아입으라고 했다. 담배를 한 대 피우고 화장을 고쳤다. 마담은 다시 대기실로 들어와 얼른 옷 갈아입으라는데 왜 그리 꾸물거리냐며 핀잔을 줬다.

마담의 손에 이끌려 들어간 룸에는 젊은 남자 세 명이 있었다. 남자 두 명 곁에는 이미 아가씨들이 앉아 있었고 한 명은 나중에 온 듯했다. 남자 옆에 나를 앉히며 마담은 특별히 신경을 썼다고 말했다. 파트너가 된 남자에게 술을 한 잔 건네주면서 남자의 얼굴을 자세히 보았다. 하얀 피부에 짙은 눈썹이 매력 있었다. 손가락은 길었다. 머리에서 발끝까지 쭉 훑어봤다. 이 남자는 내가 그동안 만나왔던 남자들과는 비교가 안 되게 잘생겼다.

배 나온 아저씨나 입에 욕을 달고 사는 아저씨, 거드름 피우는 남자나 못생긴 남자만 보다가 오랜만에 젊은 사람을 보니 기분이 좋았다. 그래서인지 마음이 편해지기도 했다. 그 남자들은 오랜만에 만난 친구인 모양이었다. 노래도 부르지 않았고 서로 이야기하느라 바빴다. 조금은 지겨웠지만 옆에서 바라보는 그 남자의 얼굴이 나는 좋았다.

남자들이 한참 이야기를 나누고 있는 중간에 화장실도 갈 겸 담배를 한 대 피우러 대기실에 들어가니 마담이 술 매상에 신경 쓰라고 했다. "저 손님들, 돈 많은 아버지를 둔 아들들이야. 매상 더 올려." 나는 고개를 끄덕였고 다시 룸으로 들어가서 열심히 매상을 올렸다.

서로 이야기만 하는 분위기에서는 술을 버리기가 힘들어 거의 다 받아 마시기로 했다. 술을 마시며 이야기를 나누는 남자들을 둘러보니 다들 잘생긴 편이었다. 아가씨들끼리 눈치를 주고받으며 술을 더 시키자고 했다. 새로 들어오는 술을 그 남자에게 따라주면서 내 잔에도 부어 혼자 술을 마셨다. 그러자 남자가 내 손을 잡더니 적당히 마시라고 했다. 나는 매상을 올리지 못하게 하나 보다 생각하고 입을 삐죽거렸다. 남자들은 자기들끼리 대화를 나누며 즐거워했고, 옆에 있는 아가씨들은 그저 술시중만 들 뿐 남자들은 아가씨들에게 별 관심을 두지 않았다. 이야기를 한참 나누던 남자들은 한잔 더 하느냐 2차를 가느냐를 고민하다 2차를 가기로 결정하고는 아가씨들에게 마담을 불러오라고 했다. 대기실로 들어온 아가씨들은 누가 더 잘생겼다느니 하며 웃었다.

술이 서서히 오르는 것을 느꼈고 물을 마시며 또 담배를 피웠다. 룸 밖으로 나와 어느 모텔을 가냐, 호텔을 가냐, 택시를 잡는다고 부산을 떨 때 나는 그 남자에게 한잔 더 하자고 했다. 그 남자는 좋다고 하면서 일행들과 헤어져 따로 걸었다.

가을이 와 있었다. 나는 그 남자와 걸으며 쓸쓸하지 않았다. 내가 고른 술집은 포장마차였다. 시끄러운 음악이 있는 나이트클럽은 스트레스 풀기에는 좋았지만, 포장마차 같은 소박한 술집이 나에게 더 위안을 주는 것 같았다. 그 남자에게 포장마차 분위기가 어떠냐고 물으니 그저 웃었다. 안주들을 보면서 갑자기 배가 고파졌다. 안주를 허겁지겁 먹는 내 모습을 보며 남자는 웃었다. 다른 주객들이 들어오고 분위기가 살아나니 오히려 남자가 더 신나 있어서 놀라고 재미있기도 했다. 업소에서 만나 2차라는 계약을 하고 즐겁게 술을 마실 수 있는 상대가 있다는 것은 드문 일이었다.

포장마차에서 술을 마시고 모텔로 들어와서는 어떤 일이 있었는지 기억도 못 하고 잠이 들었다. 아침에 눈을 뜨자 옷을 다 입은 채로 침대에 누워 있었고 같이 들어온 그 남자는 보이지 않았다. '어쩌지, 2차를 안 했네. 돈 받으러 다시 오는 거 아니야? 전화번호도 없고.' 하고 걱정이 됐다. 술은 덜 깨서 머리는 아프고 멍하니 앉아 있었다. 대충 샤워를 하고 숙소로 갔다. 같이 2차를 갔던 아가씨들은 "어디 모텔 갔어? 무슨 일 없었어?" 하고 물었다. 혹시 마담에게 고자질을 할까 봐 다른 모텔에 갔다고 거짓말을 했다. 2차를 안 했다고 돈을 다시 받으러 오는 진상들이 한두 명이 아니라서 신경이 쓰였지만 그 남자의 연락처가 없으니 수습할 방법도 없었다. 술이 덜 깬 나는 다시 잠이 들었다.

출근 시간이 되어 찜찜한 마음으로 업소로 향했다. 그 남자가 돈을 다시 받으러 오면 마담에게 실컷 욕을 얻어먹을 것을 상상하니 아찔했다. 불안한 마음을 접고 대기실에서 화장을 했다. 오늘따라 잘 그려지지 않는 눈썹을 고치고 또 고치며 짜증을 냈고, 세탁소에서 옷을 늦게 갖다 줘서 또 짜증이 났다. "왜 이리 민감하냐?" 친구가 물었다. 어제 나간 남자랑 2차를 안 한 이야기를 했다. 친구는 오늘 하루 잘 견뎌보자며 위로해주었다. 쓰린 속을 달래기 위해 매점 이모가 파는 땡초라면을 화장이 지워질 정도로 땀을 흘리며 먹었다. 담배를 한 대 피우려는데 웨이터가 인사하는 소리가 들렸다.

잠시 뒤 마담은 대기실에 와서 나에게 지명 손님이 왔다고 했다.

인사를 하며 들어간 룸에서 어제 왔던 그 젊은 남자들을 다시 만났다. 그 남자는 나를 보더니 편안하게 웃었다. 나의 머릿속에는 '뭐지? 돈 받으러 온 건가?' 하는 불안함이 가득해서 어색한 웃음을 짓고 그 남자에게 다가가 앉았다. 남자는 나를 보고 또 웃었다. 바보 같이 뭐가 좋은지 웃기만 했다. 어제와 달리 남자들은 노래를 부르고 열심히 놀았다. 그러나 내 파트너로 앉은 그 남자는 노래도 부르지 않고 나와 이야기를 하고 싶다고 했다. 어제 일에 대해서 물어보고 싶었으나 2차를 안 했다는 것이 걸려 괜히 내가 먼저 말을 꺼내지 않는 것이 좋겠다고 판단했다. 열심히 놀고 있는 친구들과 달리 자리에만 앉아 있는 그 남자는 친구들을 보며 웃기도 하고 술을 마시기도 했다. 내게 무슨 말을 하려고 입을 떼다 나중에 말하자고 해서 내 마음을 더 불안하게 만들었다. 단둘이 있는 자리라 술 작업도 할 수 없어서 '오늘도 취해야 하는구나.' 하며 술을 따라 마셨다. 내가 술 매상을 올려야 한다는 걸 그 남자는 아는지 모르는지, 잔을 들어 술을 마시려 하면 가로챘다. 몇 번 그러기에 왜 그러냐고 물었다. 그 남자는 "많이 마시면 힘들잖아요."라고 했다. 뭐가 힘들다는 것인지, 2차를 못 할까 봐 힘들다는 것인지, 순진한 척하면서 일부러 저러는 것인지, 이 미스터리한 남자가 궁금했다.

어제와 달리 남자들이 잘 놀아준 덕분에 매상을 올릴 수 있었고 또 2차를 나갔다. 남자는 어제 간 포장마차에서 한잔 더 하고 싶다고 했다. 업소에서 나를 불안하게 만들었던 그 남자의 말에 취기가 올라 술을 마시고 싶지 않았지만 그 남자의 뜻대로 포장마차를 가자고 했다.

우리는 술을 마시며 이런 저런 이야기를 나누었다. 그 남자는 공부를 하는 학생이고 유학을 갈 것이라고 했다. '그래, 좋겠다. 아버지가 돈이 많아 자기는 돈도 안 벌어도 되고, 공부하고 유학 가고.' 그 남자를 부러워하며 술을 마셨다. 남자는 오랜만에 친구들이 한잔하자고 해서 룸으로 갔고 나를 본 순간 첫눈에 반했다고 했다. 나는 입에 술을 머금고 웃었다. 말 같지도 않아서 쓸쓸하게 웃었다. 그 남자는 나에 대해서 물었다. 몇 살이냐, 이곳이 고향이냐. 뭐라고 대답해야 할지 난감했다. 나는 누굴까, 어디서 살았다고 해야 하나, 학교는 어디까지 다녔다고 해야 하나. 여태 업주들이 교육시켰던 대로 대답하기는 싫었지만 솔직하게 말할 자신도 없었다. 술집 여자로 사는 인생을 다른 어떤 것으로 대체할 수 있을까. 결국 적당한 거짓말로 얼버무렸다.

그 남자는 내 머리를 쓰다듬기도 하고 손을 잡기도 했다. 이 남자가 내 남자 친구였으면 좋겠다는 생각을 처음으로 했다. 원래 여자를 대하는 매너가 좋은 것인지 아니면 나에게만 매너가 좋은 것인지, 치마를 입은 나를 배려해주기도 했고 화장실 앞을 지켜주기도 했다. 오늘따라 포장마차에서 흘러나오는 노래가 유난히 달달했고 술맛도 부드러웠다. 취기가 점점 올랐지만 멈추고 싶지 않았다.

그 남자와 나는 연신 술잔을 부딪치며 포장마차의 낭만을 즐겼다.

모텔로 들어왔지만 그 남자는 옷을 벗거나 성관계를 하려고 덤비지도 않았다. 취기가 오를 대로 오른 나는 잠이 쏟아졌다. 말을 거는 남자에게 다짜고짜 곁에 누워보라고 하며 대답을 하는 둥 마는 둥 하다 잠이 들었다.

머리가 아파 눈을 떴을 때 그 남자는 내 곁에서 조용히 잠들어 있었다. 둘 다 옷을 껴입은 채로 누워 있었다. 또 2차를 안 한 것이 마음에 걸렸지만 잠든 그 남자의 얼굴이 좋아서 손가락으로 가만히 만져보았다. 어린아이처럼 잘 자는 그 남자 곁에서 다시 평온하게 잠이 들었다. 내 몸을 조용히 흔들며 깨우는 그 남자의 목소리에 눈을 다시 떴다. 화장도 지우지 않은 탓에 얼굴은 엉망이 되어 있고 머리는 산발인 나를 보며 속은 괜찮냐고 물었다. 나는 고개만 끄덕였고 잠을 더 잤으면 했다. 그 남자는 나에게 샤워를 하고 한숨 더 자자는 말을 했다. 따뜻한 물에 샤워를 했다. 억지로 하는 성관계에서 해방된 듯 내 몸은 편했다. 내가 샤워를 끝내자 그 남자도 샤워를 했고 우리는 다시 서로 껴안고 잠이 들었다. 그 남자의 품에서 오랜만에 깊은 잠을 잤고 악몽도 꾸지 않았다.

다시 업소로 돌아가야 하는 시간이 다가왔다. 그 남자는 나와 같이 업소로 가겠다고 했다. 내가 "혼자?" 하고 물었을 때 그 남자는 그게 무슨 잘못이라도 되냐는 듯이 되물었다. 내 입장에서는 업주나 마담에게 점수를 따는 계기가 되기 때문에 말릴 이유가 없었다. 그 남자는 업소에 가서 2차비를 계산하고 다시 나오자고 했다. 이 남자가 정말 순진한 건지, 정말 나를 좋아하는 것인지 헷갈렸다. 그렇지만 이 남자를 돈벌이 상대로 만나는 것이 좋겠다고 생각했다.

내가 그 남자와 다시 업소로 들어왔을 때 마담은 함박웃음을 지었다. 그리고 대기실에 앉아 있던 아가씨들도 나를 부러워했다. 그 남자가 술값을 계산하고 업소를 나오면서 무엇을 하고 싶으냐고 물었을 때 나는 아무 말도 못했다. 그동안 나의 의사를 물어봐주는 사람이 없었기 때문에 어떤 대답을 해야 할지 몰랐다. 오히려 그 남자에게 되묻는 것이 편했다. 어쩌면 구매자들이 원하는 방식대로 행동하는 것이 내 몸에 밴 오랜 습관인지도 모른다. 그 남자는 어린 아이처럼 신이 난 표정으로 같이 영화를 보자고 했다. 그러자고 하며 손을 잡으니 그 남자는 얼굴이 빨갛게 물들었다.

그날 이후로 나는 손님이 없거나 몸이 힘들 때나 2차를 하고 싶지 않을 때, 보고 싶다는 둥 술 마시고 싶다는 둥 온갖 이유를 만들어서 그 남자에게 연락을 했다. 그럴 때마다 그 남자는 고맙게도 업소로 와주었다. 나는 마담에게 늘 칭찬받았다. 그 남자는 영업 수단이었다. 그 이상의 관계를 맺고 싶지는 않았다.

이 업소에서 일을 한 지도 수개월이 흘렀다. 업주와 마담이 한 달에 두 번 정도 쉬는 날을 줬다. 쉬는 날이면 그 남자를 만났고 차를 타고 드라이브를 하거나 1박 2일로 짧은 여행도 다녔다. 만남이 잦아지면서 나도 모르게 그 남자가 좋아지기 시작했다. 내가 무슨 말을 하든 내 말에 귀를 기울여주고 나를 가르치려 들지 않는 그 남자가 마음에 들었다. 그 남자가 나를 향해 웃으면 밝은 빛이 내 주변을 감싸는 것 같았고 그가 내미는 손은 너무나 따뜻했다. 맑은 눈빛에 내 마음이 스르르 녹는 것 같았다. 모든 것이 완벽한 이 남자가 내 곁에 있다는 것만으로도 나는 세상을 다 가진 듯 행복했다. 헤어질 시간이 되면 다시 술집 여자로 돌아가는 나 자신이 초라해서 괜히 툴툴거리기도 했다. 그런 나의 기분을 풀어주려 애쓰는 그 남자는 나에게 사랑으로 다가왔다.

그날은 영업이 잘되는 날이었다. 룸마다 예약으로 가득 찼다. 업소의 모두가 분주하고 바빴다. 어느 룸에서는 단체로 온 남자들을 접대하느라 정신이 없었다. 나는 그중 남자 네 명이 온 룸에 들어갔는데 한 남자가 아가씨들의 행동에 자꾸만 트집을 잡고 거친 말을 했다. 술을 많이 마셔서 괜히 시비를 거는 것처럼 보였지만 점차 분위기가 험악해졌고 입가심으로 마신다던 폭탄주는 멈추지를 않았다. 화장실을 핑계로 대기실로 들어가 담배를 피웠다. 때마침 마담이 대기실로 들어왔기에 내가 들어간 룸에 남자들이 폭탄주를 계속 돌려가며 마시고 있어서 아가씨들이 많이 취했다고 말해주었다. 마담은 알겠다고 고개를 끄덕였으나 크게 신경을 쓰지 않았다.

그러다 같이 들어간 한 아가씨가 다른 룸에 지명 손님이 와서 잠시 인사를 하러 간 것이 화근이 되어 남자들은 화를 내기 시작했다.

술병을 집어 던지고 사람을 뭘로 보느냐, 내가 누군지 아느냐 온갖 욕을 해댔다. 아가씨들은 숨소리조차 내지 못하고 고개를 숙이고 있었고 업주가 들어와서 진정시켰지만 소용이 없었다. 업주는 아가씨들에게 손님을 잘 모시지 않았다는 이유로 화를 냈다. 내가 뭘 잘못했는지 몰라도 화난 남자들을 달래기 위해 잘못했다고 빌었다. 아가씨들이 잘못했다고 빌기 시작하면서 남자들은 더 의기양양해져 "계산서 가지고 와!"라며 소리쳤다. 마담이 들어와서 아가씨들은 대기실로 보내고 자기와 이야기하자며 남자들을 달랬고 그제야 아가씨들은 대기실로 들어갈 수 있었다. 대기실로 들어선 아가씨들은 저마다 담배를 피워 물며 그 남자들 욕을 했다. 마담이 대기실로 들어와 "손님들 가시니까 인사해라."라고 해서 아가씨들과 나는 카운터 앞에 서서 인사를 했다. 그 일행은 업주에게 술값 계산을 하다 말고 손님 대접 똑바로 하라면서 아가씨들을 때리기 시작했다. 발길질을 하는 남자, 손으로 아가씨를 위협하는 남자들을 웨이터들이 말렸지만 그럴수록 손찌검은 더 심해졌다. 업주와 마담은 발을 동동거리며 바라볼 뿐 경찰에 신고도 하지 않았다.

철썩 소리가 나도록 뺨을 한 대 맞고는 땅바닥에 주저앉았다. 하필 그때 아무 연락도 없이 업소로 들어온 그 남자와 마주쳤다. 눈치 빠른 웨이터가 얼른 인사를 하며 룸으로 그 남자를 안내했고 한 대씩 맞았던 나와 아가씨들은 대기실로 도망치듯이 들어갔다.

거울에 비친 내 입술은 터져 있고 얼굴은 퉁퉁 부어 있었다. 눈물 때문에 화장은 지워질 대로 지워졌고 그 남자에게 뭐라고 설명해야 할지 난감했다. 이런 꼴을 보인다는 것 자체가 싫었다. 내 마음도 모르는 마담은 지명 손님 왔다고 화장을 고치고 얼른 들어가라고 했다. 그 남자도, 아무도 만나기 싫었다. 당장 업소를 벗어나고 싶은 심정을 억눌렀다. 터진 입술을 물수건으로 닦고 다시 화장을 고쳤다. 아무 일도 없었던 것처럼 그 남자가 앉아 있는 룸으로 들어갔다. 눈이 마주치는 순간 서러움이 밀려왔지만 억누르고 그 남자 곁에 앉았다. 그 남자와 나는 아무 말 없이 입을 다물고 있었다. 무슨 말이라도 꺼내면 무너질 것 같았다. 그 남자는 혼자 술을 따라 마셨다. 몇 잔을 마셨을까, 내 손을 잡는 그 남자의 손에 힘이 느껴져 고개를 돌렸다. 이미 내 눈에는 눈물이 가득했다. 차마 그 남자의 눈을 바라보지 못한 나는 서러움이 폭발해버렸다. 그 남자의 품에 안겨 소리 내어 울었다. 내 머리를 쓰다듬어주는 그 남자의 손길에서 나를 위로하는 마음을 느꼈다. 우리는 업소를 벗어났다.

서로 아무 말도 없이 한참을 걸었다. 그 남자의 입은 굳게 다물려 있었다. 우리가 자주 찾던 포장마차에서 소주를 한 잔 입에 털어 넣었을 때 그 남자는 나를 바라보며 "어떻게 하면 업소에서 일을 그만둘 수 있어?"라고 물었다. 그 말에 나는 아무 말도 못 했다. 차라리 빚을 갚아달라고 할까? 그러면 여기서 나갈 수 있다고 할까?

그런데 나는 왜 망설이고 말을 못 하지? 답답하고 갑갑했다. 내가 어떤 요구를 하더라도 이 남자는 들어줄 능력이 된다는 것을 알고 있었다. 하지만 이 남자 앞에서는 사람과 사람으로 대등한 관계가 되길 바랐다. 내세울 것 하나 없는 내가 술집 여자로서 빚을 갚아달라고 하면 그것이 치명적인 약점이 될 것 같았다. 그가 나를 대하는 태도가 달라질 것 같았고, 진심인 나의 마음이 왜곡될 것 같았다. 그래서 대답하지 않았다. 업소에서 남자가 빚을 퉁 해줬다고 자랑하던 아가씨들은 결국 그 남자들의 감시와 협박 속에서 살아가는 경우가 많았다. 빚을 정리해줬다는 사실이 동거를 하는 내내 약점이 되어 여성들을 괴롭혔다. 결국 빚을 정리해준 남성과 헤어지면 살아갈 길이 막막해지고 또다시 업소로 되돌아왔다. 업소가 아닌 다른 직업을 찾고자 해도 자원이 없는 여성들이 일자리를 찾기란 매우 어려웠다. 업소로 돌아온 아가씨들은 다시 선불금이 늘어갔고, 다람쥐 쳇바퀴 돌듯 지옥 같은 업소 생활이 계속되는 경우를 수도 없이 많이 보았다. 혹여 내가 팔려가기라도 하면 구해줄 사람도 없는 현실에서 늘 불안하고 무서운 마음을 안고 살아서인지, 아무리 그 남자가 좋다고 해도 사람을 믿지 못하고 의심하는 감정이 나를 지배했다.

내가 마시던 술잔을 뺏는 그 남자에게 나는 눈물을 흘리면서 내 일에 신경 쓰지 말라고 했다. 영업을 목적으로 잘해준 것이라고, 단골손님 외에 다른 감정은 없다고, 내 마음과는 정반대인 말을 쏟아냈다. 가슴이 찢어질 것 같아서 술을 마시며 울었다. 내 마음을 드러내기가 너무나 어려웠다.

"너를 사랑하면 안 돼?" 하고 물어보는 그 남자의 얼굴을 바라보지 못해 나는 고개를 숙이며 울었다. 첫눈에 반했다는 말에도 그런 말을 들어본 적이 없는 나는 뭐라고 대답해야 하는지 몰랐다. 나를 향한 그 남자의 진심을 알면서도 도통 열리지 않는 내 마음이 싫었다. 그 남자와 내가 만나게 된 인연을 원망했다. 차라리 내일이 오지 않았으면 했던 안타까운 밤은 새벽을 향해 달리고, 밤공기가 찬 거리를 술에 취해 휘청거리며 걸었다. 그날 밤은 서로 더 이상 상처를 주지 않기 위해 말없이 잠들었다.

눈을 뜨자 그 남자는 내 곁에서 잠들어 있었다. 누군가가 내 곁에 있다는 것만으로도 나는 행복했다. 잠든 남자의 손을 잡아보며 이 남자를 향한 나의 마음을 확인했다. 그날 이후 우리는 많은 감정을 나누는 사이가 되었다. 세상 사람들이 말하는 연인이 되었다. 함께 지내는 시간이 길어질수록 내 마음은 애틋해졌다. 술에 취한 내 모습이 아닌 나의 다른 모습을 보여주고 싶었지만, 나조차 그 다른 모습이 무엇인지 몰랐다. 함께 많이 웃고 즐거워하는 게 서로에게 좋을 것이라고 생각했다. 언젠가 이별하겠지만 내 곁을 떠나기 전까지는 많은 추억을 나누고 싶었다.

그 남자는 곧 유학을 떠난다고 했다. 언젠가 헤어질 날이 올 것이라고 짐작은 했지만 막상 그 말을 들으니 마음이 아팠다. 그는 내가 업소를 쉽게 그만두지 못하는 이유를 늘 궁금해했지만, 말하지 않는 나를 이해하는 듯했다. 남자는 한 가지 제안을 했다. 유학가기 전까지 남은 몇 달의 시간을 같이 지내는 것은 어떠냐며, 업소에 지장을 주지 않게 보상을 하겠다고 했다. 매일 업소로 나를 찾아오는 것도 상당히 부담이 되었을 것이다. 그리고 잠시라도 업소 일을 하지 않는 것만으로도 나는 좋았다. 그러나 그 제안을 선뜻 받아들이지는 못했고 업주나 마담에게 의논을 한 뒤에 결정하겠다고 했다. 업주나 마담 입장에서 손해는 아닐 것이라는 예감이 들었다.

업주를 만나 그 남자의 제안을 설명했다. 예감은 틀리지 않았다. 아가씨들에게 결근비 명목으로 강제로 벌금을 받아가는 업주는 술을 팔지 않아도 그에 해당하는 보상을 하겠다는데 싫어하지 않았다. 다만 선불금에 대한 차용증을 업주와 다시 쓰자고 하면서 당분간 선불금 이자는 받지 않겠다고 했다. 간간히 연락을 할 테니 전화나 잘 받으라고 했다. 업주가 순순히 그 남자의 제안을 받아들이는 것을 보고 안심했다. 혹시 업주가 반대하면 어쩌나 걱정했는데, 업주는 역시 자기 이익을 챙기는 데에 빠른 듯했다. 주변 언니들이나 친구들은 바보같이 업주만 좋아할 일을 한다고 핀잔했다. 그 남자에게 선불금을 갚아달라고 해서 편하게 지내라고 했다. 그 남자 능력으로는 선불금의 몇 배는 되는 돈을 줄 수도 있을 텐데 미련하게 뭐하는 짓이냐며 야단을 치기도 했다. 그러나 나는 그 남자에게 부담을 주고 싶지 않았다. 또 헤어지고 난 후가 걱정되었다. 그래서 이 제안만 받아들이기로 했다.

　그날 오후 나는 그 남자를 만나 제안을 받아들이겠다고 하며 업주가 원하는 금액을 알려주었다. 그 남자는 고개를 끄덕였다. 그러면서 나를 보며 웃어주었다. 함께 은행으로 가서 업주에게 돈을 입금하고 나니 온몸이 가벼웠다. 숙소로 돌아갈 필요도, 업소로 출근을 할 필요도 없어진 나는 그 남자의 손을 꼭 잡고 놓을 줄을 몰랐다. 함께 지낼 작은 방을 하나 얻었다. 그 남자의 친구들이 가져다준 식기와 살림 도구를 같이 정리하니 마치 신혼부부가 된 기분이었다. 시장에서 식재료를 사들고 와 밥을 해 먹었다. 요리 솜씨가 엉망이라 간이 제대로 되지 않은 반찬을 먹어도 좋았고, 설거지를 같이 하면서도 즐거웠다. 나는 모처럼 내 마음을 열어 활짝 웃었다. 그 남자는 내가 웃는 모습이 예뻐서 좋다고 했다. 집 근처를 산책하며 우리는 몇 달 동안 어떻게 지낼지 이야기했다. 무엇을 하고 싶은지를 물었을 때 또다시 말을 못 했다. 그 남자는 하루하루 천천히 생각해보자며 당장 말하지 않아도 괜찮다고 했다. 그 말이 따뜻하고 좋았다.

　그 남자와 지냈던 첫날밤은 이런 저런 이야기를 하느라 꼬박 날을 새웠다. 새벽이 되어 내 곁으로 다가와 먼저 잠드는 그 남자를 꼭 안아주었다. 머리를 쓰다듬어주며 자장가도 불러주었다. 점점 나의 눈도 무거워져 깊은 잠으로 빠져들었다. 다음 날 그 남자는 아침밥을 지어주겠다며 일어나지 말고 좀 더 자라고 했다. 이 모든 것이 꿈인지 생시인지 헷갈렸다.

나를 깨우는 그 남자의 손길에 눈을 떴을 때 내 몸은 땀으로 범벅이 되어 있었다. 악몽을 꾸지도 않았는데 몸살을 앓는 듯 아팠다. 아마도 내 몸은 그동안 너무 큰 긴장 상태에 있었는지도 모른다. 그 긴장이 풀려 밤새 아파한 것 같았다. 그 남자는 물수건으로 땀을 닦아주며 병원으로 가자고 했다. 나는 약을 먹으면 괜찮아질 것이라며 안심시켰다. 아침밥을 함께 먹으며 괜히 웃음이 났다. 그 남자의 요리 실력이 나보다 좋아서 멋쩍어하면서도 앞으로 음식을 많이 해달라고 말했다. 그 남자는 흔쾌히 대답하며 잘 먹어줘서 기쁘다고 했다. 그 남자가 챙겨준 약을 먹고 다시 누웠고 그날 하루는 꼬박 아팠다.

다음 날 컨디션을 회복한 나는 집에서 조금 먼 곳으로 여행을 가자고 했다. 그 남자는 어린아이처럼 좋아했다. 짐을 챙겨들고 우리는 집을 나섰다. 아직 봄이 오지 않아 날씨는 추웠지만 우리에게 추위는 아무 문제가 아니었다. 함께 있으면 즐거웠고 웃을 일만 가득했다.

여행에서 돌아온 날은 비가 하루 종일 내렸다. 빗소리를 들으며 우리는 음악을 듣고 노래도 따라 불렀다. 그 남자는 내가 부르는 노래 소리를 좋아했다. 업소에서 남자들의 비위 맞추는 노래만 불러댔기 때문에 나는 내가 좋아하는 노래가 무엇인지도 몰랐다. 그 남자와 함께 지내며 여러 장르의 음악을 접하게 되었고 팝송도 들어보았다. 자신은 음치라며 절대로 노래를 안 부르던 그 남자의 새침한 목소리가 웃겨서 즐거웠다.

　어느 날 그 남자가 혹시 자기를 따라 외국으로 갈 생각은 없느냐고 물었다. 또다시 말문이 막혀 그 남자를 바라보았다. 갑자기 이런 말을 꺼내서 미안하다는 그 남자가 쓸쓸해 보였다. 곁으로 다가가 조용히 안아주었다. 내 주변 환경이 좋지 않음에도 불구하고 나를 놓치고 싶지 않은 그 마음을 말하기까지 얼마나 힘들었을지 짐작이 되어 나는 조용히 울었다. 안타까움의 눈물이었다. 우리가 이렇게 만나지만 않았더라면 아마도 나는 흔쾌히 이 남자를 따라 어디든 갔을 것이다. 그러나 우리를 가로막는 나의 미천한 신분이 짐이 될까 봐 나는 입을 다물었다. 남자는 눈물을 닦아주며 자신도 울었다. 소리 내어 울지 못해 목이 메어 가슴이 터질 것 같았다. 그날 밤은 서로를 놓지 않으려는 듯 몸을 기대어 잠이 들었다. 시간은 속절없이 흘러갔지만 하루하루 나는 최선을 다해 그 남자를 사랑했다.

　시간이 흐르고 이별의 날이 왔다. 시간을 멈출 수 있는 능력이 있었으면 좋겠다고 간절하게 바랐다. 애써 시선을 외면했다. 바라만 보면 눈물이 날 것 같았기 때문이었다. 그 남자를 배려하기 위해 나는 일부러 많이 웃고 장난을 쳤다.

　헤어짐의 시간은 왜 이리 빨리도 오는지, 그동안 지냈던 작은 방을 정리하며 그 남자는 말이 없었다. 내일이면 이별해야 한다는 사실을 받아들이기가 힘들었다. 떠나는 뒷모습을 보지 않겠다고 했지만 이대로 헤어질 수는 없었다. 손을 꼭 잡고 공항으로 갔다. 떠나야 하는 그 남자는 남겨져야 하는 내가 걱정이 되었는지 내 등을 자주 쓸어주었다. 보내야 하는 마음이 너무나 시리고 아파서 어떤 말도 할 수가 없었다.

이별의 시간은 나를 기다려주지 않았다. 손을 꼭 잡고 건강하게 잘 지내라고 인사를 건네는 그 남자의 목소리가 살짝 떨렸다. 나는 울지 않으려 입을 꽉 깨물었다. 그 남자는 내게 목걸이를 걸어주며 돌아오면 다시 만날 수 있으면 좋겠다면서 전화번호를 바꾸지 말라고 당부했다. 나는 우리가 여행을 가서 찍은 사진과 내 손목에 차고 있던 시계를 풀어서 떨리는 손으로 건네주었다. 그 남자의 손을 마지막으로 꼭 잡았다. 나를 안아주면서 울지도 않고 씩씩하다며 머리를 쓰다듬어주고는 그 남자는 내게 뒷모습을 보이며 떠났다.

그 남자의 모습이 점점 내 눈에서 사라져갔다. 만남과 이별이 공존하는 공간에서 나는 발길을 쉽게 돌리지 못했다. 어디선가 그 남자가 나의 이름을 부르며 달려올 것만 같아서 여기 서서 기다려야 할 것 같았다. 돌아서면 정말 그 남자를 두 번 다시 볼 수 없을 것만 같아 꽤 오랜 시간 공항에서 머물렀다. 발길을 돌리는 것이 이리도 어려운 일인지, 떨어지는 눈물에 길이 보이지 않았다. 눈물이 내 옷을 적시고 내 가슴을 때려도 울음을 멈출 수가 없었다.

내가 돌아갈 곳은 어디일까? 나는 이제 또 어디서 살아가야 할까? 공항을 빠져나와 한동안 정신없이 걸었다. 다시 갈 곳은 정해져 있었지만 그곳으로 돌아가 살아낼 자신이 없었다. 하늘을 올려다 보며 지금쯤 그 사람은 어디로 가고 있을지, 다시 돌아올 수는 없는 것인지 하는 생각이 맴돌았다. 여전히 남아 있는 사랑이 나를 괴롭혔다.

그 남자를 잊기 위해 부단한 노력을 했다. 잊으려 하면 할수록 더 그리웠다. 거리의 모든 남자가 그 남자로 보였고 같이 보낸 시간들이 어제 일처럼 또렷이 기억이 나 나를 괴롭혔다.

나는 다시 업소로 돌아왔다. 마음을 다잡지 못하는 시간들은 술로 달랬고 하루하루를 견뎌내기 위해 더 모질게 스스로를 학대했다. 시간이 어떻게 흘렀는지, 내가 어떻게 지내왔는지 기억이 나지 않는다. 그 남자를 영원히 내 가슴에서 떠나보내기 위해 나는 많은 것을 포기했고 많은 것을 버렸다.

그 남자와의 기억을 지울 수 없었던 이유는 사랑이라는 감정을 배우는 경험을 했기 때문이다. 나를 이용하고 돈벌이 수단으로만 여기던 주변 사람들에게서는 절망과 좌절을 배웠다. 그러나 상대를 존중하고 있는 그대로의 모습을 바라보는 사랑을 그 남자로 인해 알게 되었다. 이제는 다른 사람을 만나더라도 사랑할 수 있는 사람으로 살아갈 수 있을 것 같았다. 그러나 그런 기회는 오지 않았다.

길 하나 건너면 벼랑 끝

충청남도 J시 업소에서 1년 가까이 일을 했다. 빚은 조금 갚을 수 있었지만 선불금은 정리되지 않았다. 소개쟁이에게 연락해서 이 업소에서 일을 그만하고 싶다고 했다. 한 업소에서 오래 일하면 부담이 커진다. 아무리 남자들의 지명이 많아도 새로운 아가씨들이 들어오면 지명을 빼앗기는 경우가 많기 때문이었다. 소개쟁이는 오랜만이라며 얼마나 돈벌이가 잘되면 연락 한 번 없었냐고 비아냥거렸다. 소개쟁이는 경상북도 D시에 있는 업소를 소개시켜줬다. 악덕 업주라는 소문이 아가씨들 사이에 자자한 업소였다. 소개소에서 업주를 만나 간단히 인사를 하고 짐을 숙소로 옮겼다. 여태 다녀본 업소 숙소 중 최악이었다. 업주가 싫어서인지, 숙소가 싫어서인지 몰라도 나는 이곳에 적응하지 못했다. 소개쟁이에게 다시 연락해 그만두겠다고 했다. 전화기 너머 소개쟁이의 한숨 소리를 듣는 순간 더 이상 이 사람과 일하고 싶지 않았다. 선불금만 갚으면 끝나는 사이였다. 친구에게 다른 소개쟁이를 소개받았다.

소개소를 이용하는 아가씨들은 다른 소개쟁이를 찾을 때도 그 지역이 아닌 다른 지역의 소개쟁이를 찾는다. 하지만 소개쟁이들은 서로 잘 알고 지내는 경우가 많아 어느 소개소 아가씨가 다른 소개쟁이에게 갔다는 소문은 빨랐다. 소개쟁이끼리 아가씨를 바꾸기도 하고, 선불금을 떼먹고 잠수를 타는 아가씨를 서로 잡아주기도 했다. 특히 아가씨들이 선불금이나 기타 여러 가지 이유로 업종을 바꿀 수밖에 없는 경우가 생기면 그 업종으로 소개를 많이 하는 소개소로 아가씨를 넘기기도 했다. 친구에게 소개받은 소개쟁이는 빠른 시일에 업소 일을 가는 조건으로 선불금을 정리해주었다.

이전 소개쟁이에게 계산을 하겠다고 하니 표정이 좋지 않았다. "빚이 많아서 일도 안 들어오는데 내가 얼마나 신경 썼는지 알기나 하냐?" 내 이름도 제대로 부르지 않고 호칭이라고는 '야', '이 새끼야', '이년아'가 전부인 사람과는 빨리 헤어지고 싶었다. "어디 소개소 타려고?" 묻는 말에 대답하지 않았다. 그저 통장으로 입금하라는 말로 정리되었다.

새 소개쟁이는 나에게 경상남도 A시의 업소를 소개해주었다. 소개쟁이의 차를 타고 업소로 향했고, 가는 동안 나는 잠만 잤다. 경상남도 A시의 업소는 두 명이 동업을 하는 곳이었다. 마담도 두 명이었는데 서로 사이가 좋아 보이지 않았다. 나는 별로 신경 쓰고 싶지 않았다. 나에게는 돈벌이가 중요했다. 룸은 많은 편이 아니었고 열댓 명의 아가씨가 있기에는 적당했다. 마담들은 업소 룰을 말해주면서 내일은 업주를 만날 거라고 했다.

이 업소 아가씨들은 나이가 조금 있는 편이었다. 어딜 가나 그 업소에서 잘나가는 아가씨는 있었다. 그리고 뒷방을 차지하는 아가씨도 있었다. 숙소는 넓은 편이라 여러 명이 한 방에서 지내지 않아도 되어 좋았다. 짐 정리를 미뤄두고 소개쟁이와 술을 한잔했다. 이 소개쟁이는 나이가 조금 있는 사람이라 부담 없이 편했다. 나에게 동생같이 대하겠다고 하면서 몸 사려가면서 일하라고 했다.

다음 날 아침 일찍 업주 중 한 사람이 숙소로 올라왔다. 여자 업주였다. 나를 보더니 갈 곳이 있다며 옷 갈아입고 나오라고 했다. 대충 세수를 하고 머리는 하나로 묶고 따라 나섰다. 업주와 함께 도착한 곳은 다름 아닌 점집이었다. 업주는 이 점집 단골이었다. 어느 지역이든 업소 주변은 유난히 점집이 많았다. 긴 골목 하나를 사이에 두고 점집이 몰려 있는 경우도 있었다. 왜 그런지 궁금했지만 누구 하나 시원하게 말해주는 사람이 없었다. 내가 겪어본 업주들은 거의 다 미신을 믿었고, 어떤 업주는 자기 업소가 도깨비 터라고 하면서 업소 입구에 술을 뿌리거나 소금을 뿌려 액막이를 하기도 했다. 보살을 통해 제사나 굿을 하는 경우도 많았고, 아가씨들에게까지 미신을 강요하기도 했다.

손님이 대기하는 방과 법당으로 나뉜 작은 집이었다. 아침이라 점을 보러 온 사람은 업주와 나뿐이었다. 손님이 대기하는 방에 앉아 있으니 보살을 돕는 사람으로 보이는 여자가 차를 한 잔 내어주었다. 차를 한 모금 마시려던 때 보살을 돕는 여자가 업주와 나를 법당으로 안내했다. 법당은 화려하지는 않았으나 오래된 물건들이 많았다. 벽에 탱화와 한복이 걸려 있었고 가지런하게 놓여 있는 촛대의 촛불은 활활 타고 있었다.

보살은 나와 업주에게 향을 하나씩 꽂고 오라고 했다. 보살의 목소리는 굵었다. 시키는 대로 향을 피우고 보살 앞에 앉았다. 업주가 먼저 입을 뗐다. "이 애가 새로운 아가씬데 우리 가게랑 맞겠나?" 나는 이런 걸 왜 보살에게 물어보는지 궁금했다.

보살은 나에게 생년월일과 시간을 알려달라고 했다. 주문 같은 것을 외우며 쌀을 테이블 위에 쏟아 손가락으로 집어내는 행동을 하다가 다시 주문을 외우며 작은 방울 묶음을 집어 흔들었다. 보살은 나에게 이 업소로 와서 다행이라고 했다. 여러 군데 갈 곳은 있었으나 이 도시가 나와 잘 맞는다고 했다. 어릴 때 할머니 손에서 자랐다고 하는 말에 내 집안 배경을 아는 것 같아서 조금 놀랐다.

업주는 이 업소와 내가 잘 맞는다는 말에 기분이 좋았는지 돈은 많이 벌겠냐고 물어보았다. 보살은 "그런데……." 하며 말끝을 흐렸다. 삼재가 끼어 몸이 아플 거라면서, 하지만 삼재가 다 나쁜 것은 아니라며 굿을 해서 조상들에게 돈 벌게 해달라고 인사를 하라고 했다. 무슨 말인지 모르겠다고 하니 업주는 친절하게 돈을 벌려면 조상굿을 해야 한다고 보살 대신 설명해주었다. 조상굿을 하면 굿한 대가는 톡톡히 본다고 하면서, 돈도 많이 들지 않으니 여기서 굿을 하라고 했다. 업주와 보살의 말에 현혹되어 몸 안 아프고 돈을 많이 벌 수 있다면 굿을 하는 것도 나쁘지 않다고 생각했다. 비용은 얼마나 드는지 궁금했지만 함부로 물어보지 못하고 보살의 눈치만 봤다. 보살은 나를 힐끔 쳐다보더니 250만 원을 불렀다. 갚을 빚이 많은 내게는 큰돈이라 얼른 대답을 못 하고 있자 업주는 그 정도는 소개소 삼촌에게 융통할 수 있을 것이라 꼬드겼다. 보살도 굿하고 나면 그 돈은 돈도 아니라며 맞장구를 쳤다. 하겠다는 말도 하지 않았는데 업주는 나중에 소개쟁이하고 통화를 하라고 하고는 보살에게 굿하는 날짜를 정해달라고 했다. 보살은 달력을 펼치더니 날짜를 몇 개 정해주었다. 업주는 내 의사를 물어보지도 않고 날을 정했다. 보살은 굿을 하려고 날을 잡으면 며칠 동안 힘든 일이 생길 수 있으니 잘 넘어가야 한다고 했다. 전날에 연락할 테니 시간 맞춰서 오라고 했고 나는 고개를 끄덕였다.

업주는 내가 굿을 한다고 해서 기분이 좋았는지, 아니면 지시대로 말을 잘 듣는다고 생각해서인지 싱글벙글하며 친절하게 굴었다. 그리고 마담들에게는 굿을 한다고 미리 이야기를 해놓을 테니 걱정하지 말라고 했다.

숙소로 돌아와서 홑복을 챙겨들고 사우나로 향했다. 사우나에서 마담을 만났다. 나는 인사를 하고 몸을 씻었다. 마담은 자기 옆자리로 오라고 손짓을 했다. 업주랑 어디 갔다 왔냐고 물어서 보살을 만난 이야기를 했다. 마담은 고개를 끄덕이며 보살이 뭐라고 그러더냐며 물었다. 나는 들은 대로 굿을 한다고 했다. 마담은 잘했다고 하면서 사람들은 귀신을 안 믿지만 자기는 미신을 믿으니까 몸도 아프지 않고 다치지 않았다고 강조했다. 그리고 이 업소가 도깨비 터라고 하면서 여기와 잘 맞으면 돈 많이 번다고 했다. 도대체 전국에 도깨비 터가 몇 개나 있는지, 도깨비 터가 뭐길래 업주들이나 마담들은 다들 도깨비 터라고 우기는지 이해가 안 됐다.

기왕 업소에서 고생하는 마당에 많은 돈을 벌고 싶었고 지긋
지긋한 업소 생활도 청산하고 싶었다. 내세울 것 없는 나 자신을 보
살펴달라고 신에게 빌어서라도 이곳에서 벗어나고 싶었다. 굿을 하
는 날이 되어 보살이 알려준 굿당으로 갔다. 제사상처럼 음식이 차
려져 있고 북과 징이 있었고 여러 벌의 한복이 놓여 있었다. 보살은
해가 어두워지면 시작할 테니 우선 쉬고 있으라며 눈치를 보고 있
는 나를 다독였다. 두세 명의 보살들이 더 보였다. 징 소리 북소리가
울리면서 굿을 시작했다. 보살은 향을 꽂고 절을 하라고 시켰다. 시
키는 대로 하면서 굿을 하는 내내 마음속으로 빌었다. 제발 조상님
이라도 나를 돌보셔서 돈 많이 벌어서 빚도 갚고 이곳에서 벗어나
내 살길을 찾아갈 수 있도록 빌고 빌었다. 굿은 그다지 오랜 시간이
걸리지 않고 끝이 났다.

이 업소에서 일을 하면서 깨달은 게 있었다. 굿을 한다고 내
수입이 나아지는 것이 아니었다. 매상의 비밀은 업주의 영업 방식에
있었다. 이 업소는 아가씨들에게 속칭 '외교'라는 것을 나가게 했다.
마담과 외교를 나가야 하는 아가씨들에게는 아침에 일찍 일어나서
수수하게 화장을 하고 옷도 청바지에 티셔츠 차림으로 간단하게 입

으라고 했다.

　마담이 숙소로 와서 아가씨들을 데리고 업소의 단골손님 사무실이나 공장 등을 찾아갔다. 마담은 남자들에게 줄 용도로 인삼과 우유를 섞어 갈아 만든 음료나 홍삼 등을 준비했다. 동행하는 아가씨들에게는 재떨이 비우기나 사무실 책상 정리 등을 시켰다. 점심시간이면 남자들은 거래처 접대를 한다면서 외교를 나온 아가씨 중 한 명을 골라서 데리고 갔고, 그 접대가 밤까지 이어지게 해서 업소로 손님을 데리고 와서 매상을 올리는 방식이었다.

　대낮에 낮걸이*를 하는 것은 부정 타는 짓이라 해서 업주는 굉장히 싫어하지만, 외교를 나가면 그 장소가 사무실이든 어디든 추행은 벌어졌고 노골적으로 마담을 먼저 보내는 남자들도 있었다. 아가씨들이 마담을 따라 외교를 나갔는데 남자들이 업소로 찾아오지 않을 때는 외교를 어떻게 했길래 손님이 오지 않냐면서 그날 외교를 나간 아가씨를 '재수 없는 년'이라고 욕했다. 모든 것이 자연스럽게 수입과 연결되기 때문에 남자들의 낮걸이 요구를 들어줄 수밖에 없는 경우가 많았다. 외교를 나가는 방식은 도시마다 업소마다 달랐고, 손님 접대 방식도 마담마다 달랐다. 잠을 설치게 되고 피곤하지만 외교 명단에 이름이 오르면 거부할 수 없었다. 외교를 다녀와도 쉬는 시간 없이 곧바로 출근을 시키는 경우가 많았다. 업주와 마담

◆ 낮에 하는 성관계. 구매자들이 업소를 찾지 않고 낮에 만나서 성관계를 요구하기도 하고, 애인과 성관계를 하는 경우도 있는데 돈을 받지 않고 하기 때문에 업주들이 싫어한다.

들은 아가씨의 능력을 평가하며 호들갑을 떨고, 대기실에서 단골이 없는 아가씨들을 사정없이 기죽이며 경멸하듯이 욕을 했다.

나는 살아남기 위해 업주와 마담의 눈에 들어서 사랑받아야 했다. 어떤 방법을 동원하든 나를 찾아오는 남자들을 만들기 위해 억지 웃음을 지었고, 업소가 아닌 밖에서 만나기도 하면서 그들의 요구를 들어주었다.

그러나 나의 수입은 석 달을 넘기지 못하고 점점 내려가기 시작했다. 업소에 오는 여러 남성들에게 내 얼굴이 팔렸다는 이유로 단골이나 지명 없이는 수입을 올리기가 어려웠다. 남자들은 늘 새로운 아가씨를 원하기 때문이었다. 이런 것을 업소에서는 '안면 받친다'고 일컬었다.

이 업소에서 6개월가량 일하면서 자주 보살들을 찾아가 어떻게 하면 돈을 벌 수 있는지 점을 보고 굿도 했다. 불안한 내 미래에 대해 조금이라도 위안받고 싶었고, 점을 봐서라도 돈을 벌기를 바랐다. 돈을 더 많이 벌어야 선불금을 갚을 수 있을 것이라고 생각했다.

업소에서 빚이 늘어날수록 아가씨들은 큰 부담을 느낀다. 빚이 많다는 이유로 자신의 의사와 상관없이 다른 업종으로 팔려가게 되기도 하고, 빚이 많아서 다른 업소나 업종으로도 옮길 수 없다면 업주가 시키는 대로 진상처리반이 될 수밖에 없다. 이런 상태가 되면 혹시 도망이라도 갈까 봐 업주의 감시와 협박이 심해진다. 수입도 업주나 마담이 관리하는 경우도 있었다. 이 업소에서 빚이 늘어난 나도 예외는 아니었다. 받아줄 업소를 스스로 찾아가야 하는 상황으로 몰렸다. 소개쟁이에게 이 업소를 그만두겠다고 연락했다. 빚이 늘어난 부담감을 감추고 얼른 다른 업소를 알아봐달라고 부탁했다. 빚이 3000만 원, 20대 중반이 된 나에게 소개쟁이는 며칠 전에 제주도에서 업주가 올라왔다고 하면서 제주도는 어떠냐는 말을 꺼냈다. 나를 받아주기만 한다면 제주도쯤이야 아무 문제가 되지 않았다. 소개쟁이는 아가씨 두 명과 같이 가게 될 것이라고 하면서 그동안 고생했으니 며칠 쉬라고 나를 위로했다.

제주도로 떠나는 날, 같이 갈 아가씨들이 소개소에 도착을 했다. 소개쟁이는 제주공항에서 마중 나올 사람이 있으니 걱정 말라면서 제주도에 가서 관광도 하고 돈도 많이 벌어서 오라고 하며 웃었다.

비행편은 밤늦은 시각이었다. 시간이 늦었는데도 공항은 많은 사람들로 북적였다. 다들 여행을 가는 것인지 사방에서 웃음소리가 들렸다. 낯선 공항도 싫었지만 저렇게 웃는 사람들이 나는 싫었다. 나는 저 비행기에 실려 제주도로 팔려 가는 처지인데. 공항의 불빛도, 비행기도, 웃는 사람도, 옆에서 말을 거는 아가씨들도 싫었다. 말을 하고 싶지 않아서 물만 마시고 화장실만 몇 번 다녀왔다. 어차피 가야 할 곳이라면 빨리 출발했으면 하고 조바심이 났다. 탑승수속을 마치고 게이트로 이동하는 길에 유난히 관광객이 많이 보였다. 좌석을 확인하고 자리에 앉아서 눈을 감았다. 내 귀에는 사람들의 들뜬 목소리가 더욱더 선명하게 들렸다. 비행기에서 뛰어내리고 싶은 기분이 들었지만 그런 용기도 없었다.

비행기가 이륙하고 창밖에서 내려다본 도시는 불빛만 가득했다. 눈물이 고인 눈으로 창밖을 보다가 옆 사람이 내 모습을 보고 있어서 얼른 눈물을 훔치고 잠든 척했다. 창공에 떠 있는 비행기 속에서 나는 다시 눈을 떠서 불빛도 보이지 않는 바다를 보며 제발 돈 많이 벌어서 빨리 돌아오게 해달라고 간절한 마음으로 빌었다.

제주도로 떠나기 전 소개소에서 아가씨들에게 전해들은 말이 있었다. 소개비를 많이 받는 지역이 제주도라면서, 소개쟁이들은 수입 때문에 아가씨들을 제주도로 많이 보낸다고 했다. 하지만 선불금이 많은 나는 제주도에라도 갈 수 있다는 것이 다행이라는 생각이 들었다. 나와 함께 제주도 업소로 가는 아가씨는 눈을 감고 있었다. 이 아가씨는 무슨 생각을 할까.

길 하나 건너면 벼랑 끝

3   바다 건너
      낯선 섬으로

제주공항에 도착한 나는 몹시 긴장이 되었다. 제주도의 밤공기는 차가웠다. 세월이 흘러 어느덧 1990년대 중반이었고, 내 나이도 20대 중반을 넘어서고 있었다. 여기서는 얼마나 견딜 수 있을까, 이 업소에서는 얼마나 있을 수 있을까 하는 생각에 빠져 다른 아가씨가 말을 걸어도 몰랐다. 공항에는 업주도 마담도 아니라 그 업소에서 일하는 아가씨가 나를 데리러 왔다. 그 아가씨는 한눈에 나를 알아보며 이름까지 불렀다. 어떻게 나를 알아보았을까 신기했다. 그 아가씨는 자신이 몰고 온 차에 짐을 실으라고 했다. 짐을 싣고 공항을 빠져나오며 숙소에 도착할 때까지 그 아가씨와 나는 서로 아무 말을 하지 않았다.

숙소는 30평 남짓 되는 아파트였다. 거실을 가로막아 방처럼 사용했고, 방은 세 개가 있었으나 작았다. 나는 거실에서 짐을 풀었고 나머지 아가씨들은 각각 다른 방에서 짐을 풀었다. 우리를 숙소에 데려다준 아가씨가 대충 짐을 풀고 업소로 가자고 했다. 이 업소는 도착하자마자 일을 시키나 하는 의문이 들었지만 갈 수밖에 없었다. 숙소에서 업소까지는 거리가 조금 있어서 택시를 타고 이동해야 했다. 나는 그녀가 마담이나 새끼마담 정도 되는 줄 알았지만 그 아가씨는 이 업소에서 가장 오래된 아가씨였다.

　제주도 업소는 지하 2층에 위치해 있었다. 입구부터 싸늘한 기운이 맴돌았다. 업소로 내려가는 계단은 카펫이 깔려 있었으나 오래된 듯 낡아 있었고 인테리어는 형편없었다. 룸은 다섯 개 정도 있었는데 대형 룸이 하나 있었고 대기실은 룸을 방처럼 개조해서 사용하고 있었다. 대기실치고는 넓은 편이었고 쪽문이 하나 있어서 그 문을 열면 주방이 훤히 보였다. 업주는 나이가 50대 후반 정도 되는 여자였고 마담은 40대 중반 정도 되는 여자였다. 우리 셋이 업소에 도착했을 때 룸에서 남자들이 부르는 노랫소리가 들렸다.

　업주는 나와 아가씨들을 작은 룸으로 불러서 앉히고는 소개쟁이 이름이 적힌 차용증을 보여주면서 자신이 이 차용증으로 소개쟁이에게 돈을 보내줬지만 업주 이름으로 다시 차용증을 쓰라고 했다. 나중에 알게 되었지만 아가씨가 선불금을 갚지 않고 도망치면 소개쟁이가 그 돈을 대신 갚는 게 아니라 도망간 아가씨를 붙잡아 팔아넘기든지 업소로 보내서 선불금을 갚게 했다. 그러면 업주에게 돈이 빨리 들어오지 않기 때문에 소개쟁이의 차용증만으로는 믿을 수가 없어 업주 이름으로 차용증을 다시 작성한다고 했다. 차용증을 쓰다 말고 내 눈에는 업주가 끼고 있던 반지가 보였다. 반지 속에 박힌 다이아몬드는 제법 커 보였다. 업주는 차용증을 들고 사라졌고 곧바로 마담이 들어와서 숙소비와 지각비, 결근비 등 업소 룰을 말해줬다. 어딜 가나 듣는 이야기라 나는 집중하지 않았다. 숙소로 가서 나머지 짐을 풀고 쉬라고 해서 우리 셋은 짐을 정리하러 갔다.

숙소에서는 여러 아가씨들이 함께 장롱을 사용하지만 옷이 많은 아가씨들은 장롱 하나를 혼자 통째로 사용하는 경우도 있었다. 내게 할당된 공간이 작아서 당장 입을 옷만 골라서 걸어놓았다. 나와 함께 온 아가씨는 내가 가져온 홀복이나 옷을 매만져보면서 무척 신기해했다. 나는 그 옷들 중 작아서 입지 못하는 옷 한 벌을 그 아가씨에게 건네주었다. 그 아가씨는 얼른 옷을 입어보더니 비싼 옷 아니냐며, 정말 주는 거냐고 물어보았다. 거울에 옷을 비춰보던 그 아가씨의 몸매가 유독 예쁘다고 느꼈다. 나보다 어린 그 아가씨가 은근히 부럽기도 했다. 짐을 대충 정리하고 잠옷으로 갈아입고 잠자리에 누웠다. 이 업소에서 어떻게 적응할지 걱정이 되어서 생각이 꼬리에 꼬리를 물고 잠들기가 어려웠다.

다음 날 다른 아가씨들을 따라 택시를 타고 업소 근처 사우나에 갔다. 업소 주변의 사우나는 어디든 늘 업소 아가씨들로 붐볐다. 눈치 빠른 때밀이 이모들은 나와 아가씨들에게 말을 걸며 친절하게 굴었다. 그리고 이 업소 아가씨들이 이용하는 미용실을 갔다. 아가씨들은 미용실 소파에 앉아 전화를 하거나 화장을 했고 한쪽 자리에 앉아서 매니큐어를 바르기도 하면서 차례를 기다리고 있었다. 준비가 끝나고 업소로 들어갔다. 업소 입구 계단에서 마담이 대기실로 들어가지 말고 잠시 서 있으라고 하더니 주방에서 소금을 가지고 와서 내 몸에 뿌렸다. 미신을 믿는 업주나 마담을 많이 봐서인지 큰 감흥이 없었다.

대기실에는 아가씨들 열다섯 명 정도가 있었다. 방처럼 넓은 대기실에서 끼리끼리 모여 고스톱을 치거나 카드놀이를 하고 있었고 해장 라면을 먹는 아가씨들도 있었다. 아가씨들이 앉는 자리는 지정되지 않았는데 딱 한 명 자기 공간을 차지하고 앉은 아가씨가 있었다. 바로 공항에 나를 마중 나온 그 아가씨였다. 이 업소에서 오래 일을 했고 나이도 제일 많았다. 나를 보고 싱긋 웃는 웃음에 고개만 끄덕였다.

웨이터가 손님을 맞이하는 인사 소리가 들렸다. 어젯밤에 쉽게 잠들지 못한 탓에 졸음이 몰려왔다. 눈치껏 벽에 기대어 눈을 감는 것도 잠시, 마담은 나에게 홀복을 입으라고 했다.

내가 들어간 룸에는 남자 여섯 명이 있었고 아가씨는 나를 포함한 세 명이 전부였다. 이런 부류의 남자들은 2차보다 노래 부르는 것을 좋아했다. 폭탄주를 몇 잔 돌리는 것을 끝으로 매상도 오르지 않았다. 아가씨들의 역할은 남자들이 부르고 싶다는 노래를 찾아주거나 잡다한 쓰레기를 치우는 것이 다였다. 남자들은 생각보다 술자리를 빨리 끝냈다. 계산을 하고 나가는 남자들에게 인사를 하고 대기실로 들어와 담배를 한 대 피우며 시간을 보냈다. 그날은 더 이상 남자들의 모습을 볼 수 없었다. 영업을 마치고 숙소로 돌아가는 길은 왜 그렇게 멀게만 느껴지는지, 졸음이 밀려왔다.

며칠이 지나자 함께 일하던 아가씨들과 친해졌고 그중 동갑인 S와는 특히 가깝게 지냈다. S는 마담과 업주에게 대단한 신임을 받고 있는 아가씨였다. 단골과 지명도 많았고 새로 온 남자에게는 S를 제일 먼저 선보이기도 했다. S는 이 업소의 에이스였다.

S가 한잔하자고 하며 업소 밖으로 불러냈다. 제주도 바닷가가 바로 앞에 보이는 전망 좋은 포장마차였다. S와 나는 처음부터 마음을 터놓고 이야기하는 사이는 아니었다. 하지만 그날 S가 어딘지 모르게 가슴이 답답하다고 하며 속이야기를 털어놓으며 우리는 친해졌다.

제주도 업소에는 여러 유형의 남자들이 술을 마시러 왔는데 이 업소에서는 특히 사업가들이 공무원들에게 접대를 많이 했다. 접대하는 사람 입장에서는 접대를 받는 상대가 원하는 업소를 택할 수밖에 없었다. 꼭 성사시켜야 하는 중요한 계약이 있으면 업주나 마담에게 예쁘고 좋은 아가씨들을 들여보내달라고 당부했다.

어느 날 S, 나, 그리고 다른 아가씨 한 명 셋이서 룸으로 들어갔다. 사업가들이 접대를 하는 모양이었다. 남자 셋은 1차를 이미 하고 온 듯했지만 술에 취한 모습은 아니었다. 그중 한 남자는 다른 두 명의 남자에게 깍듯이 대했다. 아가씨들이 룸으로 들어오자 그 남자는 자신이 마담 노릇을 하며 아가씨들을 자리에 앉혔고 마음에 안 들면 언제든지 이야기하라고 하면서 웃었다. 두 명의 남자도 웃으면서 기분 좋은 표정을 지었다. 그 남자는 접대 받는 남자들의 표정을 다시 살피더니 나와 아가씨들에게 신고식을 하라고 했다.

서로 눈치만 보고 있는데 마담이 룸으로 들어왔고 그 남자는 서둘러 마담을 룸에서 내보냈다. 뭐하고 앉아 있냐고 하면서 빨리 신고식을 하라고 서두르는 남자들 앞에서 아가씨들은 얼굴을 붉혀 가며 옷을 하나씩 벗고 신고식을 마쳤다. 남자들은 화끈하게 잘한 다고 하면서 무엇이 그리 좋은지 크게 웃었다.

술이 몇 병째 들어오고 분위기가 한참 오르고 있는데 내 옆에 앉아 있는 남자가 재미있는 것을 보여주겠다고 하면서 나의 웃옷을 벗기려 했다. 하지 말라고 했지만 남자는 조용한 목소리로 빨리 벗으 라고 했다. 웃옷뿐만 아니라 속옷까지 벗긴 후에 양주잔에 성냥불로 진공 상태를 만들어서 내 가슴에 부항 뜨듯 붙이고는 양주잔을 힘 껏 잡아당겼다. 뽕 소리가 나자 남자들은 재미있다면서 박수를 치며 웃었고 당황한 나는 어떤 표정을 지어야 할지 몰랐다. 그리고 그 잔 에 술을 따라 마시고는 안주라며 내 가슴을 빨았다. 숨이 막혔다. 몹 시 더러웠다. 남자는 팁이라며 몇만 원을 손에 쥐어주며 나를 칭찬했 다. 나는 아무 말도 못 하고 멍하니 앉아 있었다. 남자들은 어느 아 가씨에게서 소리가 크게 나는지 내기했다. S는 많이 해본 솜씨로 이 렇게 하면 소리가 더 잘 난다면서 직접 시범을 보이도 했다.

내 눈에 S가 다른 사람처럼 보였다. 나는 너무나 당황스러운데

길 하나 건너면 벼랑 끝

S는 아주 즐기고 있는 것처럼 보여서 실망했다. 다음 순서였던 아가씨는 못하겠다며 울어버렸다. 그런데 남자들은 아까보다 더 크게 웃으면서 순진한 아가씨라고 칭찬했다. 그러면서 나에게 준 것보다 훨씬 많은 돈을 팁으로 줬다. 내가 당한 일과 비교됐다. 나도 옷을 벗지 않겠다면서 울어야 했나? 나만 당한 것처럼 억울했다. 그 아가씨의 파트너가 된 남자의 권한으로 그 아가씨는 아무 일 없이 술 접대만 했다. S는 같은 모텔로 가서 2차가 끝나면 서로 전화해주자고 했지만 나는 그러고 싶지 않았다. 룸 안에서의 S의 행동에 너무 실망했고 울며불며 못하겠다고 하는 저 아가씨도 싫었다.

2차를 빨리 끝낸 S는 모텔 입구 카운터에서 기다리고 있었다. S에게 말을 건네기조차 싫었다. 하지만 다시 업소로 가지 말고 술 한잔하자는 S의 제안을 뿌리치기에는 내 마음이 너무 약했다. 같이 술을 마셨지만 즐겁지 않았다. 제주도의 밤하늘은 평온하고 아름다웠지만 내 마음은 우울했다.

그 일이 있고 일주일 후 그 아가씨는 제주도를 떠났다. 제주도는 자신과 맞지 않다고 하며 이 업소에서 벌어지는 일에 대해서 치를 떨었다. 그렇게 떠나갈 수 있는 그 아가씨가 부러웠다. 남아 있을 수밖에 없는 나는 서글펐다.

어느 업소나 진상은 있었지만, 유독 제주도의 이 업소는 진상이 더 많았다. 이 업소는 최대한 구매자들의 요구를 들어주며 영업을 했다. 그러니 술을 마시러 오는 남자들은 룸 안이든 2차를 나가서든 자기가 하고 싶은 대로 나를 희롱했다. 특히나 룸 안에서 벌어지는 짓은 정말이지 더러웠다. 뭐가 그리 좋은지 재미있다고 웃어대는 남자들의 모습에 나는 하루하루 절망했다. 내 파트너, 남의 파트너 상관없이 추행하며 어디가 성감대냐고 물어보는 남자, 아가씨들 옷을 다 벗겨놓고 비교해가며 웃는 모습. 사람 같지 않았다. 어느 날 남자들이 계곡주◆라는 것을 나에게 시켰고 더 이상은 견딜 수 없어서 남자들 앞에서 펑펑 울었다. 내가 울자 남자들은 당황했는지 분위기를 흐린다며 인상을 썼고, 때마침 룸으로 들어온 마담이 나에게 대기실로 가 있으라고 했다.

대기실 한쪽 구석에 앉아 멈추지 않는 눈물을 흘리고 있는 나에게 마담은 "이런 곳인지 몰라서 왔냐, 이년아? 재수 없게 울고 지랄이야. 시키면 시키는 대로 해."라고 큰 눈을 부라리며 잡아먹을 듯 소리를 질렀다. 마담은 지금 손님들 분위기가 안 좋다며 술값 못 준다고 난리니까 화장 고치고 얼른 룸으로 들어가라고 했다. 못 들어가겠다고 하면 어떻게 될지 아찔하기만 했다. 감당하기로 마음먹고 룸으로 들어갔다. 마담의 말과는 달리 남자들은 노래를 부르며 분위기가 좋았고, 룸에 같이 들어갔던 언니가 귓속말로 자기가 다 마무리 했으니 괜찮다며 얼른 끝내자고 말해주었다. 남자들의 변태적인 행위를 비켜갈 수 없었고 결국은 스스로 옷을 벗었다. 이렇게

◆ 옷을 다 벗은 아가씨의 목에서 술을 부어 흐르는 술을 잔에 받아 마시는 것

길 하나 건너면 벼랑 끝

옷을 벗고 남자들이 원하는 행위를 해서 돈이라도 많이 번다면 모를까. 자학과 원망이 깊어갔다.

2차가 빨리 끝나 바닷가 방파제에 앉아 미친 듯이 깡소주를 마셨다. 취하기는커녕 더 또렷해지는 내 감정들을 버리고 바다로 몸을 던지고 싶었다. 살아도 사는 것이 아닌 내 삶이 원망스럽고, 아픈 내 마음을 어느 누구에게도 털어놓을 수 없는 외로움이 싫었다. 술집 여자로 늙어가는 내 모습이 저주스러웠다. 이대로 바다로 뛰어들면 모든 것이 끝날 것이라는 생각에 바위 위에서 몸을 일으켰지만 시커먼 바다로 차마 몸을 던지지 못했다. 그 자리에 주저앉아 한없이 울었다. 죽을 용기도 없는 자신을 미워하고 또 미워했다. 그날 그 조용한 바다는 나의 슬픔으로 물들어 있었다.

다시 숙소로 돌아온 나는 모든 것을 포기하며 살기로 했다. 기대할 수 있는 것이 아무것도 없는 자신을 놓아버렸다.

S에게 듣기로 업주는 요정을 운영하면서 돈을 많이 벌었다고 했다. 그 요정에는 제주도에서 영향력 있는 주요 인사와 그 지역의 유지들이 드나들었다. 세월이 흐르면서 차츰 요정이라는 음주 문화가 쇠퇴하게 되었고, 현금을 많이 보유했던 업주는 이곳에 룸살롱을 차렸다. 룸살롱으로 업종을 바꿨을 뿐 지역 유지들과 업주의 거

래는 그대로 유지되었다. 이 업주는 마담과 아가씨들에게 외교를 시키지도 않았고 구매자에게 전화를 해서 홍보하지도 않았다. 요정을 운영할 때부터의 구매자들이 계속 찾았기 때문이었다. 오래된 손님들을 유지하기 위해 구매자들이 원하는 대로 즐길 수 있도록 아가씨들에게 교육을 시켰다. 구매자들이 어떤 짓을 하든 업주는 술값만 받아내면 끝이었다. 업주는 경찰이나 공무원, 기자 등 인맥 관리에도 힘을 썼다. 여자 혼자 술집을 운영하기가 쉬운 일은 아니었기에 지역의 주요 인사들을 구매자이자 자신의 뒤를 봐줄 수 있는 방패로 꽉 잡고 있었다. 지역 행사가 열리면 아가씨들을 동원해서 인원수를 채워주기도 했다. 업주는 관리하는 구매자에게 비싸고 좋은 선물을 한다고 했다.

업주는 예전 단골들과 지역의 주요 인사들이 술을 마시러 오면 어김없이 서비스로 술과 안주를 들고 룸으로 들어와 인사를 했다. 그리고 안부를 물으며 함께 술을 마셨다. 어느 날은 마담이 유별나게 손님 잘 모시라고 강조하면서 룸으로 들여보냈다. 업주와 여러 명의 남자들이 술을 마시고 있었다. 그런데 업주의 표정이 그날따라 밝아 보였고 입가에는 웃음이 떠나지 않았다. 업주에게도 저런 모습이 있었는지 의아했다. 업주 옆에 앉아 있는 남자가 누구인지 궁금해서 룸에 같이 들어온 S에게 물어보니 업주의 애인이라고 귓속말을 해주었다. 그날 이후 업주의 애인이 가끔 찾아와서 접대를 받는 모습을 보았다. 그 남자는 공무원으로서 직위도 있는 사람이었고

길 하나 건너면 벼랑 끝

그 지역에서 영향력 있는 사람이었다.

업주는 희한하게 수익을 올렸다. 과일안주, 화채, 마른안주 등은 늘 재사용되었다. 그 사실을 아는 아가씨들은 안주를 잘 안 먹었다. 맥주는 재사용하기 어렵지만 양주의 경우 구매자들이 마시다 남은 술을 모아서 새 병에 담아냈다. 주류회사에서 위조 방지를 위해 노력하지만 그 기술력을 비웃기라도 하듯 업주는 가짜 양주를 만들어냈다. 내가 매일 두통을 호소하고 구토가 심해서 약을 먹었는데도 소용이 없어 괴로워하자 S가 이 사실을 알려주었다.

구매자 앞에서는 새 술을 따는 것처럼 연기하도록 마담은 교육을 시켰다. 마담은 자신이 믿는 아가씨들에게만 이 일을 맡겼는데 나도 여기에 포함되었다. 안주도 가짜, 술도 가짜인 이 업소에서 최대한 내 몸을 방어하기 위해 술과 안주를 몰래 버리는 방법을 택했다. 그러나 언제나 술을 마음 편하게 버릴 수도 없는 노릇이었고 매상을 올리기 위해서 가짜 양주를 마시는 날이 더 많았다.

이런 편법으로 업주는 돈을 벌었고 부를 축적했다. 업주는 아가씨들이 지내는 아파트 숙소 아래층에 혼자 살고 있었는데 업주가 심부름을 시켜 집을 둘러볼 기회가 있었다. 같은 평수의 아파트인데도 업주의 집은 훨씬 넓어보였고 벽에 걸린 그림과 향수 미니어처, 비싼 가구들로 꾸며져 있었다. 벽 한쪽에 자리 잡은 커다란 금고가 유독 눈에 띄었다. 저 금고 속에는 무엇이 들었을까, 구매자들 말대로 현금이 쌓여 있을까, 의문을 가득 품고 금고를 쓸쓸하게 바라보았다.

어느 날 대기실 텔레비전을 보고 있는데 IMF 외환위기로 국가 부도 사태가 벌어졌다는 뉴스가 보도되었다. 국가 부도 위기와 술집 영업은 별개인 것 같았다. 그러나 시국이 술렁여서인지 남자들로 넘쳐나던 업소도 조용해졌다. 며칠 후에는 국민들이 국가 부도 사태를 이겨내겠다는 의미로 금 모으기 운동을 벌이고 있다는 뉴스가 나왔다. 그 뉴스를 보던 업주와 마담은 "금 모으기 운동? 웃기시네. 저기에 갖다 바칠 금이 어딨어?" 하며 금반지를 낀 손을 들이대며 욕을 해댔다. 한 달 후 업주는 아가씨들을 한 명씩 불러 차용증을 다시 쓰도록 했다. 소개쟁이에게는 보통 2개월까지만 소개비를 줬고, 나는 그 업소에서 일을 한 기간이 6개월을 넘었기 때문에 차용증을 다시 쓰도록 하는 것이라고 예상했는데, 업주는 IMF로 영업이 안 된다는 이유를 들어 선불금에 대한 이자를 올렸다. IMF와 선불금 이자가 무슨 상관이라고, 어이가 없었다. 그러나 이자 내기 싫으면 당장 선불금 갚고 그만두라고 큰소리치는 업주를 이길 아가씨는 없었다.

명절이 되면 연휴 동안 문을 닫는 업소도 있었고, 명절 당일 하루만 쉬는 업소도 있었다. 쉬는 업소 중에는 아가씨들에게 명절비 명목으로 지출을 해주는 경우도 있었다. 결국 빚으로 돌아오기는 했지만 아가씨들은 그 돈으로 연휴 동안 쉬기도 하고 집에 다녀오기도 했다. 제주도라는 위치 탓에 아가씨들이 명절을 쇠려면 연휴가 필요했다. 하지만 업주는 육지로 나가면 제대로 돌아오지 않는다

길 하나 건너면 벼랑 끝

는 핑계를 대며 명절은 하루만 쉰다고 했다. 연휴는 쉬지 못해도 명절비 지출은 해줄 수 있느냐고 물었다가 면박만 당했다.

　일한 지 1년이 지나자 업주는 나를 작은 룸으로 불렀다. 중간에 업주가 이자를 올렸지만 나름대로 선불금을 조금씩 갚아나가고 있었다. 업주는 나에게 차용증을 다시 작성해야 한다면서 이자를 낮춰줄 테니 열심히 일하라고 했다. 나는 선불금에 대한 이자를 낮춰준다는 업주의 말에 고마워서 더 열심히 일해야겠다고 마음먹었다. 대기실에 돌아와 앉은 나를 보더니 S가 업주가 무슨 말을 했냐고 물어보았다. 나는 S에게 너는 나보다 먼저 불려갔는데 뭘 물어보냐고 했다. S는 웃으면서 업주가 선불금 이자를 낮춰줬다고 자랑했다. 그러면서 서로 선불금 이야기를 나누었다. S는 나보다 이 업소에서 오래 일했지만 선불금은 더 많았다. 여기서 많이 정리했지만 선불금이 언제 완전히 정리될지 모르겠다고 말하는 S가 불쌍했다. 그러나 업주는 선불금 이자를 낮춰주겠다고 한 지 한 달이 지나자 아가씨들이 지내는 숙소비를 올렸다.

　이 업소는 술값을 외상 처리하는 남자들이 많아서 수입을 적는 장부 관리를 잘해야 했다. 몇 월 며칠, 룸 이름, 손님이 누구인지 알면 그것도 정확하게 적고, 어느 아가씨와 들어갔는지, 2차를 갔다면 2차 금액, TC♦ 등을 자세하게 적어놔야 했다. 업주는 구매자들이

♦ 2차 없이 테이블만 보고 받는 금액.

술값 외상을 하면 외상값을 제대로 못 받아낸다는 이유로 아가씨들이 받는 TC에서 60퍼센트만 줬고, 2차비는 거의 절반 수준으로 계산을 했다. 그리고 구매자들이 술값과 2차비를 카드로 결제하면 카드 수수료를 제외한 나머지만 아가씨들에게 줬다. 업주는 자신이 직접 술값을 외상 처리해줘도 아가씨들에게 그 불리함을 감당하도록 했다. 구매자들이 외상을 하든 카드 결제를 하든 아가씨들 수입에서 깎이므로 업주는 손해 볼 게 없었다. 업주는 돈이 많았기에 선불금이 많은 아가씨들을 데리고 왔고, 선불금이 많아 오갈 데 없는 아가씨들은 죽은 듯이 이곳에서 일해야 했다. 내 눈으로 직접 본 업주의 가방에는 구매자들의 술값 외상 장부와 아가씨들의 차용증이 가득했다.

처음 이 업소로 왔을 때 공항에 마중 나온 나이 많은 아가씨가 아주 오랫동안 이 업소에서 일했다는 것은 알고 있었지만 구체적으로 몇 년을 일했는지 몰랐다. 그 아가씨는 숙소 생활을 하지 않고 출퇴근을 하는 유일한 사람이었고, 오래 있었다는 이유로 초이스가 별로 없었다. 같이 룸에 들어가보면 얄미울 만큼 꼼짝하지 않는 편이라 아가씨들 사이에서 평판이 좋지 않았다. 나와는 사이가 그다지 나쁘지 않은 편이라 언니라 부르며 잘 지냈다. 자주는 아니지만 가끔은 언니 집으로 놀러가기도 했다.

어느 날 S와 함께 언니 집에 가서 언니가 해주는 밥을 먹고 놀다가 같이 출근한 적이 있었다. 그날 밤 2차를 마치고 숙소에 들어오니 S와 업주가 이야기를 나누고 있었다. 숙소에 자주 오지 않는 업주가 이 시간에 무슨 일로 왔는지 궁금했다. 잠시 후 업주가 나를 불렀다. 업주가 나에게 S 곁에 앉아보라고 하면서 "그 애 집에 언제부터 들락거렸냐?"고 물었다. 놀러갔을 뿐이라고 했는데 업주는 "손님 누구 만났어?"라고 앞뒤 설명도 없이 따지듯 물어보았다. 우리는 그런 일 없다고 했고 대답했다. 하지만 업주는 "얼마 받고 2차 했어?"라고 물으면서 다 알고 있으니 빨리 말하라고 눈을 부라리며 다그쳤다. 나는 다시 한 번 몇 번 놀러간 게 다였고 밥 한 번 같이 먹고 출근한 것이 전부라고 했다. S도 옆에서 고개를 끄덕였다. 업주는 "다 알아내면 가만 안 둔다."고 하며 방을 나갔다. 나는 S에게 무슨 일이 있었냐고 물어보았지만 S도 영문을 모르겠다고 했다. S는 이제 언니 집에 가지 말자면서 뭘 잘못했다고 이런 소리를 들어야 하냐고 짜증을 냈다. 나도 이유가 무엇이든 업주에게 찍혀서 좋을 일은 없으니 조심해야겠다고 생각했다. 그날 이후 업소에서는 언니와 잘 지냈지만 집으로 놀러가는 일은 없었다. 언니가 놀러오라고 하면 다른 핑계를 대고 가지 않았다.

　어느 날 언니와 2차를 나가서 끝내고 숙소로 가려고 하는데 언니가 자기가 사겠다고 한잔하자고 했다. 나는 혹시 누군가가 둘이서 술 마시는 모습을 보고 마담이나 업주에게 일러바치치 않을까 하는 불안감에 쉽게 승낙하지 못하다가 오랜만에 한잔하는 거니까 편한 자리로 가자고 하며 언니를 따라 나섰다.

언니는 "요즘 왜 안 놀러 오냐? 혹시 업주에게 무슨 소리 들었냐?"라고 물었다. 언니는 눈치채고 있었던 같았다. 나는 핑계만 댈 뿐 제대로 말을 할 수 없었다. 언니는 말해도 괜찮다고 하면서 자신은 이 업소에서 진상처리반이 된 지 오래고, 선불금이 너무 많아서 갈 곳이 없어 힘들었을 때 유일하게 이 업소 업주가 선불금을 해결해주고 일하도록 해줬다며 그게 고마워서 다른 업소로 옮기지 않고 여태껏 일한 것이라고 했다. 언니는 이야기를 하다가 술을 한 잔씩 마셨는데 눈가에는 눈물이 살짝 맺혀 있었다. 업주는 언니를 이용할 대로 이용했고, 점점 이용 가치가 떨어져가는 언니에게 옛날 이야기를 들춰내며 은혜를 갚도록 만들었다. 언니의 이야기를 들으며 나는 점점 더 말을 잃었다. 마침 S에게서 전화가 왔길래 같이 한잔하자고 오라고 했다.

S가 오고 나서 언니는 더 자세하게 이야기를 했다. S는 한숨을 내쉬며 입을 열었다. "언니와 업주 사이에 무슨 일이 있었는지 모르지만……." 그러면서 그날 있었던 이야기를 했다. 언니는 업주가 고마워서 많은 수모를 견디며 일했지만 이제는 그만둬야겠다면서 울었다. 나와 S에게 피해가 가지 않게 하겠다고, 우리 입장을 이해한다고 했다. 언니는 울면서 술집에서 일어나 집으로 돌아갔다. 언니의 쓸쓸한 뒷모습을 보며 S와 나도 숙소로 돌아왔다. 언니가 우는 모습에 마음이 아파서 그날 밤은 쉽게 잠이 들지 못했다.

며칠 후 언니는 업소를 그만뒀다. 업주와 마담은 언니에게 왜

길 하나 건너면 벼랑 끝

그만두는지를 물었다. 언니는 너무 오래 있었다고 했다. 그러자 업주는 "이제 살 만하니까 그만두나? 빚도 까고 하니까 그만두고 싶은가 봐. 야, 얼른 계산하고 가라." 하면서 언니에게 면박을 줬다. 언니는 신경 쓰지 않고 홀복을 챙겼다. 짐을 정리하면서 언니는 나에게 웃어주며 업주와 계산 잘 끝냈다고 하면서 몇만 원의 돈을 내 손에 쥐어주었다. 과자라도 사 먹으라고. 나는 얼른 그 돈을 다시 언니 주머니에 넣어주고 잘 가라고 인사했다. 그 후에 몰래 언니 집에 놀러갔다. 잘 지내고 있는 언니의 모습이 보기 좋았다.

그날은 유독 업소가 조용한 날이었다. 바쁜 날도 있으면 조용한 날도 있는 법이지만 업소는 그런 이치가 용납되지 않는 곳이었다. 모두 업주와 마담의 눈치를 보는 와중에 나는 몇 명의 아가씨들과 텔레비전 뉴스를 보고 있었다. 뉴스가 끝날 즈음 한 남성의 사연이 소개되었다. 홀어머니와 단둘이 살아가는 남성인데 각막 이상으로 수술을 하지 않으면 시력을 잃어 앞을 볼 수 없게 된다고 했다. 가정 형편이 어려워 수술비를 마련하지 못하고 있다며 어려운 이웃에게 온정의 손길을 보내달라는 아나운서의 멘트가 흘러나왔다. 그 광경을 업주가 유심히 보고 있었다. 그날은 끝까지 조용한 탓에 일찍 숙소로 돌아와 쉬었다.

다음 날 언제나처럼 사우나와 미용실에 들렀다 업소 대기실로 왔다. 아가씨들과 나는 화장을 한다고 정신이 없었다. 업주와 마담도 대기실로 들어와 앉으며 텔레비전을 켰다. 마침 저녁 뉴스 시간이었다. 전날 방송된 남성에 관한 새 소식이 전해졌다. 아나운서는 어제 방송이 나간 후 익명의 기부자가 나타나 병원비를 마련하게 되었고, 오늘 수술을 하기 위해 비행기를 타고 서울로 간다는 소식을 전했다. 화면은 공항에서 비행기를 타기 위해 수속을 밟는 남성의 모습으로 전환됐다. 뉴스를 보는 업주의 입가에는 옅은 웃음이 번졌고, 고개를 끄덕이는 업주를 향해 마담은 일이 잘됐다고 말했다.

보아하니 그 사람의 사연과 무슨 관계가 있는 것 같았지만 선뜻 물어볼 수가 없었다. 그날도 예약 손님이 없어서 업소는 조용했고 대기실에서 아가씨들은 시간을 보내고 있었다. 나는 마담 곁으로 가서 조용히 궁금했던 이야기를 꺼냈다. 마담은 "그 익명의 기부자가 언니(업주)야."라고 대답했다. 마담의 말에 따르면 업주는 그동안 익명으로 기부와 후원을 많이 했다고 한다. 익명으로 하는 이유는 세상에 드러나기 싫어서라고 했다. 그러면서 후원자를 밝혀야 하는 곳은 어쩔 수 없이 이름을 쓰지만 시에서 후원자에게 상을 준다고 연락해도 받으러 가지 않는다며, 술을 마시러 오는 공무원들이 직접 가져다준 적도 있다고 자랑했다.

빚이 많은 아가씨들을 데려와 업소에서 일을 시키고 선불금 이자, 숙소비에 지각비, 결근비를 다 받아내고, 외상 술값과 카드 수수료까지 아가씨들에게 물리고 안주와 술을 재사용해가며 돈을 벌어서 불우이웃을 돕는다는 것이 아무리 생각해도 이해가 되지 않았다. 나는 저 불우이웃보다 더 못한 환경에서 사는데, 업주는 불우

　　　　　　　　　　　　　　　길 하나 건너면 벼랑 끝

이웃을 도우며 훌륭한 기부자라고 자신을 포장하고 있었다.

아가씨들과 나에게는 어떤 더러운 짓을 요구받아도 친절하게 대하라고 강요하고, 구매자에게 폭행을 당해도 내 잘못으로 돌리고, 말을 안 듣거나 이용 가치가 없어지면 가차 없이 팔아버리는 악마 같은 사람이면서 밖에서는 선의를 베풀고 있는 모순덩어리 업주를 보며 분노가 끓어올랐다. 그러나 내가 할 수 있는 일은 없었다. 업주에게 부당하다고 소리치고 싶었으나 그러면 나도 아무도 모르게 어디론가 팔려가게 될 것만 같아 두려웠다. 업주와 마담에게 충성을 다하며 살아갔다. 오히려 모든 것을 포기하고 꿈이라는 것도 잊어버리니 홀가분해지고 눈물도 말라갔다.

며칠 후 새로운 아가씨들이 왔다. 나이는 나보다 어려 보였고 이제 막 도착했는지 짐 가방과 같이 대기실에 덩그러니 앉아 있었다. 담배를 피우면서 시선은 그 아가씨들에게 가 있었다. 얼굴은 예쁜지, 몸매는 어떤지 훑어보면서 경쟁 상대가 되는 건 아닌지 걱정했다.

아침이 되어 숙소 이모가 해준 밥을 먹고 늘 하던 대로 사우나로 향했다. S는 생리를 한다고 사우나에 오지 않았고, 나는 오랜만에 땀도 빼고 때를 밀 예정이라 일찍 사우나에 앉아 있었다.

한참 땀을 빼고 있는데 언제 왔는지 마담이 내 곁으로 다가왔다. 그러더니 나를 째려보면서 "○○이 못 봤어?" 하고 목소리를 높였다. 나는 같은 방에서 지내지 않으니까 모른다고 하며 사우나에 오지 않았냐고 되물었다. 마담은 눈을 부라리며 "너는 숙소에서 뭐 했어? 어이구, 출근해서 보자." 하며 나를 확 밀치고 사우나를 나갔다. 무슨 일인지 모르겠지만 기분이 나빴다. 마담의 행동이 나를 긴장하게 만들었다.

출근 시간이 되어 아가씨들이 하나둘씩 업소로 들어와 대기실에서 시간을 보내고 있는데, 마담과 함께 마담이 사우나에서 찾던 그 아가씨가 대기실로 들어왔다.

아가씨의 얼굴은 사색이 되어 있었다. 마담은 대기실에 들어서자마자 아가씨들이 다 보는 앞에서 그 아가씨의 손에 들려 있던 가방을 빼앗아 사정없이 때리기 시작했다. 아가씨들은 일제히 하던 일을 멈췄다. 그러나 누구 하나 용기를 내어 마담을 말릴 수 있는 사람은 없었다. 마담은 가방으로 때리다가 직성이 풀리지 않는지 가방을 던지고는 손으로 뺨을 때리고 발길질을 했다. 다른 아가씨들과 나는 숨소리도 내지 못했다. "어딜 도망가, 이년아. 가고 싶으면 빚은 갚고 가든가. 도망가면 못 찾아낼까 봐? 빚이나 갚고 뒈져, 이년 아. 야, 이 시발년아!" 마담의 눈에는 독기가 서려 있었다. 마담은 팔에 힘이 풀릴 때까지 그 아가씨를 때렸다. 선불금을 갚지 않고 도망을 가면 저렇게 된다는 것을 내 눈으로 직접 보면서 무섭고 겁이 났

길 하나 건너면 벼랑 끝

다. 여기서는 절대로 도망갈 수가 없다는 것을 알게 되었다.

마담에게 잡혀온 아가씨는 대기실 한쪽 구석에서 울고 있었다. 업주가 출근을 해서 또 한바탕 큰소리가 났지만 업주는 때리지는 않았다. 나는 룸에 들어가서 일을 했고 잠시 들어온 대기실에서 그 아가씨는 보이지 않았다. 일을 마치고 숙소에 가보니 그 아가씨는 담배를 피워 물고 멍하니 앉아 있었다. 어떤 위로도 건네지 못하고 잠들었다.

그 아가씨는 새벽녘에 자는 나를 깨웠다. 담배가 떨어졌다며 담배 한 대만 달라고 했다. 같이 담배를 피우며 앉아 있다가 그 아가씨에게 공항은 많은 사람들이 비행기를 탄다고 복잡했을 텐데 어떻게 잡혀왔냐고 물어보았다. 그 아가씨는 담담하게 말했다.

"여기 첨 왔을 때 마담이 증명사진 한 장 달라고 하지 않더냐? 그 사진, 공항 보안팀에 가 있어. 업주랑 아주 친한 사이인가봐." 나는 너무 놀랐다. 증명사진을 달라고 했지만 이런 용도로 쓰일 것이라고는 상상도 못했다. 비행기를 타려고 티켓을 끊으려 인적사항을 적는데 공항 직원이 다가와 잠시 같이 가자고 했다며 그 아가씨는 말을 이어갔다. 나는 어이가 없어서 담배를 연달아 피웠다. 그 아가씨는 이제 자신은 어디론가 팔려갈 것 같다고 하며 여기보다 지옥이 있겠냐고 말했다. 그녀는 모든 것을 체념한 것처럼 보였다. 업주가 선불금 때문에 여기서 다시 일하라고 하겠지만 여기 있다가는 죽을 것 같다고 하면서, 다시 도망칠까 봐 벌써 업주와 마담이 S에게 자신을 감시하도록 시킨 것 같다고 했다. 그 아가씨의 말을 들으며 나에게도 이런 일이 일어나면 어떻게 하지 하고 불안해졌다. 위로도 하지 못하는 주제에 내게는 그런 일이 일어나지 않았으면 좋겠다는 속 좁은 바람 때문에 한숨만 쉬었다.

그 아가씨는 이틀 뒤 어디로 갔는지 소리 소문 없이 업소에서 사라졌다. 아가씨들은 애써 그 아가씨에 대한 이야기를 나누지도 않았다. 한동안 대기실 분위기가 조용했다.

마담과 업주는 나를 따로 불러서 숙소에서 아가씨들이 안 보이면 즉각 말하라고 했다. 무슨 일이 생기면 다 내 책임이라고도 했다. 내가 억울하다는 표정을 지으니 업주는 나를 달래듯이 이런 일이 없도록 하자고 그러는 것이라며, "아가씨들하고 잘 지내야지." 하고 웃었다. 나에게 윽박지르는 마담이나 웃으면서 이간질하는 업주나 다 똑같았다.

마담은 대기실 입구에서 담배를 피우며 아가씨들이 다 듣도록 큰 소리로 말했다. "도망가고 싶으면 가라. 잡혀오는 순간 죽을 줄 알아. 간도 크게, 어디 돈을 떼먹고 도망을 간단 말이야? 비행기 탈 때만 잡혀오는 줄 알아? 배를 타도 마찬가지야. 허튼 수작 부리지 마라." 그 후에도 여러 명의 아가씨들이 탈출을 시도했다. 그럴 때마다 나와 S는 이 업소에서 오래 일했다는 이유로 업주와 마담에게 불려가서 호되게 혼이 났다. 나와 S는 모든 짜증을 아가씨들에게 풀었다. 내가 왜 이런 소리를 들어야 하냐고, 빚 갚고 당당히 가라고,

왜 나한테 피해를 주냐고 했다. 업주와 마담은 S와 나를 불러 숙소에서 일어난 일들과 아가씨들과의 사소한 일까지 집요하게 물어보았다. 나는 더 이상 혼나고 싶지 않아 묻는 즉시 대답을 했고 때로는 업주와 마담에게 아가씨들의 사생활을 일러주기도 했다. 업주와 마담은 나와 아가씨들 사이를 이간질하며 교묘히 이용했다. 아가씨 중 누가 도망칠 낌새라도 있으면 여지없이 마담에게 전화를 하거나 문자를 했다.

업주는 예쁜 홀복이 있으면 나에게 선물했고 단골손님이 오면 나를 먼저 챙겨주기도 했다. 업주를 등에 업고 나는 우쭐했다. 내 뒤를 봐주고 예뻐해주고 돈을 벌게 해주는 업주에게 뭐든지 할 수 있었다. 마담은 손님 앞에서 내 칭찬을 많이 하며 인기 많은 아가씨라고 치켜세우고는 했지만 S를 더 아끼고 밀어주었다. S와 나는 경쟁하는 사이가 되었다. 겉으로 드러나지 않는 불편함을 서로가 느끼고 있었다. 그러나 한편으로는 동갑 친구이고 둘이 같이 이 업소에 오래 있었기 때문에 서로 의지하며 지냈다.

어느 날 술을 한잔하면서 S는 자기 이야기를 했다. 자신은 혼외 자식이고 어릴 때 친엄마와 헤어져 아버지의 식구들과 함께 살았다고 했다. 친엄마인 척하며 키워준 엄마가 때로는 더 고맙더라고, 낳아준 엄마하고도 연락을 하고 지낸다고 했다. "피는 못 속인다고, 키워준 엄마도 좋은 분인데 친엄마를 보니까 맘이 달라지더라." S의 말을 들으며 나는 처지는 다르지만 차라리 고아였으면 좋겠다고 생각한 것이 한두 번이 아니라고 했다. 우리는 그렇게 진한 아픔을 나누면서 더 가까워졌다.

업소 일을 마치고 숙소로 들어왔는데 S가 방에서 큰소리로 울고 있었다. 깜짝 놀라 방으로 가보니 S는 눈물을 뚝뚝 흘리면서 나에게 말했다 "우리 엄마 죽었단다. 나를 낳아준 엄마 말이야. 엄마가 죽었대." 어떻게 해야 할지 난감했다. 업주를 불러 엄마의 장례식에 가도록 하는 것이 최선일 것 같았다. 전화기를 들어 업주에게 연락했다. 내 전화를 받은 업주는 당장 숙소로 올라왔고 S와 단둘이 이야기를 나누었다. 나는 방해가 되지 않도록 방문을 닫고 나가 있었다.

잠시 후 업주는 S의 방을 나서며 나에게 "그냥 놔두란다. 하루만이라도 뭘 하든지 신경 쓰지 말라네."라고 말했다. 그 시간 이후 S가 있는 방에는 들어가지 않았다. S의 방을 지나칠 때마다 밥은 먹었는지, 잠은 잤는지 걱정되었지만 자신만의 시간을 가질 수 있도록 방문을 열지 않았다. S는 끝내 엄마의 장례식에 가지 않았다. 업소에 출근도 하지 않은 채 하루 종일 방에서 나오지를 않았다.

이틀이 지나자 S는 아무 일도 없었던 것처럼 예전의 S로 돌아갔다. 업소에 다시 나와 단골들을 불러들여 매상을 올리고 여전히 잘나가는 아가씨로 살아갔다. 엄마의 장례식에 가보지 않는 S가 이해되지 않았지만 그 속내를 털어놓지 못하는 이유가 있을 것이라 짐작했다.

업소에서 일한 지 오래되며 점점 지명이 떨어지고 아가씨들이 새로 올 때마다 지명을 빼앗기는 일도 잦아지면서 위기의식을 느꼈다. 단골들에게 전화를 하거나 밖에서 만나서 업소로 불러들이는 등 다른 생존 방식을 찾아갔다. 그러나 업주와 마담은 예전에 그랬듯이 새로 온 아가씨에게 나를 경계하도록 만들었다. 마담의 잔소리가 점차 늘어갔다.

2차를 마치고 아가씨들끼리 모여서 술을 마신다거나 남자를 만날까 봐 업주와 마담은 심하게 단속했다. 사생활에 대한 간섭이 늘어나면서 점점 더 그만두고 싶어졌다. 하지만 다른 업소의 업주나 마담과 친분이 있는 것도 아니었고, 제주도로 보내준 소개쟁이에게는 몇 년을 일하면서 연락도 한 번 하지 않았고 소개비를 벌어다주지도 못한 처지에 불쑥 연락해서 업소를 알아봐달라고 하기가 어려웠다. 그만두고 싶다는 생각만 머리에 맴돌 뿐 실행에 옮기지 못했다.

그만두려면 선불금이 정리되어야 했다. 장부를 꺼내 대략 계산을 해보니 예상대로 많은 돈이 필요했다. 업주와 마담은 나를 천덕꾸러기처럼 구박했고, 룸 안에서든 2차를 가서든 예전이었으면 아무렇지도 않게 넘어갔을 조그만 실수도 큰일이 난 것처럼 고래고래 소리를 지르며 야단을 쳤다. 홀복이나 화장, 머리 스타일까지 사사건건 트집을 잡았다. 진상처리반으로 만들기도 했고, 힘들어하는 표정을 지으면 "그 많은 단골은 어디 갔어? 너처럼 단골 관리도 안 하고 영업에 신경 안 쓰면 이런 일이 일어나는 거야. 오늘도 단골 와서 따당◆ 뛰는 다른 애들 안 보이냐? 넌 뭐냐?" 하며 비아냥거렸다. 마담의 말대로 그 많던 단골들은 어디로 갔을까? 이 업소에 오래 있었던 나보다 새로 온 아가씨들을 더 좋아하는 남자들을 붙잡는 기술이 나에게는 없었다. 하루 이틀 이 업소는 나를 견딜 수 없는 상황으로 몰아갔고 나는 지쳐만 갔다.

그러던 어느 날 염색을 하려고 평소보다 일찍 미용실로 향했다. 내 머리를 만져주던 언니는 내 한숨 소리를 들었는지 무슨 일이 있냐고 물어보았다. 미용실 언니는 내가 이 업소에서 처음 일을 하게 된 날부터 내 담당이 되어 머리를 만져줬기 때문에 어느 정도 마음을 터놓고 이야기할 수 있는 사이로 지내고 있었다. 미용실 언니에게 혹시 이 지역에 아는 소개소나 소개쟁이가 있는지 물어보았다. 언니는 얼른 눈치를 채고는 여기에 업소 아가씨만 오겠냐면서 명함을 한 장 내밀며 전화 한번 해보라고 했다. 나는 혹여 누군가가 보고 있는지 주위를 살피며 명함을 얼른 지갑에 넣었다. 미용실 언니에게는 업주나 마담에게 절대로 말하지 말라고 신신당부했다.

미용실을 나와 당장 전화를 하고 싶었으나 오랫동안 일한 것치고 선불금이 많아서 업소를 옮기지 못할까 봐 걱정이 되었다. 혹시

◆ 양쪽 룸을 번갈아 들어가며 돈을 버는 것.

나 업주와 마담과의 관계가 회복된다면 다시 마음을 가다듬고 일을 해보자고 생각하며 업소로 발길을 돌렸다.

🥚

출근해서 대기실에 앉아 있어도 내 마음은 갈피를 잡지 못했다. 한동안 유독 잔소리가 심하던 마담이 오늘따라 나긋나긋하게 말을 걸며 구매자가 있는 룸으로 안내했다. '왜 이러지? 내가 그만두려는 걸 눈치챘나?' 하며 눈치를 봤지만 마담은 아무것도 모르는 표정이었다. 마담은 단골이 찾아왔다며 호들갑을 떨었다. 나를 지명해주던 단골들에게 새로 온 아가씨를 앉히며 영업을 했던 것을 이미아는데, 그날은 유난스럽게 나를 챙기는 모습이 가증스러웠다. 돈이되는 단골 몇 명은 다른 업소로 옮겨도 계속 연락해야겠다고 마음먹었다.

업소를 그만둘까 하는 생각이 든 후 날마다 마음에는 갈등이일고 신경이 곤두섰다. 업소를 옮겨도 별반 나아질 것도 없는데 좀더 견뎌볼까 하는 마음도 있었지만, 어느 날 단호하게 업소를 옮기기로 결심했다.

숙소에서 아침 일찍 나와 커피숍으로 향했다. 커피숍에는 조용한 음악만 흐를 뿐 사람이 없는 것이 안심이 되었다. 지갑을 열어소개쟁이 명함을 꺼냈다. 혹시 선불금이 많아서 나를 못 받겠다고 하면 어쩌나 불안했지만 마음을 차분히 가라앉힌 다음 명함에 적혀 있는 번호로 연락을 했다.

짧은 통화 연결음이 끝나고 전화를 받은 소개쟁이에게 인사했다. 소개쟁이는 여느 소개쟁이와 다르지 않은 말을 하며 어느 업소에서 일했는지 물어봤다. 시간이 되면 오늘 사무실로 나와서 만나서 이야기를 했으면 좋겠다고 했다. 나는 업소를 그만두든 말든 만나봐서 손해 볼 일은 없다고 생각하고 사무실로 나가겠다고 했다. 커피를 한 잔 마시며 다시 심호흡을 했다. 거절당하면 어떡하나 걱정하며 택시를 탔다.

사무실은 다행히 가까운 위치에 있었다. 택시에서 내려서 혹시 나를 아는 사람이 있을까 봐 주변을 두리번거리며 소개소 사무실로 올라갔다. 소개쟁이와 마주 앉은 나는 혹시 거절당한다면 가능한 빨리 다른 방법을 찾아야 했기에 마음이 다급했다. 서둘러 말을 꺼내려고 하는데 소개쟁이가 천천히 이야기 나누자고 하면서 차 한 잔 마시겠냐고 물어보았다. 너무 긴장한 티가 나는 것 같아 민망했다.

커피 한 잔을 사이에 두고 소개쟁이와 이야기를 시작했다. 소개쟁이가 장부를 펼치며 어느 업소에서 얼마나 일을 했냐고 물었고, 장부에 꽂혀 있는 업주들의 명함에 눈길이 갔다. ○○업소에서 3년 정도 일했다고 대답했다. 소개쟁이는 "그 업소 사장, 악덕이라고 소문났는데 거기서 3년을 일했다고?" 하면서 놀라워했다. 나는 선불금에 대한 보증인이 없다고 이야기하면서 이 업소도 소개소를 타고 왔다고 설명했다. 소개쟁이는 믿을 만하니까 보증인을 세우라고 하지 않았을 것 같다면서 자기도 보증인이 없으면 없는 대로 진행하자고 했다. 선불금은 얼마 정도 되는지 묻고, 업소에서 오래 일을 하면 선불금 계산이 확실하지 않아서 애를 먹는다며 계산은 혼자 봐도 괜찮겠냐고 물었다. 그동안 적어놓은 장부를 보여주었다. 소개쟁이는 꼼꼼하게 잘 적었다고 하면서 언제 그만둘 생각이냐고 물어보았다. 나는 일주일 안에는 그만두고 싶다고 했다.

소개쟁이는 조금 있으면 아가씨 찾는 업주가 사무실에 오는데 얼굴 한 번 보자고 했다. 이왕 소개소로 왔으니 온 김에 어떤 업주들이 오는지 분위기를 보는 것도 나쁘지 않을 것 같아서 그러자고 했다. 소개소로 온 남자 업주는 둘러보다가 나와 눈이 마주쳤다. 내가 앉아 있는 소파 맞은편에 앉더니 못 보던 얼굴이라고 하면서 다리를 꼬고 담배를 피웠다. 소개쟁이가 남자 업주 옆에 앉아서 오늘 새로 온 아가씨라고, 사장님 기다리고 있었다고 이야기했다. 남자 업주는 어디서 일했냐고 질문했다. 소개쟁이와 똑같은 질문을 하는 남자 업주에게 같은 대답을 하고는 눈길을 피했다. 남자 업주는 "그 업주 제주도에서 손꼽히는 악덕인데." 하고 말했다. 얼마나 악질이었으면 같은 업종 업주에게까지 소문이 났는지 기가 막혔다. 소개쟁이가 잠시 사무실 안쪽으로 들어가 있으라고 했고, 소개쟁이와 남자 업주는 한참을 이야기하다가 나를 다시 불렀다. 이미 남자 업주는 사라진 뒤였고 소개쟁이는 업주와 이야기가 잘됐다고 하면서 계산

보고 일 시작하자고 했다. 업소를 옮길 수 없으면 어쩌나 하는 불안과 걱정이 컸는데 일이 잘 풀려 마음이 놓였다. 계산을 보고 전화를 하겠다고 하면서 소개소를 나왔다.

그날은 뭔가 큰 비밀을 숨긴 사람처럼 가슴이 뛰어서 일이 손에 잡히지 않았다. 대기실을 왔다 갔다 하는 업주와 마담의 눈치를 봤다. 며칠 후 그만두겠다고 말하자 마담은 화를 냈다. "내가 너한테 얼마나 잘해줬는데 은혜를 원수로 갚니?" 입을 다물고 있는 나에게 눈을 흘기면서 "업소는? 어디에 있는 업소야? 누가 소개시켜줬어?" 집요하게 물어봤지만 나는 대답을 피했다.

마담은 잘해줘도 소용없다면서 대기실이 떠나가도록 소리를 쳤다. S는 어쩌면 자기에게 말 한마디 없이 그만두냐며 섭섭하다고 했다. 마담이 화를 내도, S가 섭섭해도 흔들리고 싶지 않았다. 이 업소를 벗어나는 게 중요했다.

업주도 내가 그만둔다는 사실을 알고는 작은 룸으로 불러 마담과 똑같은 질문을 했다. 나는 어느 지역이라고도 말하지 않고 다른 업소로 간다고만 했다. "여기 있으면 빚도 까고 저축을 해도 되는데 뭐가 아쉬워서 그만두냐? 여태 얼마나 많이 신경 써줬는데 이제 와서 왜 이러냐?" 업주는 없었던 일로 하고 다시 일하자고 회유했다. 하지만 그만두겠다는 말 외에 다른 말을 하지 않는 나를 보며 결국 업주는 혀를 차며 선불금 계산은 제대로 할 수 있냐고 물었다.

나는 당장 계산을 봤으면 좋겠다고 하면서 수입 장부를 보여

길 하나 건너면 벼랑 끝

주었다. 업주는 매상 장부를 펴들고도 왜 그만두냐고 재차 물었다. "뭐 섭섭한 게 있냐?" 부드러운 목소리로 달래듯이 묻는 업주의 말에 눈물이 나려고 했다. 내가 왜 그만두는지 정말 모른다는 말이 야속하기도 했고, 3년을 열심히 일한 나에게 돌아오는 대가는 그저 뒷방이라는 사실이 수치스럽고 서러웠다. 그러나 나는 더 이상 어떤 말도 하고 싶지 않았다.

막상 선불금 계산에 들어가니 업주의 태도는 돌변했다. 업주의 계산법은 예상보다 더 이상했다. 말도 안 되는 계산법을 들이대며 억지를 부렸다. 나는 계산이 달라 돈이 맞지 않다고 하며 사인 장부를 다시 맞춰보자고 했다. 그랬더니 업주는 술값을 외상으로 해서 돈을 못 받아서 그렇다고 하면서 양보를 해달라고 했다. 그건 당신 사정이라고, 장부가 맞는데 왜 계산에서 빼냐고 따지기 시작하니 업주는 "그래서 어떻게 할 건데? 계산 안 봐주면 어쩔 건데?" 하며 적반하장으로 화를 냈다. 기가 막혔다. 업주 성격으로는 절대 내가 원하는 대로 계산을 봐주지 않을 것 같아서 억울해도 서로 반반 손해를 보자고 했다.

업주는 못 이기는 척 그러자고 하며 나머지 선불금을 받아 챙겼다. 일어서려는데 "그래도 오래 일했으니 차비나 해라."라며 돈을 챙겨줬다. 거절하자니 단돈 만 원이라도 아껴야 하는 나의 처지가 불쌍했다. 엉거주춤 인사를 하며 돈을 받아 지갑에 넣었다.

오래 있었던 탓에 옷이 많아져 짐 정리를 하는 데도 꽤 걸렸다. 버릴 옷가지와 신발을 다시 정리하고 있으니 S가 도와줄 것은 없냐며 말을 걸었다. 어디로 가냐고 묻는 말에 사실대로 털어놓고 싶었으나 나중에 만나면 이야기해주겠다고 하며 말을 아꼈다. 짐 정리가 끝나고 숙소를 나오며 S와 아가씨들에게 잘 지내라고 인사했다. S는 "밥이라도 먹고 가지, 왜 이리 빨리 가냐?" 하고 서운해하며 계속 연락하자고, 조심히 가라고 했다. 떠나는 발걸음은 가벼울 줄 알았는데 처음 이 업소를 왔을 때나 지금이나 달라진 것이 없는 현실에 내 발걸음은 더욱 무거웠다. 나는 이 업소에서 3년을 일했고 여전히 선불금은 남아 있었다.

새로운 업소는 아가씨들이 지내는 숙소가 없었다. 소개쟁이가 업소와 가까운 저렴한 모텔을 소개해줘서 그곳으로 짐을 옮겼다. 소개쟁이는 업주와 이야기가 잘 되었으니 며칠 쉬라면서 필요한 것은 없는지 물어보았다. 늘 시끄러웠던 숙소를 벗어난다는 것만으로도 기분이 좋았다. 모텔 여주인은 여기는 밥을 해 먹어도 되는 곳이고, 일하는 이모들도 밥을 해 먹으니까 반찬도 나눠 먹고 잘 지내라고 말해주었다. 여주인의 친절함에 인사를 하고 방으로 올라갔다.

소개쟁이는 깔끔한 모텔이라고 했지만 앞으로 내가 살아야 할 모텔은 깔끔한 것과는 거리가 멀었다. 계단 층층이 깔려 있는 카펫은 낡아서 군데군데 찢어져 있고 곰팡이 냄새가 코끝을 자극했다. 짐을 들고 방에 들어서니 혼자라는 것 말고는 모든 것이 낯설었다.

창문을 열어 환기를 시키고 필요한 물건은 없는지 둘러보았다. 삐거덕거리는 침대, 거울이 달린 작은 화장대가 전부인 이곳에서 적응하고 견뎌야 할 시간들이 앞으로 얼마나 될지 가늠이 되지 않았다. 갑자기 눈물이 흐르고 목이 메었다. 그러나 살아야 했고 살아가야 했기에 짐을 풀어 정리하고 청소를 시작했다. 욕실에 세제를 풀어서 꼼꼼하게 문질렀더니 누렇게 물들었던 욕조가 깨끗해져 속이 시원했다. 청소를 끝내고 욕조 가득 따뜻한 물을 받아서 가만히 들어가 앉았다. 낯설고 힘들지만 혼자 지낼 수 있는 공간이 있다는 것으로 만족하기로 했다.

쉬는 시간은 빨리도 지나갔다. 어느덧 새로운 업소로 출근할 날이 왔다. 지금까지와 별반 다르지 않은 환경에서 일을 하는 것인데도 유독 긴장이 되었다. 새로운 업소의 시설은 이전 업소보다 더 낡아 있었다. 지하로 들어서니 찌든 술 냄새가 코끝을 자극했고, 룸으로 들어가 보니 싸구려 소파에 인테리어도 엉망이었다. 대기실은 너무 작아서 아가씨들을 반으로 나누어서 한쪽은 대기실, 한쪽은 작은 룸을 사용해야 했다. 구매자가 많아지면 대기실로 쓰던 작은 룸도 비워야 했다.

이 업소에는 마담이 두 명이 있었다. 큰 마담이라고 자기를 소개한 마담은 나이는 그다지 많아 보이지 않았다. 마담은 내게 소개쟁이와 차용증을 썼겠지만 선불금은 어디까지나 업주가 준 것이니까 업주 이름으로 다시 차용증을 쓰라고 하며 종이를 내밀었다. 마담이 불러주는 대로 내용을 적는데 내가 집 주소를 적는 것을 보며 자기도 이 동네에서 오래 살았다고 했다. 그러면서 어디 고등학교를 졸업했냐고 물어보았다. 중학교 2학년 중퇴가 전부인 나는 어떻게 대답해야 할지 몰라 망설였다. 그러나 마담은 동향인 아가씨는 더러 있어도 한 동네에서 살았던 아가씨는 처음이라면서 잘 지내보자고 했다. 나도 한 동네에서 살았던 사람을 만나본 적은 없는 터라 난감했다. 혹여 부모에게 내가 업소에서 일한다는 것이 알려질까 봐 불안했다. 이 업소에서 선불금을 잘 갚고 업주나 마담의 말을 고분고분 잘 들으면 문제가 생기지 않을 거라고 불안한 마음을 다독였다.

새로운 업소에서 일한 지 3일째 되던 날이었다. 예전 업소에서 벌어졌던 추행보다 더 심한 추행들이 일어났다. 신고식은 기본이고 룸에 들어간 아가씨들이 돌아가면서 노래에 맞춰 옷을 벗으며 남자들의 흥을 돋우게 만들었다. 일명 술3종♦에서 하는 쑈만 안 할 뿐이지 속옷까지 다 벗어버리는 이곳은 더 끔찍했다. 그리고 한 달에 한 번씩 좌담회를 하며 마담이 아가씨들 몸무게를 쟀고 늘어난 몸무게만큼 벌금을 내야 했다. 2차를 나가면 남자들의 전화번호를 받아와

♦ 방석집이라고도 한다. 술 한 박스당 가격에 2차 비용까지 붙여 영업을 하는 곳이다. 술을 박스로 팔아 매상을 올려야 하기 때문에 일명 '쑈'라는 행위, 예를 들어 여성들의 성기를 이용하여 담배 피우기, 맥주병 따기, 풍선 터뜨리기 등을 하게끔 한다.

서 마담들에게 알려야 했고, 매일 다섯 명 이상의 남자들에게 홍보 전화를 하게 만들었다. 매일 다섯 통의 전화를 걸다 보니 아가씨들끼리 겹치는 구매자가 생기기도 했다. 전화를 열심히 했는데도 지명이나 단골이 생기지 않으면 좌담회 시간에 업주나 마담들이 심하게 면박을 줬다.

나는 선불금을 줄이기 위해 이 업소에서 죽기 살기로 일했다. 남자들이 밖에서 만나자고 하면 만나고, 내 몸을 원하면 응해주면서까지 단골과 지명을 만들었다. 큰 마담과는 한 동네에서 살았다는 이유로 많이 친해졌다. 내가 열심히 단골을 만드는 모습을 보고 영업을 잘한다고 하면서 업소에서 관리하는 단골들이 오면 나를 앉혀주는 등 많이 신경을 써주었다.

큰 마담이 그달 매상이 많이 올랐다며 '주사 이모'를 불러서 아가씨들에게 주사를 맞히기도 했다. 2차를 나가는 일이 잦아지면서 질염과 골반염을 앓는 아가씨들이 많았다. 이 방법은 업주만의 아가씨 관리법이었다. 마담은 염증 주사라고 했지만, 그 주사가 정확히 어떤 것인지 알고 맞는 아가씨는 없었다.

업소의 요구사항이 점점 늘어가고 변태적인 영업 행태에 신물이 나면서 견디기가 어려웠다. 소개쟁이는 그만두려면 언제든지 말하라고 했지만 다른 업소에서도 이런 행위를 할까 봐 옮기기가 쉽지 않았다. 그러던 어느 날 S에게 전화가 왔다. 자기도 그 업소를 그만두려 한다고 했다. 그렇게 잘나가던 S가 무슨 일일까 했다. 결국

S도 새로 온 아가씨들에게 밀리고 단골을 빼앗겼을 것이며 업주와 마담의 구박을 견디지 못했을 것이라고 짐작했다. 예전에 S가 업주와 마담이 다른 아가씨들과 비교될 정도로 잘해준다고 하면서 다른 업소로 갈 생각이 전혀 없다고 말했던 것이 떠올라 안쓰러웠다. S에게 내가 일하고 있는 업소든 소개쟁이든 소개시켜줄 테니 걱정 말고 내가 지내고 있는 모텔 방으로 찾아오라고 했다.

S를 만나자 그녀의 답답한 마음도 느껴졌고 말하지 않아도 그 기분을 알 것 같아서 업소 이야기는 최대한 하지 않았다. 내가 일하는 업주에게 추라이◆를 보게 했다. 업주는 S를 보더니 스타일이 나쁘지는 않지만 우리와는 맞지 않겠다며 거절했다. 업주와 헤어지고 괜히 S에게 미안해졌다. S는 "괜찮아, 신경 쓰지 마. 아는 언니에게 이야기를 해놨으니 연락이 올 거야."라고 했다.

며칠 동안 S는 내 방에서 함께 밥도 같이 해 먹고 시장도 보며 자매같이 평온하게 지냈다. 다른 곳에서 S에게 추라이가 들어왔고 업소를 옮기게 되었다. 업주와 계산은 어땠냐고 물어보니 S는 한숨만 쉬었다. 예상보다 손해를 많이 봤다고 했다. 화가 났지만 아무 말도 하지 못했다고, 자신은 지금껏 이용당한 거라고 업주 욕을 했다.

그날 이후 S와는 두 번 정도 만나서 밥을 먹거나 술을 마셨다. 어느 날부터 S와 연락이 되지 않아 걱정이 되었다. 선불금이 많아진

◆ 업소에서 일하기 위해 업주를 만나는 일. 얼굴이나 몸매, 선불금 등에 대해 이야기하고 그 자리에서 일을 할 수 있는지 없는지 결정하기도 한다.

길 하나 건너면 벼랑 끝

S가 어디론가 도망을 갔다는 소문만 무성했다.

나는 이 업소에서 4개월을 견디지 못하고 그만뒀다. 소개쟁이가 나를 대신해서 계산을 봐줬기 때문에 업주와 얼굴 붉힐 일도 없었고, 알뜰히 생활한 덕에 선불금을 예상보다 많이 줄일 수 있었다. 소개쟁이는 다른 업소를 알아보는 동안 며칠 쉬라고 했다. 소개쟁이가 연락해 추라이가 있을 예정이라며 잘 차려 입고 오라고 했다.

업주는 내가 나이가 많다는 이유로 퇴짜를 놓았다. 그때 내 나이는 어느덧 20대 후반이었다. 룸살롱에서 일하기에는 많은 나이가 된 것이다. 업주가 돌아가고 나서 소개쟁이는 다른 업소도 있으니 너무 신경 쓰지 말라고 했다. 그러나 나이가 많으면 빚이라도 적어야 한다는 말을 흘리면서 나를 돌려보냈다.

나이가 많아졌음을 인정하기가 어려웠다. 업소가 아니면 어떻게 살아갈 수 있을지 상상도 되지 않았다. 룸살롱에서 일할 나이가 아니라는 것을 받아들이기도 힘들었다. 나이가 많으면 결국 업소에서 밀릴 텐데, 그러면 어디로 가야 하는 것인지 미래도 없는 암울한 현실이 싫었다. 허탈함에 빠져 방으로 돌아와 누웠다. 아직 몸살이 다 나은 상태가 아니라서 열이 오르면서 몸이 아팠다.

아픈 몸을 몇 번 뒤척이다 잠들었는지 꿈속을 헤매고 있었다. 망망대해에 무인도 같은 섬에 내가 살고 있었다. 그곳에서 나는 자유롭게 지내고 있었다. 먹을 것이 천지에 널려 있었고 따뜻한 햇볕이 포근하게 느껴졌다. 그러나 그 섬에는 아무도 살지 않았고 찾아오는 사람도 없어 외로움에 눈물을 흘렸다. 꿈에서 깨어났을 때는 새벽녘이었다. 현실에서도 눈물을 많이 흘렸는지 베개가 흠뻑 젖어 있었다.

다시 소개소에 갔다. 이번에 만난 업주는 당장 일하러 오라고 했다. 하루만에 반응이 극과 극인 업주를 만나서인지 기분이 이상 했다. 소개쟁이는 업주가 나설 때 빨리 일을 들어가라고 재촉했고, 업주와 일정을 이야기하더니 나에게 통보했다. 일할 곳이 있다는 것 이 다행이라고 여기며 방으로 돌아왔다.

모텔에는 장기 투숙하는 업소 아가씨들이 많았다. 모텔을 드 나들면서 서로 얼굴을 익히는 경우도 있었는데 그중 이전 업소에서 일하던 아가씨를 만났다. 업소에서 잘 지냈던 터라 서로 안부를 물 었고 나는 내 방으로 아가씨를 초대했다. 그 아가씨는 업주의 횡포 가 여전하다고 하면서 자기도 이달까지만 일하고 그만둔다고 했다. 그리고 마담들도 성격이 이상한 사람들 같다고 하면서 한숨을 쉬었 다. 손에 든 담배는 몇 모금 빨지도 못하고 재가 되어갔다. 그 아가 씨가 돌아가고 몸살 기운이 아직 가시지 않은 나는 병원으로 가서 주사를 맞고 쉬었다.

새로운 업소로 첫 출근을 하고 다시 일상이 바빠졌다. 이 업소는 매상을 많이 올리라고 업주와 마담이 성화를 부려서 아가씨들이 힘들어했다. 아가씨들은 몸도 돌보지 못하고 술을 마시며 매상을 올렸다. 일을 한 지 보름이 지났을 무렵 나는 결국 위장병을 얻었다. 의사는 술을 마시지 않아야 호전된다고 했지만 업주와 마담은 "너만 술병 났냐?"라고 하면서 출근 안 하면 결근비를 올리겠다고 협박했다.

며칠 후 출근하니 마담이 나를 불렀다. 결근비를 내라고 하면서 계속 이런 식으로 일할 거라면 다른 업소를 알아보라고 했다. 결근비가 중요한 게 아니었다. 짐승처럼 취급받는 이 업소가 싫었다. 마담과 이야기를 나누고는 곧바로 소개쟁이에게 전화를 해서 그만두겠다고 전했다. 소개쟁이는 마담하고 잘 이야기해서 좀 더 일하지 그러냐며, 나이 때문에 추라이가 안 되면 어쩌려고 그러냐는 말을 해서 내 마음을 아프게 했다.

한 달 동안 일한 결과 병원비와 결근비 때문에 오히려 빚이 늘어났다. '나이가 많으면 빚이라도 적어야 한다.'라는 소개쟁이 말이 귓가에서 맴돌았다. 늘어난 빚을 안고 과연 어디로 갈 수 있을지 두려움만 커졌다.

업소를 그만두고 방에만 틀어박혀 있는 나에게 아는 동생이 몸은 괜찮냐고 연락을 해왔다. 위장병이 나서 고생했다고, 이전 업소에서 선불금을 많이 줄였는데 결근비를 올리는 바람에 다시 늘어났다고 했다. 아는 동생은 소개쟁이랑 일 그만 하고 업소 마담과 일하는 것이 낫지 않냐고 하며 아는 마담을 소개시켜주겠다고 했다, 업소는 소개소에서만 아가씨들을 구하는 것이 아니었다. 마담이 직접 데리고 다니는 아가씨들이 있었다. 마담은 자신이 데리고 다니는 아가씨들에게는 신경을 많이 썼고, 업주도 마담이 관리하는 아가씨들을 좋아했다. 나는 찬밥 더운밥 가릴 형편이 아니었다.

마담의 첫 인상은 그다지 나쁘지 않았다. 마담은 나에게 여러 가지를 물어보았다. 선불금 이야기가 나올 때는 가슴이 조마조마했다. 마담은 선불금을 해주겠다고 하면서 언제부터 일하겠냐고 물었다. 나는 당장이라도 시작할 수 있다고 했고, 마담은 흡족했는지 계산 잘 보고 연락하라고 했다. 늘어난 빚 때문에 고민이 컸는데 선불금을 해결하게 되어 다행이었다. 자리에서 일어나는 마담에게 고맙다고 인사했다.

소개쟁이를 만나서 계산을 직접 보겠다고 하니까 소개쟁이는 나를 빤히 보더니 무슨 불만이 있냐고 물었다. 끝내는 마당에 속내를 이야기해서 서로 불편해지고 싶지 않았다. 대답을 하지 않는 나를 보면서 소개쟁이는 다음에 보자는 말로 끝을 맺었다.

업소 마담과 함께 일할 업소는 오픈한 지 얼마 안 되는 곳이었다. 카운터에는 개업을 축하하는 화분이 가득 진열되어 있었다. 마담은 대기실이 아닌 룸으로 나를 데려가 업주에게 소개시켰다. 업주의 눈치를 살피며 마담과 소파에 앉았다. 여자 업주는 천천히 내 얼굴을 살펴보더니 별다른 말은 하지 않았다. 얼굴이 붉어지고 긴장이 되었다. 업주가 사는 곳이 어디냐고 물어보면서 살짝 긴장이 풀렸다. 간단한 질문에 대답하고는 마담이 시키는 대로 대기실로 향했다.

이 업소의 대기실은 상당히 넓었다. 새로 오픈한 업소답게 아직 페인트 냄새가 가시지 않았고 대기실에는 열 명 남짓 되는 아가씨들이 앉아 있었다. 나보다 나이가 조금 더 있어 보이는 아가씨가 있어서 안심이 되기도 했다.

이 업소에서 나는 마담의 새끼*가 되었다. 그러나 오픈한 지 얼마 안 된 업소치고는 너무 조용했다. 하루 이틀 마음이 점점 더 답답해졌다. 몇 달이 지나도 업소의 수입은 나아지지 않았다. 매달 지출되는 생활비는 물론 방세까지 걱정해야 할 정도로 힘들어지면서 마담에게 빚이 자꾸 늘어나는데 어쩌면 좋겠냐고 물어보았다. 지출은 결국 선불금이 된다. 늘어난 선불금에 대한 이자는 또 어떻게 감당해야 할지 몰라 마음이 무거웠다. 대책이 없기는 마담도 마찬가지였다. 좀 더 기다려보라고 말할 수밖에 없는 자신의 처지를 이해해 달라고 하면서 업소를 옮기고 싶으냐고 물어보았다. 현상 유지만 되어도 여기에 있겠지만 지금은 도저히 방법이 없다고 말하면서 나는 소리 없이 울었다. 내가 울어서인지, 돈벌이는 걱정 말라고 큰소리 친 죄책감 때문인지 마담은 자기가 보증을 서서 다른 업소로 옮기게 해주겠다고 했다. 또다시 업소를 옮기게 되었다. 여전히 빚은 늘

♦ 마담이 관리하고 데리고 다니는 아가씨를 일컫는 말.

어났고 해결 방법은 없었다.

소개받을 업주는 마담과 오래전부터 잘 알고 지내는 사이로 보였다. 업주는 열심히 하면 빚은 정리된다고 하면서 빨리 일을 시작하라고 했다. 다시 기회가 온 것 같았다. 열심히 하겠다고 말하며 나를 선택해준 업주에게 고마워했다.

선불금이 늘어나는 데는 당연히 생활비도 한몫했다. 줄일 수 있는 것은 최대한 줄여보려고 노력했지만 사람이 살아가는데 드는 최소한의 비용조차 나에게는 짐이 되었다. 어떻게 하면 빚을 줄일 수 있을지 고민만 늘어갔다. 업소를 몇 번 옮기면서 업소로 불러들이던 단골들과 연락도 끊어져 나를 찾아주는 남자들이 없어서 고생했다. 그러다 우연히 연락이 닿았던 남자가 이 업소로 나를 찾아오면서 업주에게 영업을 잘하는 아가씨로 인정을 받았다.

나를 찾아온 남자는 업소 출입이 잦아지면서 술값 외상을 받아달라고 했다. 그동안의 행동이나 돈 씀씀이를 보면 믿음이 갔기에 술값 외상을 받아주었고, 업주에게는 내가 술값을 받아서 입금하겠다고 했다. 업주 입장에서는 나쁠 것이 하나도 없었다. 그러나 몇 번은 정확한 날짜에 입금해주던 남자가 점점 술값이 밀리기 시작했다. 그 남자뿐 아니라 이 업소에서 나를 지명하는 남자도 술값 외상을 한 상태라서 외상값만 해도 빚이 상당히 많아졌다. 결국 나를 찾아오던 그 남자는 잠수를 탔다. 나는 그 술값을 고스란히 내 빚으로 올리고 말았다.

길 하나 건너면 벼랑 끝

업주는 어떻게 빚을 정리할 셈이냐고 나의 숨통을 조이기 시작했다. 그 남자가 나타나지 않는 한 방법이 없었다. 눈 밖에 나면서 업주는 나를 룸으로 넣어주지 않았다. 계속해서 늘어난 선불금을 어떻게 갚을지 빨리 방법을 찾으라고 하면서 부모에게 연락을 해야 하냐고 협박했다.

그즈음 같이 일하던 아가씨가 아파서 병원에 입원을 하게 되어 병문안을 갔다. 그 아가씨도 몸이 아팠지만 결근비를 물게 될까 봐 걱정하고 있었다. 아픈 몸이나 돌보라고, 돈 걱정은 다 나은 뒤에 하라고 했다. 손에는 혈관이 터져 멍이 들어 있었다. 병실을 나와 집으로 돌아가기 전에 화장실에 들렀다. 벽에는 장기매매 스티커가 붙어 있었다. 전화번호를 적어오지 못해서 머릿속으로 외워 집에 돌아와 수첩에 적어놓았다. 다음 날 장기를 팔면 빚을 갚을 수 있을까 하는 생각에 용기를 내어 장기매매 스티커에 적혀 있던 번호로 전화를 걸었지만 받지 않았다. 한 번 더 전화를 걸었지만 연결이 되지 않았다. 장기를 팔아서라도 벗어나고 싶었는데 이마저도 운이 따라주지 않는다고 원망했다. 팔 수 있는 것이 있다면 전부 팔아서라도 벗어나고 싶은 절박한 심정은 나 스스로를 더 원망하게 만들었다. 부모 잘못 만난 죄, 강간을 당한 죄, 임신을 해서 차인 죄, 모든 것이 내 죄였다. 더 비참한 것은 내일이 없는 이 삶을 계속 살아야 한다는 것이었다.

업주의 독촉에 피가 말라가는 것 같았다. 그만두려고 해도 술 값 외상으로 올린 빚이 많아서 나를 데리고 가려는 업주는 나타나지 않았다. 매일같이 눈물을 흘려도 소용이 없었다. 업소에서 업주와 마주치지 않는 것이 살 길이었다.

평소보다 일찍 눈을 떴다. 시계를 보며 다시 잠을 청하려고 눈을 감아도 오로지 돈을 어떻게 마련할지 하는 고민으로 머리가 가득 차 있던 그 순간, 전화벨이 울렸다.

"오랜만이다⋯⋯." 상대방은 여자였다. 목소리만 듣고는 누구인지 몰라 한참 기억을 더듬었다. 예전에 소개소에서 친하게 지내던 친구였다. 살아가는 것이 벅차서 잊고 지냈는데 내 번호를 아직도 기억하고 있는 친구가 고마웠다. 서로의 안부를 물어보았다. 그 친구는 지금 T시에 있는 유리방에서 일한다고 하며 여기는 술 안 마시고 일해서 속은 편하다고 했다. 예전에 업주가 말을 잘 듣지 않으면 팔아버린다고 했던 바로 그 사창가에서 친구가 일을 하고 있다니. 가슴이 마구 뛰었다. 그 무서운 곳에서 어떻게 일을 하느냐고 묻는 나에게 친구는 말했다. "여기도 사람 사는 곳이야. 뭘 그렇게 생각하냐?" 친구의 말이 믿어지지 않았다. 아가씨들은 그곳에 가면 밖으로 나올 수도 없고 죽어도 찾을 수가 없다고 했다. 나는 그곳에 팔려가지 않기 위해 업주의 말에 복종했다. 지난날이 떠올라 가슴이 아팠다. 그날은 친구와 그 정도까지만 이야기를 나누고 전화를 끊었다.

며칠 후 업주에게 불려간 나는 업주의 고성에 통곡을 하며 울었다. 열심히 노력하고 있다고, 생활비도 아껴서 빚을 줄이겠다고 조금만 기다려달라고 했다. "술값 외상도 네가 책임진다고 해서 그렇게 한 것 아니야? 그런데 너는 뭘 책임졌냐?" 업주는 당장이라도 다른 업소를 알아보라고 고함을 쳤다. 업주는 다른 아가씨들에게는 선불금에 대한 이자를 올리지도 않으면서 나에게는 선불금에 대한 이자를 더 올릴 수밖에 없다고 엄포를 놓았다. 일을 마치고 술에 취한 나는 방으로 돌아와 울면서 친구에게 전화를 했다. 친구는 여기 업주를 소개해줄 테니 힘들어하지 말고 자신이 있는 곳으로 오라고 했다. 2차는 룸살롱도 하는데, 이곳은 술은 안 마시고 2차만 할 뿐이라며 눈 딱 감고 오라고 했다. 이제 제주도에서는 다 정리하라는 친구의 말에 나는 또다시 펑펑 울었다. 내 마음만 정리하면 다 끝나겠지만 업주들이 그렇게 팔아버리겠다고 협박하던 그 사창가에 내발로 간다는 것이 용납되지 않았다. 그 무서운 곳에서 나는 살아남을 수 있을까? 밤새 악몽에 시달리며 식은땀을 흘렸다.

다음 날 낯선 전화가 걸려왔다. 친구가 말한 업주였다. 업주는 친구의 이름을 대면서 자신을 소개했다. 술이 덜 깬 나는 정신을 차리려 물을 한 잔 마시며 전화기 너머로 업주가 하는 말을 들었다. 다 이야기 들었다고 하면서 선불금 계산을 어떻게 해주면 좋겠냐고 묻기에 업주 통장에 입금할 필요 없이 내 통장에 넣어주고 나를 데리고 가달라고 부탁했다. 업주는 그러자며 비행기 표를 끊고 전화하겠다고 했다.

통화를 끝내고 그동안 이곳에서 지내왔던 순간들이 떠올랐다. 좀 더 나아지려고 왔던 이곳에서 나는 결국 더욱 비참해져 떠나고 있었다. 이곳을 떠나는 것도 나에게는 살아갈 길이라고 애써 믿었다. 아니, 믿고 싶었다.

업주에게 계산을 보겠다고 하자 의아한 눈빛으로 나를 바라보았다. 어디로 가냐고 묻는 말에 대답하고 싶지 않았다. 제주도를 떠난다는 말만 했다. 계산은 한 치 오차도 없이 맞아떨어졌다.

방으로 돌아와 짐을 정리했다. 내가 갈 곳에서는 룸에서 입는 홀복은 필요 없다고 해서 홀복과 이불을 같이 일했던 아가씨들에게 나눠주었다. 짐 가방을 열어 옷을 정리해 넣고 제주도에서 유일하게 찍었던 사진 액자를 가방에 넣었다. 혹시 챙기지 않은 짐이 있는지, 버려야 할 짐이 있는지 잘 살펴보고는 짐 정리를 마쳤다. 그리고 아가씨들 몇 명과 제주도에서 마지막 식사를 했다.

아가씨들은 식사를 하며 어디로 가냐고 물었다. 나는 눈물이 흐르는 것을 꾹 참고 제주도를 떠난다고만 했다. 아가씨들은 다들 부럽다면서 어디 가더라도 아프지 말고 자주 연락하자고 했다. 식사를 끝내고 다시 방으로 돌아와 한쪽 구석에 웅크리고 앉아서 소리 없이 울었다. 내 곁에는 아무도 없었다. 떠나가는 길이 너무나 무서였다.

다음 날 유리방 업주가 제주도에 도착했다. 공항으로 업주를 만나러 가는 길이 낯설었다. 업주는 이왕 제주도에 왔으니 맛있는 음식은 먹고 가자며 비싼 식당에 데려갔다. 넘어가지 않는 밥을 꾸역꾸역 먹으며 또 눈물이 났다. 업주는 내 짐을 들어주며 공항으로 가는 길을 말없이 재촉했다.

그날도 제주공항에는 사람들로 북적였다. 떠나기도 하고 도착하기도 했다. 제주도를 떠나가는 비행기 안에는 선물 꾸러미를 든 사람들이 많았다. 비행기 창문에 다시 몸을 팔러 떠나는 내 모습이 비춰졌다. 그곳에서는 제주도보다 고생은 덜 했으면 좋겠다는 작은 바람으로 나 자신을 달랬다. 기내에서 사람들의 웃음소리는 내내 거슬렸지만, 나는 슬프지도 기쁘지도 않았다. 내 곁에 앉은 업주는 눈을 감고 잠들어 있었다.

1999년, 찬란했던 1990년대가 저물어가던 그해 겨울 20대를 마감하며 나는 제주도를 떠났다. 사람들은 다가올 밀레니엄에 설레했다. 밀레니엄 베이비가 태어날 확률 운운하며 전 세계가 들떠 있었다. 2000년대가 와도 몸을 팔아야 하는 내 처지는 변함이 없었다. 고독한 슬픔이 몰려왔다. '이 비행기가 닿는 그곳은 나를 기다리는 게 아니라 내 몸을 기다리고 있겠지. 내 영혼을 팔면 이 지긋지긋한 업소에서 벗어날 수 있을까?' 눈가에는 눈물이 맺혔다. 비행기 창문이 뿌예졌다.

4

유리방
골목

비행기가 도착한 이 도시는 하나의 거대한 불빛 같았다. 낯선 도시가 차갑게 느껴졌다. 줄곧 룸살롱에만 있었다고 해서 내가 성매매 여성이 아니었을까. 업종이 바뀐다고 해서 변화가 있을까. 몸을 판다는 것은 변하지 않는 현실이었다. 이 도시에서 나를 기다리는 곳은 유리방이었다. 시간이 한참 흐른 후에 이 도시에는 우리나라에서 손에 꼽히는 오래된 성매매 집결지가 있었다는 사실, 바로 내가 유리방이라고 불렀던 그곳이라는 사실을 알게 되었다.

해가 진 공항에는 마중을 나온 사람들과 막 비행기에서 내린 사람들이 만나며 웃는 소리가 또다시 나를 자극했다. 얼른 짐을 챙겨들고 공항 주차장으로 향했다. 주차장에는 덩치가 큰 낯선 남자 두 명이 업주와 나를 기다리고 있었다. 업주를 향해 남자 중 한 사람은 잘 다녀왔냐며 물었고 업주는 말없이 내 짐을 그 남자에게 건넸다. 그 낯선 남자가 누구인지 업주는 알려주지 않았지만 업주의 애인일 것이라고 짐작했다. 넓은 바다를 건너 도착한 곳은 큰 도시답게 차와 사람들로 붐볐다. 어디로 가는지 물어보지 않아도 나의 목적지는 이미 정해져 있었다.

나는 시선을 돌려 차창 밖을 내다보았다. 거리를 걷는 사람들이 행복해보였지만 부러워하지 않기로 했다. 나에게는 부러움보다 낯선 도시에서 어떻게 적응할 것인지에 대한 걱정이 우선이었다. 차 안에서 나에게 말을 거는 사람은 아무도 없었다.

그리 오래 걸리지 않아 다 왔다며 업주가 내리라고 하는 순간 긴장이 되어 숨을 깊이 들이마셨다. 이 거리에는 사람의 냄새가 전혀 느껴지지 않았다. 높지도 낮지도 않은 건물들이 서로 뒤엉켜 있었고 그 사이사이 좁다란 골목들이 여러 갈래로 뻗어 있었다. 고개를 돌리지 않아도, 자세히 보려 하지 않아도 내 눈에 선명하게 들어오는 모습들. 온통 유리로 뒤덮인 업소들이었다. 그 골목들 사이 내 몸 하나 숨길 곳은 전혀 없는 것 같았다. 여태껏 살아오면서 본 적 없는 충격적인 장면에 온몸이 얼었다.

이곳은 어디인가, 이런 곳에서 사람이 살아갈 수 있는가. 바람도, 햇볕도, 시간도 멈춰버린 이곳에서 오로지 진절머리 나는 빚을 청산할 수 있을 것이라는 기대 하나에 의지해 거리에 멍하니 서 있었다. 업주의 재촉에 발걸음을 떼면서도 무척이나 힘들었다.

나에게 말 안 들으면 사창가에 팔아버린다고 했던 업주는 여기를 알고 있었겠구나, 그래서 나에게 자신만만하게 말했구나 하는 생각이 들었다. 내 발로 이 골목을 찾아 들어왔다는 현실이 믿기지 않았다.

업소는 서로 마주보며 서 있었고, 업소를 뒤덮은 유리들은 눈이 부실 정도로 깨끗하고 반짝거렸다. 유리에 비친 내 모습이 더욱

더 초라해보였다. '사창가'라는 이름으로 불리는 이곳에 나는 또 몸을 팔기 위해 왔다. 사창가 입구에 걸린 '청소년 출입금지 구역'이라는 푯말이 무색할 정도로 유리방의 규모는 상당히 컸다.

내가 일하게 될 업소가 위치한 길목으로 들어섰다. 아직 영업을 하지 않는 상태인지 사람이 보이지 않았고 사방이 조용했다. 그 가운데 불빛도 없는 유리방들은 마치 서로 뽐내듯이 자리를 지키고 있었다. 유리방을 보고 놀란 모습을 곁에 있던 업주가 눈치챌까 봐 무표정한 얼굴로 걸었다. 짧은 골목을 지나 내가 있어야 할 그곳에 도착했다.

친구는 블라인드가 내려진 유리방 앞에 나와서 기다리고 있었다. 나를 발견한 친구는 웃으면서 반갑게 맞이했다. 웃어야 할지, 어떤 표정을 지어야 할지 난감하기만 했다. 업주는 친구에게 밥 먹으러 같이 가자고 했다. 친구는 얼른 옷을 갈아입고 오겠다며 방으로 올라갔고 업주는 나에게 큰 이모를 소개했다. 현관 나까이◆ 이모는 두 명인데 그중 큰 이모라 했다. 옆에 있던 이모는 작은 이모라고 소개했다. 큰 이모는 엄청 말랐고 눈이 매서웠는데 작은 이모는 통통한 편이고 잘 웃는 얼굴이었다. 큰 이모가 나에게 밥은 먹었냐고 묻자 업주가 나를 대신해서 지금 먹으러 간다고 대답했다. 큰 이모는 옷을 갈아입고 내려온 친구에게 "친구도 왔으니, 오늘 하루 영업 쉬

◆ 집결지에서 구매자를 아가씨들에게 연결시키는 일을 하는 여성들. 아가씨들의 수입 중 10퍼센트를 월급으로 가져간다.

어."라고 말했다. 바로 옆에는 업주가 있는데도 그렇게 말할 수 있는 나까이 큰 이모가 업소에 끼치는 영향력이 아주 크다는 것을 알 수 있었다. 덕분에 하루를 쉬게 되어 신이 난 친구는 나와 팔짱을 끼면서 얼른 밥 먹으러 가자고 재촉했다. 업주는 둘이서 맛있는 밥 먹고 오라며 많은 돈을 건넸다. 친구는 업주가 돈 쓰는 씀씀이가 좋다는 것을 알고 있었기에 여상하게 받아들고 유리방 골목을 벗어나 시내로 나갔다.

　T시 시내는 방금 전에 본 유리방 골목과 정반대였다. 다양한 연령의 사람들이 거리를 활보하는, 옷가게와 음식점 등이 밀집되어 있는 시내를 보면서 유리방 풍경의 충격이 더 커졌다. 이곳과는 달라도 너무 다른 유리방의 모습에 나만 적응이 안 되는 것 같았다. 친구와 함께 밥을 먹고 술을 마시기 위해 호프집을 찾았다. 친구가 "언니가 준 돈이 많아서 술 마실 돈도 돼."라고 해서 업주를 언니라고 부른다는 것을 알게 되었다. 오랜만에 만난 반가움에 맥주 한 잔을 시원하게 마셨다.

　어떻게 제주도로 가게 되었는지 한참 동안 이야기했다. 친구도 자신이 유리방까지 오게 된 사연을 이야기했다. 나와 별반 다르지 않은 일들이었다. 친구가 여기까지 오면서 많은 생각을 했듯, 나 또한 여기까지 오는 길이 어려웠다. 선불금이 없어져야 나에게는 자유가 주어질 것이다. 여기서는 몸이라도 덜 고달프기를 기대하는 마음이 컸다. 술을 마시며 친구가 울었다. "여기에 불러서 미안해." 누구의 잘못도 아닌데 친구는 나에게 미안하다고 했다. 서로를 붙들고 눈물을 흘리다 분위기를 바꾸자며 노래방으로 갔다. 둘이서 신나게 노래를 부르니 예전 생각이 났다. 룸살롱에서 일할 때 스트레스가 쌓이면 나이트클럽이나 노래방에 가서 노래 부르고 춤추며 스트레스를 날려버렸던 기억이 새삼 떠올랐다. 노래방 시간이 끝나고 돌아가야 할 시간이 오자 우리는 다시 말이 없어졌다. 택시를 타고 친구가 목적지를 말한 이후로 우리는 도착할 때까지 아무 말도 하지 않았다. 취기가 올랐고 달리는 택시 안이 더웠다.

목적지가 다가오면서 나는 갑자기 긴장이 되기 시작했다. 입이 바짝 마르고 술이 더 오르는 듯했다. 택시비를 지불하고 내린 거리는 불과 몇 시간 전에 봤던 거리와 완전히 달라 보였다. 여기저기에 골목이 나 있는 길을 친구를 따라 걷는 발걸음이 무거웠다. 곧 붉은 불빛이 거리를 수놓는 유리방이 수두룩하게 보였다.

사람들이 제법 보였고 유리방 속은 온통 붉었다. 유리방에 내려온 아가씨들이 화장을 하는 모습도 보였다. 친구의 팔을 붙잡고 도저히 여기서 일 못하겠다며 다시 돌아가면 안 되냐고 하고 싶었으나 그 말은 머릿속에서만 맴돌 뿐 입 밖으로 나오지 못했다. 친구와 나를 발견한 큰 이모는 "밥 잘 먹었나? 술도 한잔했네." 하며 말을 걸었다.

옆 호실*에서는 나까이 이모들이 골목으로 들어온 차를 잡고 통사정을 하듯이 흥정을 하고, 내가 있어야 할 호실의 작은 이모는 남자 두 명과 흥정하다가 남자들이 다른 곳으로 가려 했는지 옷을 붙들고 있었다. 그 골목에서 바쁘지 않은 사람은 친구와 나뿐이었다. 큰 이모는 우리에게 "올라가 쉬어라." 했다.

짐을 들고 유리방 안으로 들어갔다. 계단을 올라 친구의 방이 있는 2층에 들어서자 낯선 남자들이 보였다. 그 남자들은 아무렇지도 않게 나를 슬쩍 보더니 계단을 내려갔다. "얼른 들어와." 친구의 말에 나는 방문을 열고 들어갔다.

작은 방에는 아담한 침대와 크고 작은 인형들이 있었다. 벽지는 온통 핑크빛으로 도배를 해놓았다. 친구는 담배를 피워 물면서 "내일 당장 일하라고는 하지 않을 것 같으니까 푹 쉬어." 했다. 나도 담배를 피우면서 친구에게 업소에 대해서 이것저것 물어보았다. 친구는 귀찮다는 듯이 내일 알려주겠다며 얼른 씻고 자자고 했다. 업소가 영업을 하는 중이라 남자들이 샤워실을 수시로 드나들고 있어서 나는 세수만 간단히 했고 샤워는 하지 못했다.

친구와 나란히 한 침대에 누웠는데 쉽게 잠이 들지 못했다. 차를 두들기며 세우라는 나까이 이모들 소리, 남자들을 다급하게 부르는 소리가 너무나 또렷이 들려서 잠들기 어려웠다. 불을 끄자 방천장에 붙은 형광 스티커가 눈에 들어왔다. 형광 스티커를 바라보며 떠나온 제주도를 그리워했다.

♦ 집결지에서는 업소를 호나 관으로 불렀다.

잠을 포기하고 화장실에 갈 겸 밖으로 나가보았다. 계단을 오르락내리락하며 나를 바라보는 아가씨들의 시선과 복도에 서 있는 남자의 시선 사이에서 눈을 마주치기도 힘든 공간이 무서워 얼른 방으로 들어가 다시 담배를 피웠다. '못 올 곳에 왔구나.' 하고 후회했다. '정말 다시 간다고 하면 안 되려나. 여기는 너무나 낯설어서 일을 하지 못하겠다고 하면 이해해주지 않을까. 다시 가면 어디로 갈까.' 생각이 꼬리에 꼬리를 물고 잠들지 못하는 밤이 괴로웠다.

친구가 일어나는 기척에 잠이 깼다. 친구는 나에게 잠은 좀 잤냐고 물었다. 낯선 곳에서 쉽게 잠들지 못했으리라 짐작하는 것 같았다. 세수만 하고 아침밥 먹으러 가자고 하며 잠옷을 입은 상태로 밖으로 나갔다. 잠옷이 속이 비치는 옷감은 아니었으나, 아가씨들이 모여서 밥을 먹는 식당은 업소 밖 가건물에 있는데 잠옷만 입고 나간다는 말에 놀랐다. 친구의 행동은 너무나 자연스러워 보였다. 식당에 가보니 란제리만 입고 카디건 하나만 걸치고 들어오는 아가씨도 있었다. 이곳은 여자가 발가벗고 다녀도 아무 상관이 없는 곳 같았다.

아침이 되어 다시 본 유리방은 밤새 치열한 공방전을 마치고 블라인드가 내려져 있었다. 나까이 큰 이모와 작은 이모는 아직 퇴근을 하지 않은 상태로 밥을 먹고 있었다. 친구와 내가 밥상으로 다가가 앉으니까 "속풀이해야지." 하며 주방 이모에게 국을 많이 주라고 했다. 그 자리에 앉아 밥을 먹는 것도 낯설어서 겨우 몇 술 넘겼

길 하나 건너면 벼랑 끝

다. 식사를 마친 나까이 큰 이모가 커피 한 잔을 들고 곁에 오더니 어제는 신나게 놀았냐고 물었다. 친구는 이모 덕분에 잘 쉬었다고 인사를 했다. 밥 먹고 얼른 올라가 한숨 더 자라고 하면서 나까이 큰 이모와 작은 이모는 집으로 돌아갔다.

식사를 마치고 친구의 방으로 올라오며 복도에서 마주친 아가씨들은 방 청소를 하느라 정신이 없었다. 몇몇 아가씨들은 방에서 자고 있는 남자들을 깨우러 다니고 있었다. 그 모습을 보면서 도대체 영업을 몇 시까지 하는지 궁금했다.

친구 방에서 담배를 한 대 피워 물었다. 친구는 "큰 이모 있지? 그 이모 말 잘 들어야 돼. 여기서 업주 외에 파워가 제일 세. 여기서는 큰 이모가 안 밀어주면 돈 못 벌어. 그리고 작은 이모는 신경 쓰지 않아도 돼. 작은 이모는 큰 이모에 비해서 힘도 없고 이상한 손님만 붙여줘서 짜증나긴 하지만, 그래도 나까이는 좀 하니까 말 잘 듣는 척하고." 하면서 업소의 룰을 알려주었다. 여기서 일을 하려면 먼저 자기 방을 꾸며야 한다고 했다. 아가씨들이 직접 빈방을 자기 방으로 꾸미기도 하고 그만둔 아가씨들이 남겨놓은 방을 사기도 하는데, 이왕이면 업주에게 빈방을 달라고 해서 방을 꾸미라고 했다. 그래야 나중에 그만두고 갈 때 업주에게 방값을 후하게 받을 수 있다고 했다. 그리고 영업을 할 때 빈방 말고 아가씨들이 쓰는 본방을 달라고 하는 남자들이 많은데, 본방을 주면 돈을 더 받아낼 수 있다며 내가 쓸 방을 잘 꾸미라고 했다. 내가 쓸 방은 남자를 받아 영업을 하고, 영업을 마치면 잠을 자고 생활하는 방이라고 했다. 예전에 일했던 곳과는 전혀 다른 업종이라 일하는 방식도 다를 것이라고 예상은 했지만, 달라도 너무 달라서 친구가 무슨 말을 하는지 알아들을 수가 없었다. 그리고 자기 방에 있는 음료수는 자기가 직접 사서 채워두지만 빈방에 있는 음료수는 아가씨들끼리 돈을 나누어서 낸다고 했다. 음료수가 왜 필요하냐고 물어보니 남자들이 빈방이나 아가씨들 방에서 기다릴 때 냉장고에서 음료수를 꺼내 마시기도 하고, 나까이 이모들이 서비스 차원에서 음료수를 주기도 한다고 했다. 그 남자들이 마시는 음료수 값은 아가씨들에게서 나오는 돈이라고 했다.

업주는 업소에 잘 나오지 않는 편인데 업주에게도 잘 보여야 한다고 했다. 룸살롱은 한 달에 한 번, 또는 일주일에 한 번 계산을 하면서 수입에서 선불금에 대한 이자 등을 제했었다. 유리방은 한 달에 한 번 계산을 보고, 수입은 업주와 반을 나누고 거기서 나까이 월급으로 전체 수입의 10퍼센트를 뗀다고 했다. 아가씨 한 달 수입에서 업주와 반 나누면 50퍼센트, 나까이 월급 10퍼센트를 떼면 아가씨에게 돌아오는 수입은 40퍼센트라는 말이었다. 들으면 들을수록 달라도 너무 다른 영업 방식을 이해하기 힘들었다. 여태 이러고 살았을 친구가 대단하다는 생각도 들었다. 방을 꾸미는 비용은 어떻게 하냐고 물어보니 침대나 가구, 이불, 커튼 등은 업주와 거래하는 장사꾼들에게 외상으로 구입한 후 내 수입에서 매달 결제한다

길 하나 건너면 벼랑 끝

고 했다. 친구 방에서 이런저런 이야기를 하고 있는데 낮 이모*가 업주가 부른다고 하며 유리방으로 내려가라고 했다.

유리방으로 내려가니 나까이 큰 이모와 업주가 있었다. 업주는 "방은 어떻게 할래?" 하고 물었다. 친구가 시킨 대로 빈방을 꾸미겠다고 하니까 업주는 2층에 있는 빈방을 쓰라고 하며 오늘 필요한 물건 사고 내일부터 일을 하라고 했다. 그리고 업주는 큰 이모를 돌아보며 이름은 지었냐고 물어봤다. 나는 늘 쓰던 예명을 사용하면 되겠다고 생각했지만, 큰 이모가 소현이라는 이름을 지어놨다고 했다. 여기서는 이름도 내 마음대로 할 수 없다는 것에 내심 놀랐다. 큰 이모는 "애가 순하게 생겨서 소현이라는 이름이 어울린다."고 했다. 이곳에서는 새로 아가씨가 오면 미리 이름을 지어놓는 관습이 있었다. 그 이름이 영 어울리지 않으면 다른 이름을 사용하기도 했다. 나는 그날부터 소현이라고 불렸다.

업주와 이야기를 끝낸 후 친구 방으로 올라와 담배를 한 대 피웠다. 업주와 나눈 이야기를 들려주니 친구는 웃으면서 업주와 이모가 너를 좋게 본 것 같다고 했다. 내일부터 당장 일을 해야 했기 때문에 서둘러 방을 꾸며야 했다. 낮 이모는 어디론가 바삐 전화를 걸었다. 몇 사람들이 내가 쓸 방으로 들어와서 어떤 색깔로 이불과 커

◆ 집결지는 24시간 일을 하는 곳이다. 방을 따로 얻어 출퇴근하는 경우도 드물게 있었지만, 대부분의 여성들이 업소 안에서 살면서 낮에도 손님을 받아야 했기에 낮 이모가 있어야 했다. 낮에 손님을 받는 것과 별개로 출근 시간은 정해져 있었고, 이를 기준으로 지각비나 결근비를 받았다.

튼을 할 건지 물었고 친구가 색깔을 골라주었다. 잠시 후에는 한 남자가 트럭에 침대, 텔레비전, 오디오를 실어와 방으로 배달해주었다. 내가 사용할 방은 가구가 들어갈 만큼 큰 방이 아니라서 화장대와 작은 테이블만 샀다.

빈방에 들어가 가구를 어떻게 배치할지 고민하는데 마침 업소에서 쉬고 있던 아가씨가 고개를 내밀었다. 친구 말로는 이 업소에서 제일 오래 있었고 매상을 잘 올리는 아가씨라고 하면서 나이는 어리지만 유리방에서 일한 지는 오래됐다고 했다. 그 아가씨는 "언니, 뭐 도와줄 거 있어요?" 하며 말을 걸었다. 화장기가 없는 얼굴이 창백하게 보여 몸이 안 좋으냐고 물어보니 그 아가씨는 병원을 다니느라 잠시 쉰다고 했다.

친구가 낮 손님을 받는다고 분주한 사이에 그 아가씨가 나를 도와주었다. 침대에 오줌 싸는 놈들이 있으니 매트 비닐은 벗기지 말라고 했다. "설마?" 하는 내게 그 아가씨는 여기 있는 모든 아가씨들이 다 당해봤을 거라고 해서 놀랐다.

벽에는 도배를 하지 못해서 마른걸레로 깨끗하게 닦았고, 장판은 험하게 사용하지 않았기에 새로 깔지 않고 그대로 쓰기로 했다. 천장에는 그 아가씨가 준 형광 스티커를 붙였고, 침대 위치나 화장대 위치도 아가씨가 일러줬다. 가구를 하나씩 배치하니 방이 예쁘게 정리되었다.

친구는 낮 손님을 보내고 내 방으로 와서 진행되고 있는 모습을 지켜보며 "저 애가 잘 아니까 시키는 대로 해. 참, 여기 닭발 잘하는 곳 있는데 배달시켜 먹을까?"라고 했다. 셋이서 닭발을 맛있게 먹었다. 친구 말에 의하면 이곳에는 간판 없는 식당이 많다고 했다. 그런 식당에서 아침까지 자고 가는 남자들 밥을 시켜주고 아가씨들 간식거리도 판다고 하며 전화만 하면 배달해준다고 했다. 남자들에게 밥까지 시켜줘야 하냐고 물으니, 모든 남자에게 그렇게 할 필요는 없지만 나까이 이모가 남자들을 꼬일 때 밥까지 시켜준다고 하면서 호객하니까 그게 문제라고 했다. 옆에서 닭발을 먹고 있던 아가씨도 맞장구를 쳤다. 잠시 후 이불을 판매하는 여자가 내가 맞춘 이불을 들고 나타났다. 그 아가씨는 이불을 보자 지금 언니들이 다들 자고 있으니까 이불 빨래를 해서 옥상에 널어놓으라고 했다. 아가씨들이 영업을 하는 시간에는 세탁기를 사용하지 못한다고 일러주었다.

나는 새로 산 침대 위에 조용히 누워보았다. 어느덧 해가 기울어가고 어둠이 찾아들었다. 불빛이 없던 유리방이 점점 활기가 넘치는 붉은 빛으로 감돌기 시작했다. 영업시간에 친구는 일을 했고 나는 혼자 남아 방에 처박혀 있었다.

또다시 들려오는 나까이 이모 목소리에 창문을 열어 밖을 내다보았다. 어디서 저렇게 많은 사람들이 왔을까. 나까이 이모들도 많이 있었고 음료수를 배달하는 남자도 보였다. 유리방 안에서 진하게 화장을 하고 앉아 있는 아가씨들, 드레스를 입고 밖에 나와서 담배를 피우는 아가씨들. 어제와는 다른 모습들이 내 눈에 들어왔다. '내일 저녁이면 나도 유리방 속에 있을 텐데.' 다시 도망가고 싶다는 마음이 들었다. 아무도 나를 찾지 못하는 먼 곳으로 가서 살고 싶었다. 그러나 선불금을 해결할 길이 없으니 답답한 마음만이 돌아왔다. 누워서 모든 것을 포기하고 눈을 감았다. 언제 잠이 들었는지 나는 꿈을 꾸었다.

컴컴한 터널을 걸었다. 희미한 불빛을 보고 걷고 걸었다. 곁에는 아무도 없었다. 혼자 걷는 터널 속이 무서웠다. 꿈에서 깬 나는 주변을 둘러보았고 터널 속이 아니라는 것을 확인하고서야 안심했다. 몸에는 땀이 비오듯 흘러내렸다. 이마에 흐르는 땀을 닦아내고 창문 커튼을 걷어보니 해가 뜨는 새벽이었다. 그러나 여전히 골목을 헤매는 남자들이 있었고 나까이 이모들의 목소리는 조금 작아졌을 뿐 여전히 남자들을 불러 세웠다.

친구는 잠옷 바람으로 내 방에 들어와 담배를 피웠다. 긴 밤♦ 끊은 남자가 아직 자고 있다고 하며 깨워서 보내면 일이 끝난다고 했다. 친구 얼굴에 화장이 들떠 있고 기름기가 가득했다. 화장 한 번 못 고쳤냐고 물어보니 친구는 고개를 끄덕이며 바빴다고 했다. 잠을 못 잤다고 말하는 나에게 조금 더 자라고 하며 남자를 깨워 보내고 온다고 방을 나갔다.

♦ 집결지에서 자고 가는 남자를 일컫는 말. 긴 밤은 남자들과 두 번의 성관계를 해야 한다.

이른 아침이 되니 업주가 왔는지 2층까지 목소리가 들렸다. 나는 방을 대충 정리하고 친구 방에 가보았다. 남자 신발이 있는 것으로 보아 남자가 방에서 나가지 않은 듯했다. 다른 방 아가씨들도 바빠 보였다. 방 청소를 하는 사람, 남자 속옷 빨아서 챙기는 사람, 다들 몸을 움직이고 있었다. 3층에서 어제 나를 도와준 그 아가씨가 내려오면서 지금 병원 간다며 필요한 것 없냐고 물어보았다. 괜찮다고 대답하는데 1층에서 업주가 나를 불렀다.

업주는 일할 때 입는 옷을 맞추라고 하며 명함을 건넸다. 디자이너인데 B시에서 아가씨 옷을 많이 만들어서 판매한다고 했다. 옷을 잘 만들어서 소문이 자자하다며 여기로 출장을 오니까 전화를 하라고 했다. 내가 머뭇거리자 업주는 돈 신경 쓰지 말라고 하면서 예쁜 옷 맞춰 입으라고 했다. 명함에 적힌 전화번호로 연락해 디자이너가 출장을 올 수 있는 날짜를 정했다. 오늘 당장 입을 옷으로는 아가씨들이 그만두면서 두고 간 드레스가 많으니까 사이즈 보고 골라 입고 세탁만 해놓으라고 업주는 말했다. 그중 몇 벌을 입어보고 마음에 드는 옷을 골랐다.

옷을 골라 방으로 가져오니 마음이 심란했다. 아침까지 자고 있던 남자를 보냈는지 친구는 아침밥을 먹자고 했다. 아침 식사를 마친 후 친구는 본격적으로 업소의 룰을 알려줬다. 친구는 작은 가방을 하나 건네면서 그 안에 러브젤과 콘돔, 담배 등 간단한 물건을 넣어 다니라고 했다. 나중에 가방 장사하는 이모가 오면 예쁜 가방을 하나 따로 사라고 했다. 그리고 러브젤 사용법을 알려주면서 2층, 3층 층계참에 개어놓은 작은 수건은 물수건으로 만들어서 남자들에게 서비스하기 전에 성기를 닦으라고 했다. 그러면서 서비스는 어떻게 하는 것인지를 설명해주는데 눈앞이 캄캄해졌다.

친구의 설명으로는 숏타임*은 물수건으로 닦고, 긴 밤은 샤워를 시킨다고 했다. 그리고 지각을 하면 지각비, 결근하면 결근비가 있다고 했다. 나까이 이모들이 술을 주는 경우도 있다며 술값은 아가씨들이 다 지불하기 때문에 몇 병을 마셨는지 체크를 잘해야 한다고 했다. 친구의 말을 들으니 바짝 긴장이 되었다. 오늘 저녁에 남자를 받으면서 더 가르쳐주겠다고 하면서 새벽까지 일하려면 피곤할 것이라며 낮잠이라도 더 자라고 했다. 친구는 방 청소를 하겠다고 해서 나는 내 방으로 왔다. 텔레비전을 틀고 누웠다. 드라마를 계속 보다가 목이 말라 3층에 있는 주방으로 올라갔다.

3층에 올라갔을 때 어느 방에서 여자의 신음소리가 들려서 나도 모르게 문을 열었다. 그 아가씨가 온몸에 땀을 흘리며 배를 움켜잡고 울고 있었다. 그러다 나를 발견하고는 "언니 문 닫아, 빨리." 했다. 나는 놀라서 우두커니 서 있었다. 그러자 그 아이는 한 번 더 말했다. "얼른 문 닫으라고." 그 목소리는 절규에 가까워 나는 얼른 문을 닫았다. 물을 떠서 내 방으로 와서는 진정이 안 되어 한참을 앉

♦ 성관계를 한 번만 하는 것. 시간은 대략 15-20분으로 정해놓은 업소가 많다.

아 있었다. '어디가 저리 아파서 그러지.' 그렇지만 물어볼 수도 없는 노릇이었다.

🥚

영업시간이 다가오며 점점 긴장됐다. 일하는 아가씨들은 유리 방 안에서 화장을 했기에 옷을 입고 화장품을 챙겨 들었다. 친구는 퉁퉁 부은 얼굴로 담배를 피우면서 빈자리에 대충 앉아서 화장을 하라고 했다. 처음 일하는 나는 화장을 정성을 다해 했다. 화장을 마칠 즈음 큰 이모와 작은 이모가 왔다. 큰 이모는 아가씨들 사이에서 내가 앉을 곳을 지정해주었다. 그리고 작은 이모는 낡고 찌그러진 깡통을 들고 와서 쑥과 향, 소금, 고춧가루를 넣고는 불을 피웠다. 매운 연기가 났다. 유리방으로 들어와서 아가씨 머리 위로 깡통을 휘돌리고 아가씨들은 연기를 피해 다들 밖으로 나왔다. 나도 얼떨결에 따라 나와 있으니 작은 이모는 나더러 깡통을 두 번 넘으라고 했다. 작은 이모는 그 깡통을 들고 2층으로 올라가 방마다 휘휘 돌렸다. 잡귀신을 쫓고 재수 없는 일을 막기 위한 액막이라고 했다. 룸에서 일할 때도 이런 광경을 보기는 했지만 깡통을 돌리는 건 처음이었다. 어딜 가나 업소는 미신과 매우 친한 것 같았다.

저녁 7시가 되면서 아가씨들의 출근 시간에 맞춰 남자들이 어슬렁거리고 있었다. 유리방 앞에서 아가씨들을 보며 직접 고르는 남자들, 유리방과 떨어진 곳에서 나까이 이모들과 수근대고 화대를 흥정하는 남자들도 있었다.

작은 이모가 남자 하나를 데려왔고 큰 이모는 유리방 문을 열어 내 이름을 불렀다. "오빠야 놀다 간단다." 무슨 말인지 알아듣지 못했다. 큰 이모는 계단을 올라가는 나에게 숏타임이라고 했다. 그제야 알아듣고 대답을 했다.

빈방으로 들어왔다. 밝은 불빛 아래에서 그 남자를 똑바로 보지 못해서 시선을 피하고 있었다. 무슨 말을 건네야 하는지, 어떻게 해야 하는지 몰라 방바닥에 앉아 있기만 했다. 혹시 그 남자가 나에게 이상한 짓을 시키지는 않을지 걱정이 되었다. 내 표정을 조용히 살피던 남자는 숏타임이라고 하며 돈을 건넸다. 친구가 시킨 대로 돈을 반으로 접어서 작은 가방에 넣고 물수건을 만들어 오겠다고 했더니 그 남자는 그럴 필요 없다고 하면서 콘돔을 찾았다. 나는 작은 가방에서 콘돔을 꺼내 보여줬고 그 남자는 바로 불을 끄라고 했다. 일어나 불을 끄자 창문 밖에서 들어오는 불빛 때문에 그 남자의 모습이 희미하게 보였다. 나는 더욱더 불안해졌다. 남자는 나에게 콘돔 두 개를 씌우라고 했다. 두 개를 씌우면 사정이 잘 되지 않아 나를 괴롭힐 것이라는 걱정이 들었다. 그렇지만 이곳에서는 남자가 시키는 대로 해야 했다. 남자는 나를 괴롭히지 않았고 예상보다 빠르게 끝냈다.

남자는 콘돔을 벗기며 여기 온 지 얼마나 되었냐고 물었다. 첫 출근을 했다고 하니 갑자기 남자의 얼굴에 웃음기가 번지며 지갑을 열어 돈을 더 줬다. "나까이들이 하는 말은 다 거짓말인데 오늘은 아니네." 그러고는 작은 소독약(과산화수소수)을 꺼내 자신의 성기에 부어달라고 했다. 콘돔을 두 개나 씌웠는데도 찝찝함을 느끼는 이 남자가 무서웠다. 소독을 마친 남자는 옷을 입고 계단을 내려가고, 나는 뒤따라가며 잘 가라고 인사했다. 큰 이모는 남자에게 싱긋 웃어주며 다음에 또 오라고 했다.

나는 곧장 유리방으로 들어가지 않고 밖에서 담배를 피워 물었다. 유리방 안에는 늦게 출근한 아가씨가 화장을 하고 있었고, 머리를 다듬는 아가씨도 있었다. 시간이 지나자 점점 남자들이 늘어났다. 지나가는 자동차를 두들기며 세우라고 고함치는 나까이 이모들도 늘어났다. 작은 이모는 남자 하나와 함께 유리창에 섰다. 남자는 둘러 앉아 있는 아가씨들을 쭉 보고는 손가락질을 해댔다. 작은 이모와 남자는 흥정 중이었다. 만 원이라도 깎자고 하는 남자와 실랑이를 벌이다 유리방 문을 열고 내 이름을 불렀다.

그 남자는 긴 밤을 한다고 했다. 남자를 빈방으로 안내하고 샤워를 하러간 남자를 기다리며 담배를 한 대 피웠다. 긴 밤을 하는 남자는 아침에 깨워줘야 하지만 내가 잠을 자는 방을 놔두고 남자 곁에서 잘 필요는 없었다. 긴장한 터라 온몸이 피곤했다. 남자는 긴 밤 화대를 주면서 나에게 한 번 하고 바로 내려가지 말고 곁에 있어 달라고 제안했다. 나까이랑 흥정을 하고는 다시 나와 흥정을 시작한

것이다. 바로 안 내려가면 돈을 못 버는데 어떻게 하냐고 하니 남자
는 돈을 더 주겠다고 했다. 남자는 지갑을 열어 긴 밤을 하나 더 받
을 돈을 줬다. 돈을 받은 나는 그 남자가 제시하는 대로 응해주었다.
그러나 그 남자는 너무나 거칠게 나를 다뤘다. 받은 돈을 다시 돌려
주고 싶은 마음이 들도록 만들었지만 이 남자에게서 번 돈이 곧 내
수입이 되기 때문에 참았다.

　나는 여기서 잘나가는 아가씨가 되고 싶었고 업주나 나까이
이모에게 인정받고 싶었다. 행위가 끝나 샤워실로 가면서 더 이상
남자를 받고 싶지가 않았다. 첫날인 만큼 잘 참아보려 했지만 이미
성기는 퉁퉁 부어 있었다.

　씻고 다시 방으로 왔을 때 남자는 침대에 걸쳐 앉아 담배를
피우고 있었다. 나도 같이 담배를 피웠다. 남자는 나에게 물었다. "여
기 오기 전에 어디에 있었어?" 그런 것은 왜 묻는지 짜증이 났지만
대답을 해야 했다. "룸에서 일했어." 나의 짧은 대답에 남자는 고개
를 끄덕이며 침대에 누워서 나에게 곁에 오라고 했다. 다가가기 싫었
지만 그 남자에게 돈을 받았으니 억지로 몸을 이끌고 옆에 누웠다.
남자는 지금 한 번 더 하고 가겠다고 했다. 나는 왜냐고 묻지 않았
다. 빨리 보내면 나에게는 좋은 일이지만 한 번 더 할 생각을 하니
퉁퉁 부은 성기가 걱정이 되었다. 나는 샤워실로 가서 러브젤을 잔
뜩 바르고 다시 성관계를 했다. 남자는 처음보다는 힘들게 하지 않
았지만 여전히 버거웠다. 옷을 입으며 다음에 보자고 하고 남자는

내 방에서 나갔다. 유유히 사라지는 남자의 뒷모습에 안도의 한숨을 쉬었다.

긴 밤을 두 개 받을 돈으로 1시간 반 만에 손님을 보냈으니 조금은 여유로웠지만 계속 성기가 아팠다. 남자가 나가고 빈방 청소를 하고 있는 나에게 큰 이모가 다가왔다. "왜 이리 안 나오나 했더니 손님 보낸다고 바빴네." 고개만 끄덕이는 나를 보더니 "좀 빡셌나 보네. 청소하고 얼른 내려와." 힘든 나에게 건네는 말은 그게 다였다. 그날 나는 숏타임 다섯 번에 긴 밤 네 명을 받았다.

친구의 말에 따르면 방에서 앓던 그 아가씨는 산부인과에 다니던 중 임신 사실을 알았고 낙태를 유도하고 있었다고 했다. 개월 수가 얼마나 되었는지 몰라도 고통에 몸부림치는 모습에 너무나 놀랐다.

며칠이 지나 업주는 무당을 불러 굿판을 벌였다. 아가씨들을 차례로 불러 절을 시키고 칼을 휘두르고 소금을 뿌리며 의식을 진행했다. 그 아가씨의 방문을 열어본 나는 재수가 없을 것이라며 다른 아가씨들보다 몸에 팥을 뿌리는 등 더 많은 의식을 했다. 보살은 의식이 끝날 때까지 나를 제사상 앞에 가만히 앉혀놓았다.

영업을 마치고 목욕탕으로 가려는데 낮 이모가 업주에게 자신이 따라가야 하는 것 아니냐고 했다. 내가 목욕탕을 가는데 낮 이모가 왜 따라가야 하는지 이해할 수 없어 멀뚱히 서 있었다. 업주는 뭘 따라가냐고 하며 혼자 목욕탕에 다녀오라고 했다. 목욕탕에 가는 것도 허락을 받아야 하나 의문이 들었지만 대수롭지 않게 여기고 목욕탕으로 갔다. 유리방 골목과 가까운 목욕탕이어서인지 유독 유리방 아가씨들이 많이 보였다. 주위를 두리번거리며 둘러보고 있었는데 그때 아가씨 한 명과 아줌마 한 명이 같이 들어왔다. 아가씨는 옷을 벗어서 옷장에 넣고 열쇠를 돌려 잠그더니 옆에 있던 아줌마에게 옷장 열쇠를 건네주었다. 그 아줌마는 옷장 열쇠를 들고 나가며 "목욕 다 하면 전화해."라고 말했다. 이곳은 유리방, 사창가 옆 목욕탕이라 아가씨들이 목욕탕에 간다는 핑계로 도망갈까 봐 낮 이모들이 직접 따라오는 것이었다. 아가씨들이 다른 곳으로 외출할 때도 낮 이모들이 따라다닌다는 것을 나중에 알았다. 피로를 풀고 기분을 전환하려고 왔지만 목욕탕도 편안한 곳은 아니었다. 대충 씻고 돌아가려는데 조금 전에 나와 같이 목욕탕에 들어왔던 그 아가씨는 카운터 여자에게 "○○호실 이모한테 전화해주세요."라고 말했다. 수건으로 몸을 닦으면서 춥다고 하는 그 아가씨가 안되어 보였다.

저녁에 일하려면 조금이라도 더 자야 했기 때문에 억지로 눈을 감았다. 그러나 몇 시간도 자지 못하고 낮 이모가 나를 깨웠다. 낮 이모는 손님을 받으라고 했다. 몸이 으스러질 것 같은데 한 푼이라도 더 벌어야 했기에 어쩔 수 없이 물수건을 만들어서 빈방으로 갔다.

빈방에는 할아버지 한 명이 앉아 있었다. 잠에서 덜 깬 목소리로 인사를 하니 할아버지는 나를 쳐다보았다. 잠을 깨기 위해 담배를 한 대 피워 물었다. 할아버지는 옷을 벗기 시작했다. 나는 아직 준비도 하지 않았는데 할아버지는 이미 속옷까지 벗고 앉아 있었다. 할아버지는 부항기와 비슷하게 생긴 물건을 꺼냈다. 발기가 되지 않자 부항기를 이용해서까지 성관계를 가지려 하는 할아버지가 무서웠다. 할아버지는 곧바로 성행위를 시작했고 짧은 시간에 사정을 했다. 성관계를 끝내고 할아버지와 나는 나란히 앉아 담배를 피웠다. 담배를 피우다 바라본 할아버지의 하얀 손으로 시선이 갔다. 고생이라고는 해보지 않은 것 같은 아주 곧게 뻗은 손가락을 보면서 기분이 묘했다. 할아버지는 자기는 옷 입고 갈 테니 어서 가서 쉬라고 했다. 나는 인사를 하는 둥 마는 둥 내 방으로 돌아와 잠을 잤다.

또 다시 하루가 시작되었다. 나를 찾아오는 그 누군가를 위해서 화장을 했고 미용실에 다녀왔다. 이 업소는 지각을 하면 30분당 2만 원씩 벌금이 있었고, 결근비는 하루 기본 50만 원인데 주말이거나 특히 남자들이 몰리는 요일에는 더 받기도 했다. 나까이 큰 이모나 업주 마음대로 벌금이 정해지기도 했다. 지각비를 내지 않으려면 서둘러야 했다.

초저녁에는 업소 앞으로 러브젤이나 액세서리, CD 등의 물건을 리어카에 실은 남자들이 와서 장사를 했다. 리어카에서 물건을 파는 잡상인들은 초저녁이 아니면 들어오지 못했고, 속옷이나 이불, 화장품 이모들은 영업이 끝난 아침에만 업소에 들어올 수 있었다. 화장품 이모는 영업이 시작되는 초저녁에도 들어올 수 있었는데, 그때는 화장품을 판매하지는 않고 아가씨들이 미리 주문한 화장품만 가져다주었다. 러브젤이나 방향제, 방에 필요한 액세서리를 파는 남자는 이곳에서 업소를 운영하는 업주였기에 수시로 다른 업소를 들락거릴 수 있었다. 그 물건들은 가격이 비싼 편이었지만 외출을 자유롭게 할 수 없는 이곳 아가씨들은 자주 이용하며 외상을 했다. 나도 필요한 물품을 몇 개 사고 밖에서 담배도 피웠다. 친구와 음료수 삼촌을 불러 주스와 커피를 시켜 먹고 영업을 준비했다. 음료수 삼촌은 아가씨들의 출근 시간에 맞춰서 영업을 했기 때문에 낮에는 음료수 삼촌을 볼 수가 없었다.

유리방 주변에는 세탁소, 식당, 액세서리 가게, 작은 슈퍼, 미용실, 옷가게, 산부인과 병원 등 업소 아가씨들을 단골로 하는 가게가 있었다. 여기서는 많은 상품을 팔았다. 작은 슈퍼에서 진통제도 팔 정도였다. 팔지 않는 물건이 있는지 싶을 정도로 물건이 가득해서 수상한 뒷거래가 있는 것은 아닌지 의심도 됐다. 이름 모를 주사나 영양제도 팔았다. 세탁소나 액세서리 가게도 가격이 비싼 편이었다. 이곳 상인들은 물건값이 비싸다는 걸 알면서도 이용할 수밖에 없는 아가씨들을 호구 취급했고, 그 돈이 어디서 나오는 돈인지 모르지 않으면서 아가씨들 곁에 기생하며 살아가고 있었다.

밤이 깊어가고 유리방 골목에 활기가 넘치는 시간에는 나 또한 살아가기 위해 몸부림쳤다. 긴 밤을 하는 남성들에게는 속옷을 빨아주거나 새 속옷을 주기도 했기 때문에 이것도 사서 마련해두어야 했다. 보따리 장사 이모가 파는 속옷은 가격이 비싸서 많이 사놓을 수 없었다.

유리방을 찾는 남자들은 거의 술을 많이 마신 상태에서 유리방을 찾아오기 때문에 음료수가 많이 나갔다. 빈방에 앉아서 기다리는 남성들은 마치 자기 집인 양 냉장고 안 음료수를 꺼내 마셨다. 긴 밤을 한다고 온 남자들은 술을 마시기도 했다. 술값도 아가씨들이 계산을 해야 하기 때문에 술병 정리를 잘 해두어야 했다.

유리방에서 일한 지 두 달이 되어갈 즈음 어떻게 해서든 빚을 갚고 나가야겠다고 다짐했다. 그러려면 지출을 줄여야 했다. 한 달 수입의 절반으로는 빚을 갚고 적금을 넣기로 작정했다. 집으로 보내줄 돈도 없이 빚만 있는 상황에 어떻게든 여기를 벗어나고 싶었다.

나는 유리방에서 일하는 아가씨들 중 유일하게 외출이 자유로웠기에 가까운 시장에 가서 음료수와 남자에게 줄 속옷과 양말을 싸게 샀다. 어느 날은 물건을 잔뜩 사서 돌아오는 내 모습을 보고 내가 특혜를 받고 있다고 생각했는지 아가씨들이 시비를 걸기도 했다. 내 입장이 곤란해지면 업주가 나서서 "내가 딱 보면 안다, 도망갈 년, 안 갈 년 너는 도망갈 애가 아니더라."라는 말로 모든 시비를 잠재웠다. 업주의 그 말 한마디에 나는 얼마나 우쭐거렸는지 모른다.

업주가 나를 좋게 보고 있다는 증거였다. 업주는 비소*로 왔다는 이유로 친구와 나에게 금목걸이도 선물해줬다. 나는 업주의 신임을 단단히 얻었다.

큰 이모는 업주와 달리 매상 많이 올리는 아가씨가 최고였다. 나는 정해진 화대 외에 남자들이 주는 팁도 내 수입으로 올려 매상을 올렸다. 팁으로 먹고 싶은 것, 사고 싶은 것을 살 수도 있었겠지만 나에게는 빚을 정리하는 일이 급선무였다.

내가 쓰는 방 냉장고에는 그다지 비싼 음료는 없어서 남자들이 먹을 것이 없다고 푸념했다. 싼 음료수로 가짓수를 채웠고, 비싼 음료수는 숨겨놓고 단골이나 매상 올릴 수 있는 남자들에게만 줬다. 어느 날은 숏타임을 하고 내려오는데 이모가 내 방에 남자들이 있다고 하며 들어가 보라고 했다. 방에 갔더니 이 남자들이 어떻게 찾아냈는지 숨겨놓은 비싼 음료수를 먹고 있었다. 긴 밤 화대 흥정이 우선이었기에 화가 나도 참았다. 남자 둘은 가격 흥정을 계속했고 아가씨들과 실랑이가 벌어졌다. 결국 그들은 다른 곳으로 간다고 하면서 일어났다. 왜 비싼 음료수만 마시고 일어나느냐고 따지니 남자들은 "이게 뭐가 비싸냐?"고 비웃었다. 남자들의 뒤통수에 대고 음료수만 실컷 마시려고 여기 왔냐고 소리쳤다.

단골들이 와서 자고 갈 때도 속옷을 빨아 말려주었고, 단골

◆ 소개소를 거치지 않았다는 뜻.

중에도 매상이 되는 남자에게만 시장에서 산 속옷을 챙겨줬다. 남자들은 나에게 항상 그랬다. "야, 음료수 좀 사놔라." 하지만 음료수 값과 속옷 값을 아끼기 위해 대신 나는 그 남자들이 만족할 수 있도록 온몸으로 서비스를 했다.

룸에서는 생리 체크를 하면 3일 동안은 2차를 안 나가도 인정해주었는데 유리방에서는 생리 기간 자체를 인정하지 않았다. 아가씨들이 "이모, 생리 해요." 하고 말하면 돌아오는 대답은 "이년아, 너만 생리 하냐? 알아서 해."였다. 나는 그 말을 옆에서 듣고 놀랐다. 나오는 생리를 틀어막을 수도 없고 어떻게 하라는 걸까? 나까이 작은 이모는 "찬물에 씻고 솜 넣고 하면 돼."라고 알려줬다. 그러면서 직접 시범을 보여주며 솜을 너무 많이 넣으면 나중에 꺼내기 힘드니까 적당히 뭉쳐서 러브젤을 발라 질 속에 넣으라고 했다. 어떤 아가씨는 생리 기간에 질 속에 넣었던 솜을 못 꺼내서 큰 병이 났다는 말도 들었다.

너무 열심히 일한 탓일까, 오른쪽 골반이 아팠다. 한쪽만 심하게 아파서 유리방 골목에 있는 산부인과에 갔다. 의사는 골반염이라고 하며 주사를 놓아준다고 했다. 침대에 엎드려 주사를 맞았는데 침대에서 내려오지도 못하고 걷지도 못할 정도로 아팠다. 한쪽 다리를 질질 끌면서 겨우 돌아왔다.

유리방에 돌아와서는 낮 손님을 받으라고 할까 봐 방문을 잠그고 일찍 잠을 잤다. 잠에서 깨어 다시 영업시간이 되었을 때는 통증이 사라져서 편했다. 업소에서 일하는 아가씨들이 말했다. "저 병원 말이야, 무슨 주사를 주는지 너무 아픈데, 저 주사 말고 다른 주사약은 듣지도 않는 것 같아." 그 말을 듣고는 너무 무서워졌다.

며칠 후 또다시 오른쪽 골반이 아팠다. 시내에 있는 병원에 가봐야겠다는 생각을 하고 아침 일찍 유리방 골목과 멀리 떨어진 동네에 있는 산부인과를 찾아갔다. 의사는 일시적일 수도 있다고 하며 질정을 넣고 경과를 지켜보고 다시 병원으로 오라고 했다. 시내에 있는 병원에 다녀온 뒤로 오른쪽 골반은 더 이상 아프지 않았다. 그때부터 유리방 골목에 있는 산부인과는 절대 가지 않았다. 그나마 나는 외출을 할 수 있어 다행이었다.

유리방은 일주일에 한 번씩 보건소에서 성병 검사를 했다. 유리방 골목과 보건소가 가까워서 아침에 남자들을 보내고 깨끗이 몸을 씻고 검사를 하러 갔다. 줄을 서서 기다리다 보면 다른 업소 아가씨들을 자연스럽게 보게 된다. 그곳에서 낯익은 얼굴을 발견했다. 제주도에서 몇 달 같이 일했던 아가씨였다. 그러나 그 아가씨도 나도 서로 알은체하지 않았고 검사가 끝나고는 바로 업소로 돌아갔다. 저만치 앞서 걸어가는 그 아가씨의 뒷모습이 쓸쓸하게 보였다.

그런데 며칠 후 내가 성병에 걸렸다며 보건소에서 연락이 왔

길 하나 건너면 벼랑 끝

다. 어쩌다 이런 재수 없는 일이 생겼는지 당황했다. 낮 이모의 재촉으로 오후에 보건소에 가는데 유리방 골목을 빠져나오며 낮 이모가 옆집 나까이 이모에게 "호텔 간다."고 했다. 무슨 말이냐고 물어보니 가보면 안다며 무작정 걷기만 했다.

보건소에 와서야 보건소 당직실에서 하룻밤을 지내야 한다는 것을 알게 되었다. 낮 이모는 일도 안 하고 여기 있으면 얼마나 편하겠냐며, 그래서 호텔이라고 한다고 일러주었다. 나를 유리방에서 격리하는 것이 목적이었을 뿐 별다른 치료는 없었다. 낮 이모 말대로 하룻밤만 자고 가면 되는 것이었다. 낮 이모는 내일 나오라고 하면서 가버렸다.

이름은 당직실이지만 늘 비어 있는 곳인지 퀴퀴한 냄새가 났고 눅눅한 이불이 깔려 있었다. 혼자 남겨진 나는 텔레비전을 틀어 드라마를 보다 무료해 화장실에서 담배만 피웠다. 밤이 어두워지자 웬 아저씨 한 분이 밖에서 문을 두드렸다.

경비를 보는 분이었다. 당직실에 있으니 어떠냐고 물었다. 나는 웃지도 울지도 못하는 표정을 지었고 아저씨는 조금 있다가 업소로 돌아가라고 했다. 정말 돌아가도 되냐고 물어보는 나에게 아저씨는 고개만 끄덕였다. 밤 12시가 다 되어갈 즈음 업소로 돌아왔다.

나를 본 나까이 큰 이모는 "왜 왔냐?" 하며 내가 큰 잘못을 한 것처럼 눈을 흘겼다. 얼른 준비하고 영업을 하라고 했다. 이곳의 방식은 이해되지 않는 점이 너무 많았다. 유리방으로 돌아온 나는 새벽부터 다시 남자를 받았다.

그 후 다시 한 번 보건소 당직실에 간 적이 있다. 이번에도 나라는 사실에 짜증이 났다. 보건소 문을 열고 들어가니 다른 업소 아가씨가 혼자 있다가 나를 보더니 반색했다. 나는 짜증 난 얼굴로 아무 말 없이 털썩 주저앉았다. 아가씨는 내 눈치를 봤다. 화장실로 가서 담배를 한 대 피우고 다시 돌아왔을 때 그 아가씨가 나에게 "몇 호에서 왔어요?"라고 말을 걸었다. 짜증이 난 상태라 대답을 하기 싫었지만 이 당직실에는 나와 그 아가씨밖에 없었다. 내가 어느 업소에서 왔다고 밝히자 그 아가씨는 자기 업주가 보건소에 인사를 안 하는 것 같다며, 자기가 있는 업소에서 아가씨가 계속 걸리고 있다고 했다. 무슨 말인지 몰라 인사를 안 한다는 말이 뭐냐고 물어보았다. 그랬더니 그 아가씨는 "보건소에서 일부러 한 업소에만 계속 이렇게 하는 것은 업주에게 돈 봉투 들고 오라는 뜻이에요."라고 말했다. 무슨 이런 말도 안 되는 경우가 있나 싶어 돈을 갖다 주는 것을 봤냐고 묻자 그 아가씨는 자기도 들은 이야기라고 했다. 업주가 보건소에 인사를 하러 가면 몇 개월은 그 업소에서 성병 확인자가 나오지 않는다고 했다. 처음 왔을 때는 경비 아저씨가 새벽에 보내줬지만 이번에는 유리방으로 돌아가지 않고 여기서 텔레비전이나 보고 쉬고 싶었다. 그 아가씨도 여기서 쉬어야겠다고 했다. 보건소 당직실에 오는 아가씨들이 정말 성병에 걸린 것이 맞을까 하는 의문이 들었다. 그날 이후 떠나올 때까지는 당직실에 가게 되는 일이 없었다.

어느 날 아침까지 남자들과 한바탕 전쟁을 치르고 방 청소를 하느라 정신이 없는데 업소 창문에 붙어 있는 창살을 제거한다고 유리방 골목이 시끄러웠다. 갑자기 창살을 왜 떼어가는 걸까? 업소 건물 외벽에서 인부들이 방마다 창살을 뜯고 있었다. 창살을 뜯어내는 작업의 소음으로 잠을 잘 수가 없었다. 작업이 언제 끝날지 기약이 없어 업소 식당에 앉아서 커피를 마시는데 업소를 청소하는 이모가 식당으로 들어왔다. 언제 끝나냐고 청소 이모에게 물어보니 "전라도에서 불이 크게 나서 아가씨들이 많이 죽었단다. 그래서 저 창살을 다 뜯는 거란다." 했다. 화재 원인이 뭔지, 어느 지역인지 정확한 정보는 아니었지만, 아가씨들이 많이 죽었다는 말에 섬뜩함을 느꼈다. 업소 생활을 하면서 화재 사고를 목격한 적이 없는 나는 도대체 몇 명의 아가씨가 죽었기에 여기까지 이 난리가 나는지 궁금해지기도 했다. 훗날 청소 이모가 말하던 그 화재 사건이 군산 대명동 화재 사건이라는 것을 알게 되었다. 그리고 2년 뒤 현재 시행되고 있는 성매매방지법의 촉매제 역할을 했던 군산 개복동 화재 참사가 일어났다. 업소 창문의 창살을 없애면 성매매 여성들은 안전해질까? 소화기만 설치하면 끝일까? 여성들이 겪는 착취는 문제가 아닌 것일까? 하지만 당시의 나에게는 화재 사건보다 잠이 더 중요했고, 오늘은 매상을 얼마나 올릴 수 있는지, 진상을 만나지는 않을지가 유일한 관심사였다.

밤마다 유리방을 찾아오는 남자들은 '손님'이라는 이름으로 절 대적인 힘을 휘둘렀다. 내가 끼고 있던 나비 반지를 보며 "가짜를 끼 고 있으면 좋냐?" 하면서 나를 무시했다.

어느 날 한 남자가 아가씨의 말이 기분 나쁘다는 이유로 계단 을 내려오며 닥치는 대로 아가씨들을 잡아 때리기 시작했다. 머리 끄덩이가 잡혀서 바닥으로 내팽개쳐진 아가씨, 맞아서 우는 아가씨, 고함을 지르며 빈방으로 도망가는 아가씨. 아수라장이 되었다. 나는 남자와 흥정을 하느라 방 안에 있었던 것이 천만다행이었다.

경찰이 오고 웅성거리는 소리에 업소 전체가 시끄러웠다. "오 늘 하루 장사 하지 마라."라는 업주의 말이 무섭게 들렸다. 계단에 는 아가씨들의 머리카락이 먼지처럼 뒹굴고 있었다. 경찰은 업소를 둘러보고는 이내 돌아갔고, 업주는 맞은 아가씨들을 돌보면서 탄식 했다. 이윽고 업주는 경찰에게 전화를 걸어서 그 남자들을 꼭 잡아 넣어달라고 말했다. 그러면서 다친 아가씨들에게 병원에 가보라고 했다. 유리방에 걸터앉아 업주는 담배를 피웠고 주변은 어느덧 조용 해졌다. 날이 저물고 다른 업소들은 영업을 시작하려 붉은 등이 켜 지는데 내가 일하는 업소는 불이 꺼져 있었다. 불 꺼진 업소는 귀 신이 나올 것 같은 폐가처럼 보였다. 그러나 내일은 다시 붉은 등을 켜고 영업을 할 것이었다. 나는 조용히 방 안에서 쉬었다. 그날 하루 는 아무도 나의 몸을 만지지 않는다는 편안함에 그 짧은 시간이 축 복처럼 느껴졌다.

길 하나 건너면 벼랑 끝

숏타임은 말 그대로 한 번 하고 가는 것이라 빨리 끝내는 것이 상책이었다. 얼른 끝내고자 안간힘을 쓰지만 남자들은 대부분 일부러 시간을 끌려고 했다. 나까이 작은 이모가 숏타임이 끝나는 시간이 되면 문을 두드려주는 역할을 했는데, 바쁠 때는 아가씨들끼리 서로 문을 두들겨 시간이 끝났다고 알리곤 했다. 아가씨들은 숏타임이 끝나고 내려오면 나까이 이모에게 문을 좀 빨리 두드려달라고 소리치기도 했다.

내가 자는 방이 아니면 안 자겠다고 우기는 남자와 흥정을 했다. 긴 밤을 하는 금액치고는 너무 적은 금액을 부르기에 따지다가 남자가 아가씨를 바꿔달라고 했다. 흥정을 어떻게 했길래 저러냐는 나까이 큰 이모의 잔소리를 듣고 기분이 나빴는데 잠시 후 나를 찾아오는 단골이 왔다. 이 남자는 자주 오지는 않았지만 나를 찾아오면 올밤♦을 계산해주었다. 나이는 어렸지만 대하기 편한 사람이었다. 그날은 속상한 마음에 술을 한잔하고 싶었다. 그 남자에게 술 한잔 어떠냐고 물으니 좋다고 해서 유리방 골목이 아닌 시내에 나가기로 했다. 어차피 올밤으로 계산을 했으니 적당히 놀다 오면 되겠다 싶었다.

♦ 그날 하루 저녁 전체를 구매자와 함께 있으면서 다른 구매자를 받지 않는 것을 의미한다. 당시 올밤은 기본이 30만 원이었고, 더 많은 서비스를 하겠다는 조건을 내걸어서 돈을 더 받기도 한다.

호프집에서 맥주를 시켜놓고 이런 저런 이야기를 나누다가 그 남자가 나에게 "정말 궁금해서 물어보는데, 이 일은 왜 하고 있어?"라고 물어보았다. 이런 질문을 들으면 어떻게 대답해야 할지 난감했다. 내가 왜 이 일을 왜 하게 되었는지는 누구에게도 말하기 싫었다. 내가 말끝을 흐리니 그 남자는 다시 다른 질문을 했다. 나에게 자신은 어떤 존재냐고. 갑작스러운 질문에 이번에도 무슨 말을 해야 할지 난감했다. 어색한 분위기를 넘겨보려고 대충 돌려 말했지만 그 남자는 진짜 대답을 아는 듯 쓸쓸하게 웃었다. 그 웃음에 갑자기 긴장되었고, 여기에서 무슨 일이라도 벌어질까 봐 걱정이 되었다.

이만 돌아가자고 하니 남자는 "야, 내가 돈으로 보였냐?"라며 시비를 걸었다. 술을 마시자고 한 내 잘못이라는 생각이 들었다. 머릿속은 온통 지금 이 자리를 벗어나 빨리 돌아가야 한다는 생각으로만 가득했다. "말을 해보라고!" 남자는 대답을 듣기로 작정한 것 같았다. 난처했다. 그 남자를 달래는 것으로 분위기를 풀어보려 했다. 목소리를 낮추며 곁에 바짝 다가앉아서 내가 뭘 잘못했냐고 물었다. 내가 던진 질문에는 대답하지 않고 그 남자는 내 얼굴만 빤히 쳐다봤다. 화대로 받았던 돈을 다시 돌려줘야 하는지, 어떻게 해야 하는지 판단이 되지 않았다. 깊은 한숨을 쉬고는 내가 어떻게 해주기를 바라냐고 물었다. 그 남자는 나에게 혼자 돌아가라고 하며 돈은 이미 다 계산했으니까 알아서 하라고, 더 이상 너를 보러 가지 않겠다고 했다. 그러고는 애인이 있어서 나에게 정을 안 주냐고 물었다. 어이가 없었지만 딱히 대답할 말도 떠오르지 않았다. 그 남자와 나의 관계는 돈을 받고 몸을 파는 사이, 그 이상도 이하도 아닌데 그 남자가 하는 말이 이해가 되지 않았다. 얼른 빠져나가야겠다는 생각만 가득한 나는 잘 지내라는 짧은 한마디를 던지고 다시 유리방 골목으로 돌아왔다. 혹시나 뒤따라와서 힘들게 하는 것은 아닐까 걱정했지만 그날 이후 그 남자는 보이지 않았다.

점점 유리방에서 일하는 것에 적응이 되어가고 있었다. 그러나 한편으로는 치가 떨릴 만큼 벗어나고 싶었다. 남자들의 비위 맞추기도 죽을 만큼 싫었고, 매상을 많이 올리는 만큼 내 몸은 더 힘들고 고달팠다. 유리방 안에서 창살에 갇힌 동물처럼 오늘 밤 나를 돈으로 사는 남자가 나타나기를 고대해야 하는 내 모습도 싫었다. 어느 업소에서 일을 한들 사람으로 취급받지는 않지만, 이곳에서는 내 방이라고 꾸며놓은 공간까지 매상과 연결되어 있었다. 영업이 끝난 후에 이부자리를 새것으로 갈아도 구매자의 냄새가 나는 것 같은 느낌이 싫었다. 그만두겠다는 마음을 먹었다. 당장 그만둬도 빚은 정리할 수 있었고, 적금 넣은 것을 해약하면 작은 방이라도 한 칸 얻을 수 있으니 어디서라도 살 수 있겠다는 계산이 섰다. 만약 다시 업소로 가야 한다면 유리방 골목으로는 다시는 오지 말자고 마음먹었다. 막상 여기를 떠나 살아갈 궁리까지 해놓고도 업주나 나까이 이모에게 선뜻 그만두겠다는 말을 하지 못했다.

그날도 여전히 영업 전에 피우는 향 냄새가 유리방을 뒤덮고 있었다. 담배를 한 대 피워 무니 친구가 말을 걸었다. "요즘 힘드냐?" 나는 대답 대신 고개만 끄덕였다. "안 힘든 사람 어디 있냐? 그래도 너는 돈이라도 있지." 그래서 내가 부럽다는 뜻일까? 독하다는 소리를 들어가며 힘들어도 이 악물고 번 돈인데. 친구의 말이 머릿속에서 둥둥 떠다녀서 도저히 일을 할 수가 없었다.

그날 영업을 마치고 매상을 가지러 온 업주를 보자마자 일을 그만하겠다고 했다. 업주는 갑자기 왜 그러냐고 물었다. 좀 쉬고 싶다고 핑계를 댔다. "어디 갈 곳이 있냐?" 갈 곳도 없고 오라고 하는 곳도 없지만, 나는 몸이 힘들다는 사실을 강조하면서 그만 일하고 싶다는 말만 되풀이했다. 스스로 그만둔다고 하는데도 업주 눈치가 보였다. 업주가 나를 잡아두고 보내지 않을까 봐 자꾸만 긴장이 됐다. "그래, 계산 보자."라고 말하며 업주는 장부를 꺼냈다. 이번 달 수입에서 화장품 값, 미용실 비용, 방세, 빈방 음료수 값, 술값, 식당 밥값, 옷값 등을 계산했고 선불금도 다 정리가 되었다. 그동안 힘들었지만 열심히 벌어서 저축해둔 적금을 해약하면 이곳과는 끝나는 것이었다. 업주와 계산을 보고 나서 은행에 들러 적금을 해약하고 내가 지냈던 방으로 올라왔다.

아직 내 방에서 자고 있던 남자를 깨워서 영업시간이 끝났으

길 하나 건너면 벼랑 끝

니 그만 일어나라고 했다. 어젯밤에는 어쩔 수 없이 너를 선택했다는 말을 혀가 꼬여서 해대던 남자는 갑자기 일어나라고 하냐고 투덜거렸다. 나는 일을 그만하기 때문에 짐을 정리해야 한다고 말했다. 그런데 갑자기 그 남자의 목소리가 부드러워지며 어디까지 가냐면서 태워주겠다고 했다. 우스웠다. 이곳을 떠나면 다시 마주칠 사이도 아니었다. 얼른 일어나서 나가라고 신경질적으로 말했다. 그 남자는 고분고분하게 굴면서 샤워를 하고 가겠다고 했다. 침대에 걸터앉으려고 했지만 정액이 묻은 이불을 보는 순간 짜증이 나서 바닥에 주저앉아 담배를 피웠다.

그 남자는 샤워를 말끔히 끝내고 옷을 입으면서 나를 힐끗 쳐다보았다. 아무 말도 없이 담배를 피우고 있는 나에게 몸매도 좋은데 레이싱 모델 할 생각 없냐고 했다. 대꾸조차 하기 싫은 헛소리를 지껄이는 남자에게 나는 눈길도 주지 않았다. 그 남자는 멋쩍은지 신발을 신으며 잘 가라는 소리를 하고 업소에서 나갔다.

업주는 갈 곳 없으면 자기 집에서 며칠 쉬라고 했다. 고맙지만 방을 구할 것이라고 했다. 친구는 자기 방에 자고 있던 남자를 깨워 보내고는 나에게 와서 "방은 구했냐?" 하고 물었다. 짐을 정리해서 바로 나가려고 한다고 말하니까 방을 먼저 구한 뒤에 짐을 가져가는 것이 좋지 않겠냐는 친구의 말에 대충 짐을 정리해놓고 유리방 골목을 나왔다.

이 업소와는 멀리 떨어진 곳으로 가야겠다고 다짐했다. 가족에게는 미안한 마음이 커서 집으로 돌아가지 않고 T시에서 방을 구하기로 했다. 유리방 골목과는 멀리, 더 멀리 방을 구해야겠다고 마음을 먹고 예전에 이불 장사하는 이모가 말해준 원룸이 많은 동네를 찾아갔다. 그 동네는 원룸과 투룸 세를 놓는 광고지가 여기저기 붙어 있었다. 이 동네는 조용했고, 무엇보다 유리방 골목과 거리가 상당히 멀다는 것이 마음에 들었다. 나는 벽에 붙어 있던 원룸 전단지를 보고 그중 적당한 곳을 골라 연락을 했다.

작은 원룸이지만 주방과 세탁실이 따로 나뉘어 있었고 방 구조가 좋았다. 원룸 주인은 물도 잘 나오고 혼자 살기 좋을 것이라며, 관리비도 싸게 해주겠다며 빨리 계약했으면 하는 눈치였다. 나는 혼자 방을 구해서 살아보는 것은 처음이었으므로 집을 고를 때 어떤 부분을 세심하게 봐야 하는지도 몰랐다. 그러나 이 방은 유리방과는 다른 따뜻함이 있었다. 비어 있는 방이었지만 도배를 한 지 얼마 안 됐고 깔끔하게 정리되어 있었다. 방 안에 있는 창문을 열어 밖을 바라보는데 원룸 주인이 예쁜 커튼을 선물로 주겠다고 했다. 계약을 하겠다고 하니 원룸 주인은 며칠 비어 있던 집이라 청소를 해야 한다며 언제 이사를 오겠냐고 물었다. 나는 지금이라도 당장 들어오려고 한다고 했다. 원룸 주인은 서둘러서 청소를 끝낼 테니 내일 일찍 들어오라고 했다. 집주인에게 계약금만 주고 다시 유리방으로 돌아왔다.

유리방으로 돌아온 나에게 업주는 이것저것 물어보았다. 시시

콜콜하게 말하고 싶지는 않았지만 방을 얻었고 내일 들어갈 것이라고만 말했다. 내가 지내던 방은 어떻게 하겠냐고 해서 업주에게 사달라고 말했다. 업주는 예상보다 방값을 후하게 쳐줬다. 그러면서 가져가고 싶은 물건이 있으면 가져가라고 했다. 방값을 후하게 쳐주고 물건까지 주는 업주가 나를 많이 아껴준다고 느꼈다. 나는 오디오를 가져가기로 했다.

방값까지 계산을 끝내자 그만두는 것이 실감이 났다. 방 청소를 하고 있는 친구에게 같이 밥을 먹자고 하니 친구는 얼른 청소를 끝내겠다면서 분주하게 움직였다. 이불을 걷어내고 빨래를 하는 모습이 낯설지 않은데도 내 마음속에서는 이제 지우고 싶었다.

계산을 다 끝낸 업주가 집으로 간다기에 인사를 했다. 업주는 나에게 "독한 년아. 다음에 연락해라, 밥 한 번 먹자. 잘 가라." 그 한마디에 눈물이 났다. 업주는 정리한 짐은 내일 찾아가도 된다고 호의를 베풀었다. 나는 건강하게 잘 지내라는 인사를 건넸다. 업주가 돌아가고 피곤해하는 친구와 밥을 사이에 두고 숟가락도 들기 싫었다. 친구의 눈치를 보며 대충 밥을 먹고는 오늘은 모텔에서 자겠고, 내일 짐을 찾으러 오겠다는 말을 남기고 유리방 골목을 빠져나왔다.

유리방 근처에 모텔 방을 잡아 샤워를 하고 쉬었다. 아무도 없는 이 공간이 오히려 안도감을 주었다. 리모컨으로 채널을 돌려가며 텔레비전을 실컷 봤다. 내일이면 짐을 찾아 나만의 집으로 갈 수 있다. 빨리 가고 싶은 마음에 들떠서 잠이 오지 않았다.

습관이었을까. 눈을 떴을 때는 뿌연 안개가 깔린 새벽이었다. 남들은 다들 잠들어 있을 시간에 나는 무언가 못다 한 일이 있는 것처럼 자연스럽게 잠에서 깨어났다. 할 일 없이 가만히 누워 있는 것도 사치처럼 느껴져 모텔에서 나와 유리방으로 걸음을 옮겼다.

유리방 골목은 그 시간에도 시끄러웠다. 유리방 안에는 몇몇 아가씨들이 앉아 있었고 나까이 이모들만 바빴다. 나까이 큰 이모가 있는 곁으로 가서 조용히 앉았다. 나를 본 큰 이모는 "잠도 안 자고 왜 왔어? 주스 한 잔 시켜줄까?" 하고 말을 건넸다. 나는 새벽에 깼는데 더는 잠이 안 와서 왔다고 했다. 주스가 싫으면 커피라도 마시라는 큰 이모에게 괜찮다고 하면서 잠자코 앉아 있었다. 한참 남자들을 꼬셔대던 나까이 작은 이모도 내 곁으로 와서는 이왕 왔으니 아침밥은 먹고 가라고 했다. 나의 시선은 깡마른 나까이 큰 이모 손에 멈췄다. 수많은 남자들의 옷을 붙들었을 그 손이 측은하게 느껴졌다. 나까이 큰 이모는 깡마른 손으로 내 손을 잡으며 말했다. "가서 잘 살아라. 여기 오지 말고. 시집이나 가고." 나는 대답도 못 하고 나까이 큰 이모의 손만 바라봤다.

해가 뜨고 아침이 되니 남자들이 유리방을 나섰고 아가씨들은 각 방을 돌며 청소를 시작했다. 나는 챙겨놓은 짐을 들고 나까이 큰 이모와 작은 이모에게 인사를 했다. 나까이 큰 이모는 아침밥이라도 먹고 가라고 했지만 오래 머무르고 싶은 생각이 없어서 다음

길 하나 건너면 벼랑 끝

에 와서 먹고 가겠다고 하면서 건강하게 잘 계시라고 했다. 다른 업소의 나까이 이모들에게도 인사를 하고 유리방에서 등을 돌려 걸어 나왔다.

유리방 골목을 거의 다 빠져나왔을 무렵 갑자기 등 뒤에서 누군가가 나를 붙들 것 같은 두려움이 느껴지며 다리가 후들거렸다. 이제 이곳으로는 다시는 오지 않을 것이라고 맹세하면서 가방을 꼭 쥐고 앞만 보고 걸었다. 그날따라 그 골목은 유난히도 길었다.

5 "우리는 어차피
      진상처리반이야."

내가 번 돈으로 마련한 작은 공간. 어느 누구의 간섭도 없었고, 내 몸을 함부로 만지는 사람도 없었다. 지독한 다이어트에서 벗어난 기분으로 눈만 뜨면 먹을 것을 찾았다. 배가 부르면 잠을 잤고, 오늘이 며칠인지, 지금이 몇 시인지 알 필요도 없었다. 밤낮이 바뀌어도 나는 신경 쓰지 않았다. 아무도 나를 찾을 일 없는 이 여유로움이 좋아서 오랫동안 여기서 살았으면 좋겠다고 생각했다.

내 연락처를 아는 유리방 아가씨 몇몇은 불쑥 전화를 해서 안부를 묻는 척하며 놀러오겠다고 하거나 하룻밤 재워달라고 하기도 했다. 나는 같이 일했던 친구 외에는 누구도 집으로 초대하고 싶은 생각이 없어서 연락하지 말아달라고 부탁했다. 그 친구와는 가끔 연락했지만 밤이면 바쁘고 낮에는 잠을 자야 하는 친구의 사정상 서로의 안부를 묻는 짧은 통화가 전부였다.

옷가지와 유리방에서 가지고 온 오디오만 덩그러니 놓여 있는 방이 너무 커 보였다. 덮고 자는 이불은 유리방에서 같이 일했던 아가씨가 선물로 줬다. 부담스러워 만류했는데도 그 아가씨의 고집을 꺾을 수 없었다. 가구도 없는 방 안은 내 목소리만 울려댔다.

아침 일찍 일어나 샤워를 하고 주변을 둘러볼 겸 외출을 했다.

집 밖으로 나와서야 내가 여기로 이사 온 지 일주일이나 지났다는 것을 알게 되었다. 시간의 흐름이 참 빨랐다.

집 주변에는 작은 공원이 있었고 개를 데리고 산책하는 사람들이 눈에 띄었다. 나무는 별로 없어도 벤치도 있고 잔디도 깔려 있어서 이 근처 사람들이 많이 찾는 듯했다. 공원을 지나 여러 갈래로 골목들이 있었고 그 골목의 끝에는 작은 시장이 있었다. 많은 사람이 북적이는 큰 재래시장은 아니어도 간단한 식재료를 구입하기에는 좋아 보였다. 그 골목을 벗어나면 2차선 도로가 있었고, 그 도로 양쪽으로 음식점과 술집이 가득했다. 멀리 시내까지 나가서 외식을 할 필요가 없겠다고 생각했다.

큰길로 나온 나는 작은 카페로 들어갔다. 조용한 음악이 흘러나왔고 사람은 그다지 많지 않았다. 어떤 음료로 하겠냐고 묻는 종업원의 말에 커피 맛도 모르면서 알 수 없는 말 투성이인 메뉴를 뒤적이다가 그 카페에서 제일 비싼 음료를 선택하고 창가로 가서 앉았다. 지금까지 내가 너무나 다른 세상을 살아왔음을 깨달았다. 업소에서는 밤낮이 뒤바뀐 채로 일을 해야 했다. 자고 일어나면 업소로 출근하는 일상이 반복되면서 사회가 어떻게 돌아가는지 알지도 못했다. 올해는 어떤 패션이 유행인지, 어떤 화장법이 유행인지, 그것도 나와는 거리가 먼 얘기였다. 화장이든 옷이든 업소에서 요구하는 대로 맞춰야 했고, 내게 도움이 되는 것은 술집으로 유리방으로 나를 찾아오는 남자들이었다. 책 한 권, 신문 한 장을 제대로 읽어본 적이 없고 몇 년 동안 영화를 한 번 본 것이 문화생활의 전부였다. 자나 깨나 빚 걱정에 오늘만은 진상을 피해갔으면 하는 생각뿐인 심리적인 고립 탓에 더더욱 세상과 단절되었다. 이 작은 카페에 들어서는 순간 먼 과거에서 온 사람처럼 모든 것이 신기했다. 주변을 자꾸 둘러보았다. 울리지도 않는 전화기를 만지작거리며 커피 한 잔을 천천히 마시고 카페를 나왔다.

큰길에는 은행이 두 군데 있었고 버스 정류장이 있었다. 정류장에는 사람들 몇몇이 버스를 기다리며 서 있었다. 업소에서 일을 하면서는 업소 룰대로 택시 아니면 승용차를 이용해야 했다. 버스를 타본 지가 언제인지도 기억이 잘 나지 않았다. 어색한 기분이 들어서 눈길을 돌렸다.

길 건너 큰 마트가 보였다. 유리방에서 보낸 시간은 1년밖에 되지 않았는데, 마트로 들어가니 그동안 다른 세상을 살아와서인지 못 보던 상품들이 꽤 많았다. 유리방 업소 근처 마트에는 주로 아가씨들이 일을 하면서 필요한 상품을 팔았다면, 이곳에는 이제 내게 필요한 물건들로 가득했다. 마트를 둘러보며 상품의 가격을 보고 놀라기도 하고, 신상품 앞에서는 호기심 가득한 어린아이처럼 들었다 놓았다 반복하며 제품 설명을 읽어보기도 했다. 어느새 필요한 물건이 무엇인지도 잊어버리고 눈길 가는 제품을 들여다봤다. 이제는 무리한 다이어트도 할 필요가 없어진 나는 라면과 간단한 요깃거리, 군것질거리를 잔뜩 사들고 마트를 나섰다. 양손 가득 먹거리를 사들고 집으로 가는 이 길이 너무나 행복했다. 얼굴에는 웃음이 가득했고 발걸음도 가벼웠다.

다음 날은 재래시장에서 생활에 필요한 제품을 샀다. 돈을 아껴 써야 했기 때문에 실용적인 제품 위주로 쇼핑을 했다. 그릇을 파는 가게에 들러서 예쁜 그릇을 둘러보니 사고 싶은 것이 너무 많았지만, 밥그릇과 국그릇, 숟가락, 냄비만 장만했다. 커튼이나 아기자기한 인테리어 제품도 둘러보았다. 집에 걸어두면 어떻게 보일지 상상해보는 소소한 재미가 있었다. 노점에서 싼 가격에 옷과 잠옷도 한 벌씩 사고, 반찬가게에 들러 식재료와 밑반찬도 샀다. 시장에서 산 물건을 들고 다니다 보니 손목도 아프고 힘이 들기는 했지만 모든 게 나를 위한 것이라는 마음이 들면서 기분은 좋았다.

재래시장 안에는 먹거리가 넘쳐났다. 맛있는 멸치육수 냄새가 솔솔 나는 칼국수 가게를 발견했다. 두 손 가득 들고 다니던 짐을 내려놓고 잠시 쉴 겸 칼국수를 한 그릇 사먹었다. 혼자 음식을 사먹어본 것은 처음이었지만, 전혀 어색하지 않고 좋았다.

가전제품 대리점에 가서 세탁기와 텔레비전, 전기밥솥을 샀다. 대리점 직원은 친절하게 가격 대비 성능이 좋은 제품을 소개해주었다. 예상보다 가전제품이 비싸지 않아서 다행이라고 생각하며 빨리 배달해달라고 부탁했다.

집으로 들어와서는 숨 돌릴 틈도 없이 시장에서 사온 물건을 정리했다. 그릇을 깨끗이 씻어서 건조대에 올려놓으니 주방이 달라

보였고, 다음 날 가전제품들이 배송되어 오면서 그제야 사람 사는 모습을 갖춘 것 같았다. 밥솥에 밥을 지으며 노래를 흥얼거리기도 했고 세탁기가 빨래를 하는 동안에 텔레비전을 보며 간식을 먹었다. 업소로 유입된 이후 처음 경험하는 편안함이었다.

남에게 빚을 내지 않고 내 힘으로 장만한 방이었기에 더욱 애착이 갔다. 매일 청소를 하고 보일러를 켜서 방 안을 따뜻하게 유지했다. 방 안 가득 온기가 흐르는 이 공간이 좋았다.

즐거움도 잠시였다. 잠을 충분히 자는데도 졸음이 몰려왔다. 하루 종일 누워서 잠을 잤다. 밥을 먹으러 잠시 일어나면 온몸이 쑤시고 아파서 청소나 빨래도 할 수 없었다. 밥을 먹는데도 모래알을 씹는 느낌이고 입맛이 없었다. 잠이 들면 식은땀이 많이 나서 이불을 세탁을 해야 할 정도로 몸 상태가 나빠졌다.

병원으로 가는데 한 걸음 한 걸음 걸을 때마다 통증이 몰려왔다. 으슬으슬 춥기도 하고, 열이 올라와 덥기도 했다. 겨우 병원에 도착하니 의사는 몸살이 심하고 편도가 부어 있다고 하면서 주사와 약을 처방해주었다. 업소에서 힘들어했던 내 몸이 이제 긴장이 풀리며 몸살을 앓는 듯했다. 심각한 병은 아니라 안심했다. 의사가 처방해준 링거를 한 대 맞고 병원에 누워 있으니 이 또한 편하고 좋았다. 업소에서 몸이 아파도 제대로 치료받지 못했던 시간들이 서러워 눈물이 났다. 혼자라는 외로움은 크지 않았다. 나를 옭아매고 간섭하던 사람들이 없어서 편했다. 집으로 돌아오는 길에 시장에 들러 밑반찬과 죽을 사들고 와서 간단하게 식사를 했다.

약을 먹고 잠들었지만 깊이 자지 못해 자다 깨다를 반복하다가 아침이 되어서야 몸이 가벼워져 편안하게 잠을 잘 수 있었다. 아픈 와중에도 여전히 꿈을 꿨다.

꿈속에서 또 터널 속을 걷는다. 이번에는 간간히 불빛이 보이기도 했다. 웬일로 불빛도 보이는지, 언제쯤이면 이 꿈도 끝날 것인지. 터널 속을 걷는 나는 잠옷을 입고 있었다. 발에는 곧 벗겨질 것처럼 사이즈가 큰 신발을 신고 터벅터벅 걸었다. 걷고는 있지만 어디로 가는 것인지 몰랐다. 어디가 끝인지도 모른 채 그저 불빛이 보이는 곳을 향해 걸었다.

꿈에서 깨어나 밖을 보니 회색빛 새벽이 와 있었다. 창문을 열어 새벽 공기 냄새를 맡았다. 싱그럽지는 않았다. 다만 업소에서 나는 냄새가 나지 않는 것이 좋았다. 그런데 나는 울고 있었다. 무엇이 그리 슬픈지, 나도 모르게 눈물은 뺨을 적시고 있었고 떠올리고 싶지 않은 기억들이 나를 힘들게 했다. 억지로 눈물을 참아내며 창문을 닫고 다시 잠을 청했다.

몸은 나아질 기미가 보이지 않았다. 다시 병원으로 가기 위해 집을 나섰을 때 머리가 어지럽고 두통이 와서 걷기가 힘들었다. 의

사는 기존에 먹었던 약보다 더 센 약과 주사를 처방해주면서 이 약을 복용하고도 나아지지 않으면 큰 병원에 가보는 것이 좋겠다고 말해주었다. 괜히 긴장과 걱정이 되었지만 약을 잘 챙겨먹으면 좋아질 것이라고 애써 마음을 다독였다. 며칠 후 그렇게 심했던 몸살은 사라지고 다시 기운을 차리고 일상생활로 돌아갔다.

문득 왕래가 없는 가족들이 어떻게 지내고 있는지 궁금했다. 업소에서 빚을 갚느라 오랫동안 생활비 한 번 제대로 보내준 적이 없어서 늘 미안한 마음이었다. 업소에 나가지 않아도 되는 기적 같은 시간이 있을 때 가족이 있는 집으로 가봐야겠다는 생각을 했다. 일부러 무관심하려고 한 건 아니었지만, 힘든 시간들을 살아오며 가족들을 미처 돌보지 못한 죄스러움이 나를 힘들게 했다.

가족이 있는 집으로 갔다. 동생은 훌쩍 커버린 낯선 모습이었다. 엄마는 몇 년 전에 보았을 때보다 몸이 안 좋아 보였고 아버지는 여전했다. 나는 엄마보다 안색이 좋은 아버지의 모습이 싫었다. 엄마에게 적은 돈이지만 생활비에 보태 쓰라고 돈을 건넸다. "네가 무슨 돈이 있냐." 엄마는 미안해하며 돈을 받았다. 엄마가 나에게 미안해하는 것이 당연한 걸까? 돈을 얼마나 주면 엄마가 편해질까? 늙고 병들어가는 엄마의 손을 바라보며 마음이 아팠다.

엄마는 내가 왔다고 맛있는 음식을 해주었다. 엄마가 해준 밥은 언제나 맛있었다. 반찬을 내 밥 위에 올려주면서 먹어보라고 했다. 갑자기 코끝이 찡해지고 목이 메어 고맙다는 말도 하지 못하고

길 하나 건너면 벼랑 끝

밥만 먹었다. 하얀 밥 위에 눈물이 떨어질까 봐 눈을 깜빡이며 겨우 눈물을 참아냈다.

내가 가보겠다고 하면서 서둘러 일어나니 엄마는 하룻밤 자고 가지 그러냐고 붙잡았다. 일이 있어서 일찍 가야 한다는 거짓말을 하고 다음에 오면 자고 가겠다고 했다. 집을 나서는데 엄마는 김치 며 밑반찬을 싼 보자기를 손에 들려주었다. 엄마에게 생활비라도 줄 수 있다는 것이 다행이었다. 만약 업소에서 계속 빚을 갚고 있었더 라면 집으로 오지도 못했을 것이었다.

엄마와 동생의 배웅을 받으며 돌아오는 기차를 탔다. 가족에 게 더 이상 미안해하지 않았으면 좋겠는데, 나는 늘 죄인처럼 마음 이 무겁다. 돈 많이 벌어서 집으로 돌아올 거라고 했었는데. 지금이 라도 같이 살자고 말해볼까 생각했지만, 나는 이미 너무나 먼 길을 온 것 같았다. 사람들이 손가락질하는 성매매 업소를 전전하며 살 았던 내가 가족에게 돌아가기란 쉽지 않았다. 만약 가족이 내가 성 매매 여성이었다는 사실을 알게 된다면 가족으로 받아주지도 않을 것이라는 서글픈 마음이 들었다. 그래도 지금은 업소가 아닌 내 집 으로 돌아갈 수 있다는 사실에 안도했다.

수입이 없었기 때문에 점점 돈이 바닥을 보이고 있었다. 아르바이트라도 해야 했지만 일자리를 어떻게 찾아 나서야 할지도 몰랐다. 전단지의 구인광고를 보고 일자리를 찾아보았지만 학력이 짧고 가진 기술도 없는 내가 할 수 있는 일, 가질 수 있는 직업은 없었다. 내 경력은 술 매상 잘 올리는 업소 일 외에는 없었다. 업소로 다시 돌아가야 하는 것인지 고민하면서 불면증에 시달렸다. 그러던 중 친구에게 연락이 왔다. 자신도 곧 유리방을 그만둔다는 반가운 소식을 전했다. 업주와 계산을 하고 놀러오겠다는 약속을 했다. 친구가 어디로 가는지는 몰라도 일단 유리방 일을 정리한다는 데에 안심이 되었다.

며칠 뒤 찾아온 친구는 내 집을 둘러보며 이제 사람 사는 집 같다면서 웃었다. 친구와 장을 봐와서 밥을 해 먹었다. 내가 만든 안주를 놓고 둘이서 술을 한잔하면서 이런저런 이야기를 했다. 유리방 돌아가는 이야기, 아가씨들 욕, 큰 이모 안부, 업주가 짜증을 많이 낸다는 등. 더 이상 입에 올리고 싶지 않은 그 이야기들이 싫기도 하고 그만 듣고 싶었지만 친구는 가슴에 한이 맺힌 듯이 토해냈다. 그런 이야기를 들으며 마시는 술맛은 너무나 썼다. 열을 올리며 말하는 친구의 모습에 씁쓸하게 웃었다. 화제를 바꾸고 싶어서 유리방에서 어떻게 나오게 되었냐고 물어보았다.

친구는 남동생이 사업을 하면서 같이 살게 되어 유리방을 그만두게 되었다고 했다. 남동생이 집 구할 돈을 넉넉히 줘서 유리방 업소 선불금을 갚았다고 한다. 친구는 나에게 이렇게 사니 좋으냐고 물었다. 혼자 사는 것이 편하고 좋지만 생활비를 어떻게 벌어야 할지 고민이라고 말하며 한숨을 쉬었다. 일자리를 알아보고 있다고 말하는 나에게 친구는 "무슨 일을 하려고?" 물었다. 선뜻 입이 떨어지지 않았다. 업소 외에는 해본 일이 없는 나는 앞길이 캄캄했다. 식당에서 일을 하려 해도, 청소 일을 하려 해도. 어려웠다. 밤낮이 바뀐 생활을 너무 오래 한 탓에 아침에 일어나기가 힘들었고, 무엇보다 사람들이 나를 보는 시선 자체가 두려웠다. 안 해본 일에 도전하지 못하는 나 자신이 싫었다. 그러면서도 업소로 돌아가고 싶지 않은 마음은 무엇인지 모르겠다고 토로하며 술을 마셨다. 답답함에 갈증이 났다. 쓸모없는 이 몸과 정신력을 자책했다. 어쩌면 나는 늘 해오던 대로 업소로 다시 돌아가야 한다고 스스로 결정을 내렸는지도 모른다. 하지만 그러면서도 주춤했던 이유는 오로지 나 자신을 위해 살아왔던 1년이라는 시간이 너무나 소중했기 때문이다. 다시 업소로 돌아가면 두 번 다시 이런 편안함과 안락함을 느낄 수 없을 것 같았다. 망설이고 힘들어하는 나와 친구 사이에 잠시 침묵이 흘렀다.

긴 침묵 끝에 친구는 "보도방에서 일할래?"라고 입을 뗐다. 자기도 일할 곳이라고는 업소밖에 없다고 하면서 한숨을 쉬었다. 계속 술을 마시던 나는 괜히 너까지 답답하게 만들었다며 다른 일도 찾아보겠다고 했다. 친구는 "다른 일을 한다고 업소를 그만두고는 결국 다시 업소로 돌아오는 아가씨들이 한두 명이었냐? 그건 네가 더 잘 알잖아."라고 했다.

친구의 말이 맞았다. 많은 아가씨들은 결혼을 한다고, 남자와 같이 산다고, 다른 직업을 찾았다고 그만뒀지만 대부분은 다시 업소로 돌아왔다. "생활비를 벌어야 살지, 놀기만 하면 어떻게 사냐?" 친구도 술을 계속 마셨다.

친구에게 보도방은 어떤 곳인지 물어보았다. 친구는 "업소에서 전화가 오면 아가씨를 보내는 사무실인데, 출퇴근이 자유롭고 일하는 시간도 자기가 정해서 하고, 쉬고 싶은 날은 언제든지 쉰다고 하던데." 하고 말했다. '출퇴근이 자유롭고 쉬고 싶은 날은 언제든지 쉰다'는 말에 예전에 일했던 업소들보다 나을 수 있겠다는 생각이 들었다.

친구는 알고 지내던 소개쟁이가 P시에서 보도방을 한다며 내가 사는 지역에 일자리를 알아봐주겠다고 했다. 그날 밤 친구와 나는 술을 많이 마셨다. 친구는 집을 구하는 대로 연락할 테니 놀러 오라는 말을 남기고 T시를 떠났다. 친구가 말한 보도방이라는 곳이 계속 내 머릿속에서 맴돌았다. 그럴 때마다 업소에 대한 두려움을 버리기로 다짐했다. 익숙한 환경으로 돌아가는 것이 나를 위하는 길이라 생각했다. 두려움과 괴로움보다 생존을 택했다. 나는 살아가야 했다.

며칠 후 우연히 휴대폰에 저장된 연락처를 검색하다가 제주도에서 같이 일했던 동생 고향이 T시라고 했던 기억이 떠올랐다. 제주도를 떠나온 지도 꽤나 시간이 흘렀지만 전화를 걸어보았다. 전화기

너머 들려오는 목소리에 반갑게 인사했다. T시에서 살고 있다고 하
니 빨리 연락하지 그랬냐고 보고 싶다고 했다. 원룸을 구해서 혼자
지내고 있으니 시간 되면 집으로 놀러 오라고 초대했다. 동생은 내
일 바로 가겠다며 전화를 끊었다. 제주도에서 일하면서 서로가 많
이 힘들었는데 이렇게 다시 만난다고 생각하니 반가웠고, 무엇보다
나를 기억해줘서 고마웠다.

집에서 음식을 장만하면서 기다렸다. 동생은 직접 운전을 해
서 왔다. 주차하는 모습을 보며 제주도에서보다 훨씬 잘 지내고 있
는 것 같아 보여 부럽기도 했다. 같이 밥을 먹으며 그동안 어떻게 지
냈냐고 묻는 말에 유리방에 있었던 이야기를 하고 싶지 않아 한동
안 쉬었다고만 했다. 제주도에서 같이 겪었던 우스운 이야기를 나누
며 동생과 나는 한바탕 웃었다. 혼자 있는 집에 오랜만에 생기가 도
는 듯했다.

커피를 마시며 동생에게 무슨 일을 하고 지내냐고 물어보니
"보도방에서 일해."라고 대답했다. 친구가 말한 그 보도방이었다. 보
도방이 무슨 일을 하는 곳인지 다시 한 번 동생에게 물어보았다. 친
구가 했던 말을 동생도 똑같이 해주었다. 친구가 허투루 말하지 않
았을 것이라고 짐작은 했지만 동생에게 다시 한 번 확인을 하니 미
심쩍은 마음도 사라졌다.

눈치를 보며 나도 생활비를 벌어야 한다는 말을 건넸다. 동생은
기다렸다는 듯이 "언니, 우리 사무실에서 일해. 소장이 양심적이야."

라고 대답했다. 동생의 말에 따르면 보도방에서는 일주일에 한번 주급으로 계산을 한다고 했다. 처음 일하는 일주일의 수입에 대한 계산을 제때 하지 않고♦ 그만둘 때 해주는 보도방 사무실도 있는데 자기가 다니는 사무실은 그렇지 않다고 했다. 그리고 다른 보도방 사무실은 결근비나 지각비 등 벌금도 있는데 여기는 그렇지 않다고 하면서 업소에서 아가씨 찾는 전화가 조용하면 일찍 들어가기도 하고 바쁘면 새벽 늦게까지 일하기도 한다고 했다. 벌이는 그때그때 달라지지만 나쁜 편은 아니라고 했다. 일을 시작할 때 선불금 200만 원 정도를 미리 달라고 하라며, 혹시나 보도방 사무실에서 계산이 늦어지거나 주급으로 주는 돈을 떼일 수도 있다고 하며 자신도 그렇게 했다고 했다. 그동안 일해온 업소와는 영 다른, 낯선 영업 형태였다. 좋은 점도 있는 반면 나쁜 점도 있을 것이라는 생각이 들어서 쉽게 결정을 내리지 못했다. 동생은 천천히 고민해보라고 했다.

동생은 사우나와 미용실에 간다며 일찍이 집을 나섰다. 동생이 다녀가고 나서 또다시 업소에 나가야 하는지에 대한 고민으로 며칠 동안 불면증에 시달렸다. 더 이상 고민하지 않기로 했는데 내 마음은 계속 저울질을 해대며 힘들어했다. 그러나 집세며 공과금 등 당장 돈이 필요했던 나는 결국 동생에게 전화를 했다. 동생은 바로 나와서 소장을 만나보라고 적극적으로 권했다. 내일 만나는 것이

♦ '묶어둔다'고도 한다. 아가씨들이 쉽게 그만두지 못하게 하는 방법으로 사용되었다.

길 하나 건너면 벼랑 끝

좋겠다고 약속을 잡고 전화를 끊었다. 통화는 몇 분도 안 걸렸는데 그동안 너무 많이 고민했던 것 같았다. 약속을 잡고 나니 속이 시원했다.

P시로 간 친구에게도 연락했다. 그 동생을 다시 만나게 된 사연을 이야기하면서 그 동생이 일하는 보도방에서 일을 하게 될 것 같다고 전했다. 친구는 잘됐다며, 아는 사람이 있는 것이 큰 위안이 될 거라고 했다. 그 친구와는 그날 이후 P시에서 한 번을 더 만나고, 그 뒤로는 서로 연락이 끊겼다.

다음 날 보도방 소장을 만나기 위해 오랜만에 정성을 다해 화장을 했다. 깔끔하게 차려입고 동생이 알려준 건물로 찾아갔다. 간판도 없는 건물에 사무실 하나 덩그러니 있는, 조금 실망스러운 곳이었다. 소장은 인상이 좋았다. 목소리는 조용조용했고 딱딱하지 않았다. 보도방의 영업 형태를 말해주는데 나는 듣는 둥 마는 둥 사무실을 둘러보고 있었다.

소장은 "언제부터 일할 수 있어요?" 하고 물어보았다. 30대를 넘긴 내 나이가 보도방에서 일하는 데는 큰 문제가 되지 않는 것 같았다. 나는 며칠 쉬고 시작하겠다고 했다. 소장은 그러라고 하면서 지각비, 결근비는 없지만 선불금이 있으면 나와서 열심히 일해야 하지 않겠냐고 했다. 나는 고개를 끄덕이며 알겠다고 했다.

소장이 차용증을 내밀었고 불러주는 대로 차용증의 내용을 기입했다. 주민등록등본이 한 통 필요하다고 하면서 가까운 주민센터가 있으니 다녀오라고 했다. 등본을 떼어 건네니 곧바로 입금을 해줬다. 그만 가보겠다며 사무실을 나서려는데 소장은 같이 식사를 하자고 했다. 며칠이 지나면 일을 같이 할 소장이지만 마음이 내키지 않아 약속이 있다는 핑계를 대고 집으로 돌아왔다.

그날 저녁 동생과 나는 함께 일하게 된 기념으로 소주를 한잔 했다. 동생은 여기저기 다녀보니 업소는 다 마찬가지라고 했다. 동생 말이 맞았다. 업소는 다 똑같았다. 배운 일이 도둑질이기도 했지만, 업소에는 빠져나가기 힘든 치명적인 돈의 유혹이 있었다. 업소는 늘 지금 당장 급한 불은 끌 수 있게 해줬다. 하지만 모든 책임은 내가 져야 했고, 그 뒤는 상상조차 하기 힘들었다. 그런 곳이 업소라는 것을 알면서도 뿌리치지 못했다.

일을 해야 하는 날이 다가왔고 나는 서둘러 미용실에 다녀오고 화장을 했다. 오랜만에 화장을 하는 거라 신경이 많이 쓰였다. 화장이 들뜬 것 같아 내일은 피부 마사지를 받아야겠다는 생각을 했다. 업소에서 화장은 빼놓을 수 없는 기본 규칙이었다. 너무 진하지도 너무 연하지도 않은 화장으로 눈은 최대한 커 보이게, 코는 오뚝하게. 와이셔츠에 립스틱을 묻히고 가정으로 돌아간 남자들이 부부 싸움을 한바탕했다며 룸에 들어오는 아가씨들에게 립스틱을 지우게 하는 일도 있었다. 그렇게까지 하면서 업소로 와서 아가씨들을 옆에 끼고 술을 마시는 심리는 무엇인지 궁금하기도 했다.

보도방 사무실로 출근을 해서 앉아 있는데 나보다 더 일찍 와서 순번을 기다리는 아가씨들이 있었다. 커피 한 잔을 마시고 앉아 있으니 소장이 들어와서 나와 비슷한 연령대의 아가씨들에게 인사를 시켰다. 동생은 나보다 늦게 와서 내 옆에 앉았다. 첫 전화가 울리고 소장이 나와 동생에게 A업소로 가라고 해서 부장이라는 사람의 차를 타고 업소로 들어갔다.

업소에 들어서니 입구에서 마담은 나를 위아래로 훑어봤고 웨이터도 반말을 해대기에 인상을 썼다. 동생은 신경 쓰지 말라고 하며 업주나 마담은 원래 보도 사무실 아가씨를 우습게 본다고 했다. 룸으로 들어가기 전에 마담은 동생과 나에게 이 업소 고정 아가씨처럼 해달라고, 매상도 올리라고 목소리를 높였다.

룸에 들어가 보니 나이가 조금 있어 보이는 몇 명의 남자들이 한참 이야기를 나누고 있었다. 마담이 정해준 자리에 앉아서 이야기가 끝나기를 기다리며 세팅을 하는데 맞은편에 앉아 있던 남자가 아가씨들은 룸에서 잠시 나가 있으라고 했다. 이렇게 말하는 것은 아가씨들을 바꾸겠다는 의미로 통했다. 동생과 나는 시키는 대로 대기실로 들어갔다. 잠시 후 마담이 다시 와서 나만 룸에 들어가고 같이 온 동생은 사무실로 가라고 했다. 동생은 아무렇지도 않은 듯 사무실로 전화를 걸었다. 나는 다시 룸에 들어갔고, 잠시 후 다른 아가씨가 들어와 나의 맞은편에 앉았다.

　　남자들은 일 얘기를 나누며 술을 마셨다. 술병이 점점 늘어나고 나는 술을 버리는 작업을 계속했는데 남자들에게 들킬까 봐 걱정되기도 했다. 점점 말이 거칠어지고 손이 치마 안으로 들어오기 시작하면서 나를 힘들게 했다. 남자들은 아랑곳하지 않고 내 치마를 들춰보고 재미있다며 웃었다. 술을 더 이상 마실 것 같지 않자 맞은편에 앉아 있는 아가씨는 나에게 빨리 끝내자는 눈짓을 했다. 술이 취한 남자들은 계산을 하겠다며 마담을 불러달라 했다.

　　나와 그 아가씨는 대기실로 들어가서 잠시 이야기를 나누었다. 처음 본 사이인데도 손발이 척척 맞는 느낌을 받았다. 그 아가씨가 어디 사무실이냐고 물어봐서 사무실의 이름을 몰랐던 나는 오늘 처음 일한다고 했다. 그러자 그 아가씨는 사무실 전화번호를 물어보았다. 보도방 아가씨들끼리는 사무실 이름이나 전화번호를 물어본다고 알려주었다. 그러면서 2차를 가게 되면 빨리 끝나는 쪽이 전화해주자는 약속을 했다.

　　다시 룸으로 들어가 술 취한 남자들을 부축하고 근처 모텔로 2차를 나갔다. 나의 파트너가 되었던 남자는 샤워를 시켜달라고 요구했다. 남자의 요구를 거부했다가는 무슨 일이 벌어질지 나는 이미 알고 있었기에 시키는 대로 했다. 그러나 그 남자는 술에 취한 상태라 사정을 못하자 내 서비스가 나빠서 그렇다며 내 탓을 해 분위기가 점점 험악해졌다. 최대한 남자를 달래고 달래서 겨우 끝내고 모텔을 나오면서 거울을 보니, 화장은 거의 지워져 있고 머리도 엉망이고 술기운이 올라 얼굴은 빨갛게 물들어 있었다. 같이 2차를 나왔던 아가씨 방에 전화를 해주고는 근처 커피숍으로 가서 화장을 고쳤다.

오늘 첫 출근을 한 내가 걱정이 되었는지 동생에게서 전화가 왔다. 자신은 테이블만 봤고 보도 사무실 전화를 기다리고 있다고 하면서 2차는 갔냐고 물어보았다. 동생은 오늘 첫날인데 너무 무리하지 말고 사무실에 전화해서 일찍 들어간다고 하고 집에 가서 쉬라고 했다. 여러 가지로 신경을 써주는 동생이 고마워서 내일 시간이 되면 밥 먹으러 오라고 하고 전화를 끊었다. 동생 말대로 첫날 일을 하며 진이 빠진 것 같아 보도 사무실로 전화를 하니 소장은 지금 아가씨 찾는 데가 많으니 한 군데만 더 갔다가 들어가 쉬라고 했다. 화장을 정성껏 고치고 C업소로 갔다.

C업소 입구에서 나를 맞이한 마담은 날 위아래로 훑어보고는 룸으로 안내했다. 아가씨 혼자서 남자 네 명을 상대하고 있었다. 내가 들어가니 혼자 있던 아가씨는 한숨을 돌리며 곁에 와서 작은 목소리로 남자들이 여태 술도 안 시키고 노래만 불러서 힘들었다고 했다.

남자들은 자리에 앉는 시간도 아까운지 계속해서 노래를 불렀고 술은 마시지도 않았다. 잠시 쉬려고 담배를 피우러 대기실로 가니까 마담은 사람 잡아먹을 듯이 매상 좀 올리라고 소리쳤다. 나는 이 업소 고정 아가씨가 아니었기에 마담이 시키는 대로 매상을 열심히 올릴 필요는 없었다. 다만 다음에 다시 나를 불러주게끔 하려면 어느 정도는 마담이 시키는 일을 해야 했다.

룸으로 들어가서 남자들에게 술을 좀 더 시키자고 했지만 욕만 실컷 얻어먹었다. 마담이 룸으로 들어와서 분위기를 보더니 자기도 속수무책인지 적당히 비위 맞춰주고 끝내라고 했다. 같이 있었던 아가씨가 남자에게 술을 더 시키거나 아니면 마치자는 말을 했더니 남자는 술이 깼는지 "네가 뭔데? 내가 누군지 알아?" 하며 고래고래 고함을 질렀다. 다른 일행들이 노래를 부르다 멈추며 "야, 그만 나가서 마담 불러와." 하며 큰소리를 쳤다. 나는 오히려 빨리 마칠 수 있어서 잘됐다는 생각을 했다.

대기실에 들어와서 그 아가씨에게 괜찮으냐고 물어보았다. 그 아가씨는 보도방에서 일하면 빨리 마치는 게 돈이니까 욕 얻어먹는 것쯤은 괜찮다고 하며 어차피 2차도 아닌데 힘 뺄 필요 없다고 말하면서 웃었다. 다음에 만나면 인사라도 하고 지내자고 해서 서로 연락처도 주고받았다. 마담이 대기실로 들어와서 수고했다며 가라고 하면서 내 이름을 물어보았다. 업주나 마담이 개인 전화번호나 이름을 물어보는 것은 지정을 부를 때 쓰기 위해서라고 했다.

보도방 사무실로 전화를 해서 오늘 일은 마치겠다고 했더니 소장은 수고했다며 내일 일찍 나오라고 했다. 집으로 오는 길에 왠지 모를 허전함이 밀려왔다. 반길 사람도 없는 불 꺼진 집으로 향해

가는 길이 왜 이리 멀기만 한지, 눈에 띄는 곳은 술집이었고 술을 한잔할까 하는 갈등도 했지만 일찍 들어가서 쉬기로 했다.

다음 날 보도방 사무실 문을 열자마자 소장이 F업소로 일을 하러 가라고 했다. 자리에 앉지도 못하고 업소로 향했다. F업소 대기실에는 같은 사무실 아가씨가 나를 기다리고 있었다. 그 아가씨는 나보다 두 살 정도 어렸다. 홀복으로 갈아입고 룸으로 들어갔다.

남자 두 명이 앉아 있었다. 허우대는 멀쩡해 보였지만 왠지 모르게 불안했다. 자리에 앉아 세팅을 하는데 남자들의 눈빛이 좋지 않았다. 일어나서 나갈까 망설이던 와중 앞에 앉은 동생이 나에게 인상을 쓰며 사인을 보냈는데 뭐라고 하는 것인지 도통 알아볼 수가 없었다. 나는 분위기를 전환하려고 농담을 해가며 술을 마셨다. 여기서는 술 작업을 해서는 큰일 날 것 같아 정신을 차리려 애를 썼다. 술 한 병을 다 마시고 두 병째 들어오는데, 남자들이 "언제부터 이 일 했냐? 너희 엄마가 술집 다니는 거 아냐? 회사 다니며 돈 번다고 거짓말 하고 다니지?" 하며 온갖 질문을 던졌고 나는 대충 말을 얼버무렸다. 그런데 앞에 앉아 있던 동생은 자리에서 벌떡 일어나 "마담 불러줄게요." 하더니 룸에서 나갔고 얼떨결에 나도 일어서서 나왔다.

대기실에서 그 동생은 담배를 피워 물며 이런 말을 했다. "언니, 저런 놈은 나중에 더 힘들어지니까 여기서 나가고 다른 업소 콜 받아서 가자." 그 말이 끝나기 무섭게 마담이 대기실로 들어왔다. "야, 손님들한테 어떻게 했길래 저 난리가 난 거야? 술값 못 준다고 하는데 어떻게 된 거냐?" 마담이 묻자 동생은 담배를 피우면서 "아니, 들어가서 뭘 어떻게 했겠어요? 아가씨가 마음에 안 들면 처음부터 다른 아가씨로 바꿔달라 하든지. 이제와서 왜 그러는 거예요? 사무실에 전화할게요."라고 대답했다. 동생의 말을 들은 마담이 잠시 기다리라고 하면서 나갔다.

동생은 전화를 받은 소장에게 방금 룸에서 있었던 일에 대해서 말하고는 여기서 둘이 같이 나간다고 했다. 이 업소 TC는 꼭 챙겨달라고 하고는 나에게 나가자고 했다. 마담은 카운터에 서서 오늘은 사무실로 결제해주겠지만 다음에는 이러지 말라고 했다.

업소 밖으로 나온 동생은 사무실에서 전화가 오기를 기다리면서 커피나 한잔하자며 나를 커피숍으로 이끌었다. 그 동생은 "언니, 어차피 우리는 진상처리반이야. 업소에서 고정 아가씨 없어서 우리를 부르는 경우도 있겠지만, 업소마다 블랙리스트가 있어서 고정 아가씨들 아낀다고 우리를 부를 때도 있어. 보도방 아가씨는 시간이 돈이니까 적당히 놀아주고 빨리 마치면 되는 거야. 일한 돈은 사무실에서 수금하는 거고, 우리는 사무실에서 주급으로 돈을 받으면 되니까. 그러니까 술 많이 먹을 필요도 없고 적당히 해."라고 말해줬다.

길 하나 건너면 벼랑 끝

다시 전화가 울렸다. B업소로 그 동생과 같이 갔다. 룸의 문을 열고 들어가자 남자들이 많은 단체손님이었다. 단체손님은 매상을 올리기는 쉬우나 빨리 마치지 않는 것이 흠이라 업소에서는 좋아하지만 아가씨 입장에서는 좋지 않았다.

업소 상무는 2차 가는 손님도 있으니까 잘하라고 했지만 나는 그 말에 신경을 쓰지 않았다. 술에 취해 쓰러지기 일보 직전인 남자들이 가득 앉아 있었다. 한 남자는 이 아가씨, 저 아가씨의 몸을 더듬고 다니고 한 남자는 술은 시키지 말라고 아가씨들에게 지시했다. 나는 테이블 정리도 하고 거기서 멀쩡한 남자에게 술 한잔하자며 자리로 이끌었다.

그 남자는 술을 마시면서 내 귀에 속삭였다. "여기 계속 있어봤자 힘들 거고, 내가 가도 너는 계속 있어야 할 거 아니야? 2차 가는 척하고 얼른 나가자." 자기는 빨리 집으로 가고 싶다고 했다. 그 남자는 내가 보도방에서 온 아가씨라는 것을 알고 있었다. 다른 남자들은 보도방에서 왔다고 하면 고정 아가씨가 아니라는 이유로 옆에 앉지도 못하게 하는 경우가 있었는데 이 남자는 예외였다. 여기서 나가서 다른 업소로 일하러 가라고 했다. 빨리 끝내주겠다는데 망설일 필요가 없었다. 그 남자는 나의 손을 잡으며 다정하게 카운터로 나가서 술값을 계산했다. 곁에 있던 상무가 삼촌들(웨이터) 팁 좀 받아주라고 하며 내 옆구리를 찔렀다. 웨이터 차비나 담뱃값을 받아내는 것도 아가씨 몫이었다. 남자는 지갑을 열어 돈을 꺼내 웨이터에게 주고는 얼른 나가자고 했다. 나는 그 남자와 B업소 앞에서 헤어졌고 사무실에서 또 다른 업소 전화가 오기를 기다렸다.

🥚

보도방 생활은 가게에 고정되지 않기 때문에 출퇴근 시간을 마음대로 조정할 수 있다는 것과 쉬는 날이 있다는 것을 빼고는 여느 업소와 그다지 다를 게 없었다. 보도방 사무실도 나름대로 아가씨 관리를 했다. 이곳에서도 나이 어린 아가씨는 대우가 좋았다.

보도방에서 일을 한 지 어느 정도 시간이 흘러 몇몇 아가씨들과 친해졌다. 어떤 날에는 업소 한 군데에서 2차 없이 테이블만 보고 사무실로 돌아왔는데, 그날따라 평소보다 전화도 없고 너무 조용해서 친하게 지내던 아가씨들과 술을 한잔했다.

술을 마시던 사이 사무실에서 아가씨 찾는 전화가 오기는 했지만 술 마시다 말고 업소로 일하러 갈 사람은 없었다. 술자리가 끝나고 집으로 가려고 일어나는데 M언니는 우리 집과 거리가 가까워서 함께 택시를 탔다. 다음 날은 M언니와 같이 L업소로 일을 갔다. 룸에 들어서자마자 캔슬*을 맞았고 다시 전화를 받아 다른 업소로 갔는데 손님이 갔다고 해서 룸에 들어가지도 못하고 다시 나와야

♦구매자들이 자기 스타일이 아니라고 룸에서 내보내는 것을 말한다. '빠꾸', '뺀지'라는 용어를 쓰기도 했다.

했다.

하루가 이렇게 긴 적은 처음이었다. 거리에서, 아니면 이동 중인 차 안에서 업소로 연결된 전화를 받으며 한숨만 나왔다. 그러다가 보도방 사무실 아가씨들이 제일 기피하는 G업소 전화가 들어왔고 소장은 나에게 G업소에 가라고 요구했다. 보도방 아가씨들에게도 기피 대상인 업소가 있었다. 그건 아가씨들끼리만 공유되었고, 어떤 아가씨는 기피 대상 업소에서 일이 들어오면 퇴근해버리기도 했다. 나는 체념하고 G업소 룸으로 인사를 하며 들어갔다.

남자들은 나에게 마음에 드는 사람 옆에 가서 앉으라고 했다. 어정쩡하게 서 있는 나에게 남자들은 웃으면서 누가 마음에 드냐고 했다. 남자들의 요구에 어이가 없었지만 고된 하루 더 힘들고 싶지 않아 입구에 앉아 있는 남자 옆에 가서 앉았다. 얼굴도 자세히 보지 않고 룸에서 나다니기 편하다는 이유로 냉큼 앉았던 것이 후회가 되기 시작했다.

그 남자가 나에게 옷을 벗어보라고 해서 싫다고 했더니 당장 나가라고 소리쳐서 겨우 달랬고, 속옷은 무슨 색깔이냐며 위아래로 손이 들어와 휘저었고, 자신이 마셔야 할 폭탄주를 내 입에 강제로 먹이기도 하고, 뭘 먹고 왔는지 시궁창 냄새가 나는 입으로 나에게 입맞춤을 하자며 얼굴을 들이대고, 노래 한 곡 하라고 해서 노래를 부르면 뒤에서 치마를 위로 올려서 팬티를 벗기려 하고, 잠시만 화장실을 다녀오겠다고 하면 담배는 여기서 피우라며 어딜 가냐고 고함을 질렀다. 30대 초반으로 보이는 남자였는데, 진상도 이런 진상이 있나 싶을 만큼 끔찍해서 눈물이 돌았다. 어쩌다가 이런 놈 옆에 앉아서 이 고생을 하는지, 언제 끝날지 모르는 이 자리가 너무 싫은데도 얼굴에는 웃음을 지어야만 한다는 것이 속상했다. 그러다 한 남자가 "마담한테 계산서 가져오라고 해."라고 하면서 술을 그만 마시겠다고 했다. 얼른 자리에서 일어나 룸에서 나갔다.

대기실에 앉아서 담배를 피워 무는데 서럽기까지 했다. 룸에 같이 들어갔던 아가씨들은 위로의 말을 건넸다. 오늘은 더 이상 전화를 받지 말고 일찍 퇴근을 해야겠다고 마음먹었는데 대기실로 들어선 마담은 2차를 가라고 했다. 내 옆에 앉아 있던 남자의 진상 짓을 말해주면서 2차는 못 나가겠다고 했다. 마담은 나를 째려보면서 술값 책임질 거냐고 물었다. 술값을 내가 왜 책임져야 하냐고 했더니 화를 내면서 "다른 아가씨들도 다들 2차 갔고 아무 일 없었어. 나가라면 나갈 것이지 말이 많아?" 하며 소리를 질렀다. 어떻게 하면 2차를 안 나갈 수 있을까 고민해도 답은 없었다. 같이 룸에 들어갔던 아가씨가 자기가 도와주겠다고 하면서 어서 2차를 나가자고 했다.

모텔에 들어선 그 남자는 제 몸 하나 가누지도 못하는 주제에 2차는 하겠다고 나에게 별 짓을 다 시켰다. 씻겨달라고 해서 샤워를 시켜주고 침대에 눕혀놓고 나는 전화와 담배를 들고 샤워를 하겠다고 하면서 욕실로 들어갔다. 욕실 문을 잠그고 물을 틀어놓고 담배를 물었다. 한숨을 쉬고 있는데 M언니에게서 전화가 왔다. 언니는

2차가 끝나서 지금 퇴근하려고 한다고 했다. 괜히 언니가 부럽기도 했다. 나는 언제 끝날지 모르겠다고 하니 혹시 나중에 한잔하고 싶으면 전화하라고 하는 언니의 목소리에 눈물이 나려고 했다. M언니의 전화에 마음이 더 심란해져 담배를 다시 피워 물었다. 잠시 욕실을 나와 방 안을 살펴보니 그 남자는 조용히 누워 있었다. 나는 다시 욕실로 들어가 계속해서 물을 틀어놓고 M언니와 문자를 주고받았다. 그렇게 시간이 제법 흘러 방문을 열어보니 그 남자는 코를 골며 잠들어 있었다.

그 남자는 옷을 다 벗고 자고 있어서 조명등만 켜고 방 불을 다 껐다. 속옷은 일부러 대충 던져두고, 휴지를 둘둘 말아 적당히 물을 묻혀 던져놓고, 수건도 방 여기저기 던져놓고 칫솔은 내가 사용했던 것을 그대로 화장대에 올려놓고 콘돔을 하나 까서 휴지통에 보이게 던져두고는 다시 방 안을 둘러보았다. 남자가 잠에서 깰까 봐 소리 죽여 옷을 입고 신발은 신지도 못한 채 조용히 모텔 방을 빠져 나왔다. 남자가 잠이 들어서 다행이라고 생각했다.

2차를 가서도 괴롭히는 남자들이 많았다. 차라리 술에 취해서 잠드는 편이 수월했다. 업소에서 일하면서도 이런 수법은 간간히 써먹은 적이 있었다. 하지만 들키는 날이면 그 뒷감당은 전부 내 몫이었다. 업주나 마담에게 욕을 얻어먹는 것으로 끝나지 않았다. 2차비로 받았던 돈을 뱉어내는 것은 물론이고 술값까지 물리는 업소도 있었다. 보도방 사무실이라고 별로 다르지는 않았다. 술값을 물리지 않을 뿐 2차비는 다시 돌려줘야 했다.

　그 남자에게서 겨우 빠져나와 M언니를 만나 술을 실컷 마셨다. 샤워를 하고 왔는데도 그 남자 입에서 나던 시궁창 냄새가 내 몸에 밴 듯해서 기분이 나빴다.

　다음 날은 일찍이 일을 하러 갔다. 어제 일은 무사히 잘 넘어간 듯했다. 그날은 P업소에서 여섯 명 정도 아가씨가 필요하다는 전화가 왔다. 룸 두 군데로 나누어서 들어간다고 했다. 평소에 그 업소에 가보면 고정 아가씨가 꽤 있는 편이었는데 이상하다고 생각했다. 같이 가는 아가씨가 "진상이구나. 그러니 우리를 부르지. 고정은 아끼고 우리는 진상 처리하고, 그런 거지." 했다. 팀을 나눠 룸으로 들어갔다.

　내가 들어간 룸에는 남자 네 명이 있었고 나를 포함한 아가씨 네 명은 남자 옆에 앉기 전에 서서 인사를 했다. 초이스가 아니라는 점이 조금은 편했지만 그렇다고 긴장을 놓을 수 없었다. 마담은 우리에게 얼른 들어가서 앉으라며 손짓했고 한 남자는 마담을 제지하며 자기가 앉혀주겠다고 하면서 아가씨들에게 자기가 지시한 남자 옆에 앉도록 했다. 나도 파트너가 정해져서 자리에 앉아서 테이블 세팅을 시작했다.

　자리를 정해주던 남자는 화채그릇과 양주 한 병, 맥주를 웨이터에게 시켰다. 폭탄주를 마시면 버리지도 못하고 술에 취했고, 그런 날은 더 이상 일을 못 하기 때문에 아가씨들은 폭탄주를 싫어했

　　　　　　　　　　　　　　　　　　　길 하나 건너면 벼랑 끝

다. 웨이터가 가져온 화채그릇에 그 남자는 웃으며 양주 한 병을 다 따르더니 맥주를 붓기 시작했다. 옆에서 도와주는 다른 남자는 얼음을 넣기도 하고 간이 맞니 안 맞니 해대며 술을 더 부으라고 했다. 양주와 맥주를 다 부어놓고는 남자가 자기 파트너로 앉아 있는 아가씨에게 팬티를 벗으라고 주문했다.

나와 아가씨들은 깜짝 놀랐다. 그 아가씨가 못 벗겠다고 하니까 팬티 값을 주겠다며 만 원짜리 지폐 몇 장을 아가씨 가슴에 찔러 넣었다. 결국 아가씨가 팬티를 벗었고 그 남자는 팬티를 화채그릇에 담그고 국자로 꾹꾹 눌렀다. 그 광경을 바라보는 아가씨들은 일제히 사색이 되었다. 남자들은 무엇이 그리 신이 났는지 웃음기가 가득했다. 얼른 여기서 나가야겠다는 생각을 했지만 아가씨들은 어느 누구 하나 일어날 기색이 보이지 않았다.

아가씨의 팬티를 넣어서 폭탄주를 제조하던 남자가 국자로 술을 따라 제일 나이가 많아 보이는 한 남자에게 폭탄주를 건네주었다. 그 남자는 맛있겠다며 바로 마셔버렸다. 보기만 해도 역겨웠다. 남자들은 한 잔씩 돌아가며 팬티를 담근 폭탄주를 마셨고, 그러고는 아가씨들에게도 한 잔씩 하라며 잔을 돌리기 시작했다.

폭탄주를 첫 번째 아가씨에게 들이댔을 때 그 아가씨는 아무렇지도 않은 듯이 마셨다. 또 폭탄주를 돌리려고 할 때 나는 자리에서 벌떡 일어났다. 도저히 마실 수 없었고 속이 울렁거려 앉아 있을 수도 없어서 나가겠다고 하자, 남자들은 나를 비웃으며 손님이 우습게 보이냐고, 마담을 부르라고 했다.

　대기실에서 마담에게 자초지종을 이야기하고 있을 때 같은 보도방 사무실 아가씨가 대기실로 들어왔다. 우리를 본 마담은 "야, 돈 벌어먹고 사는 게 쉽냐? 손님 비위 하나 못 맞추는 것들이 무슨 일을 하냐? 얼른 꺼져." 하고 화를 냈다. 분노를 진정시키려 담배를 입에 무니 "야, 나가서 피워. 여기가 담배 피우는 곳이냐? 미친년아, 얼른 나가라고!" 하며 마담은 소리쳤다. 홀복을 입은 채로 업소를 나가려는데 업소 상무라는 사람이 "손님 비위를 맞춰야 할 것들이, 어찌 손님이 너희 비위를 맞추냐? 프로 의식이 없네, 이것들이."라고 내 뒤통수에 대고 말했다.

　상무의 말에 더욱더 화가 났다. 프로 의식? 상무가 말하는 '프로'란 도대체 무슨 뜻일까? 이 업소에서 나가는 것이 우선이었기에 들은 척도 하지 않고 빠져나왔다. 길에서 보도방 사무실에 다시 전화를 하고 담배를 한 대 피우기 위해 근처 커피숍으로 갔다. 담배를 연달아 피우며 쓴 커피 한 잔에 기분을 전환하려 애를 썼다. 그러나 진정이 되지 않는 마음에 화장을 고치고 싶지도 않았고 집으로 돌아가 쉬고만 싶었다. 내 마음과 달리 또 다시 전화벨이 울렸고, 그날은 진상과의 싸움이 계속되었다.

　당시는 2002년 월드컵이 열리던 때였다. 전 세계가 한국에 주목했고, 한국 사회는 월드컵의 열기로 온통 뜨거웠다. 나 또한 그 열기에 빨려 들어갔다. 지각비와 결근비가 없는 보도방에서 일을 해서 축구 경기도 보고 술을 마실 수도 있어 다행이라고 생각했다.

A업소에서 내 이름을 지정해서 찾는다는 전화를 받았다. A업소로 향했다. 룸에 들어갔는데 남자는 혼자 앉아 있었다. 그 남자는 나를 아주 잘 안다고 말하면서 나를 만났을 때 무슨 옷을 입었는지 설명하더니 자신의 맞은편 파트너였다고 했다. 기억나지 않는 나는 대충 웃음으로 넘겼다. 술이 한 잔 두 잔 들어가고, 남자와 단둘이 있어서 그런지 시간은 더 안 가는 것 같았다. 마담이 와서 거들어주기도 했지만 술은 줄어들지 않았다. 남자는 내 손을 잡고 손등에 입을 맞추기도 하고 점점 가까이 와서 앉기도 했다. 노래도 한 곡 부르지 않고 이런저런 이야기를 나누었다. 담배도 자기와 같이 피우자고 했지만 화장실을 핑계로 룸을 나왔다. 혼자 오는 남자를 상대할 때는 술 작업이 힘들었다. 빨리 시간이 갔으면 했고, 술을 어떻게 처리할까 고민이 되었다.

다시 룸으로 들어간 나에게 남자는 연락처를 물어 보았다. "애인 있어?" 그 말에 나는 다시 웃었다. 애인이 뭐냐고 되물었고 그 남자도 웃었다. "마음에 들어서 그러니까 낮에 만나서 밥 먹고 애인처럼 지내자." 하고 제안했다. 나는 관심도 없었고, 이 남자를 지정으로 만들 생각만 했다. 전화번호를 주고받고는 그 남자는 내 몸을 천천히 더듬었다. 짜증은 났지만 내버려두고 술만 마셨다. 두 병째인 술이 바닥이 났을 때 나는 비틀거리며 룸에서 나올 수 있었다.

대기실에서 담배를 한 대 피워 물었는데 마담이 들어와서 2차는 아니라며 수고했다고 말했다. '내 몸을 그렇게 만져대면서 친하게 지내고 싶다더니, 2차는 안 가는구나.' 하며 코웃음을 쳤다. 얼른 옷을 갈아입고는 대기실에서 나왔는데 아까 그 룸으로 웬 아가씨가 들어가고 있었고 문틈 사이로 그 남자도 보였다. 그 아가씨는 이 업소 고정 같았다. 업주나 마담들은 보도방 아가씨는 먼저 보내고 업소 고정 아가씨로 2차를 보내기 위해 룸으로 들여보내는 짓을 했다. 괜히 기분이 씁쓸해지고 술을 두 병이나 마시며 힘들게 매상을 올려준 것이 아까웠다. A업소를 나와 사무실로 향했다.

보도방 사무실은 조용했다. 시끄럽게 울리던 전화는 잠잠했고 사무실에 앉아 있던 아가씨들도 일찍 퇴근하겠다며 나서기도 했다. 기분이 그다지 좋지 않았던 나도 퇴근하려고 일어서는데 나이가 같은 K가 같이 한잔하자고 했다. 근처 술집으로 향했다.

그날따라 폭주를 하는 나에게 K가 놀라서 천천히 마시라고 했다. 내 마음은 무엇 때문인지 늘 허전했다. 그것을 무엇으로 채워야 할지 생각조차 나지 않았고 그저 늘 갈증만 났다. 2차로 K가 자기 집에 초대했다. 근처 편의점에 들러 술과 안주를 잔뜩 사들고 가 즐거운 시간을 보냈다. 술을 마시면 살이 찌는 것은 걱정하지 않았다. K가 정성들여 맛있는 안주를 만들어주었고, 그날 밤 웃기도 하고 울기도 하며 속을 터놓고 많은 이야기를 나누면서 우리는 점점 친해졌다. K는 보기보다 따뜻한 마음을 가진 친구였다. 술에 취해서 K의 집에서 잠이 들었다.

숙취 때문에 머리가 아파서 눈을 떠보니 새벽이었다. 술을 같이 마셨을 뿐인데 실례를 한 것 같은 미안한 마음에 얼른 일어나 집으로 돌아왔다.

　　내가 살고 있는 집에는 아무도 없다. 내가 열쇠로 문을 열기 전까지는 생기도 없는 조용한 방일 뿐이었다. 오로지 혼자만의 시간을 즐길 수 있는 공간임에도 편하지 않았다. 빨랫감이 방 안 구석구석 널려 있고, 설거지할 그릇이 쌓여 있고, 환기가 되지 않아 냄새가 나는 방을 청소했다. 세탁이 된 빨래를 널고 제대로 지우지 못한 화장을 깨끗이 지우고 따뜻한 이불로 들어가 몸을 뉘었다. 포근하고 좋았다. 아무 걱정 없이 이런 사소한 일상을 보내고 싶다는 간절한 바람으로 잠이 들었다.

　　몇 달 뒤 K는 결혼을 했다. 혼수 준비로 바쁜 K를 보며 부럽기도 했다. 그러나 결혼식에는 초대받지 못했다. K는 결혼한 지 한 달이 지나 나에게 전화를 해왔다. 막상 결혼 날짜를 정하니 자신이 업소 아가씨였던 사실을 들킬까 봐 나를 부르지 못했다며, 가깝게 지냈고 마음이 많이 쓰였는데 미안하다고 했다. 대학교를 졸업한 K는 학교 친구들만 초대해서 조용하게 결혼식을 올렸다고 했다. 나는 결혼을 했으면 원래 다 잊고 사는 것이라며 허전한 마음을 달랬다. 그 친구가 잘 살기를 바랐다. 그 후 한 번 더 연락이 와서 임신 소식을 알렸고, 남편 사업 때문에 멀리 이사를 간다고 했다. "고마웠어. 술 많이 먹지 말고, 건강하게 잘 지내." 그 마지막 인사를 남기고 자신의 인생을 살기 위해 떠났다.

친구를 보낸 것이 처음도 아닌데 이별이 많이 아프고 힘들었다. 정든 친구가 가버린 빈자리는 무엇으로 채워야 할지 몰랐고, 또다시 곁에 있던 누군가를 보내기가 견디기 어려웠다. 나는 결국 술병이 나서 며칠 일을 못 했다.

월세를 내야 하는 날이 다가오고 있어 아픈 몸을 이끌고 다시 보도방 사무실로 나갔다. 보도 생활을 하면서 여기저기 업소에서 고정 아가씨로 들어오라는 소리를 들었다. 마음이 흔들린 적도 많았는데, 이유는 진상들 때문이었다. 몸도 점점 지쳐가고 힘이 들어서 업소로 들어가기로 마음을 먹었다. 나에게 오라고 했던 마담과 상무에게 전화를 해보았다. 당장 오늘이라도 출근하기를 바란다고 했다.

이 이야기가 어떻게 소장 귀에 들어갔는지, 소장은 섭섭하다며 "간다면 안 잡겠는데 이건 도리가 아니지." 했다. 그 말을 듣고는 소장 눈치를 보느라 업소를 옮기지도 못하고 출근을 하며 일을 했다. 그런 와중에 같이 일하던 동생이 오픈하는 업소가 있는데 같이 가지 않겠냐고 말을 건넸다. M언니도 같이 가자고 했다.

오픈한다는 업소의 업주를 만났고, 선불금 이야기를 꺼내자 그 자리에서 바로 입금해주었다. 동생의 말로는 동업자가 따로 있고 이 사람은 전주*라고 했다. 전주는 오픈 때까지 며칠 시간이 있으니까 잠시 쉬고 있으라며 선불금 차용증에 서로 연대보증을 서게 했다. 업소는 보통 이처럼 아가씨들에게 연대보증을 서게 만들었고, 둘 중 하나가 도망을 가면 한 명이 자신의 선불금에 더해 도망간 아가씨의 선불금까지 갚게 했다.

보도방 사무실 소장에게 선불금을 정리해주면서 M언니 말대로 잠시 쉰다고 하고 그만두었다. 선불금을 다 정리했는데 잠시 쉰다는 핑계를 왜 대야 하는지 잘 이해가 되지 않았지만, 나중에 혹시 다시 보도방에서 다시 일을 하려면 그렇게 말하는 게 나을 것 같았다. 그동안 같이 일했던 시간들이 있는데 소장과 굳이 얼굴 붉힐 필요가 없었다. 나는 며칠 동안 M언니가 해주는 밥을 얻어먹으며 오랜만의 휴식을 즐겼다.

며칠 후 전주가 아닌 업주에게서 전화가 왔고, 다음 날 우리는 출근했다. 대기실에 앉아서 준비하고 있는 우리 앞에 업소 사장이 나타났다. 인사를 하는 우리를 천천히 둘러보면서 끈적끈적한 눈길을 보낸 업소 사장은 잘 부탁한다고 했다. 업소는 남자들로 붐볐고 덩달아 우리도 바빠졌다. 그날은 시간이 어떻게 가는지도 몰랐다. 오랜만에 업소에서 따당을 뛰어보고 술 작업도 잘되어 몸은 힘들었지만 장부에 받을 돈을 기록하며 기분이 좋았다. 업소 간판에 불이

♦ 대형 룸살롱에서 일하는 여성들의 선불금을 빌려주는 성매매 업소 전문 사채업자를 말한다.

꺼지고 다들 퇴근하려는데 업주는 오늘 고생했으니 한잔하러 가자고 했다. 소주잔을 높이 든 업주와 우리는 의기투합하며 잘해보자고 외쳤다.

마담과 아가씨들도 구해졌고 제법 업소다운 티가 났다. 마담과 새로 온 아가씨들과의 사이도 나쁘지 않아서 분위기도 좋았고 몇 달 정도는 오픈 업소답게 바쁘기도 했다. 그런데 업소가 점점 조용해지기 시작했다. 수입이 늘지 않았다. 그날도 업주가 우리를 야식집으로 이끌었다. 업주는 미안하다고, 조금만 참아보자며 우리를 다독였다. 업주를 보내고 남은 우리는 푸념을 늘어놓았다. 차비도 없다느니, 이러다 빚만 늘겠다느니 한숨만 쉬었다. 동생과 나는 다른 업소를 찾아보는 것이 좋겠다고 했고 M언니는 한동안 술만 마시며 고민하더니 같이 가겠다고 했다.

다음 날 업주를 만나 그만두겠다고 했다. 다른 업소가 정해지면 선불금을 갚겠다고 하니 업주는 "웃기는 소리 하지 마라. 너희들 편의는 다 봐줬는데 뭐하는 짓이냐?" 하고 화를 내기 시작했다. 선불금을 계산할 동안 계속 출근하기로 했고 우리는 여기저기 업소를 찾아 나섰다. 마담은 업주와 어떤 이야기를 나누었는지 모르겠지만 그만둔다는 말도 없이 자신이 데리고 온 아가씨들과 조용히 사라졌다.

조용한 업소에 남자들이 몇 명 왔다. 알고 보니 그 남자들은 업소를 인수하러 온 사람들이었다. 구석구석 둘러보고는 룸으로 들어가서 술을 마시는 자리에 업주가 나와 동생을 불러 술시중을 들게 했다. 남자들의 눈빛이 별로 좋지 않았다. 업주가 자리를 뜨자 남자들은 술을 마시면서 이것저것 물어보았다. "한 달에 얼마나 벌었냐? 새로 주인이 바뀌면 계속 일할 거냐? 고정 손님은 있냐?" 쉴 새 없이 질문을 해댔다. 나는 어떻게 대답해야 할지 난감하기만 해서 눈치만 보고 있었다.

술을 다 마신 남자들이 업소를 나가면서 간판에 불이 꺼졌다. 업주는 "빨리 선불금 토해내고 나가라."라고 우리에게 말했다. 업소를 알아봐야 선불금을 갚을 것 아니냐고 했더니 업주는 "당장 내일 돈 가지고 와. 안 가지고 오면 너희 집에 다 알린다."며 큰 소리로 고함을 질렀다.

동생이 소개받은 마담과 이야기가 잘되었다고 하면서 내일 오후에 만나자고 했다. M언니는 이제 그만둘 수 있겠다며 안심했다. 그러나 다음 날 만난 마담은 우리를 위아래로 훑어보면서 "나이가 많아서 안 된다.", "사이즈가 크다."고 하더니 동생을 따로 불러 이야기를 나누고는 사라졌다. 동생은 마담이 나와 동생 둘만 일했으면 좋겠다고 했다며 눈치를 보면서 말했다. 우리는 아무 말을 하지 못했다. 긴 침묵을 깨고 M언니는 자기 일은 알아서 할 테니 너무 걱정하지 말라고 했다. 미안한 마음에 죄인이 된 기분이었다. 동생은 마담에게 전화를 했고 선불금을 입금해주겠다는 약속을 받아냈다.

다음 날 업소로 가서 욕을 해대던 업주에게 돈을 던져주다시

피 계산을 하고 차용증을 돌려받았다. 빨리 선불금을 갚으라고 큰 소리치던 업주는 돈을 받아내서인지 별 말이 없었고 나도 인사도 없이 홀복을 정리해서 업소를 나왔다.

동생과 옮겨간 업소는 겉보기에는 정말 바쁜데 실속이 없었다. 동생은 계속 2차를 나갔지만 나에게는 기회가 잘 주어지지 않았다. 그러다 지정 손님이 생기자 마담의 얼굴색이 바뀌기 시작했다. 평소답지 않게 친한 척도 했다. 어느 날 나를 자주 지정해주던 남자가 술값 외상을 받아달라고 했다. 마담에게 말했더니 "술값 사인은 너를 보고 하는 거니까 네가 책임져라."라고 책임을 나에게 돌렸다. 계속 돈을 못 벌던 나는 이 남자가 지정을 해주는 덕에 어느 정도 생활비를 벌고 있던 터였다. 남자의 요구를 들어주지 않으면 또다시 빚에 허덕일 것이라고 판단했다. 남자를 믿고 술값 사인을 받아주었다. 그 남자는 자주 업소로 찾아왔고, 마담은 지정이 아니면 룸으로 들여보내지 않았다. 다른 남자들에게도 지정을 받기 위해서 술값 사인을 받아주었다.

내가 받은 남자들의 술값 사인지가 많아지면서 수금이 제대로 되지 않자 수입에서 그 술값을 제하면서 생활비조차 없어 차비를 걱정해야 할 지경에 이르렀다. 남자들에게 술값을 갚으라고 하면 남자들은 조금만 기다려달라고만 했다. 출근할 차비조차 없어서 괴로웠다. 다른 방법을 찾아 생계를 이어가야 했다.

나에게 화장품을 팔던 언니가 자신이 하는 방판용 화장품을 팔면 수입이 괜찮을 것이라며 화장품 판매직을 권했다. 나는 낮에는 화장품을 판매할 고객을 만들기 위해 아는 사람들에게 명함을 돌렸고, 화장품을 구입하겠다는 연락이 오면 거리가 얼마나 멀든 열심히 뛰어다녔다. 그런 뒤 밤이 되면 업소에 나와서 일을 했다. 몸이 만신창이가 되는 것 같았다. 화장품을 팔아 생활비로 쓰고 더 많이 벌게 되면 선불금도 정리하려고 했던 나의 계획은 몇 달 만에 물거품이 되었다. 화장품 판매는 빛 좋은 개살구였다. 아는 지인이라고는 업소 아가씨가 전부였던 나는 화장품을 판매하면서도 미수금이 생겨서 그마저도 빚이 늘어갔다. 업소 선불금과 화장품 판매 미수금이라는 이중의 빚의 덫에 걸려 헤어나지 못했다.

술값 사인을 한 남자들의 입금이 늦어지면서 업주와 마담이 나를 들볶기 시작했다. 내가 신용카드를 사용한다는 것을 눈치챈 업주가 나를 불렀다. "카드에서 현금서비스라도 받아서 결제해. 지금 빚도 장난 아닌데 뭘 믿고 널 기다려주겠냐?" 현금으로 결제를 하면 몇 퍼센트를 떼어주겠다고 했다. 선택의 여지없이 신용카드로 현금서비스를 받아서 남자들이 약속한 술값을 대납했다. 말로만 술값을 갚겠다고 하며 약속이 늦어지는 남자들을 찾아 나섰다. 회사를 찾아가기도 하고, 전화를 수천 번도 더 했다. 그러나 돌아오는 말은 "나 더 이상 안 볼 거야.", "내일 입금할게."가 전부였다. 다시 며칠 기다려보기로 했지만 업주는 나의 사정을 봐주지 않았고 내 수입에서 술값을 받아냈다. 그사이 다른 업소로 옮겨서 일을 하던 동생은 이제 다른 도시로 떠난다는 짧은 문자 메시지를 남기고 T시를 떠났다.

업주는 새로 온 상무를 소개하면서 남자들에게 술값을 어떤 식으로 받아내야 하는지 배우라고 했다. 업주와 마담의 역할을 대신하는 상무는 악랄함이 도를 넘었다. 술에 취하면 아가씨를 막 대하고 욕을 하는 형편없는 사람이었다. 업소로 나를 찾아오는 단골들이 줄어들자 그 얼굴로 누가 찾아오겠냐고 면박을 주며 투자를 해야 돈을 벌 수 있는 것 아니냐고 잔소리를 했다.

며칠 후 웬일로 업주가 업소 문을 열자마자 출근했다. 업주는 룸을 돌아보며 청소 상태를 점검하더니 아가씨들이 앉아 있는 대기실로 들어왔다. 아가씨들이 일제히 업주를 향해서 인사를 했다. 대기실에 앉아 있는 나를 향해 업주는 한숨을 쉬면서 "너는 어쩔 거야?" 한마디를 하고는 대기실 문을 소리 내어 닫고 나가버렸다. 나라고 무슨 방법이 있는 것도 아닌데 초저녁부터 재수가 없다며 한숨을 쉬며 담배를 피웠다. 하늘에서 돈이 떨어졌으면 좋겠다는 말도 안 되는 상상을 했다. 대기실 구석에 앉아 새 홀복을 자랑하는 아가씨들을 바라보는 내 신세가 기가 막혔다. 다시 담배를 한 대 물었을 즈음 마담이 대기실로 들어와서 전부 다 제일 큰 룸으로 모이라고 했다. 마담은 심각한 표정을 지으며 한 명도 빠지지 말라는 말을 덧붙였다. 대기실에 앉아 있던 아가씨들은 무슨 일인지 영문도 모른 채 수군거리며 룸으로 갔다.

한 달에 한 번씩 하는 좌담회는 아직 날짜가 멀었는데 갑자기 모이라고 하는 이유가 궁금했다. 업주가 아가씨들을 둘러보고는 어제 텔레비전 뉴스 본 사람 있냐고 물어보았다. 아가씨들 중 몇몇은 그 뉴스를 봤다고 하면서 고개를 끄덕였다. 어제 뉴스에서 마스크와 선글라스를 끼고 모자를 눌러 쓴 여성들이 자신이 일하고 있는 성매매 업소에 대해 고발하는 장면을 나는 무심하게 보아 넘겼다. 그 여성들은 "업주가 못생긴 년들은 벽 보고 있으라고 했다."라며 자신의 외모를 비하하고 인간 취급을 하지 않은 업주의 만행을 폭로하고 있었다. 한 여성은 자신은 아가씨를 관리하는 새끼마담이었다며 업주가 낮에도 업소로 출근을 시켜 구매자들을 관리하도록 했다는 말을 했다. 그러면서 아가씨와 마찬가지로 자신도 빚에 허덕이고 있다고 했다. 아가씨들에게 2차를 시키는 등 새끼마담으로서 했던 행위들을 참회하면서 살아가겠다고 흐느끼며 말했다. 업주가 하는 저 말은 나도 늘 듣던 말인데 뭐가 잘못되었다는 것일까? 업주는 저 말보다 더 심한 말도 하는데 뭐가 문제라는 걸까? 저 여성들은 정말 성매매 여성이 맞을까? 숱한 의문을 가지게 하는 여성들이 궁금했지만 곧 나와 상관없는 일이라고 여겼다. 저렇게 뉴스에 나와서 고발을 한다고 지금 내가 처한 환경이 달라지기라도 할까? 그러면서도 계속 떠오르는 수많은 질문들이 내 가슴을 답답하게 했다. 업주는 곧 성매매특별법이 생겨날 것이라며 이제 업주, 마담도 다 잡혀가고 아가씨들, 손님들도 다 처벌을 받는다면서 대책이 있어야 한다고 했다. 업주 옆에서 침묵하고 있던 상무가 심각한 표정을 지으며 어제부터 경찰들이 대대적으로 업소를 단속하고 있다고 했다. 오늘부터 새로 온 손님들은 절대 2차를 안 보낸다고 했다. 경찰들이 사복을 입고 손님으로 가장해서 업소로 올 수 있으니 철저히 대처하라고 하면서 룸 안에서도 아가씨들은 말조심하라고 했다. 단골들이 오면 먼저 모텔로 안내한 뒤 시간 간격을 두고 아가씨들을 모텔로 보내라고 했다. 모텔에서도 경찰의 단속이 있을 수 있으니 콘돔은 변기에 버려 물을 내리라고 했고, 경찰이 서로 어떤 사이냐고 물어보면 애인이라고 말하라고 했다. 2차 가는 단골들 전화번호나 집 위치를 외워두라고 지시했다. 심각한 일들이 벌어지고 있는 것처럼 굴었지만 이 상황이 나에게는 그저 무디게만 느껴졌다. 상무는 하루가 멀다 하고 아가씨들을 모아놓고 업소 단속에 어떻게 대처해야 하는지 교육했다.

일주일이 지나자 업주는 남자 네 명을 데리고 와서 접대를 했다. 나는 눈치로 이 남자들이 경찰인 것을 알았다. 업주는 "술값은 내가 낼 테니, 2차비는 직접 받아라."라고 마담에게 지시했다. 업주와 마담은 다른 아가씨들도 있는데 나에게 경찰을 접대하도록 시켰다. 지정이나 단골이 오지 않으면 절대 룸으로 들여보내주지 않는 사람들이 웬일인가 싶었지만, 진상처리반이 되어 있는 나는 찬밥 더운밥 가릴 처지가 아니었다. 업주와 마담은 그 남자들이 어느 회사의 부장과 직원들이라고 소개했지만 나의 직감은 적중했다. 그 남자들은 세 번 정도 업소에 와서 2차를 두 번 나갔다. 그 덕분인지 업소에 경찰 단속은 없었다. 그러나 상무는 계속 업소 단속 교육을 하면서 성매매특별법이 통과되면 다들 죽는 거라고, 너희들은 선불금을 당장 내놔야 한다고, 그러면 어떻게 살아갈 것이냐고 했다. 아가씨들은 상무의 말을 듣고 겁이 나는지 아무 말도 못 했다. 나는 선불금을 갚든 못 갚든 업소를 벗어날 수가 없을 것 같았다. 당장 내일을 내다보기 힘든 삶인데 죽는 것이 무서울까? 죽지 못해 사는 인생이 더 비참한 것을.

업소에서 받는 인간 이하의 취급이 싫었지만 성매매특별법이 생겨난다고 해도 업소는 없어지지 않을 것 같았다. 게다가 업소를 벗어나서 살아갈 수가 없는 나를 위해서라도 성매매특별법이 생겨서는 안 된다고 생각했다. 무엇보다 선불금을 당장 갚을 능력이 없었기 때문에 두려움이 더욱더 컸다. 여성인권을 외치는 사람들을 보며 인권이 밥 먹여주냐고, 내가 어떤 처지에 있는지 알기나 하냐고, 아무도 나를 도와줄 사람이 없는 현실에서 나의 인생을 책임지지도 못할 사람들이 인권을 들먹이냐고 생각했다.

2004년 성매매특별법이라는 태풍이 휘몰아치고 간 업소는 고요했다. 그리고 아무런 변화도 없었다. 구매자들은 태풍이 일던 그때 잠시 조용했을 뿐 또다시 활개를 치고 다녔다.

상무는 나에게 빚을 정리하라고 독촉하기 시작했다. 하루하루 죽고만 싶었다. 그러던 어느 날 예전 업소에서 알았던 동생이 한잔하자며 나를 찾아왔다. 내 형편도 말이 아니라 둘이 만나서 하소연이나 하려고 만났다. 그런데 그 동생은 심각한 얼굴로 다니던 업소를 그만뒀는데 갈 곳이 없다고 했다. 빚이 너무 많아서 걱정이라고 하며 집 근처에 업소 사람들이 자신을 지키고 있어 외출을 하려고 집을 나서면 따라다닌다고 했다. 업주는 하루에 한 번씩 전화를 해서 선불금을 갚으라고 독촉한다고 했다. 하루하루 견디는 것이 힘들어서 죽고 싶은 심정이라고, 업주는 교묘하게 사람의 목을 조르고 있어서 숨이 막힐 것 같다고 했다.

내 처지도 해결 방법이 없는데 동생의 이야기도 심각했다. 안쓰럽고 불쌍한 한편 어쩌면 우리 둘의 처지가 이렇게 닮았나 싶기도 했다. 소주가 물 같았다. 동생은 점점 술이 취해갔지만 술집에서 일어나지 않았다. "언니, 나는 이렇게 빚이 많이 생길지 몰랐어." 내 심정을 대신 이야기하는 것 같아서 눈물이 났다. 그러다 동생은 그렇게 물었다. "언니, 어떻게 사는 게 사람답게 사는 거야?" 비틀거리는 몸을 겨우 부축해서 택시를 태워 보냈다.

그날이 그 동생과 마지막으로 보냈던 시간이었다. 일주일 뒤 그 동생이 자살했다고 전해 들었다. 허탈했다. 나를 만나러 온 그날 조금이라도 더 따뜻하게 해줬어야 했는데. 죄책감이 느껴졌다. 그 빚이 뭐라고 죽기까지 하나 싶어 마음이 아팠다. "어떻게 사는 게 사람답게 사는 거야?"라고 묻던 동생의 목소리가 들리는 듯했다. 하늘을 바라보며 먼저 떠나간 그 동생이 야속하기만 했다. 그 동생이 죽어서 선불금을 받아내지 못해 억울하다고 했다던 업주는 장례식이 얼마 지나지 않아 고급 승용차를 구입했다. 새 차를 자랑하며 다 닌다는 말까지 들으면서, 누군가는 그 돈이 없어 자살했는데 그 죽 음을 방치했던 사람은 아무런 죄책감도 없이 고급 승용차를 구입했 다는 것이 너무나 부조리하다고 느꼈다.

나는 업소를 그만두기로 했다. 내가 그만두겠다고 했을 때 업 주는 "갈 곳은 있나 봐. 계산 잘 볼 수 있겠지?" 하며 돈을 받아낼 궁리만 했다. 나는 더 이상은 돌려막기도 안 되는 신용카드를 마지 막으로 긁었고, 살고 있던 원룸을 정리하며 그 보증금으로 선불금 을 갚았다.

원룸을 정리하면서 처음 이사 왔던 그날이 떠올랐다. 유리방 을 나와 처음으로 사람답게 살아본 이 방은 유리방과는 달리 따뜻 하고 좋았다. 이마저도 지킬 수 없는 현실이 슬펐다. 이 집은 나에게 전부였다. 이곳에서 누리던 편안함과 행복했던 순간들이 아픔으로 다가왔다. 집을 정리한다는 것이 얼마나 괴롭고 외로웠는지 모른다.

상무와 선불금을 계산하면서 모자란 돈은 한 달 안으로 해결 하기로 합의 아닌 합의를 보고 나니 내 지갑엔 3만 원이 전부였다. 내일이면 비워야 하는 원룸을 정리하고 캄캄한 방에 앉아 캔맥주를 하나 사서 안주도 없이 마셨다. 이제 어디로 가야 하나? 이렇게 사 는 것이 구질구질하게 느껴졌다. 죽을 용기도 없는 나를 자책하며 조용히 눈물만 흘렸다. 죽으면 다 끝이 날까? 내가 없어지면 모든 것 이 해결될까? 나는 무엇 때문에 살고 있을까? 맥주 한 캔에 내 삶을 담아 마셨다. 눈물은 흘러서 흐느낌으로 변하고 있었다.

　남은 선불금을 갚기 위해 여기저기 일자리를 알아보면서 친하게 지내던 친구의 집에서 살았다. 그 친구가 업소로 출근을 하면 월세도 보태주지 못하는 내 처지가 미안해서 청소며 빨래를 했다. 술에 취해 업소 일을 마치고 집으로 돌아온 친구는 이럴 필요 없다고 하면서 힘들어서 왔는데 더 잘해주지 못해서 미안하다고 했다. 그리고 담뱃값을 내 손에 쥐어주었다. 미안한 마음에 눈물을 떨구는 나에게 친구는 괜찮다며 어깨를 툭 치며 밥을 먹자고 했다.

　내가 만든 반찬과 국이 놓인 밥상에 앉아 친구는 맛있게 밥을 먹었다. 콩나물국이 시원하다며 웃는 친구가 고마웠다. 친구는 아는 동생이 소개소를 타고 티켓다방으로 갔다며, 소개소에서 일자리를 찾아보라면서 알고 지내는 소개쟁이의 명함을 건네줬다. 다시 소개쟁이를 만나야 한다는 게 암담하고 비참했지만 남은 선불금을 갚아야 했다. 소개쟁이에게 전화를 걸었다.

　전화를 받은 친절한 소개쟁이는 사무실로 나오라고 했다. 다시 찾은 소개소 사무실 풍경은 익숙했고, 소개쟁이가 나이에 따라 사람을 차별한다는 것은 예전이나 지금이나 변함이 없었다.

　소개소에서 업주와 마주보며 앉았다. 티켓다방 업주는 "통통하게 생겨서 영감들한테 인기 많겠네. 언제 일 들어올 수 있어?" 했다. 소개쟁이는 조금 전에 만난 것이 전부면서 무척 잘 아는 사람을 소개하듯 "성격도 좋고 일도 잘한다."고 말했다. 말로 먹고 사는 사람은 역시나 다르다는 생각을 했다. 업주에게 일주일 후 경상북도 Y 시로 떠나기로 약속하고 소개소 사무실을 나섰다.

약속한 선불금이 입금되었다. 나머지 선불금을 입금해주며 이제는 두 번 다시 그 업소에 가지 않을 것이라는 다짐을 했다. 늘 다람쥐 쳇바퀴 돌 듯 한 바퀴 돌면 다시 제자리로 돌아왔다. 결국 그 업소가 그 업소인 셈인데, 나만 모르고 살았던 것 같다.

친구 집으로 돌아와 하루 종일 잤다. 꿈을 꾸었다. 또다시 길이 보인다. 컴컴한 터널 속에서 더 가까이 훤히 길이 보이는데도 그곳으로 나아가지 못했다. 늘 반복되는 꿈을 꾸고 깨어나면 다시 잠들지 못해서 멍하니 담배를 꺼내 물고 나는 화장실로 향했다. 화장실 거울에는 늙은 여자가 서 있었다. 그 여자가 입에 문 담배는 멋지지 않았고 담배를 쥔 손가락도 탄력을 잃어가고 있었다. 나이 든 나의 모습을 인정해야 하는데 마음이 서글펐다.

친구와 소주를 한잔했다. "힘들기만 하겠니? 일하다 못하겠으면 다시 와." 친구가 건네는 위로에 웃음이 났다. 다시는 올 수 없음을 나는 알고 있었다. 힘든 나를 보듬어준 친구가 고마워서 방세를 조금 보태주겠다고 하니까 완강히 거절했다. 가다가 맛난 음식 사먹고 병원 들러서 영양제 한 대 맞고 일 들어가라고 했다. 가서 전화하겠다고 말하며 짐을 싸서 대한민국 어딘가에 있는, 이름도 몰랐던 도시로 티켓다방 아가씨가 되어 길을 나섰다.

6 　시골의
　　　티켓다방 아가씨로

2005년 겨울, 내가 도착한 곳은 경북 Y시에서 조금 떨어진 작은 시골 Y읍이었다. 시골 풍경은 이전이나 당시나 많이 달라지지 않았다. 대부분 논과 밭이었고, 사람들이 제법 모여 사는 곳이 읍내라고 했다. 보이는 것이라고는 다 논이고 3층 이상의 건물은 보이지도 않았지만 티켓다방과 소주방 간판이 눈에 띄게 많았다. 농사철이 지나서 그런지 나이 든 남성들이 곳곳의 다방에서 시간을 보내고 있었다. 여자보다 남자가 많아 보이는 그곳에서 다방 아가씨로서의 새 삶이 시작되었다.

　소개쟁이의 말에 의하면 티켓다방은 아침 8시 출근해서 밤 12시까지 커피 배달과 시간*을 나간다. 티켓은 시간당 2만 원이고, 아침, 저녁으로 시간을 원하는 남성이나 노래방, 소주방에서 전화가 오면 시간을 나가야 한다고 했다. 내가 일하게 된 K다방에는 아가씨가 네 명 있었고, 주방에서 일하는 아가씨 한 명이 업소를 지키고 있었다.

◆ 구매자가 돈을 지불한 시간동안 여성들이 함께 있는 것을 말한다. '시간을 끊는다'고 표현하며 '티켓'이라고도 했다. 시간비는 지역마다 달랐지만 보통 1시간을 기준으로 2~3만 원을 받는다. 2차를 원하는 구매자와는 따로 2차비를 흥정한다.

이 티켓다방은 부부가 운영하는 업소였다. 주로 여자 업주가 배달이나 티켓 전화를 받으며 주방 일을 거들었고, 운전을 하는 카맨이 하나 있었다. 숙소로는 다방에 딸려 있는 작은 방 두 개를 다섯 명의 아가씨들이 나누어서 썼다. 욕실 비슷한 것이라고는 주방 옆 작은 문을 열고 들어가면 있는, 천장이 낮아 고개를 들 수 없는 시설이 전부였다. 업소를 둘러보면서 나는 다시 돌아가고 싶었다. 낯선 이곳이 무서웠다. 나의 마음을 아는지 모르는지 소개쟁이는 한잔하러 가자고 했다. 업주와 함께 소주방으로 가서 소개쟁이와 업주는 다른 업소는 어떤지, 장사는 어떤지 이야기를 나눴고 나는 혼자 소주잔을 기울이고 있었다.

한 잔, 두 잔 혼자 술을 따라 마시고 있는데 업주가 나에게 소주를 따라줬다. 소개쟁이는 나이는 있지만 결혼 안 한 아가씨라고 업주에게 말하며 큰소리로 웃었다. 숙소로 들어가려는데 소개쟁이는 "많이 힘들면 나와도 돼."라며 돈을 건넸다. "얼마 안 되지만 많이 피곤하면 시간비로 넣고 적당히 잠도 자."라고 했다. 한 푼이 아쉬운 나는 소개쟁이가 쥐어준 돈이 고마웠다.

다방에 올라와 샤워를 대충 하고 누웠는데 시계 바늘의 초침 소리는 왜 그리 크게 울리는지, 잠이 오기는커녕 더욱 말똥말똥해졌다. 같이 방을 쓰는 아가씨가 술에 취해서 들어왔다. 씻지도 못하고 고꾸라져서 잠이 들었다. 안쓰러운 마음에 이불을 덮어주려는데 술 냄새가 코끝을 자극했다. 눈만 뜨고 누워 있는 나에게 주방 언니가 내일부터는 힘들 테니 얼른 자라고 했지만 까만 밤을 하얗게 지 새우고 말았다.

업주는 나에게 무슨 성을 쓸 거냐고 물었다. 다방은 이름이 필 요 없이 성만 있으면 되는 곳이라는 사실을 그때 알았다. 업주는 돈 많이 벌어간 아가씨가 있는데 그 아가씨가 사용하던 성을 쓰면 좋 겠다고 했다. 나는 '김 양'으로 불리게 됐다. 어느 업소든 돈을 많이 벌어간 아가씨가 있나 보다. 그러나 어차피 그 아가씨는 다시 업소 로 돌아온다. 업주에게 돈을 많이 벌어다 주는 아가씨가 많았다는 이야기일 것이다.

첫 커피 배달 전화가 울리고 나는 카맨과 배달을 나갔다. 카맨 은 대뜸 "몇 살이야?" 하고 물었고 나는 아무 대꾸를 하지 않고 물 끄러미 쳐다보았다. 차를 모는 솜씨는 아주 거칠었고 나를 대하는 태도도 마찬가지였다.

첫 배달을 간 곳은 남자 둘이 앉아 있는 작은 철물점이었다. 인사하며 들어가니 남자들은 처음 본 얼굴이라며 언제 왔냐고 물었 다. 신기한 물건이라도 본 것처럼 남자들은 나를 훑어보았다. 묻는 말에 대답하며 커피를 따르는데 남자가 나의 다리를 만졌다. 그 남 자 때문에 온통 신경이 쓰여서 커피를 제대로 따르지 못했다. 남자 들은 첫 출근이라 긴장했냐며 웃었다. 커피 값을 치르는 남자가 내 손을 꽉 잡고는 "티켓은 되냐?" 하고 물었다. 옆에 앉아 있던 남자 는 "첫날인데 티켓을 나가겠어?" 하며 웃었다. 다방이라는 업소를 두 남자는 잘 아는 듯했다. 나는 웃으면서 다음에 시간 하자고 대답했고 남자들은 좋아 죽는 표정을 지으며 "나중에 커피 또 시킬 건데 성을 알아야 지정을 시키지." 했다. 내 이름도 아닌, 다방 업주가 지어준 이름인 '김 양'이라고 대답하자 남자 둘은 고개를 끄덕였다.

아침 커피 배달이 많아 바빴다. 진땀을 빼면서 배달을 하고 차에 타서 담배 한 대를 피웠다. 업소로 들어가서 커피 배달 보자기를 푸는데 여자 업주는 다들 바쁘니까 아가씨들끼리 돌아가며 아침밥을 먹으라고 했다.

다방에서 일하는 첫날이라 커피 배달을 하며 얼굴을 알려야 했지만 짧은 치마에 힐을 신으니 다리가 아팠다. 커피 보자기를 들고 산으로, 들로, 가정집으로 배달을 다녔다. 나이 많은 할아버지들도 내 엉덩이를 두들기며 "아기 낳기 좋겠다.", "밤일 잘하겠다." 하며 무엇이 그리 우스운지 자기들끼리 낄낄댔다. 가는 곳마다 이런 말을 들었다. 하루가 저물어가는데 커피 배달은 줄어들지 않았다. 잠시 다방에 올라와 화장실에 다녀오니 아침에는 보이지 않았던 아가씨들이 업소에 앉아 있었다.

같이 일하는 아가씨에게 물어보니 올◆을 끊어 넣고 시간 맞춰서 들어온 아가씨라고 말해줬다. 누가 그 많은 돈을 팍팍 끊어주는 것인지 신기했다. 아가씨들은 속 아프게 술 마시지 말고 편하게 일

◆ 하루 일을 안 하는 대가로 넣는 돈.

하라고 했는데, 그것은 2차를 뜻하는 것이었다. 남자들이 2차를 원하니까 업주와 주방 이모가 2차를 보내기도 한다고 말해줬다. 그리고 주방 이모는 시간비를 업주와 반 나눠 가지기 때문에 주방 이모도 용돈벌이는 충분히 된다고 설명해주었다. 아가씨들도 끼리끼리 친해서 개인적으로 시간을 나가면 서로 불러주며 커피도 시켜서 매상을 올려준다고 하면서 자기가 시간 나가면 전화하겠다고 했다.

저녁을 먹고 저녁 커피 배달이 시작되었다. 배달 전화는 소주 방에서 주로 들어왔다. 커피 배달 가면 술 한잔하겠냐고 말을 거는 남자들이 많았다. 첫날이라 커피 배달만 한다고 해도 소주 한 잔을 따라주며 억지로 먹였다. 술을 마시는 나의 모습에 남자들은 웃으면서 다음에 한잔하자며 커피 값을 쥐어주고 나를 보냈다. 그날 얻어마신 술은 술집에서 마시는 것보다 더 많았다. 다들 시간을 나간 다방에서 커피 배달이 뜸해지는 때가 되면 늘어나는 건 담배를 피우는 시간이었다. 나는 허전한 다방을 지키고 있었다.

이튿날이 되자 시간을 어떻게 나가야 하는지 고민이 되었다. 커피 배달이 없으면 다방 홀에서 남자 곁에 바짝 다가앉아 홀 매상도 올려야 했다. 커피를 많이 마시는 아가씨들은 요구르트나 녹차를 마시기도 했다. 남자가 한 명이 오든 몇 명이 오든 상관없이 아가씨들은 남자 곁에 바짝 다가앉아서 차 주문을 받으며 "나도 한 잔, 나도 한 잔" 해댔다. 잠시 후에 일행이 온다고 아가씨를 뿌리치는 경우도 있지만 그런 남자들은 많지 않았다. 다방에 와서 아가씨와 농

길 하나 건너면 벼랑 끝

담이나 음담패설을 늘어놓고 아가씨들 다리를 주무르는 일을 하루 일과로 삼는 노인도 많았다. 곁에 앉아서 담배를 피워대며 반말도 존댓말도 아닌 말투로 남자들과 입을 섞고, 저녁이나 낮이나 시간 되면 한잔하자고 말을 건네면서 마음에도 없는 웃음을 지었다.

커피 배달도 아가씨 지정 배달이 들어오면 아가씨들 사이에 알게 모르게 신경전이 일어났다. 업주는 지정이라는 이유로 더 알뜰 살뜰 그 아가씨를 챙겼다.

모텔에서 커피 배달이 들어왔다. 모텔 방 앞에서 문을 두들기 니 남자가 문을 열어줬다. 들어오라는 소리도 없이 문만 열어주고 남자는 방으로 들어가 앉았다. 나이는 50대 정도 되어 보였고 나는 커피 보자기를 내려놓으며 커피를 어떻게 마시는지 물어보았다.♦ 남 자는 연하게 한 잔 달라고 했다. 남자는 나에게 담배를 한 대를 건 네주며 피우라고 했다. 남자는 커피를 천천히 마시며 "시간 하고 갈 래?" 하고 물었다. 모텔에서 시간을 하고 가라는 것은 2차를 말하 는 것 같았는데, 이 남자의 인상이 좋지 않아 거부감이 느껴졌다.

나는 지금은 시간이 안 된다고 말했다. 남자는 자연스럽게 "피 곤할 텐데 여기서 한숨 자고 가서 일해."라고 했지만 나는 커피 배 달이 밀려 안 된다고 거절했다. 남자는 집요하게 "돈을 얼마 주면 되 냐, 올 끊어줄까?" 하면서 말을 건넸다. 커피 다 마셨으면 잔을 달라

♦ 커피 보자기에는 커피와 뜨거운 물을 같이 가지고 다니며 직접 커피를 타 준다.

고 하니까 남자는 생각이 바뀌면 연락하라고 하면서 전화번호를 줬다. 모텔을 나서서 업소로 돌아오는 길이 멀게만 느껴졌다. 걸어오면서 많은 생각을 했다. 커피 배달을 하고 술을 마시면서 힘들 바에는 눈 딱 감고 2차를 하고 좀 편히 쉴까 하고 갈등이 일었다.

다방에서 차를 마시던 어떤 남자가 나에게 "드라이브하러 갈래요?" 하며 시간을 나가자고 했다. 낯선 얼굴이었지만 시간을 제안하는데 나가지 않으면 남자를 가린다거나 매상 올릴 생각이 없다고 업주에게 들을 잔소리가 싫어서 얼른 나가자고 했다. 남자와 카운터로 가서 커피 값을 계산하는데 여자 주인이 잠시만 주방으로 들어오라고 하더니 말했다. "여기 사람이 아닌 것 같다. 시간비 먼저 받고 나가든가, 조심해라."

업소를 나와 남자의 차에 올라탔다. 경계심을 진정시키기 위해 남자에게 담배를 한 대 피워도 되겠냐고 물었고 남자는 편하게 하라고 말했다. 담배를 피우는 동안 그 남자가 운전하는 이 차는 어디로 가는지 알 수가 없었다. 남자를 힐끗 쳐다보니 만만한 인상은 아니었다. 업주 말대로 시간비도 못 받고 큰일 나는 건 아닐까 덜컥 걱정이 돼 그 남자에게 조용히 어디로 가냐고 물었다. 그 남자는 드라이브하자고 하지 않았냐며 나를 쳐다봤다.

남자가 다방 일을 한 지는 얼마나 됐냐고 물어보면서 대화가 시작되어 말을 이어갔다. 때로는 그 남자의 이야기를 듣기도 하고, 때로는 남자가 내 이야기를 들으며 손도 잡으면서 적당히 친해져 있었다. 한적한 거리에 차를 세운 남자는 슈퍼에서 음료수를 사와 건네면서 지금까지 시간비는 얼마냐고 물었다. 나는 그 남자에게 돈을 잘 받아낼 수 있도록 이 업소에서 시간을 처음 나왔다는 말을 강조했다. 남자는 업소 마치는 시간까지 계산해서 내게 돈을 줬다. 내가 너무 많다고 하자 이 시간에 노래방 가서 술 마시면 힘들 것이라며 받아두고 다음에 또 시간 하자며 일찍 나를 보내줬다. 그렇게 첫 시간을 나간 나는 안전하게 다방으로 들어와 영업 마치는 시간까지 시간비를 계산하고 더 이상 일을 나가지 않고 쉬었다. 다방에는 티켓을 하려는 남자와 업소의 전화가 계속 왔지만 나는 화장을 지웠다.

이튿날 아침 커피 배달을 다녀오니 여자 주인이 어제 번 돈을 입금하라고 했다. 아가씨들이 각자 계산을 하며 돈을 건넸다. 한 아가씨가 시간비는 미수금으로 올려달라고 하니 업주는 대꾸도 하지 않고 장부에 적었고, 수금되면 준다고 하는 아가씨의 말에 고개를 끄덕였다. 또 다른 아가씨는 어제 너무 피곤해서 잤다고 하면서 어떻게든 계산하겠다고 하니 여자 업주는 미수금만 자꾸 쌓여간다고, 나중에 달이 끝나고 계산할 때 어떻게 하려고 그러냐며 핀잔을 주었다.

매일 소주방이나 노래방으로 가서 술을 마셔서인지 속이 아프고 술도 안 깨서 힘들었다. 잠이 와서 힘들 때는 팔 흔들고♦ 들어가

♦ 아가씨가 자신의 돈으로 시간비를 물고 쉬러 가는 것을 말한다.

서 잤다. 일단 술을 깨고 나서 어떻게 해보자는 심정으로 두 눈 감고 잠을 잤다. 자고 일어나면 팔을 흔들었던 비용을 마련하기 위해 티켓을 나가야 했다.

저녁 늦은 시간에 커피 배달을 다니면 "인기가 없나 봐. 시간 나갈 데가 그리 없냐." 하면서 남자들이 시비를 걸었고 업주와 주방이모는 시간을 나가지 않는 나를 싫어했다. 어쩔 수 없이 밖으로 나와야 했다. 갈 곳이 없으면 그럴 때도 팔 흔들고 PC방에 가서 앉아 있었다.

다방에서는 한 달을 일을 하고 월급을 준다고 했지만♦ 팔 흔들고 쉬는 시간비, 그달에 필요한 돈과 화장품, 옷값 등을 제하고 나면 빚이 늘어나지 않고 현상 유지하는 것만도 감사해야 했다. 커피를 따르며 내 엉덩이를 사정없이 주무르는 남자들의 손을 뿌리치고 싶어도 나는 다방 아가씨라는 이유로 참아야 했다. 업소에서 일을 하는 여자라서 이런 일을 당한다고 자신을 원망했다.

다방에 아가씨 한 명이 새로 왔다. 어리고 몸매가 좋다며 남자들에게 인기가 많았다. 시간을 나가도 그 아가씨는 남자를 골라서 나갔고, 소주방이나 노래방 같은 곳은 쳐다보지도 않았다. 커피

♦ 소개소를 타고 오면 소개쟁이와 월급 계산을 한다. 한 달을 마치기 전까지 필요한 돈을 소개쟁이에게 가불하기 때문이다. 소개쟁이는 아가씨들에게 월급을 그대로 주지 않고 그 돈으로 선불금을 정리한다. 소개소를 타지 않은 아가씨는 일명 '반반'이라고 해서 자신이 올린 한 달 매상을 업주와 반으로 나누기 때문에 월급은 따로 없다.

길 하나 건너면 벼랑 끝

배달 가는 곳마다 남자들이 서로 시간을 하자고 난리였다. 그 아가씨에게 한 달 올을 끊어주는 남자도 있었다. 그런데 그 아가씨는 빛이 있었다. 내가 한 달 올비 받느니 빚 갚아달라고 하지 그러냐고 했더니 "남자들이 업소에 돈을 넣어주면 언제든지 나를 불러서 놀 수 있지만, 빚 갚아주면 만나주지 않는다고 싫다고 했어." 그렇게 말했다. 그 아가씨의 인기는 두 달 정도 계속되다가 업소를 그만두고 다른 업소로 갔다.

늘 시간과의 싸움의 연속이었다. 그 싸움의 끝에 2차의 유혹을 뿌리치지 못했다. 술 마시는 것도 힘들었고, 시간비보다 좀 더 받을 수 있는 돈으로 빚을 줄여야 한다고 생각했다. 모텔에서 2차를 원하는 남자들이 돈을 주면 그곳에서 옷을 벗었고, 그 돈으로 업주에게 시간비 계산을 하고 나머지 돈으로 쉬고 싶을 때 쉬었다. 티켓다방은 휴가가 거의 없었다. 같이 밥을 먹자고 하는 사람도 있었다. 밥을 같이 먹고 차로 드라이브하다 어김없이 모텔로 차를 들이밀었다. 나에게는 아무런 선택권이 없었다. 남자들은 알아서 돈을 챙겨주었다.

다방에서 일을 하면서 미수금 없이 한 달을 마감해본 적이 없었다. 한 달 미수금은 그 달에 계산해야 하니까 빚이 올라가기도 했다. 나는 소개쟁이에게 온갖 핑계를 대고 돈을 받아 썼다. 사치를 하는 것도 아닌데 나는 빚을 줄이지 못했다.

하루는 다방에서 시간이 빨리 끝난 아가씨들이 모여서 문을 잠그고 술을 마셨다. 서로 힘들었던 점도 이야기하고, 누가 진상이라고 피하라는 정보도 줬다. 마주보고 웃는 아가씨들의 얼굴들이 예뻐 보였고 서로의 눈길이 따뜻했다. 자주 있는 것은 아니었지만 가끔씩 찾아오는 아가씨들끼리의 좋은 시간이 위로가 되어줬다.

어느 날 저녁, 노래방에서 아가씨를 두 명 찾는 전화가 왔다. 주방 이모는 나와 아가씨 한 명을 주점으로 보냈다. 남자는 두 명이었고 30대 후반 정도 되어 보였다. 친구가 오랜만에 고향에 와서 반가움에 한잔한다고 했다. 어울려 술을 마시고 노래를 부르며 처음 분위기는 좋았다. 그러다 내 옆에 앉아 있던 남자가 노래를 찾는다며 서 있을 때 다른 남자가 다가가 몸을 만지는 장난을 쳤는데, 노래를 찾던 남자가 하지 말라고 하면서 발길질을 하다가 테이블 위 컵이 깨졌고 그 파편이 내 얼굴에 맞았다.

순간적으로 일어난 일이라 아픔도 못 느꼈는데 바닥에 흐르는 피를 보고 놀랐다. 사고를 낸 남자는 나의 고함소리에 도망을 쳤다. 남은 남자는 나에게 다가와 미안하다고 하면서 괜찮냐고 물었지만 내 상태는 그다지 좋지 않았다. 같이 있었던 아가씨가 업주에게 전화를 해서 남자 업주가 노래방으로 왔다.

나의 상태를 확인한 업주가 병원에 가보자고 해서 그 남자도

길 하나 건너면 벼랑 끝

같이 갔다. 병원에서 엑스레이를 찍고 상처에는 연고와 필름으로 된 반창고를 붙여주었다. 코가 약간 골절된 것 같으니 아침에 큰 병원으로 가보라고 했다. 의사의 말을 듣고 나오면서 남자에게 연락처를 알려달라고 하니 그 남자는 자신은 할 만큼 했다고 하면서 더 이상 책임지지 않겠다고 연락처를 주지 않았다. 남자와 내가 실랑이를 벌이고 있는 틈으로 끼어든 남자 업주가 "그래도 여기까지 따라온 거면 책임을 진 것 아니냐."라고 해서 화가 났다. 업주와 내가 실랑이를 벌이는 사이 그 남자는 도망쳤다. 어디 도망을 가냐고 소리치니까 업주는 가만히 두라고 하면서 자기가 알아본다고 했다.

다음 날 남자 업주와 나는 멀리 떨어진 P시의 큰 병원으로 갔다. CT 촬영을 하고 의사를 만나기까지 시간이 제법 걸렸다. 의사는 코뼈에 금이 가기는 했지만 다행이 팔이나 다리처럼 움직이는 곳이 아니라 조심하면 그대로 붙겠다고 했다. 하지만 나는 이 일로 한동안 일을 못 했다. 술을 먹어서는 안 되기 때문이었다. 업주는 자기가 다 책임지겠다고 큰소리를 쳤고, 병원에서 코 수술을 해야 한다고 했다면 자기는 수술을 시켜줬을 것이라며 안심시켰다. 업주는 다시 일할 때까지 쉬라고 했다.

쉬는 날이 많아질수록 업주가 차츰 짜증을 냈다. 눈치가 보여 업소 주방에서 설거지를 하며 지냈다. 사람이 다쳤는데 사과는 해야 하는 것 아니냐고 업주에게 그 남자 연락처를 알려달라고 했지만 업주는 자기가 알아서 할 테니 조용히 있으라는 말뿐이었다.

나에게 상처를 낸 그 남자가 다방으로 찾아왔다. 그 남자는 그동안 일이 바빠 못 왔다, 치료비가 얼마나 들지 몰라 걱정했다고 했다. 헛소리 하지 말라고, 치료비를 달라고 하지도 않았고 사람이 양심은 있어야 하는 것 아니냐고 따지기 시작하니까 업주가 나를 붙잡으며 방으로 들어가 있으라고 했다. 업주는 자기가 알아서 한다고 했지만, 무엇을 알아서 한다는 것인지 알 수가 없었다.

며칠 후 업주는 그 남자가 보내온 치료비라며 나에게 돈을 줬다. 다쳐서 쉬었으니까 시간비는 안 받는다고 하며 마음 달래라고 했다. 상처가 아물기 시작하면서 다시 다방에서 커피 배달과 시간을 나갔고 얼마 후 그 남자를 소주방에서 만났다. 그 남자가 건네는 소주를 한 잔 마시며 그동안 있었던 일들을 이야기했다. 그 남자는 내가 다쳐서 치료비와 합의금을 업주에게 건넸다고 했다. 그때 업주가 나에게 치료비만 줬다는 것을 알게 되었다. 합의금을 빼돌린 업주에게 화가 나서 더 이상은 이 업소에서 일을 할 수 없을 것 같아 짐을 챙겼다. 그만두는 나에게 업주가 왜 그러냐고 물었지만 말대꾸도 하고 싶지 않아 인사도 없이 그 다방을 그만두고 다른 지방으로 떠났다.

다방에서 일을 하면서는 룸이나 유리방에서처럼 한 곳에서 꾸

길 하나 건너면 벼랑 끝

준히 일하지 못했다. 티켓다방은 아침부터 저녁 늦은 시간까지 일을 해야 했고, 시간을 나가면 술을 마시거나 2차를 해야 했기에 더 힘들었다. 룸살롱에서는 저녁에만 일을 했고, 유리방은 24시간 일을 했지만 술을 마실 필요는 없었고, 보도방은 출퇴근과 쉬는 날이 있었지만 티켓다방은 그렇지 않았다. 점점 체력이 떨어져 더 힘들었다. 티켓다방은 소개소가 아니면 일자리를 구하기도 쉽지 않았다.

경상북도 Y읍에서 일을 그만둔 뒤 소개쟁이가 경상북도 H면 소재지에 있는 다방을 소개했고, 나는 업주 얼굴도 보지 않고 짐만 들고 업소로 들어갔다. 업주는 50대 중반 정도 된 여자였다. 업주는 자기 몸매를 늘 자랑했고 옷차림새가 좋았다. 그래서인지 아가씨들이 옷 입는 것에 유별나게 관심이 많았다.

다방에서 일한 지 며칠이 지나고 업주는 하나둘씩 트집을 잡았다. 데리고 올 때는 몰랐는데 살이 쪘다며 다이어트 약을 잘 지어 주는 병원이 있다고 같이 가자고 했다. 업주에게 받는 외모 지적에 지칠 대로 지친 나는 업주와 함께 병원을 찾아갔다. 의사는 살을 빼려는 부위에 주사를 놓아주고 약을 처방해주었다. 일주일 후에 다시 병원에 오라고 하는 의사의 말을 듣고 병원을 나왔다. 업주는 나에게 "이왕 돈 들여서 다이어트 하는 거, 살 많이 빼서 옷도 예쁘게 입고 돈도 벌어야지." 하며 다방으로 돌아오기 전에 시내에 들러서 쇼핑을 하자고 했다. 돈이 없는 나는 소개쟁이에게 전화해서 지출을 받아 업주가 골라주는 옷과 신발을 샀다. 업주는 흐뭇하게 웃으며 다음에 또 오자는 말을 했다.

　며칠 후 시간을 나가 무리하게 술을 마셔서인지 몸살이 나서 도저히 일을 할 수가 없었다. 업주는 볼일 보러 간다고 나간 후에 얼굴도 못 본 상태라 주방 이모에게만 말을 하고 숙소로 올라가 쉬었다. 다음 날 업주가 부르더니 "어제 하루 쉬었다며? 너는 능력 있으니까 장부에 올려놓고 돈이 있으면 언제든지 계산해라."라고 했다. 아파서 쉰 것도 인정하지 않겠다는 뜻이었다. 고스란히 빚으로 올라갔다.

　업주는 아가씨들이 시간 나갈 곳이 없어서 다방에 앉아 있으면 신경질을 내면서 미수금이 많다느니 어떻다느니 노골적으로 비난했다. 그 소리를 듣는 아가씨들은 팔을 흔들어서라도 업소 밖으로 나가야 했다. 점심 시간이 지나 배달이 뜸한 때 다방에서 아가씨들끼리 이야기를 나누다가 쓰던 화장품이 다 떨어져서 새로 사려니 돈이 들겠다고 하는 말을 옆에서 듣고는 업주가 "나 같으면 2차 가서 화장품 사고 용돈 쓰겠다." 하고 말했다.

　업주는 다방에 와서 차 마시는 남자들을 가리키며 저 남자는 2차 가면 얼마를 주고, 이 남자는 얼마를 준다며 이야기해줬다. 누가 진상이니까 2차를 나가지 말라는 소리는 한 번도 하지 않았다. 아가씨가 무슨 일을 당하든 자신과는 아무 상관이 없다는 업주의 태도가 싫었다. 어떤 남자가 나에게 관심을 보이며 시간을 나가겠다고 하니까 "저 남자는 2차비를 조금밖에 안 주거든. 이왕 2차 가는데 더 달라고 해서 용돈으로 써." 했다. 업주는 시간비보다 2차를 가는 것이 더 중요하다고 했다. 어느 날은 나를 차에 태워 어떤 남자 집으로 데려다주기도 했다. 업주는 내가 2차비로 돈을 얼마나 벌어올지 다 알고 있었다. 다음 날 계산을 하면서 미수금을 갚지 않으면 그 돈의 행방을 물었고, 미수금을 입금하면 "얼마나 좋으냐? 나머지는 용돈을 쓰고 사고 싶은 것도 사고 괜찮지 않냐? 2차 하자는 사람 있으면 말 잘해서 돈 많이 벌어라." 했다. 그러면서 같이 일하는 아가씨 중 한 명을 가리키며 "저 애는 2차 잘해서 한 달에 1000만 원까지 벌어. 죽으면 썩을 몸인데 돈 벌 때는 몸 아끼지 말고 벌어라."라고까지 했다. 한 달에 2차로 1000만 원을 번다고 강조하는 업주는 "다 너 잘되라고 하는 말이다."라고 했지만, 결국은 자신에게 이익을 가져다달라는 말이었다.

업주의 악랄함은 날이 갈수록 더해졌다. 감기 기운이 있는 아가씨가 많으면 병원을 데리고 가서 주사를 맞게 했는데, 업주가 아가씨들을 끔찍하게 생각하는 줄 알았던 아가씨들은 다음 날 계산을 보면서 병원 다녀온 시간비를 달라는 소리에 뒤통수를 맞은 기분이라고 했다. 그리고 자신과 같이 볼일을 보자면서 아가씨들을 데리고 나가기도 했다. 아가씨들은 시간비를 내면서도 항의하지 못하고 따라 나서서 옷이나 신발을 사들고 들어왔다.

업주는 특히 내가 살을 빼고 있는 병원에 잘 다니고 있는지 관심이 많았다. 그러나 나는 다이어트 약을 먹으면서 부작용을 앓고 있었다. 술을 마시면 손이 떨리고 입안이 바짝 말라서 물만 찾았고 음식을 먹기도 힘들었다. 술을 조금만 마셔도 금방 취했고, 얼굴색이 시커멓게 변하기도 하고 구토를 심하게 했다. 어마어마한 부작용을 견디면서도 내 돈을 들여서 열심히 병원을 다녔다. 시간을 못 나가는 날이면 팔을 흔들어서라도 매상을 맞추는 날이 계속될수록 업주는 나를 좋아했다.

커피 배달을 가면서 친해진 남자가 나에게 관심을 보이며 접근했다. 그리고 용돈을 주며 손님으로 만나지 말고 애인처럼 만나자고 했다. 하지만 남자들은 다방 아가씨를 애인으로 삼으면 시간비는 주지 않으면서 불러내서 자기 잇속만 챙겼다. 애인이니까 잠자리를 하는 것은 당연하다고 강요하며 다방 아가씨를 이용했다. 나는 그 남자의 제안을 거절했다. 이 사실을 안 업주는 나를 따로 불러 화를 냈다. "인물 따지지 말고 돈 준다는 놈이 최고지, 뭔 지랄을 해? 시간비도 적당히 받고 용돈 쓰면 될 텐데 몸을 왜 아끼냐?" 그렇게 아가씨들이 2차를 나가는 것이 좋으면 다방을 하지 말고 다른 업종을 하라는 말이 목 끝까지 나왔다. 2차 강요가 너무 심해서 더 이상은 견딜 수 없어 그만두겠다고 하니 당장 돈 가지고 오라고 소리쳤다. 다른 업소를 알아보고 있는 중에도 전화를 해서 선불금을 독촉했다. 업소에서 알고 지냈던 아가씨의 도움으로 소개소를 거치지 않고 업소를 소개받았다. 그 아가씨가 소개해준 업소는 경상북도 A읍이었다.

　　　　　　　　　　　　　　　　길 하나 건너면 벼랑 끝

업소를 소개해준 아가씨 덕분에 나는 경상북도 A읍에 있는 다방 업주를 만났다. 선불금에 대한 차용증을 쓰는데 업주가 내가 일했던 다방 업주를 잘 안다고 하면서 "거기나 여기나 뭐가 다르겠냐. 일하는 건 다 똑같지." 했다. 순간 너무 당황하고 놀라서 들고 있던 볼펜을 떨어뜨릴 뻔했다. 죽으면 썩을 몸, 뭘 그리 아끼냐면서 2차를 강요하던 그 악랄한 업주와 친하다는 말을 어떻게 받아들여야 할지 몰라 정신이 혼미해졌다. 당장 이곳을 빠져나가야겠다는 조급한 마음으로 얼른 인사를 하고 다방을 나왔다. 다리가 후들거려 제대로 걷지도 못했다.

받은 선불금을 업주에게 입금해주고 짐을 챙기는 나에게 업주가 어디로 가는지 물어보았다. 눈도 마주치고 싶지 않고 말도 하고 싶지 않아서 짐만 챙겼다. 짐을 챙겨 나온 나는 처음 티켓다방으로 일하러 가기 전에 신세를 졌던 친구에게 전화를 해서 울면서 여태까지 있었던 일들을 이야기했다. 모든 이야기를 들은 친구는 일단 자기에게 와서 같이 의논하자고 했다. 친구에게 가는 차 안에서 복잡하고 해결되지 않는 생각들로 가득한 나는 목적지가 다가왔음에도 차에서 내리지를 못했다.

마중 나온 친구를 보는 순간 안도감에 눈물이 났다. 친구의 집에 도착한 나는 한동안 입을 떼지 못했고 친구는 안타까운 눈빛으로 나를 쳐다보았다. 나는 경상북도 A읍 업소에서 일하면 또다시 2차를 강요받고 외모 지적을 받을 것 같아서 일을 하고 싶지 않다고 했다. 내 말을 들은 친구도 대책이 없기는 마찬가지라 서로 한숨만 내쉬었다. 아직 출근 날짜가 남아 있으니까 좀 쉬라는 말로 친구는 나를 위로했다. 복잡했던 마음을 조금 내려놓고 친구의 집에서 며칠 지내기로 했다.

친구의 집은 따뜻하고 포근했다, 나는 며칠 동안 잠을 이루지 못했던 터라 계속 잠만 잤다. 긴장이 풀리면서 식욕도 생겨 점점 몸이 회복되었다. 어느덧 출근을 하기로 약속한 날짜가 다가왔지만 나는 경상북도 A읍 다방으로 가지 않았다. 도망치고 싶은 심정으로 회피했다.

약속한 날짜가 지나자 업주의 전화가 오기 시작했다. 왜 일을 시작하지 못하는지 말을 해야 하는데, 겁이 나서 걸려오는 전화를 받지 않았다. 업주는 문자를 보냈다. 엄청난 욕으로 시작되는 장문의 문자를 받고 떨리는 가슴이 진정되지 않았다. 하루 종일 울려대는 전화기를 꺼놓고 집 밖으로 나가지 못했다.

업주의 전화에 온통 신경을 곤두세워서인지 두통이 생겼고, 거기다가 생리통까지 심해져서 몸이 더욱더 힘들었다. 생리통은 초경 때 외에는 겪지 않았는데 티켓다방에서 일을 하면서 생리통이 점점 심해졌다. 아픈 배를 잡고 방에서 뒹굴고 있으니 친구가 진통제를 사다주며 병원에 가자고 했지만 집 밖에 나가면 업주가 나를

길 하나 건너면 벼랑 끝

찾아낼 것 같아서 나가기가 무서웠다. 진통제 몇 알을 먹고 약 기운이 돌아 몽롱한 상태로 잠이 들었다. 생리통은 점점 살인적인 통증으로 변해갔고 병원을 갈 돈도 없어 진통제를 먹는 횟수는 늘어갔다. 친구 집에서 지내는 시간이 길어질수록 민폐를 끼치고 있어서 미안한 마음이 들었다. 친구는 괜찮다고 했지만 가시방석에 앉아 있는 기분이었다.

석 달이 지나자 밀린 휴대폰 요금과 담뱃값 명목으로 친구에게 빌린 돈을 갚아야 했기에 다시 일자리를 찾아 나섰다. 독촉받는 선불금은 일하면서 갚아갈 계획이었다. 친구가 소개해준 다방 업주를 만나 일하는 방식 등을 물어보았고, 최대한 아가씨들 입장에서 맞춰준다는 말을 믿고 경상북도 L읍에 있는 작은 다방으로 갔다.

경상북도 L읍은 사람들이 옹기종기 모여 사는 작은 마을이었는데 티켓다방의 수가 많았다. 읍내라고는 하지만 인구가 매우 적어 친인척 관계인 이웃들이 많은 마을이었다. 최대한 맞춰준다는 업주 말은 허무한 거짓말이었다. 커피 배달도 별로 없고, 소주방이나 술자리를 찾아다니며 시간비를 벌든지 낮부터 모텔을 전전하며 시간비를 벌든지 둘 중 하나는 해야 돈을 벌 수 있는 곳이었다.

소주방이나 노래방에서 아가씨를 찾는 전화가 오면 얼른 달려가 돈을 벌었다. 다방 업주가 소개해준 남자나 개인적으로 알고 지내던 남자들이 시간을 하자고 하면 그 장소가 모텔이든 어디든 상관없이 그들이 원하는 요구를 들어주면서 돈을 벌어야 했다. 하지만 체력은 이미 떨어질 대로 떨어졌고 극심한 생리통은 여전했다. 업주는 생리통으로 아프다는 나에게 하루 정도는 쉬어도 되지만 그 이상은 올비를 계산하라고 했다. 산부인과 병원은 읍내와 멀리 떨어져 있어서 병원을 가는 시간비와 진료비는 고스란히 미수금으로 올라갔고, 화장품 값과 생활비로 빚이 늘어났다. 아픈 내 몸도 싫었고, 빚에 허덕이는 자신이 처량하고 세상이 미웠다.

L읍에서 일한 지 5개월이 넘었을 때, 경상북도 A업주가 나를 사기죄로 고소했다는 소식을 듣게 되었다. 그 업소를 소개해준 아가씨는 아마 집으로 형사가 찾아갔을 것이라고 하면서 이제 어떻게 할 거냐고 따져 물었다. 대책이 없는 나는 한숨만 쉬었다. 나의 한숨 소리를 들은 그 아가씨는 사람 잘못 소개해서 이게 무슨 꼴인지 모르겠다며, 그 업주는 자신을 원망하고 있는데 자신이 뭘 잘못했냐고 나를 다그쳤다. 어떻게든 수습해보겠다고 하면서 전화를 끊었다. 입안이 바짝 말랐는데도 물 한 모금 마실 수 없었다. 사기죄, 경찰이라는 말에 나는 자리에 주저앉았다.

갚아야 할 빚이 있다는 것을 잊은 것은 아니었다. 그래서 갚지 못하는 자신에게 더욱더 화가 났다. 돈벌이를 한답시고 사람들의 손가락질을 받아가며 아픈 배를 움켜쥐고 일을 해도 내 손에 들어오지 않는 돈을 원망했다. 휴대폰 요금이 미납되어 수발신이 정지되면서 친구 명의로 휴대폰을 새로 개통했는데, 그러면서 A업소 업주와 연락이 되지 않은 것이 문제가 되었다.

형사가 집으로 찾아갔는지 알아보기 위해 엄마에게 전화를 했다. 이런 일로 전화하려니 말이 제대로 나오지 않았다. 엄마는 형사가 왔었다고 하면서 도대체 무슨 일이냐고 물었다. 별일 아니라고 했지만 엄마의 목소리도 상당히 떨리고 있었다. 담당 형사가 집으로 찾아왔는데, 내가 어디에 있는지 알아보려고 왔다고 하면서 조사만 받으면 끝난다고 엄마를 안심시켰다고 했다. 무슨 일이냐고 물어봐도 형사들은 정확하게 대답을 하지 않았다고 했다. 그러면서 형사들은 엄마에게 방문을 했으니 서명을 해달라고 하며 서류를 내밀었다고 했다. 엄마는 자식에게 무슨 일이 생겼는지 정확하게 알지도 못하는데 어느 부모가 서명을 해주겠냐고 하면서 안 했다고 했다. 형사는 몇 번 더 권유했지만 결국 엄마의 고집에 돌아갔다고 전해주었다. 나는 연신 미안하다고 말하며 곧 해결될 거라고 안심시키고 전화를 끊었다.

내가 커피 배달을 나가 있는 사이에 업소에 경찰이 찾아왔었다고 했다. 내가 이곳에 있는 것은 친구 외에는 아무도 모르는데, 어떻게 알았을까? 업주는 수상한 눈치로 나를 바라봤고, 얼른 지구대를 찾아가보라고 말했다. 별일 아니라고 둘러댔지만 지구대라는 말을 듣는 순간 범죄자가 되어 쫓기는 기분이 들었다. 나를 의심하는 업주의 눈치를 보며 그 읍에 하나뿐인 지구대를 찾아갔다.

　신분증을 달라고 하는 경찰관은 대수롭지 않게 "조사만 받으면 끝나는데 뭘 그리 긴장을 해요." 하면서 서명을 하라고 종이를 내밀었다. 종이에 적힌 내용들이 눈에 들어오지 않았다. 손을 덜덜 떨어가며 서명을 끝내자 경찰관은 무심하게 종이를 받아가더니 경찰서와 담당 조사관 이름이 적힌 서류를 주면서 담당 조사관에게 전화하라고 했다. 그 종이를 받아들고 지구대를 나왔는데 갚지 못한 빚 때문에 전과자가 될 것이라는 생각에 눈앞이 캄캄했다.

　친구에게 전화해서 지구대에 다녀온 이야기를 하며 울었다. 울고 있는 나에게 친구는 "내가 아는 사람이 여성인권지원센터라는 곳을 알려줬는데, 거기 한번 가볼래?"라고 했다. 내 문제로 지인과 이야기를 나누던 중 선불금 관련해서 업소 아가씨를 도와주는 센터를 알게 됐다고 했다. 혼자 걱정하지 말고 여성인권지원센터에 문의라도 해보라는 말을 전해주었다. 업소 아가씨들을 도와주는 곳이 있다는 말이 믿기지도 않았고, 그곳에서 내가 무슨 도움을 받을 수 있을지 의심도 되었다. 친구는 밑져도 본전이니까 일단 전화는 한번 해보라고 하며 번호를 알려주었다.

　나는 하루 종일 고민했다. 내 빚인데 여성인권지원센터가 왜 나를 도와준다는 것인지 이해가 되지 않았다. 내 힘으로는 해결할 방법이 없어 답답하면서도 얼른 전화기를 들지를 못하고 망설였다. 경찰서에 가는 것보다 더 긴장했다. 그러나 전화만이라도 해보자는 마음으로 용기를 내어 친구가 알려준 T시 여성인권지원센터로 전화를 했다. 버튼을 누르면서도 불안한 마음이 가시지 않았다. "○○상담소입니다." 어디부터 이야기를 해야 할지 몰라 망설이는데 전화를 받은 사람은 차분하게 물었다. 그 목소리가 내가 떨지 않도록 도와주는 듯했다. 떨리는 목소리를 가다듬어가면서 상황을 설명했다. 두서없이 말을 해서 혹시나 못 알아들으면 어쩌나 하고 걱정이 됐다.

내 이야기를 다 들은 상담원은 지금 있는 지역이 어딘지 알려달라고 하며 상담소로 올 수 있는지 물어보았다. 상담소로 가려면 업소를 쉬거나 또 팔을 흔들고 가야 하는 처지라 고민해보고 다시 전화하겠다며 통화를 마쳤다. 통화만 하면 적극적인 해결책이 나올 거라고 기대했던 마음이 컸던 탓에 상담소로 오라는 말에 왠지 의심이 생겼다. 하지만 그러면서도 상담소를 찾아갈 방법을 고민하고 있었다.

상담소에 가기 위해 하루 쉬겠다는 말을 하려고 업주의 눈치를 보고 있는데, 요즘 다방 영업이 잘되지 않아 그만두겠다는 아가씨가 많아서 업주의 기분이 좋지 않아 보였다. 업주는 그만두겠다는 아가씨들을 불러 모아놓고 한 달 수입을 반반으로 하는 것이 좋겠느냐, 입금제◆로 하는 것이 좋겠느냐고 물어보았다. 선불금에 따

◆ 매일 업주에게 수입을 계산하는 방식. 커피 배달이든 티켓 시간비든 상관없이 일정 금액을 입금하는 방식이다. 선불금이 많으면 업주에게 입금하는 돈이 많아진다. 금액은 업소마다 달랐으나 대부분 다방 업주들은 하루 2만 원을 기본으로 정했다.

라 입금하는 돈은 다르지만 배달도 별로 없는 이 다방에서는 반반으로 계산하는 것보다 입금제가 낫겠다고 아가씨들이 말했다. 업주는 그러자며 이달 마치는 날까지만 반반으로 계산하고 새로이 시작되는 달부터 입금제로 바꾸겠다고 했다. 다행히 나는 며칠 있으면 달을 마치게 되고, 바로 입금제가 시작되면 쉬는 날을 따로 정하지 않아도 상담소로 가는 데에 지장이 없을 것 같아 마음이 놓였다.

며칠 후 검찰청에서 담당 조사관 전화가 왔다. 조사를 받으러 와야 한다면서 언제 시간이 되느냐고 했다. 나는 경찰서로 가서 조사를 받는다고 알고 있었기에 어리둥절했고, 게다가 검찰청이라고 하니까 덜컥 겁이 났다. 사는 곳이 멀다고 핑계를 대며 시간을 주면 조사는 꼭 받겠다고 대답했다. 조사관은 사건이 일어난 정황을 글로 써서 팩스로 보내주면 좋겠다고 했다. 내가 빠른 시일 내에 보내겠다고 하니까 담당 조사관은 다시 연락 주겠다는 말을 남기고 전화를 끊었다. 일이 잘못되어간다는 느낌을 받아서 밥도 넘어가지 않고 잠도 오지 않았다.

나는 다시 T시 상담소로 전화를 해서 검찰청 담당 조사관과 나눈 이야기를 전달하며 상담 일정을 정하고 싶다고 했다. 상담소로 출발하면서 연락하겠다고 말하고 전화를 끊었다. 상담소가 나에게 어떤 도움이 될 수 있을지 몰라 답답한 마음으로 시간을 견뎠다.

길 하나 건너면 벼랑 끝

두근거리는 가슴을 달래며 T시 상담소를 찾아가던 날은 내 마음과 달리 날씨가 화창했다. 덥지도 춥지도 않은 적당한 기온이 도시를 감싸고 있었다. 약속 시간보다 일찍 도착해서 상담소 근처에서 밥을 사 먹고 근처를 둘러보았다. 이 도시는 예전에 내가 살았던 곳이었다. 내가 일했던 유리방이 가까이에 있었고, 방을 얻어서 즐겁게 지냈던 기억도 되살아났다. 곳곳의 건물들이 세월이 흘렀음을 알려주었다. 내가 그동안 너무나 멀리 온 탓인지 지역의 변화가 낯설었다.

불안하고 긴장되는 마음을 안고 상담소로 갔다. 나를 반겨주는 사람이 여럿 있었다. 누가 누구인지 모르지만 상대방이 인사를 하면 나도 인사를 했다. 상담실로 안내를 받았고 물을 한 잔 마셨다. 그러나 내 속에서 일어나는 갈증을 채울 수 없었다. 낯선 환경에 기가 눌렸고, 무슨 말을 해야 하는지 걱정이 되었다. 잠깐 동안 내가 살아왔던 지난날을 되짚어보니 한숨만 나왔다.

누군가가 상담실 문을 열고 들어와서 담당 상담원이라고 인사하면서 명함을 내밀었다. 오는 길은 어땠는지 같은 가벼운 이야기를 나누기 시작했지만 낯선 상담실이 부담스러웠다. 상담원은 내가 긴장하고 있다는 걸 알아채고는 계속해서 말을 건네며 긴장을 풀어주려 애를 썼다. 담당 상담원은 보통 이런 사건은 경찰서로 가서 담당 조사관과 조사를 받는데, 검찰이 직접 조사하겠다고 하는 것은 이 례적이라고 말했다. 나는 무슨 말인지 알아듣지도 못하면서도 고개 만 끄덕였다.

담당 상담원은 검찰청 조사관이 요구한, 사건의 내용을 글로 작성해보라던 서류가 진술서라는 것을 알려주었다. 검찰 조사를 받기 전에 같이 작성해보자고 했다. 어떤 내용으로 시작해야 할지 난감했지만 담당 상담원이 가르쳐주는 대로 천천히 적어보았다.

처음 써보는 진술서는 어려웠다. 가족들 이야기, 업소 일을 시작한 때부터 무엇 때문에 이런 일이 있었는지에 대한 이야기를 써나가는 것이 무척 나를 힘들게 했다. 써 내려가기가 어려울 때는 담배 한 대를 피우면서 쉬는 시간을 가지기도 했다. 담당 상담원은 내가 어려워하는 대목을 짚으며 기억나는 사건이 있었는지, 그때 어떤 감정이 들었는지 물어보았다. 그런 질문들이 많은 도움이 되었다. 검찰 조사를 받으러 가는 날짜를 정하고 T시 상담소를 나왔다.

다시 업소로 돌아가기 위해 버스를 타러 가는 길이 멀게만 느껴졌다. 나는 이 도시와 전혀 다른 세상에서 살고 있는 사람 같았다. 진술서를 쓰면서 내 인생을 돌아보게 되었다. 평범하게 살아가지 못하는 나 자신이 초라했다. '돌아가면 계속 커피 배달을 하며 살아가겠지. 희망이라고는 없는 인생을 다시 살겠지.' 하는 생각에 눈물이 났다.

검찰 조사 날짜가 되어 담당 상담원을 다시 만났다. 검찰청으로 가기 위해 버스로 이동하기로 했다. 긴장을 한 나와는 달리 담당 상담원은 표정이 좋았다. 창밖을 바라보며 이 순간이 빨리 끝났으면 좋겠다는 생각만 했다. 한 시간을 달려 도착했다.

검찰청 건물을 바라보니 내 마음은 자포자기 상태가 되어버렸다. 여기까지 와서 무엇을 할 수 있을까 하는 생각이 들었고, 아무리 상담원이라 해도 어디까지 나를 보호해줄 수 있는지 의문도 들었다. 상담원에게 조사를 받지 않겠다고 하고 돌아가고 싶었다. 검찰 조사를 받기 전에 담당 상담원과 식사를 했다. 밥이 제대로 넘어가지 않았지만 이런저런 이야기를 나누었다. 나는 담당 상담원에게 이 직업이 잘 맞느냐고 물었다. "이 일요?" 담당 상담원은 자기와 이 직업은 너무 잘 맞는다고 하면서, 일을 하며 많이 배운다고 대답했다. 그 말을 듣고 놀랐다. 주변 사람들에게 이런 질문을 했을 때 돌아오는 대답은 거의가 "누가 좋아서 일하나. 다 먹고 살려고 마지못해 하는 거지."라는 말이었다. 담당 상담원의 대답에 이런 사람도 존재한다는 것이 신기했다. 어쩌면 예상을 깨는 그 한마디가 감겨 있던 내 눈을 뜨게 했는지도 모르겠다.

검찰청으로 들어간 나는 바짝 긴장했다. 태어나서 처음 가본 검찰청은 입구부터 위압적이었다. 보안을 위해 가방 검사를 끝내고 보안 담당자가 조사를 받으러 혼자 검사실로 가라고 해서 당황했다. 담당 상담원은 조사 동행을 한다고 미리 알렸다면서 담당 검사실로 연락을 해볼 것을 요청했다. 보안 담당자는 검사실로 전화를 했고,

그 짧은 시간에도 나는 얼굴이 노래질 정도로 긴장했다. 보안 담당자는 출입증 두 개를 주면서 검사실로 올라가라고 했다. 검사실로 올라가는 걸음이 너무나 무거웠다. 이러다 그대로 잡혀가는 것은 아닐까 걱정도 되었고, 검사가 물어보면 뭐라고 답을 해야 할지 정리되지 않았다. 검사실 입구에서 심호흡을 한 번 하고 담당 상담원과 같이 들어갔다.

담당 상담원은 검사에게 인사를 하면서 명함과 작은 책 한 권을 검사에게 건넸다. 검사는 책을 잘 읽어보겠다고 했다. 검사가 앉아 있는 책상 앞에 조사관이 의자를 놓아주면서 앉으라고 하는 순간, 내 입은 영원히 열릴 것 같지 않은 기분이 들었다. 긴장하고 있는 나에게 담당 상담원은 커피를 한 잔 주며 힘들면 언제든지 말하라고 격려했다.

검사는 안경을 위로 올리며 내가 작성해온 진술서를 쭉 읽어보았다. 그리고 나온 말이 "탕치기◆ 알죠?"였다. 나는 '탕치기'가 무슨 말인지 몰라 어리둥절했다. 내가 준비해온 진술서를 읽어본 검사는 질문을 시작했다. 받은 선불금을 왜 갚지 않았느냐가 주요 관건이었다. 검사는 내가 일부러 선불금을 갚지 않는다고 생각하는 듯했다. 죄질이 나쁜 사람으로 몰아붙이는 것 같아서 말 한마디를 하는 것도 힘들었다.

◆ 아가씨들이 여러 업소에서 일을 할 것처럼 선불금을 받고는 잠적하는 것을 말한다.

길 하나 건너면 벼랑 끝

내가 점점 지쳐가자 담당 상담원이 검사에게 잠시 쉬는 시간을 가지자고 했다. 검사실을 나와 복도 끝에 있는 화장실에 갔다. 화장실에서 그대로 주저앉아 밖으로 나가고 싶지 않았다. 내 곁에는 나를 보호해줄 담당 상담원도 있는데 진정이 되지 않았고, 너무나 긴장한 탓에 속이 메스꺼웠다. 무슨 말을 어떻게 했는지 기억도 나지 않았고, 다시 조사가 시작되면 검사가 묻는 말에 대답을 해야 한다는 압박감에 숨이 막혀왔다. 화장실을 나온 나에게 담당 상담원은 괜찮으냐고 물었다. 나는 애써 괜찮다고 했지만 얼굴은 하얗게 질려가고 있었다.

다시 조사가 시작되었다. 처음보다는 질문의 수위가 낮아졌다. 돈을 받고 왜 연락을 하지 않았는지 다시 물어보았다. 나는 연락을 할 수 없었던 과정을 설명했고, 내가 처한 형편, 그 사건 속에 있는 업주와의 관계를 이야기하며 무서웠던 지난 감정들을 다시 떠올리며 겨우 대답했다. 검사는 마지막으로 하고 싶은 말을 하라고 했다. 나는 빚을 갚지 않은 잘못을 뉘우치고 있다고 하면서 이 빚 때문에 다시 업소로 돌아가지 않게 해달라고 말했다. 나에게 2차를 강요하고 악담을 해대던 업주의 횡포에 마음의 상처를 받은 것을 말할 수 없는 것이 안타까웠다. 빚을 갚지 않으려고 했던 것은 아닌데, 업소는 정말 빚을 갚을 수가 없는 곳인데, 내 앞에 앉아 있는 검사가 몰라도 너무 모른다는 생각에 눈물이 났다. 이 사건을 없었던 일로 해주면 돌아가서 열심히 살아갈 수 있을 것 같은데, 검사 앞에서 조사를 받는 순간 내가 파렴치한 인간이 된 것 같았다. 나를 죄질 나쁜 사람으로 바라보는 검사 앞에서 나는 눈물을 꾹 참았다.

담당 상담원도 선불금이 여성의 발목을 잡는 장치라고 하면서 또다시 업소로 돌아가 선불금을 갚아야 한다면 성매매 여성들은 영원히 업소에서 나오지 못할 것이라고 강조했다. 성매매 여성이 선불금을 갚기 위해 재유입되는 일이 없기를 바란다고 하며 선처를 부탁했다.

검사는 참작이 될 수 있다고 하면서 일주일 정도 시간을 줄 테니 업주와 합의를 보라고 했다. 기대했던 결과가 아니라 받아들이기 힘들었다. 담당 상담원이 선처를 바라면서 애원하다시피 한 이야기를 들었음에도 불구하고 검사는 선불금을 업주의 재산으로 보는 것 같았다. 내가 업주의 재산을 가로챘으니 사기죄로 인정된다는 것이었다. 검사의 선처는 업주와 합의를 보고 오라는 것이었다. 그리고 목소리에 힘을 주면서 합의 결과를 검사실에 알려달라고 말했다. 나는 업주와 합의를 보고 결과를 알려주겠다고 하면서 담당 상담원과 검찰청을 빠져나왔다.

내 사건 때문에 검찰청까지 동행해주고 자기 일처럼 나서준 담당 상담원이 고마웠다. 그러나 사람에 대한 경계가 심했던 나는 담당 상담원에게 이 사건으로 합의를 봐야 하는 업소 말고도 현재 티켓다방에서 일을 하고 있고, 이곳에도 빚을 지고 있다는 말을 차마 하지 못했다. 그 말을 하면 담당 상담원이 나에게 실망할까 봐 입을

길 하나 건너면 벼랑 끝

다물었다. 사실 몸이 아프고 힘들다는 말도 하고 싶었는데 괜히 상담원을 괴롭히게 될까 봐 말하지 못했다. 나약하고 추한 모습을 보이고 싶지 않은 탓도 있었고, 얼굴만 몇 번 본 사이에 가슴속 깊이 맺힌 이야기를 하기가 어려운 탓도 있었다. 담당 상담원은 고생했다고 하면서 긴장이 풀려서 힘들 테니 돌아가서 푹 쉬라고 했다. 나는 업주와 합의를 보고 나서 알려주겠다고 하며 티켓다방으로 돌아가는 버스를 타기 위해 정류장으로 향했다.

정류장에서 헤어진 담당 상담원의 뒷모습을 보며 언제 또 다시 만날 수 있을까 하는 생각에 눈물이 흘렀다. 버스는 나를 다시 업소로 데려다주었다. 허무하고 허전한 마음으로 돌아온 다방에서 또 하루 입금을 벌기 위해 시간을 나갔다. 그날은 술에 잔뜩 취해서 숙소로 돌아왔다. 술이 취해서 푹 잘 수 있을 거라고 생각했지만 또다시 악몽에 시달렸고 식은땀을 흘리며 잠을 잤다.

며칠 후 나는 사건의 업주에게 연락해서 만나러 가겠다고 했다. 업주의 목소리는 좋았고, 언제든지 오라고 하면서 오히려 편하게 대했다. 검사가 준 말미를 넘기지 않으려 최대한 서둘러서 업주를 만났다.

다시 만난 업주와 나는 서로 알 것 다 아는 사람처럼 마주 앉았다. 업주에게 검찰 조사를 받았다고 말하고, 합의를 하러 왔다고 했다. 나의 이야기를 들은 업주는 고민도 않고 예전 차용증은 자신과 썼지만 남편과 다시 차용증을 쓰라고 했다. 그것이 합의 조건이라며, 또 돈을 갚지 않으면 고소할 것이라고 했다. 남자 업주와 차용증을 다시 쓰고 있는 나에게 여자 업주가 "한 달에 얼마씩 갚을 거냐?"고 물었다. 확실하게 대답하지 못하는 나는 고개만 숙이고 있었다. 업주는 다그치듯이 "그 내용이 들어가야 할 것 아니야." 하며 나의 대답을 기다리고 있었다. 나는 생활비를 줄여서라도 갚겠다고 하면서 적당한 금액을 제시했다. 업주는 불러주는 대로 내용을 적으라고 했다. 손을 덜덜 떨며 차용증을 다시 쓰는 나에게 남자 업주는 저런 손으로 커피 배달을 다니겠냐며 비웃었다. 차용증을 업주와 한 장씩 나눠 가진 후 자리에서 일어났다. 업주는 약속 잘 지키라고 하면서 조심히 가라고 했다. 대충 인사를 하고 다방을 나왔다.

버스를 타고 가는 내내 눈물이 났다. 약속한 돈을 어떻게 갚아야 할지 걱정이 되었다. 아무 대책도 없는데 돈을 갚지 않으면 다시 고소하겠다는 업주의 말이 귓가에 맴돌았다. 영혼을 팔아서라도 이 빚을 갚고 업소를 나오고 싶었지만, 내 몸도 영혼도 이제는 늙어버린 탓에 팔 수 없었다. 나이 많고 병든 몸으로 하루하루 연명하기도 버거운 형편인 자신이 싫었다. 지금 타고 있는 버스가 교통사고라도 나서 이 길에서 죽었으면 좋겠다고 생각했다. 스스로 목숨을 끊지 못하니 차라리 사고가 났으면 하는 마음이 든 순간 눈물이 흘러내려 뺨을 적시고 있었다.

창밖으로 보이는 사람들은 행복해 보이는데 초라한 나는 홀로 덩그러니 버스에 놓여 있었다. 돌아가고 싶지 않은 업소가 나를 기다리고 있었다.

입금제로 바뀌었지만 입금비를 벌기 위해서는 계속 술을 마시거나 모텔을 전전해야 했다. 그런다고 돈벌이가 나아지는 것도 아니어서 심란했다.

어느 날 다방으로 배달된 신문을 훑어보다가 업소에서 사망한 여성에 대한 짤막한 기사가 눈에 들어왔다. 내가 이 업소에서 죽는다면 세상에 알려지기나 할까 하는 생각이 들었다. 짤막한 기사지만 자신의 죽음이 알려진 그 여성은 가슴에 맺힌 한은 풀고 죽었을 것이라고도 생각했다.

그즈음 커피 배달을 갔다가 나에게 관심을 가지는 남자를 만났다. 그 남자는 커피 배달을 시키며 나를 지정해주었고, 술을 같이 마시는 날에는 피곤할 텐데 낮잠이라도 자라며 시간비도 넉넉히 주었다. 무엇보다 내가 시간 나갈 곳이 없어 연락하면 그 남자는 무조건 시간을 끊어주었다. 그 남자는 나에게 호감이 있는 것 같았고, 나는 그 남자가 마음에 들지는 않았지만 돈 씀씀이가 싫지는 않았다. 내 취향에 최대한 맞춰주려 애를 쓰고 편하게 대해주는 그 남자에게 흔들렸다.

어느 날 그 남자는 술을 같이 마시자며 나를 소주방으로 불렀다. 조용히 술을 마시던 그 남자는 문득 나에게 빛이 얼마냐고 물어보았다. 그 말을 듣는 순간 두 번 고민하지 않았다. 지겨운 이 업소를 벗어날 수 있다면, 그리고 업소로 두 번 다시 돌아오지 않을 수 있다면, 반드시 이 기회를 잡아야 한다고 생각했다. 그 남자는 충분히 갚아줄 수 있는 돈이라고 하면서 자신은 이혼을 했고 팔순 노모와 자식 둘이 있지만 서로 노력하면서 같이 살자고 했다. 나는 그 남자와 동거를 하게 된다는 것보다 이제 업소에서 자유로워진다는 것이 더 기뻤다.

남자는 며칠 만에 돈을 준비해주면서 업소를 정리하라고 했다. 나는 업주를 찾아가 당당하게 빛을 정리하고 공증 서류를 챙겼다. 업주는 짐을 챙기는 나에게 다가와 가끔 얼굴이나 보며 지내자고, 그 남자와 잘 살라고 했다. 같이 일했던 아가씨들과 인사를 나누고 짐을 정리해서 업소를 나왔다. 내일부터는 지겨운 커피 냄새를 맡지 않아도 되고 시간을 나가지도 않아도 된다는 것이 꿈만 같았다. 나만 잘하면 그 남자와 잘 살아갈 수 있을 것이라고 여겼다.

그 남자 집으로 들어와 지내며 업소에서 너무나 힘들었던 탓인지 몸살을 심하게 앓았다. 남자는 약을 사주면서 신경 써주었지만 아이들 할머니는 내 모습이 못마땅한지 누워 있는 꼴을 보지 못했다.

그 남자는 팔순 노모와 함께 시장에서 해산물과 생선을 파는 가게를 하고 있었다. 팔순 노모는 평생 생선 가게를 하며 살아왔고,

이제는 몸이 쇠약해져 가게 일도 집안일도 힘들어했지만 돈벌이에 대단히 욕심을 냈다. 몸이 회복된 나는 그 집안에서 궂은일을 하는 하녀가 되어갔다.

그 남자와 노모가 시키는 대로 집안일을 하며 가게 일도 도왔다. 그렇게 한 달이 지나갈 무렵 명절 대목이 찾아왔다. 가게가 너무 바빠 밥 먹을 시간조차 없이 일을 했다. 새벽 세 시면 가게 문을 열고 커다란 고무대야 세 개에 물을 받아 생선을 해동해놓고 전날 널어놓은 생선을 보기 좋게 진열하는 작업을 했다. 아침을 먹고 나면 커피 한 잔으로 졸음을 물리치고 해동한 생선 비늘을 긁어내는 일을 했다. 내가 생선 비늘을 긁어내면 팔순 노모는 생선 배를 모양대로 갈라냈고 나는 그 생선을 깨끗이 씻었다. 씻은 생선에 팔순 노모는 자신만의 노하우로 소금 간을 했다. 제사상에 올릴 생선을 사러 오는 단골손님들은 노모에게 며느리 잘 얻었다고 칭찬했다. 그러면 노모는 자기도 며느리가 좋다고 하며 웃었다. 그러나 단골손님이 돌아가면 본색을 드러내며 꼬투리를 잡고 잔소리를 늘어놓았다. 하지만 남자가 해산물과 생선을 싣고 와서 수족관을 가득 채워놓고 가게로 들어오면 아들을 끔찍이도 아끼는 어머니가 되어 이것저것 챙겨주고 나에게도 따뜻하게 대했다.

명절 직전에는 몰려오는 손님들로 붐볐다. 화장실 갈 시간조차 없었다. 밥도 먹는 둥 마는 둥 해서 소화도 되지 않았고 문을 닫을 시간이 되면 긴장이 풀려 온몸이 쑤시고 아팠다. 집으로 돌아오면 퉁퉁 부은 다리에 파스를 붙이고 피로회복제를 먹으며 일찍 잠자리에 들었다. 새벽에 눈을 뜨면 아이들의 뒷바라지를 해놓고 가게로 가야 했기에 잠이 부족한 나는 가게에서 졸기도 했다. 그러면 팔순 노모는 고함을 지르며 저런 정신으로 어떻게 살겠냐고 핀잔했다. 그래도 주변 상인들에게는 열심히 사는 모습으로 인정을 받았다.

명절이 시작되어 가게 대청소를 하고 연휴를 맞이했다. 그 남자 집에서는 제사를 지내지 않아 그나마 다행이었다. 팔순 노모는 연휴 첫날 늦잠을 좀 자려는 나의 계획을 송두리째 빼앗아 주방에서 음식을 만들도록 했다.

내가 주방에서 음식을 만드는데 큰아이가 집에서 음식 냄새가 난다는 것이 믿기지 않는다고 했다. 그전에는 학교를 마치면 생선 가게로 가서 저녁밥까지 먹고 집으로 들어왔고, 명절에도 할머니가 힘들어서 음식은 해 먹지 않았다고 했다. 큰아이의 이야기를 들으니 측은한 마음이 들었다. 늦잠을 자지 못해도 맛있는 음식을 해서 먹이고 싶었다.

한 시간이 걸려 밥상을 차렸고 온 가족이 둘러앉아 밥을 먹었다. 맛있다고 밥을 두 그릇씩 먹는 아이들을 보며 흐뭇했다. 그러나 팔순 노모는 음식이 간이 안 맞는다며 트집을 잡았다. 그 남자가 내

편을 들다가 모자간에 언성을 높이게 되었다. 아이들 앞에서 그러지 말라고 말리고 다시 밥을 먹는데 남자는 "엄마 때문에 우리 집은 늘 시끄러워요." 하며 자리에서 일어나 웃옷을 걸치더니 밖으로 나가버렸다. 팔순 노모는 아무 말 없이 밥을 먹고 있었다. 나는 눈치를 보며 설거지를 했고 팔순 노모는 텔레비전을 보며 누워 있었다.

작은방으로 들어가 낮잠을 잤다. 아무도 나를 깨우지 않았다. 일어났을 때는 해가 져 있었다. 저녁을 차리기 위해서 주방으로 간 나는 다시 음식을 했다. 내가 낮잠을 자는 동안 팔순 노모는 잠시 외출을 했던 모양이었다. 그 남자에게 저녁을 먹으러 들어오라고 전화했지만 받지 않았다. 저녁 식사를 하고 일찍 잠자리에 들고 싶었지만 돌아오지 않는 남자가 걱정이 되었다. 남자를 기다리다 나도 모르게 깜빡 잠이 들었다.

언제 집으로 들어왔는지 그 남자의 목소리가 들렸다. 나는 얼른 일어나 방문을 열고 나갔다. 술이 취한 상태로 제대로 걷지도 못하는 그 남자는 거실에 주저앉아 팔순 노모에게 말을 건네고 있었다. 나를 발견한 남자는 웃으며 괜찮다고 하면서 씻고 들어갈 테니 방으로 가라고 했다. 나는 그 남자를 바라보며 잠자코 서 있었다. 한참을 팔순 노모에게 말을 건네던 남자는 겨우 일어나 방으로 들어가더니 고꾸라져 잠이 들었다.

다음 날 아침 속이 쓰리다며 남자는 해장국을 끓이라고 했다. 나는 주방에서 음식을 해서 남자가 있는 방으로 밥상을 차렸다. 식사를 마친 남자는 화장실에 다녀오더니 갑자기 인상을 쓰면서 팔순 노모에게 아이들에게 용돈을 줬냐고 물어보았다. 팔순 노모는 용돈 준 적 없다고 답했고 그 남자는 큰아이를 방으로 불렀다. 큰아이는 잠시 쓰레기를 버리고 오겠다며 나갔고, 남자는 얼른 들어오라고 고함을 쳤다.

그 남자는 방으로 들어선 큰아이를 다짜고짜 때리기 시작했다. 놀라서 필사적으로 말리며 무슨 일이냐고 물어보니 흥분한 남자가 큰아이에게 지갑에 든 돈 뭐냐고 물었다. 큰아이는 억울해하며 지갑에 돈이 없다고, 돈을 훔친 적이 없다고 울면서 말했다. 그 말을 들은 남자는 더욱더 화를 내며 아이를 때렸다. 내가 아무리 말려도 소용이 없었고 오히려 그 남자는 나를 밀쳤다.

방 밖에서는 팔순 노모의 울음소리가 들렸고 작은아이도 사색이 되어 떨고 있었다. 큰아이는 지갑을 가져와 보여주었다. 남자는 아이를 때리지 않고 조용히 마주앉아 이야기를 나누더니 큰아이와 같이 밖으로 나갔다. 잠시 후 집으로 돌아온 그 남자의 손에는 돈이 쥐어져 있었다. 큰아이는 고개를 숙인 채로 집으로 들어오지 못했다. 나는 그 남자에게 아이를 그만 때리라고 하고는 큰아이를 작은방으로 피신시켰다. 그 남자가 팔순 노모에게 돈을 던져주고는 "얼마나 없어졌는지 옷 뒤져봐요."라고 했다. 팔순 노모는 바지와 지갑을 가져와 뒤져보고는 10만 원이 없어졌다고 했다.

그 남자의 말로는 화장실에 가려는데 큰아이 바지가 옷걸이에서 떨어져 있어서 바로 걸어주려다 우연히 지갑을 보게 되었다고 했다. 삐죽 튀어나온 돈을 발견하고 지갑을 열어보니 만 원짜리 지폐가 여러 장이 있었다는 것이다. 지갑을 그대로 넣어놓고 그 남자는 큰아이를 불렀고, 그 사이에 아이는 아버지가 알고 있다는 것을 눈치 채고 쓰레기를 버린다는 핑계로 돈을 숨겨놓았던 것이다. 그렇게 억울하다고 주장한 큰아이가 돈을 훔쳤다는 사실에 놀랐다. 그 남자는 자신이 도둑놈을 키운다고 하면서 집에 있기도 싫다고 밖으로 나가버렸다.

큰아이에게 왜 그랬냐고 하면서 약을 발라주고 있는데 팔순 노모가 "네가 무슨 상관이냐? 너는 밥이나 해라."라고 고함을 쳤다. 나는 애가 맞아서 아픈데 약도 못 발라주냐고 받아쳤다. 그랬더니 팔순 노모는 혀를 차면서 "집구석 잘 돌아간다." 하며 집 밖으로 나갔다. 혼란스러운 마음에 저녁을 지을 엄두도 나지 않아 이 집안 식구들이 다닌다는 교회를 찾아갔다.

목사님과 사모님은 따뜻하게 나를 맞아주었다. 나는 큰아이에 대한 고민을 털어놓았다. 교회 사모님을 통해서 아이들의 도벽에 대한 이야기를 들었을 때 충격을 받았다. 큰아이는 교회 헌금함에도 여러 번 손을 댔고, 도벽을 넘어 범죄 수준까지 갈 정도로 돈을 훔친다고 했다. 작은아이도 만만치 않다고 하면서 마음고생이 심할 것이라고 했다. 아이들을 위해서라도 조치가 필요할 것 같았다. 목사님은 용돈을 주고 스스로 관리하게 하면서 이번에 훔친 돈을 직접 갚게끔 가르치라고 조언했다. 아이가 자신이 한 행동을 뉘우칠 수 있는 기회가 되기를 바랐다.

집으로 돌아온 나는 목사님의 조언대로 아이들에게 용돈을 주며 스스로 관리할 수 있도록 만들어주었고, 저금한 용돈으로 할머니에게 훔친 돈을 갚도록 했다. 그러면서 아이들은 나에게 점점 마음을 열기 시작했다. 아이들과 사이가 좋아지니 팔순 노모와의 관계도 편해졌다. 아이들은 점점 안정이 되었다. 그리고 시키지도 않았는데 나에게 엄마라고 부르면서 마음을 주었다. 학교에서도 문제아로 찍혀 늘 외톨이였던 아이들이 밖으로 나돌지 않고 복장도 단정해져서 이웃 어른들에게 칭찬을 받았다.

아이들과 팔순 노모와의 사이는 안정되어갔지만 그 남자는 술을 가까이 하더니 점점 사람이 변해갔다. 술을 마시고 들어오면 집안을 둘러보며 냉장고 청소를 안 했다느니, 신발장 정리를 안 했다느니 트집을 잡아 나를 괴롭혔다. 어르고 달래도 술을 마시지 않는 날이 없었다. 팔순 노모가 "그러다 몸이 남아나지 않겠다."고 하면서 몸에 좋은 보약이라도 해 먹이라고 했지만 그 남자는 "헛소리 집어 치우세요."라고 하며 팔순 노모의 입을 막았다.

술에 취해 들어온 그 남자는 나의 과거를 들먹이면서 "이제 살

만하니까 옛날 생각 나냐? 낮에 어디 갔었어?" 하면서 다그쳤다. 주문 물품을 택배로 보내고 가게에서 일했다고 대답했다. 그 남자는 거짓말하지 말라며 나를 때리기 시작했다. 뺨을 맞고 울고 있는 나를 보며 팔순 노모는 "남자가 술을 마시고 들어오면 달래서 재울 것이지, 저렇게 달려들면 어떤 남자가 가만히 있냐?"면서 내 탓으로 돌렸다. 남자는 작정을 한 사람처럼 나의 멱살을 잡고 거실에서 질질 끌어서 방으로 들어갔다. 온갖 욕을 하는 남자가 또 때릴까 봐 눈도 마주치지 못했다. 잠옷이 그 남자의 손에 찢긴 채로 새벽녘이 되어서 잠을 잘 수 있었다.

남자가 나를 때리는 횟수가 많아질수록 팔순 노모와의 사이도 멀어졌다. 그 남자가 술에 취해 대문을 열고 들어오면 나는 자는 척했지만 남자가 나를 깨워 온갖 트집을 잡고 때리는 것은 일상이 되어갔다. 그 남자는 내가 거부하든 울든 강제로 성관계를 가졌다. 성관계가 끝나면 그 남자는 잠이 들었고, 나는 심한 모욕감으로 그 남자를 죽이고 싶은 충동을 느꼈다.

차라리 다시 업소로 돌아가고 싶었다. 업소에서 선불금을 받아서 이 남자에게 갚아주고 이 지옥에서 벗어나면 좋겠다는 생각을 했다. 두 번 다시 되돌아가고 싶지 않은 업소를 떠올리며 나는 울었다. 이 지옥이나 업소의 지옥이나 마찬가지였다. 지옥에서 벗어나지 못하는 처지가 비참했다. 그렇지만 그 남자가 아무리 나를 때리고 괴롭혀도 내 힘듦을 알아주는 아이들이 있다는 것으로 위안을 삼았다. 나를 때린 다음 날이면 잘못했다며 두 손이 발이 되도록 비는 일은 나를 때린 횟수만큼이나 잦았지만, 그 남자를 잘 달래어 살면 될 것이라는 부질없는 희망에 매달렸다. 강제로 몸을 팔아야 하는 업소로 돌아가지 않는 것으로 비참한 내 마음을 달랬다.

그날도 술에 취해 들어온 그 남자는 과거를 들먹이며 나를 심하게 때렸다. 나의 목을 조르려고 달려드는 남자를 피하며 소리를 질렀는데 누군가 대문을 두드리는 소리가 들렸다. 그 남자는 나를 때리는 것을 멈추고 대문을 향해 누구냐고 신경질적으로 물었다. 대문을 두들기던 사람은 경찰이라며 신고를 받고 왔으니 문을 열라고 했다. 나는 순간 살았구나 하는 생각이 들었다. 그 남자는 대문을 열어주면서 비열한 웃음을 지으며 경찰에게 "수고가 많으십니다." 했다. 경찰이 무슨 일이 있냐고 물으니 말다툼을 조금 했을 뿐이라며 그 남자는 웃었다. 경찰은 대수롭지 않게 여기는 표정을 지으며 거실 한복판에 머리가 헝클어져 있는 나를 발견하고는 "아줌마 괜찮아요?" 하며 말을 건넸다. 순간 무슨 말을 어떻게 해야 할지 몰랐다. 경찰을 붙잡고 저 남자가 나를 때렸다고 해야 하는 것인지 망설여졌다. 경찰이 오기 전까지 나를 때리던 그 남자가 노려보고 있는 이 자리에서 차마 맞았다는 말을 하지 못했다. 경찰이 가고 나면 맞아 죽을지도 모른다는 공포를 느꼈다. 그래서 경찰에게 괜찮다고 했다. 경찰은 그대로 돌아가며 그 남자에게 주의조차 주지 않았다. 뒷모습을 보이며 대문을 나서는 경찰은 나의 편이 아니었다. 경

길 하나 건너면 벼랑 끝

찰이 돌아가고 나서 그 남자는 큰아이가 신고를 했다고 우기며 집 안을 뒤집어놓았다. 아이들도 맞아서 울고 나도 맞아서 울었다. 그 날 이후 그 남자의 폭력은 더욱더 심해졌다. 하루는 결국 나를 죽이겠다고 칼을 들이댔다. 내 비명소리를 들은 큰아이가 그 남자를 말렸고, 손아귀에서 벗어난 나는 필사적으로 집 밖으로 도망쳤다. 갈 곳도 없는 나는 울면서 거리를 배회하다가 교회로 향했다.

사모님은 깜짝 놀라면서 교회에 딸려 있는 작은방으로 나를 데리고 갔다. 방에 보일러를 켜주면서 무슨 일이 있었는지 물어보았다. 이불을 덮어쓰고도 내 몸은 심하게 떨렸다. 그 남자가 나를 찾아낼까 봐 겁에 질려 눈에서는 눈물만 하염없이 흘렀다. 방이 따뜻해지고 어느덧 잠든 나는 밤새 앓았다. 꿈조차 꾸지 않는 어둠이 차라리 위안이었다. 내일이 찾아오지 않기를 간절히 바랐다.

눈을 뜬 것은 새벽이었다. 온몸이 쑤시고 아팠지만 돌아갈 곳 없는 내 처지가 슬펐다. 다시 그 남자의 집으로 돌아갈 수는 없을 것 같았다. 몸은 괜찮냐고 묻는 사모님의 말에 대답도 제대로 못 하고 눈물만 흘렸다. 사모님은 그 남자의 전처에 대한 이야기를 해주었다. 고단한 시집살이와 그 남자의 폭력으로 이혼하게 되었다고 했다. 남자가 여러 여자들과 동거하고 헤어지는 과정에서 아이들이 상처를 많이 받았다고 전해주었다.

오후에는 아이들이 나를 찾아왔다. 큰아이에게 밥은 먹었냐고 하니 고개를 저으며 할머니가 엄마 욕을 너무 많이 해서 집에 들어가기도 싫다고 했다. 아이들에게 죄를 짓는 기분이 들어서 미안했다. 이제야 겨우 나에게 정을 주고 엄마라고 부르는 아이들에게 상처를 줘서 마음이 아팠다. 사모님의 배려로 아이들과 식사를 같이 했고, 날이 어두워지기 전에 아이들은 집으로 돌려보냈다. 사모님은 나에게 몸을 추스를 때까지 교회에서 지내라고 했다. 아픈 내 마음을 위로해주는 사모님이 친언니였으면 좋겠다는 생각이 들었다. 돌아가면 더 끔찍한 일이 벌어질 것 같아서 다시는 그 집으로는 돌아가지 않기로 마음먹었다.

일주일이 지나고 몸이 회복되며 마음도 편안해졌다. 팔순 노모가 교회로 나를 찾아와서 "여자가 함부로 집을 나가고, 어디서 배운 짓이냐?" 하고 화를 냈다. 그러면서 생선 가게가 너무 바쁘니 당장 집으로 돌아오라고 했다. 맞아서 몸이 상한 나에게 가게가 바쁘다고 말하는 팔순 노모가 미웠다. 그 남자가 휘두르는 폭력으로 몸과 마음이 다친 나는 더 이상 가정부로, 하녀로 살아가고 싶지 않았다. 단호하게 집으로 돌아가지 않겠다고 했다. 팔순 노모는 표정이 굳어지면서 다 교회 사모님이 시킨 짓이라고 악담을 퍼부으면서 돌아갔다.

며칠 후 술에 취한 그 남자가 교회에 왔다. 교회 앞마당에서 고함을 지르며 목사님을 불렀다. 교회가 시끄러워져서 목사님과 사모님에게 죄송했다. 목사님은 그 남자를 조용히 달랬고, 한동안 말이 없던 그 남자는 나를 쳐다보지도 않고 집으로 돌아갔다. 교회

길 하나 건너면 벼랑 끝

옥상에서 집으로 돌아가는 그 남자의 뒷모습을 바라보았다. 꼭두새벽에 일어나 역겹고 비릿한 생선 냄새를 맡아가며 시장에서 일을 했고, 몸이 아프고 힘들어도 열심히 노력하면 잘살게 될 것이라고 기대한 내 마음은 너무나 망가져 있었다. 그 남자와의 관계도 이제 끝이 나고 있었다.

다음 날 나는 그 남자와 살면서 시달렸던 폭력을 끝내기 위해 집으로 돌아가는 길을 선택했다. 내 과거를 들먹이는 그 남자의 폭력에 힘들었지만 20여 년간 온갖 학대를 받았던 업소로 돌아가지 않으려 그 폭력을 참아냈다. 가족들이 있는 집으로 돌아간다는 것은 큰 도전이었다. 보탬이 된 시간보다 빚을 갚기 위해 산 시간이 더 길었기에 언제나 미안했고, 아버지로부터 받은 상처 역시 고스란히 남아 있었다. 돌아가서도 많은 좌절과 아픔이 기다리고 있으리라 예상했지만, 이제는 지긋지긋한 폭력을 벗어나고 싶었다.

사모님과 함께 그 남자의 집으로 가서 짐을 챙겼다. 내가 사용하던 화장품과 옷가지 몇 개를 챙기고 나머지는 쓰레기통에 버렸다. 주방과 욕실에서도 내가 사용하던 물건을 정리했다. 이 집에서 내가 머물렀던 흔적을 모두 정리하고 싶어서 쓰레기통이 넘치도록 짐을 버렸다.

마을에 오일장이 섰는지 시장은 사람들로 북적였다. 주머니에 있는 돈으로 시장 좌판에서 파는 운동복 한 벌과 5000원짜리 신발을 샀다. 그 남자 집에서 가져온 물건은 화장품과 속옷이 전부였기에 입고 다닐 옷이 없었다.

집으로 돌아갈 준비를 마치고 목사님과 사모님에게 그동안 민폐만 끼치고 간다며 인사를 했다. 목사님과 사모님은 버스 정류장까지 배웅해주었고 내 손에 차비를 쥐어주었다. 사모님은 늘 기도하겠다며 건강하게 잘 지내고 다음에 좋은 얼굴로 다시 만나자고 했다. 눈에는 눈물이 맺혔고 목이 메어 제대로 대답하지도 못한 채 버스에 올라탔다.

버스가 출발하면서 눈앞에 펼쳐지는 이 마을의 전경이 새롭게 느껴졌다. 살기 위해 몸부림쳤던 시간들이 상처로 남아 두 번 다시 떠올리고 싶지 않은 아픔이 되었다. 버스 안에서 모든 것을 잊고 싶은 마음에 조용히 두 눈을 감았다.

길 하나 건너면 벼랑 끝

2부

나를
다시
찾아가는
시간

7 나의 과거에 살고 있는 업주

열여덟 살에 만난 업주는 간이라도 빼줄 것처럼 뭐든지 필요하면 말만 하라고 했었다. 살뜰히 보살펴주는 시늉을 하며 부모의 사랑을 받지 못한 내 마음을 샀다. 잔소리도 다 너 잘되라고 하는 소리니까 섭섭해하지 말라고 했다. 내가 지내던 방에 찾아와 춥지는 않냐 묻던 그 말, 그 행동에 정말로 나를 챙겨주고 따뜻하게 대해준다고 느꼈다. 그런 사람에게 보답을 해야 한다고 느꼈고, 업주가 시키는 대로 열심히 일했다.

그 업주는 내 미래까지 책임질 것처럼 말했다. 돈을 벌면 집으로 보내는 나의 형편을 알기에 숙소비가 들지 않게 자기 집에 방을 내어주었다. 방값 들일 필요 없이 편의를 봐줘서 얼마나 고마웠는지 모른다. 그러나 업주는 업소에서 이쯤은 당연하다는 듯이 여러 핑계를 대 돈을 뜯어갔다. 부모처럼, 언니처럼 대해준 것도 당시 내가 미성년자였기에 자신이 저지른 불법 행위를 입막음하기 위한 방편이었다. 세상물정 모르는 나에게 베풀어주는 마음이 고마워 업소 영업시간이 넘어도 싫은 내색 한 번 안 했고, 휴일 없이 일해도 인상쓴 적 없으며, 속이 아파도 매상을 올리겠다고 술을 넙죽넙죽 받아마셨다. 그런 나에게 업주는 어딜 가나 일 잘하는 아가씨는 대우가 좋다고 하며 칭찬해주었다.

　그러던 것도 잠시였다. 손님이 없으면 내 탓을 했고, 공장에서 쥐꼬리만 한 월급 받으면서 고생하던 나에게 이렇게 돈 벌게 해줬으니 감사하라는 말을 했다. 월급이 밀려도 전혀 미안한 기색이 없었다. 월급 독촉을 하면 "어린년이 싸가지가 없다."며 잘해줘도 소용없다고 했다.

　룸살롱에서 일할 때 업주는 내가 특별한 사람인 것처럼 늘 너밖에 없다는 말을 했다. 업주는 "너니까 이렇게 신경 쓰는 거야. 내 말 들으면 돈도 벌고 빚도 얼른 깔 수 있어."라고 말했다. 조금이라도 손님에게 잘 보이는 게 돈 버는 길이라며 옷, 화장품, 머리스타일까지 신경 써주며 관심을 보였다. 단골 만들어서 편하게 일하라고 하면서 2주에 한 번씩 외교를 다니도록 했다. 단골이 자주 찾아오면 업소 아가씨들 앞에서 일을 잘한다고 칭찬하며 나를 본받으라고 했다. 마치 업소에서의 권력을 주듯이 대우했다. 그러나 너밖에 없다는 말은 나에게만 하는 말이 아니었다. 자신에게 이익이 되는 아가씨면 누구든지 너밖에 없다는 말을 해서 신뢰하게 만들었다. 아가씨들을 길들이고 복종시켜 다른 아가씨들과 견제하게 만들고 관리하기 쉽게 하기 위해서였다.

　지각비, 결근비, 생리 체크 등 자신들이 멋대로 만든 규칙에 따라 벌금을 물렸고, 2차를 갔다가 실수가 생기거나 구매자가 업소로 찾아오면 업주는 그동안 쌓인 스트레스를 풀듯이 내게 욕을 하고 구매자의 술값과 2차비를 내 빚으로 올렸다. 2차를 거부하면 사창가로 팔아버린다거나 섬으로 보내서 평생 그곳에서 나오지도 못하게 하겠다는 협박을 스스럼없이 했고, 선불금을 계산하지 못하면 부모에게 알리겠다면서 지구 끝까지 쫓아가서 받아낼 것이라며 죽어도 선불금은 갚고 죽으라고 말했다.

선불금이 얼마든 상관없다던 집결지 업주는 통 큰 사람처럼 행세했다. 매상 잘 올리는 아가씨들을 관리하며 맛있는 밥을 사먹으라고 돈을 줬다. 선불금이 많아도 상관하지 않는 이유는 받아낼 확률이 높기 때문이었다. 어느 날 조용히 사라지는 아가씨들이 있었다. 업주끼리 아가씨들을 교환하기도 했으며, 아가씨가 팔려가는 그곳이 어느 곳이든 상관하지 않았다. 외출을 할 때도 목욕탕을 갈 때도 아가씨들이 도망칠까 봐 나까이들과 함께 다니도록 하면서 감시했다.

친구와 나에게 선심 쓰듯 금목걸이를 선물했던 업주는 생리를 하면 솜을 넣고 찬물로 씻고 일하라고 했다. 아무리 솜을 넣어도 생리가 묻어 나오는 경우가 있었다. 남자들에게 들키면 돈을 고스란히 돌려주었고, 심한 경우 솜이 질에서 나오지 않아 산부인과에 가서 빼는 경우도 있었다.

티켓다방 업주는 나에게 두세 시간 봐줄 테니 목욕을 다녀오라고 하며 다른 아가씨들에게는 말하지 말라고 했다. 시간을 많이 하고 들어온 날에는 다른 아가씨가 먹고 있는 반찬을 내 앞에 당겨놓고 많이 먹으라며 엉덩이를 두들겼다. 그러나 아파서 병원에 가도 시간비를 내야 했고, 팔을 흔들어서라도 매상을 올리라고 했다. "그 몸으로 밥이 넘어가냐?", "저렇게 뚱뚱한 줄 몰랐어."라고 외모를 지적하며 다이어트 약을 잘 짓는다는 병원에 데리고 가 약을 먹이고 주사도 맞게 했다. 다이어트 약의 부작용으로 손이 떨리고 얼굴이 까매져도 상관하지 않고 강제로 다이어트를 시켰다. 업주는 차용증에 성매매로 인한 잘못은 내가 다 책임진다는 내용을 자필로 쓰게 만들었다.

업주들은 나에게 잠깐만 눈 딱 감으면 집도 사고 차도 산다고 회유했다. 밤에 일하는 것을 부끄러워하지 말라면서 시집만 잘 가면 아무 문제 안 된다고, 이 정도 고생은 누구나 한다고 했다. 집도 사고 차도 산다던 그 말에 나는 잠시 힘들겠지만 조금만 견디면 가족들과 잘살 수 있을 것이라고 희망을 안고 살았다. 하지만 아무리 일을 해도 빚은 계속 늘어났고 몸은 망가졌다. 그리고 그들은 책임지지 않았다. 업주는 자기 말만 잘 들으면 돈을 많이 벌 수 있다고 했지만, 어떻게 하면 집도 차도 살 수 있는지, 돈은 어떻게 하면 버는지 나는 지금도 모른다.

그 많은 돈을 한 번이라도 나 자신을 위해 썼다면 억울하지도 않았을 것이다. 업주가 옷이 그것밖에 없냐며 핀잔을 주면 나는 옷을 사야 했고, 업주가 정해놓은 미용실에 가야 했고, 구매자의 눈에 맞추기 위해 성형을 강요당했다. 그렇게 쓴 돈을 갚기 위해 원하지 않는 성관계를 해야 했고 진상 구매자의 비위를 맞춰야 했다.

선불금은 원금과 이자를 같이 갚아야 했다. 업소마다, 업종마다 선불금 이자는 천차만별이지만 100만 원에 10만 원은 기본이었다. 조금 낮춰준다고 하면 100만 원에 5만 원이었다. 공증을 서게 하는 경우는 공증 서류에 이자와 합친 금액을 선불금으로 써넣기도 했고, 공증 수수료는 업주와 내가 절반씩 부담해야 했다. 업주가 주는 선불금이 무효라는 대법원 판례가 있은 후, 선불금을 줄 때 업주 자신이 나서지 않고 전주를 내세워 위장하거나 제3, 4금융에 대출받게 하는 경우도 있었다. 나중에 문제가 되어 형사 고발되면 업주는 자기는 잘못이 없고 자기 재산을 사기 쳐서 갚지 않는 나에게 죄가 있다고 했다.

선불금이 많으면 많을수록 업종 상관없이 선불금이 해결되는 곳으로 팔려갔다. 그렇게 일하게 되어도 그 업소의 진상처리반 신세였다. 선불금과 단골들의 술값 외상을 변제하기 위해서 사용했던 신용카드는 결국 연체되었고, 추심회사 직원은 집으로 찾아와 빚 독촉을 했다. 선불금 해결이 우선이었기 때문에 카드빚은 걱정할 겨를이 없었다. 탈성매매 후에도 카드빚에 대한 연체 이자가 늘어나 고민했지만 발만 동동거릴 뿐 해결 방법이 없었다. 집으로 날아오는 독촉장을 찢는 것이 나의 하루 일과였다. 결국 여성인권지원센터에서 법률지원을 받아 파산신청을 하면서 지긋지긋한 카드빚에서 벗어났지만, 파산이라는 결정을 할 때도 억울함이 컸다.

업주는 단속을 피하기 위해 경찰에게 접대를 많이 했다. 경찰들은 자신의 신분을 숨기고 성접대를 받지만 나는 다 알 수 있었다. 업주가 유난히 잘 모시라고 하거나 매상 올리지 말라고 하면 백발백중 경찰이거나 공무원이었다. 업주는 접대를 해서 단속을 당하지 않는 것을 자랑스러워했다. 그리고 단속이 실시되면 경찰이 미리 알려주기 때문에 안전하다며 능력을 과시했다. 성상납을 해야 했던 날, 2차를 나간 형사는 내게 개인적으로 만나자고 했다. 바로 대답을 안 하니 나를 때리려고 하는 시늉이 무서워서 고개를 끄덕이며 형사를 달랬다. 2차가 끝나고 나가려는 나를 붙잡고 집으로 보내준다고 했으니 앞장서라며 모텔을 나왔는데 밖에는 장대비가 내리고 있었다. 비가 쏟아지는 거리에서 연인처럼 어깨에 손을 올리며 걷는 형사에게서 어떻게 하면 벗어날 수 있을지 기회를 엿보다가 지나가던 차가 빗물을 튀기면서 형사가 잠시 고개를 돌리는 순간 나는 목숨을 걸고 왕복 4차선 도로를 뛰어 정차해 있던 택시에 올라탈 수 있었다. 택시 안에는 남녀가 타고 있었고 기사가 놀라서 무슨 일이냐고 물었다. 나는 얼른 여기를 벗어나 달라고 했다. 여자 승객이 나를 숨겨주면서 빨리 출발하자고 소리를 치는 바람에 한숨 돌릴 수 있었다. 그러나 그 순간 나의 안전에 대한 걱정보다도 접대를 엉망으로 끝내버린 나를 질책할 업주의 얼굴이 더 먼저 떠올랐다.

　구매자와 단둘이 있는 공간에서 아가씨들이 온갖 폭력을 견딘 대가로 벌어들인 돈으로 업주는 호강하고 살았다. 자식은 해외 연수나 유학을 보냈고, 의사 사위에게 돈을 들여 딸을 시집보냈다. 돈이 없는 것, 가난한 부모 밑에서 태어난 것이 그렇게 서러울 수 없었다. 업주는 갈 곳이라고는 업소밖에 없는 나의 인생을 앗아간 사람들이다. 특정 업종의 업주가 더 악랄하고 나쁜 게 아니었다. 모든 업주는 똑같았고, 다들 약속이나 한 듯 똑같은 말을 했다. 세상 사람들은 내가 사치나 부리고 편하게 돈을 벌기 위해 성매매를 했다고 낙인찍었지만, 업주야말로 편하게 돈을 벌기 위해 업소를 운영하는 사람들이었다.

　몇 년 전 우연히 가라오케에서 일할 때 월급을 떼어먹었던 업주를 만났다. 처음에는 나의 이름을 부르는 업주를 보고 엄마 친구인가 하고 착각했다. 오랜 기간 분노가 쌓여 업주를 만나면 멱살이라도 잡겠다고 별러왔지만, 탈성매매를 하고 여성인권지원센터를 만나면서 내 경험을 재해석하는 훈련을 해오던 터라 순간 당황했지만 이내 차분하게 인사했다. 업주 앞에서 내가 당당하지 못할 이유가 없었다. 업주는 세월이 흘렀지만 나를 한눈에 알아봤다고 하면서 어떻게 지내냐고 물었다. 나는 건강하게 잘 지내고 있다고 했고, 업주는 약속이 있어서 가는 길이라며 전화번호를 알려달라고 했다. 손에 들고 있는 휴대폰이 야속했지만 연락처를 업주에게 알려주고 헤어졌다.

한 시간 뒤 연락이 왔다. 그동안 어떻게 지냈냐고 물었다. 그 업주가 나에게 했던 짓들이 떠올라 감정이 혼란스러웠다. 지금은 잘 지내고 있다고 대답했다. 업주는 내가 업소에서 일했던 그날로 돌아간 것 같았다. 나와 함께 지냈던 친구는 아이를 하나 낳고는 이혼을 하고 작은 소주방을 한다, 같이 일했던 아가씨 중 한 명은 자살을 했다, 같은 소식을 전하면서 자신이 살아온 이야기를 했다. 순탄하지는 않았는지 목소리가 좋지 않았다. 나에게 무슨 일을 하냐고 묻기에 직장생활을 하고 있다고 대답했다. 업주는 내가 그렇게 살고 있을 줄은 꿈에도 몰랐다고 했다. 대부분 이혼을 해서 따뜻한 가정을 이루지도 못하고, 때로는 술집을 하거나 누군가의 내연녀가 되어 힘든 삶을 사는데 너는 참 대견하다고 했다. 업주에게 당신이 나에게 대견하다는 소리를 할 자격은 없다고 말해주었다. 전화를 끊고 쓸쓸함을 지울 수 없었다.

내 인생을 자신들 마음대로 주무르고 내 몸을 대가로 돈을 벌었던 업주는 아직도 과거에 살고 있는 듯, 나를 그때 그 어린아이로 보는 듯했다. 자기 예상과 달리 살아가고 있는 나를 자랑거리로 생각한다는 게 우스웠다. 하지만 업주의 말에 나는 분노하지 않았다.

순탄치 못하게 살아온 업주가 불쌍하지도 않았다.

몇 달 후 늦은 밤에 업주에게서 다시 전화가 왔다. 전화기 너머 업주는 울고 있었다. 살아온 지난날이 너무나 아프고 힘들었다고 했다. 나는 동요하지 않았다. 그 후 다시는 전화가 오지 않았다. 부끄러웠을까. 자신과 내가 살아왔던 과거에서 벗어나지 못하는 업주는 나를 보며 혼란스러웠는지도 모른다. 어린 나에게 업소 일을 가르치던 그 당당한 모습은 어디로 갔을까? 시간이 흐른 지금, 업주와 서로 다른 길에서 마주치며 내가 비로소 과거를 떠나왔음을 다시 확인할 수 있었다.

8 돈으로 여성의 인격을 사는 자들

성매매 업소에서 일한 20여 년간 만난 구매자들의 행태는 나이, 학력, 종교, 결혼 여부, 경제적 능력, 사회적 지위, 직업, 정치적 성향과 아무 상관이 없었다. 그들은 돈으로 내 몸을 샀다고 여기며 마음대로 대했고 죄책감은 전혀 느끼지 않았다. 남성들의 성욕은 어떻게든 풀어야 한다고 여겼고, 내 몸을 그 수단으로 삼았다. 그들에게 나라는 '사람'은 배설구에 지나지 않았다. 자신들의 말을 듣지 않거나 추악한 성행위를 거부하면 폭력을 휘두르는 것은 예사였다.

열여덟 살에 처음으로 일했던 업소에서 만난 구매자는 어린 내 얼굴을 바라만 봐도 좋다고 했다. 내 손을 잡으며 황홀하다는 표정을 지었고 영업을 끝내고 나오면 업소 앞에서 나를 기다렸다가 술한잔 더 하자거나 밥을 먹으러 가자고 졸랐다. 구매자들을 피해 빙돌아서 숙소로 간 적이 많았다. 오빠라고 불러라며 팁을 건네주면서 밖에서 한 번만 만나달라고 애원하던 그 구매자는 50대였다.

업주에게 말하지 말고 몰래 만나자며 남자 친구가 있는지 꼭물어보았다. 없다고 하면 자신과 애인 하자고 했고, 한 번만 같이 자자는 말을 노골적으로 했다. 내가 대답을 회피하면 처음에는 언제든지 기다릴 수 있다며 오빠는 마음 넓은 사람이라고 했지만 시간이 가면 갈수록 거의 폭언에 가까운 말을 했고, 비싸게 군다고 하면서 업주에게도 술장사 못 하게 하겠다며 으름장을 놓았다.

룸살롱에는 다양한 계층의 구매자들이 있었다. 할아버지뻘 구매자도 오빠라고 부르는 것을 좋아했다. 딸 같다고 하며 추행을 일삼았다. 룸에 들어온 아가씨들의 옷을 다 벗겨놓고 몸매를 평가하며 웃었다. 룸에서 술을 버리다가 걸리면 쓰레기통에 있는 술을 걸러 마시게 했고, 업주나 마담을 불러 술값 못 준다고 난리를 피우는 바람에 그 술값을 내 빚으로 올린 적도 있다.

구매자들은 자신들의 눈높이에 맞는 아가씨를 고르려고 초이스를 했다. 아가씨들을 쭉 세워놓고는 "못생긴 년들, 그걸 얼굴이라고 들고 다니냐?"면서 면박을 주었다. 비싼 홀복을 입는 아가씨를 좋아했고, 룸에서 조금이라도 비위를 상하게 하면 몇 시간을 앉아 있었든 나가라고 했다. 그런 날은 돈을 하나도 받지 못했다.

옆에 앉아서 비위 맞추며 술 매상 올리려 취하도록 마셨지만 갖가지 트집을 잡아 새로운 아가씨로 바꿔달라고 했다. 술 못 마시는 아가씨를 좋아했고, 대화에 끼어들면 "몸 파는 년이 뭘 알아?" 하면서 무시했다. 대놓고 면박을 주면서 스트레스를 풀었다. 학력을 물어볼 때도 있었다. 중학교 2학년 중퇴인 학력을 속여 대학생이라고 했을 때 구매자들에게 인기가 많았다.

2차를 나가면 종종 한순간에 사람이 변했다. 술을 마셔서 발기도 안 되고 사정도 안 되어서 몇 시간을 고생한 적도 있다. 구매자는 손 하나 까딱 않고 가만히 누워서 내 얼굴과 몸에서 떨어지는 땀을 보고도 사정을 못 시킨 것은 내 잘못이지 자기 잘못이 아니라고 했다. 내가 짜증이 나서 얼굴을 찌푸리기라도 하면 당장 업소에 전화해 아가씨를 바꿔달라거나 돈을 돌려달라고 했다. 그래서 아가씨들끼리는 사정을 빨리 시키는 기술을 공유했다. 사정을 너무 빨리 했다며 한 번만 더 하자고 애원하고 들어주지 않는 나를 때린 구매자도 있었다.

샤워를 하러 간 사이에 내 지갑을 털어간 구매자도 있었고, 모텔비를 나에게 내도록 하는 구매자도 있었다. 애인 있냐고 물어봐서 없다고 하면 "얼마나 인기가 없으면 애인도 없냐?"고 하고, 있다고 하면 "꼴에 애인은 있냐? 이렇게 벌어서 애인 먹여 살리냐?"고 화를 냈다.

유리방에서 만난 구매자들은 하나같이 조금이라도 화대를 깎아보려 했다. 유리방 앞에서 열심히 얼굴을 뜯어보고 현관 입구에서 나까이와 흥정을 하고 들어왔는데도 나에게 다시 한 번 화대를 물어보았다. 그러고도 지불한 돈의 몇 배는 되는 서비스를 요구했다. 지정을 해주는 것에 감사하라며 자기 지시대로 움직이기를 원했다. 숏타임을 한다고 들어와서 사정이 안 되면 서비스가 엉망이라고 하면서 나까이를 불러서 돈을 다시 받아가며 온갖 욕설을 했다.

단둘이 있는 방에서 온갖 자세를 요구하고 구역질나는 행위를 시키는 짓은 얌전한 편에 속했다. 유리방 아가씨는 룸살롱에 다니는

길 하나 건너면 벼랑 끝

아가씨보다 훨씬 깨끗하다고 하며 절대 콘돔을 안 끼겠다고 하는 구매자도 있었다. 어떤 구매자는 어디서 구했는지 일본 포르노 비디오를 들고 와서 같이 보자고 했다. 여자가 집단 강간을 당하는 포르노였다. 나에게 저렇게 당하면 더 기분이 좋을 것이라고 했다. 자신이 여자라면 얼마든지 몸을 주고 다닐 텐데, 너는 돈 받고 연애를 하니까 얼마나 좋으냐고 비아냥거리는 그 구매자를 빨리 보내기 위해 몸이 부서져라 서비스를 했다. 아침까지 자고 가는 구매자들은 양말이며 속옷을 챙겨줘야 했다. 그러면 어김없이 아침밥을 시켜달라고 하면서 손님 대우를 하라고 했다. 내가 하는 서비스가 마음에 들지 않는다고 "너 같은 것 낳고 너희 엄마는 미역국 먹었냐?" 하며 가족들을 욕했다. 기분 나쁘다고 맞섰다가는 어떤 일이 벌어질지 뻔하기 때문에 담배 한 개비에 마음을 달래기도 했다.

티켓다방에서 일할 때는 커피 한 잔 시켜놓고 온몸을 주물럭거리며 자기가 차 한 잔 사주는 것이 대단하다고 생각하는 구매자들이 많았다. 지정 배달을 시켜주겠다고 하면서 잘 보이라고 했다. 기본 배달 커피 석 잔이 아까워서 두 잔 마셨으니 두 잔 값 주는 것은 당연하지 않느냐고 말하고, 기본이 석 잔이라고 말하면 "어느 다방 아가씨냐?", "업주한테 전화한다.", "싸가지가 없다.", "이제부터 배달 오지 마라." 같은 욕을 해댔다.

커피 배달을 시키며 온갖 심부름을 다 시키는 구매자도 있었다. 껌을 사 오라고 하면서 L사 제품을 사오자 다시 H사 제품으로 바꿔 오라고 하던 그 인간이 있었던 건물은 엘리베이터가 없는 5층이었다. 인상을 쓰기 전에 한숨을 내쉬니 그제야 옆에 있던 다른 남성이 그러지 말라고 말렸다. 순전히 나를 약 올리기 위해서 장난을 친 것이었다. 그 인간들은 웃겨 죽겠다는 표정을 지었다.

모텔에 배달이 들어와서 가보니 모텔 문이 열려 있어 노크를 하니 구매자가 뒤도 돌아보지 않고 컴퓨터 앞에 앉아 대답을 했다. 커피 보자기를 들고 그 구매자 곁으로 다가가서 보니 옷을 다 벗은 상태였다. 팬티조차 걸치지 않은 구매자 앞에서 공포와 수치심을 느꼈다. 고개를 돌리고 커피 취향을 물어보았다. 구매자는 커피만 한 잔 달라고 하며 계속 컴퓨터 게임을 하고 있었다. 커피를 마시라고 재촉하자 벌거벗은 구매자가 의자에서 일어나 내 곁으로 다가왔다. 시선을 어디에 둬야 할지 난감했지만 애써 침착함을 유지했다. 구매자는 나에게 시간을 하고 가라고 했다. 한 시간만 해도 괜찮다고 하면서 시간비로 10만 원을, 커피 값은 따로 주겠다고 했다. 내가 시간 제의를 거부하자 구매자는 돌변했다. 커피잔을 던지고 쟁반을 발로 차며 커피 값을 나에게 던졌다. 나는 보자기도 제대로 싸지 못하고 신발을 신지도 못한 채 모텔 방을 뛰쳐나왔다. 커피 값은 받아서 다행이라고 안도하며 다방으로 와서 모텔에서 있었던 일을 업주에게 말했지만, 한 시간 뒤 같은 모텔 같은 구매자에게서 배달 전화가 또다시 걸려왔다. 업주는 다른 아가씨를 보내며 커피라도 팔아야 할 것 아니냐고 소리쳤다.

길 하나 건너면 벼랑 끝

배달 가서 가래침을 뱉어놓은 재떨이를 비우고 사무실 청소를 해주고 안마라도 해줘야 지정 배달을 시켜주었다. 구매자들은 걸핏하면 시간비를 떼어먹으려 했다. 조금만 수틀리면 신고한다는 소리를 하면서 겁을 주었고 겨우 달래서 시간비를 받아내는 일이 다반사였다. 시간비를 외상으로 해놓고 다시 시간을 하자고 하는 파렴치한 구매자들도 있었다. 배달 지정을 해주던 구매자는 5만 원이 급하다고 하며 돈을 빌려간 뒤로 연락이 되지 않았다. 우연히 길에서 만나게 되었을 때 돈을 갚으라는 나에게 생사람 잡는다고 욕을 하며 뿌리치고 달아났다. 구매자들은 각종 방법으로 아가씨들에게 사기를 쳤다.

업소를 벗어난 지금, "구매자들도 사람인데, 좋은 사람도 있지 않느냐?" 하는 질문을 종종 받는다. 단호하게 말할 수 있다. 20여 년간 업소 생활을 했지만 매너가 좋은 사람은 다섯 손가락 안에도 차지 않는다고.

선불금을 갚아주겠주다는 구매자의 치명적인 유혹을 뿌리치지 못한 것이 나의 잘못이었을까? 그는 갚아준 선불금보다 더 많이 나를 때렸고, 업소 아가씨였다는 이유로 무시하고 짓밟았다. 그 남자가 나를 때리던 날 옆집의 신고로 경찰이 찾아왔을 때, 경찰이 좀 더 적극적으로 대처했다면 나는 어떻게 되었을까?

구매자들은 내 앞에서 아내 자랑, 자식 자랑, 돈 자랑을 하면서 가난한 나를 비웃었다. '잘나봤자 몸이나 파는 년'이라는 인식이 가득했다. 동생보다, 자식보다 어린 여자들을 좀 더 싼 가격으로 구매하려 혈안이 되어 있었다. 돈을 가졌다는 이유로 거들먹거리던 그 눈빛을 나는 잊을 수 없다.

구매자들은 나에게 돈을 지급했다는 것으로 자신의 폭력을 정당화했다. 돈을 받은 나는 당연히 자신들의 욕구를 해결할 수 있어야 한다고 생각하는 듯했다. 구매자와 단둘이 있는 장소에는 보호 장치가 없기 때문에 무슨 일이 일어날지 아무도 모른다. 맞지 않고, 죽지 않으려면 구매자의 말에 고분고분하게 따를 수밖에 없다. 구매자에게 폭력을 당해도 경찰에 신고할 수 없었다. 경찰은 내가 업소에서 성매매를 했기 때문에 범죄자라고, 성매매를 한 주제에 무슨 신고를 하냐고 말했다. 업주는 자신이 다 책임지겠다고 했지만 막상 폭력이 벌어지면 내 탓으로 돌리며 업소가 시끄러워지는 것이 싫다는 핑계로 나의 입을 막았다. 경찰에 신고를 해봤자 나의 말을 믿어주는 사람은 없었고, 아무런 보호도 받을 수 없었다. 그 이후로는 어떤 폭력이 일어나도 신고하지 않았다. 경찰의 성매매 단속에 걸려 벌금을 내는 여성들은 그 벌금 때문에 선불금이 늘어나기도 했기에 성매매 여성이 경찰에 신고하기란 더더욱 어려웠다.

성매매 여성이라는 이유로 구매자에게 맞아서 피를 흘려도 나

길 하나 건너면 벼랑 끝

는 인권이라고는 없는 사람이었다. 업종별로 내가 겪은 구매자들의 행태를 되짚어보았지만, 구매자들이 성매매 여성을 대하는 태도는 기본적으로 똑같다. 나는 오랫동안 내가 겪은 구매자들의 더러운 행위들이 나의 개인적인 경험이라고만 생각하고, 그 폭력을 혼자서만 감당하고 있었다. 그러나 다른 성매매 경험 당사자들과 이야기를 나누면서 그것은 성매매 여성이라면 누구나 겪는 폭력이었다는 것을 알게 되었다.

20여 년간의 경험을 통해 나는 여성의 성을 돈으로 사는 구매자, 취약한 상태에 놓여 있는 여성을 알선하는 포주가 없으면 성매매는 줄어들 수 있다고 믿고 있다. 한국에는 성매매 업소에 다니는 남성들이 너무나 많기 때문에, 성구매를 하지 않는 남성이 특별한 존재처럼 여겨지는 분위기도 있다. 그러나 성구매를 하지 않는 것은 인간으로서 당연한 행동이다. 이제는 내가 경험한 구매자들의 추악한 모습을 낱낱이 고발하고 세상에 드러내는 것이 나의 목표이기도 하다.

9 얼굴 없는 여자와 얼굴 없는 남자

나는 온통 유리로 둘러싸여 있는 통로를 걷고 있다. 주변을 살펴보니 값비싼 장식품들이 눈에 들어왔다. 화려한 조명에 유리들이 빛나고 있었다. 긴 통로를 걷는 사람은 오로지 나밖에 없었다. 통로를 따라 조금 더 걸어가보니 양 옆에는 통유리로 된 룸들이 보였다.

통유리로 된 룸 안에는 분명 사람들이 있는데 말소리는 들리지 않았고 룸 안은 뿌연 안개로 가득 차 있었다. 저 속에서 무슨 일이 벌어지고 있는지 궁금했다. 나는 몸매가 드러나 보이는 짧은 원피스를 입고 있었다. 얼굴이 보이지 않는 어느 여자의 손에 이끌려 온통 뿌연 연기로 둘러싸여 있는 룸으로 들어갔다.

그곳에는 모르는 남자가 술을 마시고 있었고 한 손에는 담배가 들려 있었다. 그 남자는 나와 나를 이끌고 갔던 여자를 보면서 미소를 지어보였다. 나는 가볍게 고개를 숙이며 인사를 했고 그 여자는 나를 남자 곁으로 가서 앉도록 했다.

고개를 들었을 때 나를 이끌고 왔던 여자는 어디론가 사라지고 없었다. 그 남자는 나에게 술 잘 마시냐고 말을 건넸다. 나는 대답 대신 조용히 웃었다. 그리고 술잔에 얼음을 채우고 술을 따라 마셨다. 한 잔, 두 잔 나는 계속 술을 마셨고 그 남자는 점점 내 곁으

길 하나 건너면 벼랑 끝

로 다가와 앉았다. 나는 신경 쓰지 않고 남자의 잔에도 술을 따라 부었다. 투명한 술잔에 비친 나는 초점을 잃은 멍한 눈빛이었고 얼굴색은 창백했다.

남자에게 건배를 하자고 했다. 남자는 마시지도 않을 잔을 들어 내가 들고 있는 잔에 가벼운 소리를 내며 부딪쳤다. 나는 계속 술을 마셨고 그 남자는 내 머리를 쓰다듬기 시작했다. 남자의 손길은 머리에서 어깨로, 등으로 내 몸을 쓰다듬더니 그 손길이 내 허벅지까지 내려왔고 점점 힘이 가해졌다. 나는 깜짝 놀라 눈을 떴다.

주변을 둘러보았을 때 익숙한 물건들과 정리해놓지 않은 빨랫감들이 눈에 들어오고서야 이곳은 내가 살고 있는 집이라는 것을 알았다. 꿈을 꾼 것이다. 그 꿈은 너무나 생생해서 나를 혼란스럽게 했다. 혼자 사는 집에 혹시 침입자가 들어온 건 아닌지 겁이 나기도 했지만 다행히 문단속은 잘되어 있었다. 눈을 들어 시계를 보니 아침이 오기에는 이른 새벽이었다. 조금 더 잠을 자도 될 시간이었지만 눈을 떠버린 나는 더 이상 잠을 이룰 수가 없었다. 커튼을 제치고 창문을 활짝 열었다. 아직 어둠이 내려 있는 창밖 풍경을 무심히 바라보다가 다시 침대로 가서 누웠다. 음악도 듣기 싫고 아무것도 하기 싫어 가만히 누웠다. '오늘 하루는 망쳤구나.' 이런 꿈을 꾸는 것이 하루 이틀도 아닌데, 왠지 힘이 쭉 빠지는 느낌이 들었다.

며칠 전에는 얼굴이 보이지 않는 남자의 성기가 내 손에 잡히는 꿈에 깜짝 놀라 벌떡 일어나기도 했다. 그날도 새벽이었다. 빌어먹을 잠도 내 마음대로 못 잔다고 투덜거렸다. 한번은 꿈에서 업소를 찾아가는 길이 훤하게 보여 그 길을 따라 걸었고, 어떤 날에는 업소 대기실에 앉아서 담배를 피우는 나의 모습을 보기도 했다. 시리즈로 꾸는 것 같은 느낌을 받을 때가 많았다. 다 업소와 관련된 꿈이었다. 이런 악몽들은 나를 여전히 괴롭힌다.

성매매에서 벗어난 지 시간이 꽤 흘렀음에도 불구하고 나는 여전히 업소에서 벗어나지 못하고 있는 듯하다. 이런 꿈으로 인해 잊었던 기억들이 조금씩 떠오르고, 내 몸을 감싸고 있던 고통과 외로움, 슬픔의 감정들이 다시 내 안에서 요동친다.

말하고 싶지 않고 드러내고 싶지 않은 상처들은 내 몸속 깊이 자국을 남기며 나를 아프게 했다. 버리고 싶은 그날들을 떠올린다는 것은 큰 용기를 필요로 했다. 트라우마는 꿈으로만 나타나는 게 아니었다. 어느 날 길을 걷다가, 밥을 먹다가, 물을 한 잔 마실 때에도 불현듯 기억이 떠오르기도 했다. 마치 방금 전에 일어난 일인 것처럼 내 눈앞에 선명하게 떠오르기도 했다. 그 기억이 떠오르면 자연스럽게 몸이 아파왔다. 몸살이 걸린 것 같기도 하고 온몸이 쑤시기도 했다.

언제쯤이면 이런 악몽에서 벗어날 수 있을까? 언제가 되면 내 마음이 안정될 수 있을까? 상처투성이인 나를 어떻게 위로해야 할지 몰라 마음이 아프고 쓰라렸다. 스스로도 나를 돌보지 못했던 시간들. 그 상처를 온전하게 받아들여야 하지만, 직면하고자 하는 마

길 하나 건너면 벼랑 끝

음과 도망치고 싶은 마음이 동시에 겹쳐지면서 복잡한 감정이 된다.

성매매는 내 인생에서 무엇이었는지, 업소는 나에게 어떤 영향을 주었는지 끝없는 질문을 스스로 던지고 있다. 해답을 찾아가는 이 시간들이 어렵고 힘들지만 결국은 나 자신만이 찾아낼 수 있다는 것을 나는 안다.

업소에서 집으로 돌아오던 그날, 날씨는 춥지도 덥지도 않았다. 손에는 가벼운 짐이 들려 있었다. 가족이 있는 집으로 가는 길은 왜인지 몰라도 유난히 긴장되었다. 집으로 가는 길이 너무나 낯설었다.

'가족들은 나를 보고 뭐라고 할까? 나를 내치기라도 하면 어쩌나.' 하는 불안함 때문에 대문 앞에서 주춤거리며 서 있었다. 갈 곳이 없는 나에게는 가족에게 돌아가는 것이 마지막 선택이자 큰 용기를 내야 하는 일이었다. 심호흡을 크게 하고 입은 옷을 매만지며 다시 문 앞으로 다가갔다.

집에는 엄마 혼자 있었다. 크게 반기지는 않았지만, "밥은 먹었냐."라는 말에 그간의 모든 인사가 담겨 있었다. 나는 먹지도 않은 밥을 먹었다고 하고는 일단 샤워를 했다. 아팠던 과거를 씻어내고 싶었다. 비누 거품 속에 상처들이 다 사라졌으면 좋겠다고 생각했다.

따뜻하지도 차갑지도 않은 물이 나를 깨끗이 씻기고 있었다. 집으로 돌아오기까지 너무 오랜 시간이 걸렸다는 것, 그리고 그동안 힘들게 살아왔던 지난날이 떠올라 한참을 울었다. 샤워를 끝내고 빈방에 들어가 누웠다. 가만히 누워 천장을 바라보았다.

이 집이 낯설었다. 그러나 낯설다는 사실이 큰 문제는 아니었다. 지금 현재 내가 여기에 누워 있다는 것이 중요했다. 모든 것을 떨치고 다시 돌아와 누운 이 방은 편안했다. 가족들과 사는 집이 나에게 위로가 되는 공간이기를 바라며 잠을 잤다.

아버지가 일을 마치고 들어와 저녁을 먹자고 나를 깨워도, 동생이 퇴근해서 나에게 인사를 건네도, 귓가에는 말소리가 들리는데도 잠에 취해서 눈을 뜨지 못했다. 시체처럼 미동도 없이 잠만 잤다. 꿈도 꾸지 않았다. 얼마나 잤을까, 눈을 떠보니 사위가 조용했다. 눈이 퉁퉁 부은 채로 창문을 열어보니 새벽이었다. 물을 한 잔 마시고는 다시 조용히 누웠다.

이 새벽이면 모르는 남자의 손에 이끌려 술을 마시고 모텔에 가서 2차를 하고, 술에 취해서 숙소로 가야 하나 다시 업소로 들어가야 하나 고민했을 시간이었다. 지금 나는 실컷 자고 일어났다. 누워만 있어도 행복하고 좋았다. 코끝에 담배 냄새도, 술 냄새도 안 나는 지금 이 자리가 좋았다. 이 행복이 얼마나 갈 수 있을지 몰라도 지금 이 순간 두 다리 뻗고 편하게 잠들었다는 것이 나에게는 큰 의미였다. 날이 밝아오는지 창문 너머 뿌연 안개를 보았다. 밤낮이 바뀐 생활을 20여 년 해온 내게 아침은 잠을 자는 시간이었다.

엄마가 일어나 아침밥을 짓는지 주방에서 소리가 들렸고, 아버지가 텔레비전을 켜 뉴스를 보는 듯했다. 일어나서 밥하는 엄마를 돕고 싶었지만 졸음을 이기지 못하고 다시 잠들어버렸다. 엄마가 아침을 먹자고 말을 걸어 마지못해 일어나 밥상에 앉았다. 나를 바라보는 식구들의 눈빛이 부담스러웠다. 별말 없는 아버지, 과도하게 말을 거는 동생. 엄마는 연예인들에 대한 가십을 이야기했다. 각자 그렇게 살고 있었다.

출근하는 동생을 말없이 배웅하고 돌아섰다. 거실에 있던 아버지는 나에게 "이제 어떻게 살 거냐?" 하고 물었다. 집으로 돌아와 이제 하룻밤 잤을 뿐인데, 벌써 계획을 묻는 아버지의 말에 조금 기분이 상했다. 알아서 하겠다고 대답하고 방으로 들어갔다. 사실 나에게는 대책이 없었다. 어떻게 살아갈지, 무슨 일을 할지에 대한 고민을 시작조차 하지 못했다. 우선 집으로 돌아오는 것만이 중요했기 때문이었다.

아버지의 말의 서러웠을까, 갑자기 눈물이 나고 답답해졌다. 엄마는 위로랍시고 "아버지가 너를 욕하려고 했겠니. 얼른 돈 벌어서 잘살라고 하는 소리지." 했다. 내가 어떻게 살아왔는지 가족에게 말하고 싶지는 않았지만, 열일곱 살에 공장 기숙사로 떠나보낸 내가 이제야 가족의 품으로 돌아왔는데 아버지의 차가운 말이 비수처럼 내 마음에 꽂혔다. 나 혼자만 열일곱 살이었던 과거에 머물러 있는 걸까? 나는 그 과거로 돌아가고 싶었던 걸까? 가족들이 살아가는 집인 이곳에서조차 나는 외면당하고 있는 것은 아닐까? 불안한 감정들이 나를 괴롭혔다. 이 집의 주인은 아버지였다. 다시 눈을 감고 누웠다.

엄마가 흔들어 깨우기까지 나는 또다시 시체처럼 잠을 잤다. 퉁퉁 부어 있는 얼굴을 보면서 엄마는 "무슨 잠을 그렇게 자냐. 점심 먹어야지." 했다. 자기 손 안 거치면 밥 하나 못 챙겨 먹는다며 핀잔했다. 엄마의 마음을 모르는 것은 아니지만 쏟아지는 잠을 주체할 수 없었다. 내 몸이 왜 이러는지 도통 알 수가 없었다. 나중에 챙겨 먹겠다고 하고는 다시 잠을 잤다. 내 몸은 기억하고 있었다. 지금은 잠을 자는 시간이라는 것을. 다만 엄마만 모를 뿐이다.

저녁 시간이 되어 눈을 떴다. 엄마를 도와 저녁 식사 준비를 했다. 내가 몸을 움직이니 엄마는 짜증을 내지 않았다. 어디서도 마음 편히 지낼 수 없다고 느꼈다. 가족들과 둘러앉아 밥을 먹었다. 동생이 뭐하고 살 거냐고 물어봤지만 대책이 없는 나는 아무 말을 할 수가 없었다.

엄마가 다시 물었다. "일할 곳이라도 있냐?" 내가 무엇 때문에 힘들어하는지, 아픈 곳은 없는지, 가족들은 관심조차 없는 것 같았다. 오로지 내가 돈을 벌 수 있는지 없는지에만 신경 쓰는 듯한 말투에 화가 났다.

며칠 쉬다 일자리를 알아보겠다고 하자 동생이 "여태 나가서 살다가 돈 떨어지니까 들어온 거냐? 우리 가족 중에 반기는 사람 아무도 없어. 나는 언니가 온다고 해서 처음부터 반대했어." 했다. 밥을 먹다 말고 숟가락을 상에 내려놓고는 뒤로 물러앉았다. 동생이 하는 말이 서러웠다. '내가 누구 때문에 이렇게 살았는데.' 하는 억울한 마음이 치밀어 올라 손이 떨리고 있었다. 아버지가 끼어들면서 알아서 한다니 닦달하지 말라고 했다. 나는 "내가 못 올 곳에 왔냐?" 하고 물었고, 동생은 아무 말 없이 자기 방으로 들어가버렸다.

억울했다. 나는 공부를 중단하고 공장에 다녀 돈을 벌어야 했지만, 동생들은 꼭 학교에 보내겠다는 마음으로 나의 삶을 접었다. 그렇지만 가족들에게는 그것이 대수롭지 않은 일이었나 보다. 가족에게 나라는 존재는 무엇일까?

그날 밤, 동생이 했던 말이 귓가에서 떠나지 않아 힘들었다. 가족들의 모습에 실망한 나는 울음으로 내 마음을 달랬다. 눈이 아파서 잠시 엎드렸는데 그대로 잠이 들었다.

며칠 후 생활정보지를 보며 일자리를 찾았다. 여러 구직정보 중 '미싱사 구함'이라는 문구가 눈에 들어왔다. 미싱에서 손을 놓은 지 까마득한데 일을 할 수 있을지 걱정이 되었다. 그러나 얼른 돈을 벌어 가족들에게 인정받고 싶었다. 미싱사를 구하는 업체에 전화를 했다. 수화기 너머 남자는 일단 공장에 나와보라고 했다. 나는 몇 군데의 공장에 가서 면접을 보았다. 어떤 공장은 일당이 너무 적고, 어떤 공장은 집에서 너무 멀었다. 적당한 일자리를 찾기가 어려웠다.

가진 것이 아무것도 없는 나는 구직하러 나가는 차비조차 걱정이 되었다. 엄마에게 차비라도 빌려야 일할 곳을 알아볼 텐데, 엄마의 눈치만 보고 있었다. 생활정보지에서 집에서 가까운 공장을 발견했고, 업체 사장과 면접을 보기로 약속을 했다.

저녁을 먹고 가져온 짐을 정리하다가 부러진 팔찌를 발견했다. 업소에 있을 때 끼던 팔찌였는데, 부러지는 바람에 어딘가에 처박아 놓고는 까마득하게 잊고 있던 물건이었다. 팔찌를 보니 업소로 돌아갈까 하는 생각이 들었다. 외출할 차비조차 없고 가족에게 괄시받는 처지, 업소로 돌아갈 명분이 충분히 있는 것 아닐까. 그렇지만 팔찌를 팔아서 차비로 쓰기로 마음먹으며 감정을 다독였다.

아가씨들이 업소를 그만두고도 왜 다시 돌아오는지 아냐고 물었던 업주가 떠올랐다. 그 업주는 사람은 돈 없이는 못 산다고 했다. 한번 돈맛을 보면 어쩔 수 없이 다시 돌아오게 된다고, 어린 나에게 그렇게 말했다. 부러진 팔찌가 없었다면 나는 다시 돌아가야만 했을까? 결국 내가 갈 곳은 또다시 업소일까?

집으로 돌아오면서 다시는 지옥 같은 업소로 돌아가지 않겠다고 다짐했다. 자신과의 약속을 지켜내려고 애를 쓸 때마다 더욱더 흔들리고 괴로웠다.

10 나는
누구일까?

아침부터 비가 와서 마음이 우울했다. 빗줄기가 제법 거칠어져 우산을 써도 옷이 젖었다. 사람들이 붐비는 틈으로 버스에 올랐다. 빈자리에 앉아 창문에 부딪히는 빗방울을 바라봤다. 버스에 탄 사람들의 입김이 만들어내는 뿌연 습기에 손가락으로 글씨도 써보았다.

업소에서는 버스나 지하철을 탄다는 것은 상상도 못할 일이었다. 모범택시나 영업용 승용차를 타고 다녀야 했다. 차비만 해도 만만치 않았지만, 일반택시라도 타는 날에는 업주나 마담이 "아가씨가 어디 격 떨어지게 일반택시 타고 다니냐?"라고 혼을 냈다. 그 기억이 떠올라 피식 웃음이 났다.

버스가 정류장에 멈추고 사람들이 올라타고 있는데 그중 두셋씩 무리 지은 여중생과 여고생이 비에 젖은 교복치마를 손으로 툭툭 치며 내 자리 가까이 와서 섰다. 교복을 입은 여중생들은 무엇이 그리 재미있는지 머리가 비에 젖은 채로 이야기를 주고받으며 웃었다. 그 목소리가 커서 시끄러워도 듣기 좋았다. 우산을 떨어뜨려 얼른 집어드는 친구의 모습이 우스운지 한 여중생은 배를 잡고 웃는다. 나도 덩달아 웃음이 났다. 그러나 여중생이 입은 교복이 문득 눈에 들어왔을 때, 내 입가의 웃음은 사라지고 없었다.

저 나이, 나도 저 나이이던 때가 있었는데. 그때의 나에게도 꿈이 있었을까? 무엇이 되고 싶었을까? 무엇이 하고 싶었을까? 저 나이에 내 어깨에는 가난이라는 무게가 고스란히 내려와 있었다. 꿈이 하루에 몇천 번 바뀐다는 저 시절에 나는 무엇을 했을까? 다시 돌이켜 떠올려봐도 아픈 기억뿐이었다. 기쁨이라는 감정은 아마도 그때부터 나에게서 사라졌는지도 모른다. 여중생들이 입은 교복이 유난히 나를 슬프게 했다. 많은 기억들이 나를 괴롭혔다.

초등학교 때 내 꿈은 엄마가 일을 나가지 않고 집에서 나를 반겨주는 것이었다. 어린 동생을 돌보는 대신 친구들과 마음껏 놀아보고 싶었다. 당시 같은 반이었던 친구 둘은 바이올린과 피아노를 배우고 있었다. 그런 학원에 다니는 것은 꿈도 못 꾸는 나는 친구의 학원 담벼락에서 들리는 음악 소리에 손가락으로 박자를 맞추기도 했었다.

학교 수업에 필요한 준비물을 제대로 가져가본 적이 없었다. 특히 돈이 들어가는 준비물이 필요할 때는 부모님께 말을 꺼내기가 두려웠다. 준비물을 가져오지 않았다는 이유로 담임 교사에게 혼이 나도 돈이 없어서 못 사왔다는 말을 하지 못했다. 준비성 없는 아이로 오해받을 때는 너무나 억울했다. 물감이나 크레파스, 스케치북 등을 여유 있게 사용해본 적이 없는 나는 모든 것이 결핍된 상태로 성장했다. 집안이 가난하다는 이유로 친구들과의 사이도 원만하지 않았다. 아이들도 끼리끼리 친해지기 때문이었다. 학교 선생들도 경

길 하나 건너면 벼랑 끝

제적으로 부유한 학생들을 더 좋아했다. 학교에서 걷는 돈을 가져오지 않았다고 선생이 나를 집으로 돌려보낸 적이 있었다. 집으로 가도 어차피 돈은 없는데, 어떻게 해야 할지 몰라 눈물이 났다. 집에는 일을 하지 않는 아버지가 있었고, 갑자기 나타난 나를 보더니 깜짝 놀랐다. 자초지종을 설명하며 우는 나에게 아버지는 옆집 아주머니에게서 돈을 빌려 줘어줬다.

그래도 계속 학교만 다닐 수 있다면 친구가 없어도 괜찮았고 선생이 나를 힘들게 해도 참을 수 있었다. 그러나 부모는 학업을 중단한 이유를 내 탓으로 돌렸다. 나는 어쩌면 그때부터 억울했는지 모르겠다. 가난한 것은 내 책임이 아닌데, 떠안아야 하는 것은 두 손 가득하고도 넘쳤다. 세상이 이렇게 어렵고 힘들다는 것을 그 나이에 이미 알고 있었던 것은 아닐까.

어릴 적에 그림을 그려보고 싶다는 꿈이 있었다는 걸 떠올렸을 때, 지금도 늦지 않았으니 다시 시작해볼까 하는 마음이 생기기도 했다. 오랜 시간 동안 업소라는 굴레에 갇혀 오로지 생명을 지키며 살아가는 것에만 급급했다면, 업소와는 전혀 다른 세상을 살아가고 있는 지금의 나는 하루하루 급격한 변화의 시간을 겪고 있다. 이제는 무섭다고 도망치고 싶지는 않다. 내 상처를 대면하고, 성매매 여성이었던 나를 받아들이는 시간이 필요하다는 것을 알아가고 있다.

부러진 팔찌를 금은방에 가져가니 제법 가격이 많이 나왔다. 오랜만에 거액을 손에 쥐어 기분이 좋았다. 금은방 주인이 건네준 돈을 주머니에 찔러 넣고 공장으로 갔다.

학교를 그만두고 엄마의 손에 이끌려 갔던 그 공장들은 세월이 무상하게 흔적도 없이 사라졌다. 내가 마지막으로 미싱을 했던 그날 이후, 나에게도 큰 변화가 있었지만 생산공장에도 피바람 같은 변화의 시기가 닥쳤다. 세계적인 호황, 다른 나라에 비해 저렴한 인건비로 제조업의 경기가 좋던 시절도 뒤로하고, 1990년대를 거치면서 제조업은 붕괴되었고 큰 공장들은 하나둘 문을 닫았다. IMF 이후 생산은 거의 중국과 동남아시아로 넘어갔고, 2010년대가 된 지금은 소수의 작은 공장들이 겨우 맥을 이어가고 있었다.

20여 년 만에 돌아온 작은 공장은 예전처럼 일하는 사람들로 북적이지 않았다. 부부가 운영하는 공장이었고, 미싱사로 일하는 여성들이 네 명 정도 있었다. 세월의 흐름 앞에 나만 멈춰 있었던 걸까. 너무나 변해버린 경제 상황을 나는 몰랐다. 내가 아는 것이라고는 양주 한 병에 얼마, 안주는 얼마, 아가씨 TC는 얼마, 모텔비는 얼마…… 그런 것뿐이었다. 정작 세상살이를 몰랐다.

사장은 일할 사람이 필요하니 내일부터 바로 시작해줬으면 좋겠다고 했다. 엄마에게 취직되었다고 말했을 때 너무나 좋아하는 모

길 하나 건너면 벼랑 끝

습에 서운했다. 그렇게 서두르지 않고 나에게 시간을 조금 더 주었다면 좋았을 텐데, 쉬는 것이 그렇게 눈에 가시였을까? 씁쓸하기만 했다. 부러진 팔찌를 판 돈의 일부를 엄마에게 건네자, 마지못해 받는 척했지만 엄마의 얼굴에는 숨길 수 없는 옅은 미소가 보였다.

함께 저녁을 먹을 때 엄마는 내가 취직을 했다고 자랑했다. 가족들의 눈이 반짝거리는 듯했다. 잘됐다고 말을 건네는 가족들의 인사가 부담스러웠다. 나는 당장 내일부터 시작하는 공장 일을 내가 견뎌낼 수 있을지 어떨지 긴장되는데, 가족들은 오로지 내가 벌어 올 돈만 보고 있다는 느낌을 지울 수 없었다.

처음 업소에서 일을 하면서는 돈을 벌어 생활비를 보내기도 했다. 하지만 이후 빚이 늘어나면서 가족들에게 생활비를 보낼 수가 없어졌다. 동생이 돈이 없다며 연락했을 때도 불어난 내 빚을 정리하는 데에만 급급하던 터라 보탬이 될 수 없었다. 그런 참담함이 다 내 탓이라고 여겼다. 빚은 내가 잘못해서 생겨났고, 빚이 늘어난 것도 내 탓이라고 여겨왔기 때문이었다. 업주가 나를 비난할 때도 항의 한 번 제대로 할 수 없었고, 억울했지만 스스로가 약한 존재라는 것을 무의식 중에 알았기에 다른 누군가를 원망할 수 없었다. 스스로를 자학의 울타리에 가두는 것이 차라리 편했다.

공장에 첫 출근을 한 날 여자 사장이 가르쳐준 대로 조그만 천을 잡고 미싱을 밟아보았다. 몸으로 배운 기술이라 그런지 어릴 적보단 못해도 손발의 감각이 둔하지는 않았다. 내 몸은 모든 것을 기억하고 있었다. 곧 오랫동안 이 일을 해온 사람처럼 노련해졌다. 첫 출근이라고 쉬운 것부터 가르쳐주려는 여자 사장의 마음 씀씀이에 기분이 좋았다. 퇴근하면서 받은 일당으로 삼겹살을 사들고 집으로 갔다.

이 행복은 두 달이 채 가지 않아 사라졌다. 공장에 일감이 없어 남자 사장은 일하는 사람들을 모아놓고 내일부터 다른 일자리를 알아보라고 하며 오늘 저녁은 술 한잔하자고 했다. 나는 공장 사람들과 어울려서 술을 마시고 싶지 않았고, 남자 사장에게 다시 공장 문을 열면 연락을 달라고 하고 집으로 돌아왔다. 이제야 생활이 안정되나 했는데, 또다시 백수가 된 나를 본 엄마는 한숨만 쉬었다. 공장이 문을 닫은 것이지 내가 일을 그만둔 것도 아닌데, 엄마의 눈치를 보느라 힘들었다.

그날은 혼자 포장마차에서 술을 마셨다. 술을 한 잔 두 잔 마시며 눈물을 흘렸다. 이놈의 눈물은 왜 이리 많은지. 공장을 다니면서 혹시나 누군가가 나를 알아볼까 봐 길을 걸을 때마다 주변을 둘러보았고, 말실수라도 해서 내가 성매매 여성이었다는 사실이 알려지면 어쩌나 불안해 늘 고개만 숙이고 일만 했다. 이제 성매매를 그만하고 내 인생을 살려고 하는데, 왜 계속 주변 눈치를 보고 있는지 스스로가 답답했다.

그 후 다른 공장으로 옮겼고 월급을 차일피일 미루는 악질 사장을 만났다. 자기 이익만 챙기고 일하는 사람들의 입장은 전혀 생

길 하나 건너면 벼랑 끝

각하지 않는 공장 사장의 행동에 분노를 느꼈다. 이제 나는 사람들이 손가락질하는 성매매 여성이 아니었다. 그런데 임금을 체불하는 사장은 서툴고 미숙해도 열심히 살아보려고 노력하는 나를 짓밟는 것 같았다. 나는 항의하기로 마음을 먹었다. 공장 사장을 찾아가 밀린 월급을 달라고 말했다. 공장 사장은 웃으면서 기다리라고 했다. 월급 떼어먹지 않는다는 말을 하는 사장에게 사람이 우습게 보이냐고 되물었고, 힘이 잔뜩 들어간 내 목소리를 공장 사장은 가소롭다고 비웃었다. 이 시간 이후로 내가 어떤 행동을 하든 후회하지 말라고 하고는 밀린 임금을 지급하지 않는 공장 사장을 노동청에 고발했다.

다음 날 사장에게서 전화가 왔다. 다짜고짜 "야, 너 많이 해본 솜씨네. 내가 그 돈 떼먹는다고 그랬어?" 하고 화를 냈다. "어리숙하게 굴더니 할 짓 다 하는구나. 이거 완전히 닳고 닳았구먼?" 그 말 한마디에 인내심이 무너졌다. 더 이상은 참을 수 없었다. 왜 반말을 하느냐, 일을 한 돈을 달라는데 뭐가 잘못됐냐고 따졌다. "닳고 닳은 년이 어떻게 하는지 한번 보고 싶냐?"라고 하자 사장은 갑자기 말투가 부드러워지면서 "돈 안 준다고 한 적 없으니 기다려." 한마디를 하고 전화를 끊었다.

감정을 추스르려고 했지만 분이 삭혀지지 않았다. 업소에서 모든 잘못은 나한테 있다고 말하던 업주와 공장 사장은 별반 다르지 않았다. 이것이 사회일까? 아니면 내게만 벌어지는 일일까? 일한 돈을 꼭 받아낼 것이라고 다짐했다. 그날 이후에도 공장 사장은 욕으로 가득 채운 문자를 수차례 보냈다.

여기는 내 고향이었다. 나를 짓밟고 자신들 마음대로 팔아넘긴 업소가 아니었다. 나는 이제 성매매 여성으로 살고 있지 않았고, 성매매에서 벗어난 삶을 살고자 안간힘을 쓰고 있었다. 이제 다른 사람들과 동등한 존재로 살고 싶었다. 그래서 사장이 하는 행동이 더더욱 부당한 대우라고 여겨졌던 것이다. 업소보다 사회는 따뜻할 것이라고 믿었던 내가 잘못된 걸까? 나는 공장 사장이 보내온 문자 내용을 노동청 감독관에게 보내며 사장을 고발하고 싶다고 했다.

며칠 후 노동청 감독관에게서 내일 사장과 조정이 있으니 노동청 사무실로 나오라는 연락을 받았다. 사장을 만나면 가만두지 않겠다고 다짐했다. 그러나 잠시 후 공장 사장은 나에게 문자를 보내왔다. 돈을 부쳤으니 없는 일로 하자고 했다. 나는 돈 따위 필요 없었고, 오로지 공장 사장을 혼내줄 방법만을 고민했는데 어이가 없었다. 노동청 감독관에게 사장이 밀린 임금을 입금했다고 알렸다. 노동청 감독관은 잘 마무리되어 다행이라고 했지만, 사장이 보낸 폭력적인 문자에 대해서는 아무런 조치를 취해주지 않았다. 사장은 노동청에 고발당하면 업체를 운영하는 데에 지장이 있다는 것을 알고 있는 것 같았다. 나는 사장에게 '인생 그렇게 살지 말아라, 나쁜 짓을 하면 다 되돌려 받을 것이다.'라는 내용으로 문자를 보냈다. 겪어온 지난날들이 너무나 험해서일까. 나에게 남은 것은 분노밖에 없

　　　　　　　　　　　　　　길 하나 건너면 벼랑 끝

었다. 그렇지만 통장 잔고를 확인하고 나서 얼마 안 되는 월급이지만 이렇게 받아냈다는 사실, 내가 나 자신을 지켜냈다는 사실에 힘을 받았다.

그러나 엄마와의 갈등이 다시 시작되었다. 내가 바라는 '엄마'라는 사람의 상이 무너진 것은 아주 오래전 이야기다. 그렇지만 나를 이해하지 못하는 엄마가 점점 더 원망스러웠다. 엄마는 늘 "얼른 돈 벌어서 살아야 할 것 아니야? 나이가 몇 살인데 부모가 너를 보살피냐?" 같은 말뿐이었다. 내가 그동안 나를 어떻게 돌봤는지 알기나 하는지 싶어 야속했다. 엄마는 아버지와 동생들 앞에서 공장에서 생긴 일이 다 내 잘못인 것처럼 말했다. 가족들에게서 벗어나고 싶었지만 갈 곳이 없었다. '결국 내가 갈 곳은 업소밖에 없는 것일까?' 업소가 떠오르는 순간 숨이 멎는 듯했다. 정말 그 지옥으로 다시 가야 하는 걸까? 만약 다시 업소로 돌아간다면 영영 가족들을 다시 만날 수 없을 것 같았다. 내가 참아야 한다고, 조금만 더 참아보자고 다독이고 다독였다.

다시 취직이 되자 엄마는 행복해했다. 월급을 받으면 엄마에게 생활비를 주었고, 나머지로 한 달을 쪼개 살았다. 집으로 돌아온 뒤에는 업소에서 만난 친구들과 연락도 하지 않았고, 일찍이 떠난 이곳에는 어릴 적 친구도 없었다. 나에게는 공장 사람들과 가족만이 유일하게 말을 섞는 사람들이었다. 공장에서도 입을 다물고 살다시피 했다. 나의 거친 언어 습관 때문이었다. 업소에서는 늘 정제되지 않은 비속어를 사용했다. 욕으로 시작해서 욕으로 끝내는 대화만 나눴다. 오랜 세월 사용한 그런 언어가 습관이 되어 있었다. 그래서 내가 말실수라도 하면 성매매 여성이었다는 사실을 사람들이 알아차릴까 봐 공장에서도 필요한 말 이외에는 하지 않았다. 가슴에는 못다 한, 응어리진 말들이 많은데 속 시원하게 털어놓을 곳이 없었다. 답답했지만 그래도 이렇게 사는 것이 답이라고 생각했다. 나 자신이 드러나는 데 대한 부담감이 너무나 컸다.

어느 날 공장에서 점심 시간이 되어 밥을 먹고 쉬고 있었다. 같이 일하던 아주머니가 잠시 나갔다 들어오더니 바지를 하나 샀다고 자랑을 했다. 아주머니는 이 바지가 어울리냐고 나에게 물어보았다. 나는 무심코 "언니, 옷 존나게 좋아 보여요."라고 했다. 그 순간, 그렇게 조심하며 지냈는데 이제 모든 것이 무너졌다는 것을 알았다. 머릿속이 하얘졌고 얼굴은 질려갔다. 그 아주머니는 "너, 조용히 지내더니 성격 좋다." 하며 크게 웃었지만 나에게는 그 웃음소리가 들리지 않았다. 상상도 못했던 말을 순간적으로 내뱉은 자신에게 분노가 일어서 숨이 가빠졌다. 공장 사람들은 그 아주머니의 말에 같이 웃었지만 나는 공장 사람들을 쳐다보지도 못했다. 하루에 몇 번씩 거울을 보면서 조심하자고, 이제 나는 성매매 여성이 아니라고 나를 다잡았는데 한꺼번에 모든 것을 잃은 사람처럼 넋이 빠져 있었다. 사람들은 제각기 자리로 돌아가 일을 시작했다. 그날 일을 어떻게 마무리했는지 기억이 나지 않았다. 사람들에게는 내 말이 정말 가벼운 농담으로 받아들여졌는지도 모른다. 그러나 드러내고 싶지 않은 나의 과거를 들켜버린 것 같았던 나는 앞으로 공장 사람들을 마주할 자신이 없었다. 그곳을 그만두고 다른 공장으로 옮기는 것으로 모든 관계를 포기하고 말았다.

업소 단골들의 외상 술값을 대납하고 선불금을 갚기 위해 사용했던 신용카드 이용 대금이 연체되면서 추심회사로 넘겨졌었다. 추심회사에서 독촉장을 발송하는 바람에 빚이 많다는 사실을 가족들이 알게 되었다. 엄마의 손에 부채 독촉장이 들려 있었다. "이 돈을 누가 갚아줄 거라고 집에 왔냐? 게으르고 나태해서 일하고 싶지 않으니까 빚만 진 것 아니냐?"라고 다그치는 엄마를 보면서 그동안 억눌러왔던 분노가 폭발하듯 터져버렸다. 내 입에서는 "엄마가 해준 게 뭐가 있어?"라는 말이 튀어나왔다. 엄마는 입을 다물었다. 처음으로 엄마에게 오랫동안 마음속에만 담아두었던 말들을 했다.

"학교도 안 보내주고 공장 보내서 내 월급으로 먹고 살았잖아. 그런데 나는 자식도 아니야? 나는 공장 가는 길에서 친구 만날까봐 겁이 나서 길을 빙 돌아서 다녔어. 그때 나한테 왜 그랬는데? 말해봐." 이성을 잃은 나는 방바닥에 주저앉아 울었고 엄마도 울었다. 내 질문에 엄마는 울음으로 답을 하고 있었다. 나는 그 울음이 더 미웠고 싫었다. 엄마와 함께 있다가는 이성을 잃을 것 같아 밖으로 나갔다.

집을 나온 나는 거리를 헤매고 다녔다. 주머니 사정이 좋지 않아 술을 마실 수도 없었다. 거리의 불빛은 나를 유혹하고 있었다. 다시 돌아갈 곳은 어디인지, 내가 살아갈 곳은 어디인지, 머릿속을 가득 메운 고민들을 안고 걷고 또 걸었다.

집으로 다시 돌아간다면 가족들과 잘 지낼 수 있을지, 엄마를 울리고 나왔는데 엄마와의 사이가 더 멀어지지는 않을지 하는 걱정이 내 어깨를 눌렀다. 우편함을 가득 채우는 독촉장이 나를 더 궁지로 몰아가고 있었다. 눈물마저 지겨운 이 밤, 나는 거리에 멍하니 서 있었다. 내 고민들을 누군가에게 툭 터놓고 이야기하고 싶었다. 어디에서도 함부로 말할 수 없는, 깊이 숨겨두었던 비밀을 말하고 싶었다. 위로받고 싶었고, 나를 안아주는 누군가의 손길이 필요했다.

밤은 깊어가고 거리에는 온통 나의 한숨 소리만 들리는 듯했다. 술 취한 남자들이 걸음도 제대로 못 걸으면서 업소로 들어가는 모습을 보았다. 아직 업소에서 일하고 있었더라면 술 취한 저 남자를 상대로 얼마나 고달파했을까 하는 생각이 들었다. 업소에서 겪은 일들이 떠올라 기분이 좋지 않았다.

다음 날 출근하면서 어제 일을 다시 떠올려보았다. 누구의 잘못도 아니었지만 가족들과 나 사이에 깊은 감정의 골이 생긴 것은 분명했다. 그 감정의 골을 다시 바로잡기는 이미 늦었다고 느꼈다. 차라리 어디론가 사라지고 싶은 마음이 굴뚝같았다.

출근했지만 일이 손에 잡히지 않았다. 병원에 간다는 핑계를 대고 점심시간 전에 공장을 나왔다. 공장 밖의 시원하고 상쾌한 공기가 내 마음을 더 우울하게 만들었다. 불현듯 예전에 도움을 받았던 T시 여성인권지원센터의 상담원 선생님이 떠올랐다. 그 남자와 살게 된 이후 연락 한 번 하지 않아서 늘 미안한 마음이었지만 용기내서 연락을 해보았다. 수화기 너머에서 반가운 목소리가 들렸다. 상담원 선생님이 잘 지내냐고 안부를 물었다. 그 목소리에 목이 메었다.

나는 상담원 선생님에게 부끄러움을 무릅쓰고 현재 처해 있는 상황을 알렸다. 그러면서 혹시 내가 살고 있는 이곳에도 여성인권지원센터가 있는지 물었다. 지금 공장에서 나와 갈 곳이 없어서 근처 PC방에 앉아 있다고 했다. 상담원 선생님은 여전한 목소리로 그곳에도 도움을 받을 수 있는 센터가 있다고 하면서 곧 연락해주겠다고 했다. 전화를 끊고 나서야 서러움의 눈물이 뺨을 타고 흘러내렸다. 상담원 선생님의 따뜻한 목소리가 나를 더 울렸다. 통화를 하면서 참았던 감정들이 하나둘씩 올라와 부끄러움도 없이 흐느끼며 울었다.

여성인권지원센터에서 연락이 오면 무엇이 달라질까? 가족에게도 버림받았고, 겨우 공장이나 다니고, 일거리가 끊기면 수입도 없고 빚 독촉이나 받는 처지, 성매매 여성이었던 더러운 몸뚱이를 가진 게 전부인 인생을 어떻게 드러내고 이야기할 수 있을지 막막했다.

버스는 목적지에 가까워져 왔다. 여전히 버스 안에서 여중생들은 재잘거리며 웃는다. 그 모습이 예쁘다. 비는 하염없이 내리고 있었다. 빗속의 여중생들이 오랫동안 간직했던 나의 기억의 한 조각을 떠올리게 했다. 만일 학교를 계속 다닐 수 있었고 성매매를 하지 않았다면 나는 어떤 사람이 되어 살아갔을까? 내 인생에 성매매가 없었다면 어떻게 살아갔을까? 여전히 가라앉아 있는 내 기억들은 아프다. 하지만 언젠가는 그 아픔이 내게 위로가 될 날이 올 것이라고 믿는다.

길 하나 건너면 벼랑 끝

11 지난날과 이별하기 위해

상담소가 있는 동네는 내가 살고 있는 곳과 그다지 멀리 있지 않았다. 심호흡을 크게 하고 지하철을 탔다. 그날 지하철에서 마주친 사람들의 창백한 얼굴이 떠오른다. 마주보고 앉은 상대방이 나를 유심히 보는 것만 같았다. 혹시 나를 아는 사람일까? 왜 나를 저렇게 보는 거지? 물어보지도, 따지지도 못하고 시선을 돌렸고 등줄기에 땀이 흘렀다.

상담소로 가는 마음은 편치 않았다. 상담소에서 어떤 도움을 받을 수 있을지 몰라 머릿속이 복잡하고 어지러웠다. 점점 내릴 곳은 다가왔고, 다시 돌아갈까 망설이기도 했지만 약속을 지켜야 한다고 마음을 다잡았다.

출입문를 열고 들어가는 통로가 참 길었다. 그 통로는 내게 새로운 길을 상징하는 것 같았다. 이 길을 오기 위해 나는 20여 년을 보냈다. 오랜 세월이 걸렸지만 기어이 오고 말았다. 들어가도 되는 걸까? 정말 괜찮을까? 나는 또다시 고민하고 있었다.

상담실로 안내를 받고 물을 마시며 의자에 앉았다. 상담소를 소개하는 리플릿이 테이블 위에 올려져 있었다. 상담실은 소박하고 아담해서 좋았다. 잠시 후 상담 선생님이 들어와서 명함을 내밀며 자신을 소개했다. 거의 한 시간을 넘게 상담을 했다. 가족들을 견디지 못하는 나, 카드빚이 많은 나, 아픈 나에 대해서 이야기했다.

낯선 사람 앞에서 이렇게 울어도 되나 싶을 정도로 눈물을 흘렸다. 모든 것을 이야기하고 싶었다. 내 속이 이렇게 엉망이고 시커멓게 타들어가고 있다고 호소하고 싶었다. 문제를 어떻게 해결할지는 그다지 중요하지 않았다. 그동안 가족에게도, 어느 누구에게도 할 수 없었던, 더럽고 추악한 성매매를 한 나에 대한 이야기를 하고 싶었다.

상담이 끝나갈 무렵 상담 선생님이 나에게 물었다. "언니는 뭐가 하고 싶어요?" 내 기억으로는 제대로 대답하지 못했던 것 같다. 그런 말을 들어본 적이 없었기 때문이다. 어느 누구도 나에게 무엇이 하고 싶은지 물어보지 않았다.

상담을 마치고 상담실을 나설 때 선생님은 담당 상담원을 정해서 연락을 주겠다고 했다. 돌아오는 길에 상담소에서 가져온 리플릿을 읽었다. 다시 눈물이 났다. 예전에도 지원을 받은 적이 있었지만, 지금은 여러 가지 꼬인 문제가 많아서 과연 어떤 도움을 받을 수 있을지 걱정이 되었다.

힘든 마음을 달래려고 동생 집으로 갔다. 어린 조카들을 재워놓고 동생과 밑반찬을 만들며 텔레비전을 보다가 성매매 업소를 단속하는 뉴스를 보게 됐다. 자막에는 성매매 여성들도 공범이라서 연행한다고 나왔다. 그 장면을 본 동생이 욕을 하기 시작했다. "머리에 똥 찬 년이니 편하게 돈 벌려고 저러지."라고 하는 동생의 말에 내 가슴이 찢어지는 것 같았다. 안절부절못하고 시선은 허공을 방황했다. 심장이 빠르게 뛰기 시작하고 열이 올라 귀도 아팠다.

동생이 혀를 차면서 채널을 바꿨고, 나는 동생에게 맥주 한잔 하자고 하며 술상을 차렸다. 심호흡을 하고 동생에게 리플릿을 보여주며 나의 인생을 고백했다.

네가 방금 욕한 머릿속에 똥 찬 사람이 바로 나라고. 편하게 돈 벌려고 그랬던 게 아니었다고. 나는 어느새 통곡을 하고 있었다. 동생은 아무 말도 없이 입을 굳게 다물었다. 맥주가 소주로 바뀌었다. 그날 동생과 나는 술을 많이 마셨다. 동생은 리플릿을 보며 "여기서 왜 언니를 도와준단 말이야? 세상물정 모르는 사람한테 또 무슨 짓을 하려고?" 했다. 여기는 그런 곳이 아니라고 설명해도 동생은 바보같이 또 당하고 살 거냐며 울었다.

며칠 후 담당 상담원의 전화가 왔다. 상담원 선생님은 여성인권지원센터에서 제공하는 중요한 지원에 대해서 설명해주었다. 내가 걱정하는 카드빚에 대한 법률 지원 내용을 들었고, 치료가 필요한 몸을 위한 의료 지원, 거주할 곳이 필요하면 주거 지원도 가능하다는 말을 들었다.

제일 시급한 카드빚에 대한 법률 지원이 시작되면서 담당 상담원 선생님을 자주 만나게 되었다. 선생님에게 그동안 풀어내지 못했던 내 가슴의 응어리를 하나씩 드러냈다. 선생님 덕분에 웃는 날도 많아졌다. 그러나 엄마와의 갈등은 계속되었다. 가족들 앞에서 당당한 내 모습을 보여주고 싶었지만, 자꾸만 어긋나는 관계는 나만의 노력으로는 개선되지 않았다. 엄마와의 갈등이 깊어질수록 몸도 마음도 지쳐갔고, 아픈 몸을 겨우 지탱하는 나에게 쏟아지는 엄마의 잔소리는 관계를 더욱더 악화시켰다.

잠시라도 가족들과 떨어져 지낼 곳이 필요했다. 상담원 선생님에게 가족들과 겪고 있는 갈등에 대해 하소연하며 주거 지원을 받을 수 있을지 물어보았다. 주거 지원에는 쉼터와 그룹홈이 있다고 했다. 쉼터는 업소에서 나와 지낼 곳이 없는 여성들의 신변을 보호해주고 살 곳을 마련해주기 위해 운영된다고 했다. 지금은 가족들과 서로 떨어져 지내는 것이 갈등 해결에 도움이 될 것 같았다. 쉼터로 입소하겠다고 했다. 선생님도 내가 쉼터에서 보살핌을 받고 지내는 것이 좋을 것 같다며 위로해주었다. 상담원 선생님과 함께 짐 가방을 들고 들어선 쉼터는 일반 가정집 분위기와 다르지 않았다. 여러 사람이 살아가는 곳인데 비해 시설의 규모는 작았다.

쉼터 생활이 시작되었다. 가족들과 지내면서 상처받으니 생판 모르는 남들과 지내는 편이 더 편할 거라고 생각했었다. 하지만 20여 년간 성매매 업소에서 생활한 나는 사람들과 관계 맺는 일이 상당히 어려웠다. 업소 이해관계자들과의 관계에서도 나는 대등한 사람이 아니었다. 내가 배려해야 하는 사람들은 늘 업주와 구매자였다. 눈치를 많이 보는 오랜 습관이 건강한 관계 맺기를 자꾸 방해했다.

함께 지내는 사람들에게 잘해주고 싶고, 나의 마음을 전달하고 싶은데 방법을 몰랐다. 여러 타인과 생활하기 시작하면서 배려받지 못한 채 지내온 오랜 상처가 여과 없이 드러났다. 비슷한 아픔을 가진 사람들끼리 잘 지내고 싶다는 마음과 달리 사람들과의 관계는 항상 예상을 빗나갔다. 그때의 나는 나 자신만 우선순위로 생각했던 것 같다. 쉼터에서도 여전히 남들에게 사랑받으려고, 부족한 사랑을 채우려고 집착하는 행동이 튀어나왔다. 상담원 선생님들에게 잘 보이면 지원을 받는 일이나 쉼터에서 생활하는 데 유리할 것이라고 계산하고 행동하기도 했다. 이것 역시 습관처럼 몸에 밴 성매매의 잔재였다.

쉼터는 내 인생에서 큰 역할을 한 곳이다. 내가 자원을 가질 때까지 쉼터는 나의 버팀목이 되어주었다. 그러나 쉼터에서 여러 명이 생활하는 게 쉬운 일은 아니었다. 옷을 갈아입을 때, 샤워를 할 때 내 몸을 남들이 보는 게 싫었고, 여러 명이 같이 지내면서 감정적으로 대립하는 경우도 많았다. 종종 혼자 지낼 수 있는 방이 갖고 싶었고, 작은 방 하나 구하지 못하는 내 능력에 힘이 빠지기도 했다.

그 당시 나는 집으로 돌아오기 몇 해 전부터 시작된 살인적인 생리통을 계속 앓고 있었다. 극심한 생리통 때문에 업소에서 일을 제대로 하지 못할 때도 있었다. 업주는 "너만 생리하냐?"고 하면서 유난한 사람 취급을 했고, 병원에 다녀오라며 딱 하루의 시간을 주었다. 그 하루의 휴가에도 감지덕지하며 병원을 찾아갔다. 진찰을 마친 의사는 다짜고짜 "몹쓸 자궁"이라며 당장 적출 수술을 해야한다고 했다. 무슨 병인지도 모르는데 자궁 적출 수술을 권하는 의사의 말에 놀라움을 감추지 못했다. 의사는 치료법이 딱히 있는 병이 아니라며, 아플 때는 진통제를 복용하는 방법밖에 없다고 했다. 결국은 적출 수술을 하는 것이 제일 안전하고, 살인적인 생리통을 영구적으로 멈추는 방법이라고 했다. 내 몸에 이상이 있다는 것은 알았지만 수술까지 해야 하는지는 상상도 하지 못했다. 비용도 얼마나 들지 몰라 걱정이 되었다. 생리통이 점점 더 심해졌지만 그 이후로는 병원을 가지 못했다.

의료 지원을 받게 되면서 담당 상담원 선생님과 다시 산부인과 병원을 찾았다. 다시 찾아간 병원에서 여자 의사는 초음파 사진을 찍어 자궁의 상태를 보면서 상담을 해주었다. 나는 생리통이 너무 심해서 죽고 싶다고 하며, 차라리 적출 수술을 하고 싶다고 말했다. 여자 의사는 나에게 "적출 수술은 내 몸에 대한 예의가 아닙니다."라고 말했다. 그러면서 생리곤란증을 완화시켜주는 장치를 권유했다.

병원을 나서면서 의사의 말이 맴돌았다. "내 몸에 대한 예의가 아니다."라고 말하는 의사와 "몹쓸 자궁"이라고 말했던 의사의 서로 다른 말 사이에서 헷갈리기도 했다. 담당 상담원 선생님은 다른 병원에 다시 가보자고 하면서 지친 나를 위로해주었다.

두 번째로 찾아간 병원의 의사는 조금 달랐다. 정말 견디기 힘들어 수술을 해야 한다면 최후의 선택지로 가져가자고 하며, 무엇 때문에 생리통이 극심하고 생리양이 많은지 설명해주었다. 최대한 내가 알아듣기 쉽게 설명해주었고, 무엇보다 나의 고통에 공감해준 다는 것이 고마웠다.

병원에서 돌아와 담당 선생님과 의논하여 일단 생리통이 해결될 수 있도록 시술을 하기로 결정했다. 시술 시간도 짧았고 통증도 없어서 편하고 좋았다. 그러나 생리통은 잠시 사라졌을 뿐, 몇 달 뒤 또 다른 증상들로 힘들어지기 시작해 다시 진료받았다.

이번에는 큰 결단을 내려야 할 것 같은 예감이 들었다. 내 몸 이라고 해도 정말 적출을 해도 되는 것인지 스스로도 결론을 내지 못했고, 주변 사람들은 내가 결혼을 하지 않았다는 이유로 적출 수술에 반대했다. 생리가 시작되기 일주일 전부터 배가 아파오고, 시작되면 앉지도 못하고 걷지도 못하는 고통을 견뎌야 했다. 하루에 진통제 열 알을 다 먹어야 겨우 견디는 고통을 끝내고 싶었다. 며칠 동안 잠도 못 이루고 고민했다. 내가 행복하려면 어떤 선택을 해야 할까?

건강하게 살아갈 수 있다면 자궁 적출이 큰 문제는 아니었다. 한편으로는 자궁 적출을 함으로써 성매매와 완전한 이별을 할 수 있을 것도 같았다. 몸을 함부로 놀려서 벌을 받는다는 생각을 전환해, 아프고 힘들었던 지난날을 청산하고 내 인생을 스스로 살아가는 계기를 마련하고 싶었다.

의사를 찾아가 수술하기로 결정했다고 하자 의사는 한동안 말이 없었다. 나는 고민을 많이 하고 내린 결론이라고 하며 건강하게 살아가고 싶다고 했다. 의사는 다시 한 번 입을 다물고 생각을 깊이 하다가 수술 날짜를 정했다.

수술 날짜에 맞춰서 필요한 물건들을 챙기며 마음이 무너졌다. 애써 참았던 눈물이 터져 방문을 닫고 한참을 울었다. 언젠가 좋은 사람을 만나서 아기를 갖고 살고 싶었던 꿈이 아마도 내 마음 깊숙이 자리 잡고 있었던 것 같다. 건강해져서 열심히 살자며 내 마음을 쓰다듬으며 위로했다.

내 아랫배에는 선명하게 수술 자국이 나 있다. 손으로 만져보면 길게 난 자국이 느껴진다. 수술 이후 잠시 우울증에 빠지기도 했지만 지금은 건강하게 지내고 있다. 그 수술이 내게는 지난날과 이별하는 계기가 되어주었다.

12 몸이 말해주는 트라우마

오랫동안 나에게 가해진 폭력들은 때로는 신체적으로, 때로는 정신적으로 끊임없이 나를 괴롭힌다. 어느 날은 몸이 너무 무거워서 눈을 뜰 수 없었다. 이마에는 식은땀이 흐르고 발바닥은 차가워서 바닥을 딛지도 못했다. 손가락을 움직일 힘이 없었다. 시린 발에 양말을 찾아 신고 앉아 있으니 온몸이 쑤시듯이 아파왔다. 따뜻한 물을 마셔도 몸이 마치 얼음조각같이 냉랭했다. 그대로 침대에 누워 이불을 뒤집어썼다. 목이 아파오고 열이 나기 시작했다.

나는 자주 아프다. 어디가 어떻게 아픈지 설명하기 어려운 고통을 자주 느낀다. 종종 두들겨 맞은 듯 욱신거리는 아픔과 함께 악몽을 꾸거나 불안정한 감정이 올라오곤 했다. 한동안은 편두통으로 고생했다. 통증을 느끼는 날이면 고개를 들 수 없을 정도로 아팠다. 수년 동안 아파하면서 각종 검사를 받고 약을 복용해봤지만, 이렇다 할 병명이 없는 통증의 끝을 보지 못했다.

상담원 선생님의 권유로 심리상담을 받기 시작했다. 성장 환경을 비롯해 누구에게도 쉽게 꺼내지 못한 가슴속 이야기들을 하면서 하염없이 울었다. 불쌍하게 보이는 게 싫어서 남들에게는 찔러도 피한 방울 나오지 않을 사람처럼 냉정하고 단호한 모습으로 위장했던 내 모습을 들여다봤고, 아버지에게서 맞았다고 해도 아무도 믿어주지 않았던 때 느꼈던 좌절이 어떤 고통으로 돌아왔는지 되짚어봤다. 상담을 받은 날은 악몽에 시달렸고, 감정의 기복이 심해지기도 했다.

회기를 거듭할수록 심리상담에서 나누는 이야기는 더 깊어졌다. 나를 드러내는 일이 힘들었지만 그럴수록 가슴속이 시원하기도 했다. 상담 선생님에게 나는 업소에서 소위 '잘나가는 여성'이었으며, 돈 많이 벌고 예쁨 많이 받았다고, 언제든지 다시 돌아가도 나를 반겨줄 것이라고 스스럼없이 말했다. 그렇게 살아왔던 길과 너무 다른 환경에서 사는 지금이 고통스럽다고도 했다.

내가 당한 폭력이 폭력임을 직면하지 못했던 나의 마음은 상처투성이가 되어 있었다. 직면하지 못한 트라우마가 결국 나의 몸을 뚫고 올라왔고, 그래서 오랜 기간 몸을 아프게 한 것이었다. 내 몸은 나에게 계속 아프다고 말했지만, 나는 살아가기 급급했기에 내 마음 한 번 돌아볼 시간이 없었다.

내가 겪은 고통들은 해리 현상이라고 상담 선생님은 설명했다. 성매매를 하면서 일면식도 없는 낯선 남자의 배에 깔려 허우적대는 내가 싫었고, 얼른 이 행위가 끝나기를 바라는 마음으로 내 영혼은 잠시 다른 곳으로 보내버렸다. 살고 싶어서였다.

어떤 일이 나를 힘들게 하는지를 돌아보다가 상담 선생님이 던진 '임신'이라는 단어에 그간 단단하게 박혀 있던 트라우마가 모습을 드러냈다. 잊었다고 여겼다. 그 아픔은 다 지난 일이라고 여겼다. 기억의 한 줄기를 찾아내 죄책감에 짓눌렸던 첫 임신에 대해서 나는 입을 열었다.

열일곱 살로 되돌아갔다. 나에게 상처를 주었지만 그 남자를 사랑했던 마음만은 간직하고 싶었다는 말을 하면서 나는 흐느끼며 울었다. 그 남자 곁에만 있으면 세상을 다 가진 것처럼 좋았는데, 그렇게 비참하게 버려질 것이라고는 상상도 하지 못했다고 말하면서 분노의 감정이 온몸을 휩쌌다. 빨리 잊고 싶었다고 했다. 임신한 나를 도와줄 사람은 아무도 없었고, 오히려 소문이 날까 봐 전전긍긍하며 낙태 수술을 하고도 제대로 쉬지 못했다는 말을 처음으로 털어놓았다.

오늘은 상담을 그만했으면 좋겠다며 집으로 돌아가겠다고 했다. 진정되지 않는 나의 손을 잡아주며 상담 선생님은 따뜻한 차를 한 잔 마시고 가는 것이 도움이 될 것이라면서 예쁜 찻잔에 차를 담아 내왔다.

이 많은 눈물은 도대체 어디에 숨어 있었던 것일까? 또다시 뺨을 적시는 눈물 때문에 차를 마시는 것인지 눈물을 마시는 것인지 몰랐다. 겨우 마음을 추스르고 상담실을 나왔다. 거리에는 행복한 표정의 사람들이 많았다. 집으로 돌아와서 온몸에 힘이 빠지고 몸이 차가워지면서 심한 몸살을 겪었다.

쉼터에서 지내면서 몸이 아팠던 나는 아르바이트를 할 여유가 없었다. 동생이 도와주는 데에도 한계가 있었고, 돈 한 푼이 아쉬운 상황이었다. 담당 상담원 선생님이 자활지원센터 이용을 권했을 때는 직업이나 진로에 대해서 고민하기보다 당장 용돈이 필요해 수락했다.

자활지원센터는 성매매 여성들을 상대로 취업을 연계해주고, 그에 필요한 자원을 발굴하도록 돕고, 자격증을 취득하게 돕는 등의 직업훈련 지원을 중점적으로 하는 곳이다. 센터에서는 직업훈련 과정으로 아침 9시부터 오후 6시까지 근무하는 작업장과 직업을 체험할 수 있는 인턴 제도를 운영하고 있었다. 이외에도 다양한 프로그램이 진행됐다. 인문학 강의, 독서 프로그램, 연극 프로그램 등은 문화생활 경험이 없던 나에게는 새로운 지식을 알게 되는 과정이었다. 작업장에서 비누를 만드는 과정을 배우면서 자격증도 땄고, 내가 만든 제품이 판매가 되었을 때 성취감도 느꼈다.

그러나 내가 제일 취약한 부분인 인간관계 맺기의 어려움은 자활지원센터에서도 마찰을 불러오는 요인이 됐다. 나는 불안정한 감정들을 여과 없이 드러냈고, 그곳에서 친해진 몇몇 친구들과 어울리면서 세력을 형성했다. 내 경험은 영웅담이나 모험담으로 둔갑해서 권력이 되기도 했다. 다른 사람을 험담하고 공격적으로 대하는 태도는 내 나약함을 드러내고 싶지 않은 심리에서 출발했다. 센터에서 지내는 시간이 길어지면서 갈등은 더욱 심해졌다. 게다가 센터를 이용하려면 아침부터 나와야 했는데, 밤낮이 바뀐 채로 오래 살아온 고질적인 생활습관이 쉽게 고쳐지지 않았다. 가족들 앞에서 당당해지고 싶었던 마음은 서서히 무너져갔다. 달라도 너무 다른 환경에서 적응하기가 쉽지 않았다. 그 남자의 잔인한 폭력 속에서도 돌아가지 않았던 결단력은 어디로 갔는지, 다시 업소로 돌아가야겠다는 생각이 들기 시작했다. 성매매 업소에서 생활하며 오랜 시간에 걸쳐 만들어진 내 습관들 때문에 어려움을 겪으면서, 지금 내게 제공되는 지원망은 나와 어울리지 않는다는 무기력한 마음이 들었다. 성매매 여성이었던 나는 결국 성매매 여성으로 살아갈 수밖에 없다는 극단적인 결론을 내렸다.

그때 나는 쉼터와 자활지원센터를 함께 이용하고 있었다. 쉼터 담당 상담원 선생님과 상담하면서 마음속으로는 이 상담을 마치면 짐을 정리하고 집에 다녀오겠다는 핑계를 대고 쉼터를 떠날 생각을 하고 있었다. 상담 내내 큰 잘못을 저지른 사람처럼 심장이 두근거리고 손이 떨렸다. 빨리 상담이 끝나기를 바랐다. 선생님은 내가 도망치려 한다고는 전혀 눈치채지 못하고 있었다. 오히려 나에게 힘든 일은 없냐며, 어디 아프냐면서 이마를 짚어주었다. 무슨 말을 해야 할지 몰라 괜찮다고만 하고 내 방으로 돌아갔다.

선생님의 진심 어린 배려에 여태 업소로 돌아가겠다고 마음먹었던 자신이 부끄러워졌다. 선생님은 저렇게 나를 위해 애쓰는데, 도망치겠다는 어리석은 마음을 먹었다는 것에 화가 났다. 아무도 나에게 관심을 주지 않는다고 생각했던 바보 같은 내가 미웠다.

어느 날 센터장님이 인턴 활동을 해보라고 제의했다. 인턴 활동은 취업훈련 과정의 일부로, 취업하기 전에 실습을 해보는 것이었다. 할 줄 아는 일이라고는 미싱 공장에 다녔던 것이 전부인데, 전혀 다른 일을 한다는 것이 부담스러웠다. 잘해낼 수 있을까 두려웠지만, 한편으로는 이 기회를 놓치고 싶지 않았다.

센터에서도 다른 사람들과 관계가 원활하지 않았는데, 인턴을 하면서 또 다른 인간관계를 맺게 되는 것이 새로운 일을 배우는 것보다 더 두려웠다. 또 성매매 경험 당사자라는 것이 밝혀질까 봐 걱정이 되었다. 늘 보호받듯 지내온 기관이 아닌 다른 기관에서 업무를 배우는 것이 두려워 불면증에 시달렸다. 면접일에는 바짝 긴장이 되어서 물을 제대로 마실 수가 없었다. 질문에 제대로 대답하지 못하고 우물쭈물하기만 했다. 면접을 망친 것 같아 '인턴은 못 하겠구나.' 싶었다. 그런데 기관장님은 언제부터 일할 수 있냐고 물었다. 자격증 하나 없는 부족한 나를 선택해주어 놀랍고 기뻤다. 며칠 후 인턴으로 첫 출근을 했다.

인턴으로 일하게 된 곳은 가정폭력 피해자 보호시설이었다. 나도 가난한 가정에서 자랐고 아버지의 폭력과 엄마의 무관심으로 얼룩진 성장기가 있었기에 이곳이 나에게 주는 의미는 남달랐다.

길 하나 건너면 벼랑 끝

그러나 어쨌든 이곳에서는 일을 배워야 하는 인턴이었다. 업무를 익히는 과정은 정말이지 만만치 않았다. 자활지원센터가 나를 보호해주는 환경이었다면, 이곳은 내가 견뎌내야 할 사회였다. 기관 입장에서는 나에게 업무를 맡기기도 곤란했을 것이라는 생각이 든다. 컴퓨터라고는 겨우 인터넷 검색과 워드프로세서만 조금 다루는 게 전부였다. 기본적인 사무를 배우면서도 실수가 잦은 내 모습이 싫었다. 같이 일하는 선생님들은 처음이라 괜찮다고 위로해주었지만, 기본 소양도 없다는 생각에 힘들었다. 그럴 때마다 센터의 상담원 선생님들에게 털어놓으며 힘을 내기도 했다.

　　인턴으로 일하게 된 기관에서 나는 내가 성매매 경험 당사자라는 것을 밝혔다. 어떤 기관에서 나의 인턴 지원을 의뢰했는지 알게 되면 결국 짐작할 수 있을 것이라고 생각했다. 나도 더 이상 숨기고 싶지 않았기에 용기를 내어보았다. 내게는 사회생활에서 만나는 사람들에게 처음으로 나의 정체성을 밝히는 경험이었다. 정체성을 밝히고 또 받아들여지는 그 경험이 자존감이 낮았던 내게는 큰 힘이 되었다.

　　가정폭력 피해자 보호시설이었기 때문에 어머니들이 아이들과 함께 입소를 하는 경우가 많았다. 처음 입소한 어머니들 중에는 이제야 겨우 한숨 돌린다는 표정을 짓는 분들도 있었고, 아직도 남아 있는 공포에 힘겨워하는 분들도 있었다. 한 분 한 분의 사연들이 다 기가 막혔고 분노가 치밀었다. 어머니들이 겪은 폭력은 내가 겪은 폭력과 닮아도 너무 닮아 있었다. 가해자들을 피해 겨우 도망치듯 시설로 왔지만 어쩔 수 없이 또다시 가정으로 돌아가는 분들도 있었다.

아이들은 다니던 학교에서 전학을 하고 낯선 시설에 적응하는 것을 상당히 어려워했다. 어느 정도 적응이 되고 나서의 활기찬 모습을 보게 되면 기쁘기도 했다. 특히 아이들의 모습에서 내 어린 시절을 보는 것 같아 가슴 아플 때가 한두 번이 아니었다. 고사리 같은 손으로 나에게 사탕을 가져다주며 나를 울려버리는 아이들도 있었다.

인턴 생활도 안정기에 접어들었다. 아이들과 어울려 할 수 있는 프로그램을 진행하는 일을 맡았다. 아이들과 미술 프로그램을 진행해보았다. 아이들에게 미래에 살고 싶은 집을 그려보라고 했다. 그림을 완성하고 발표를 하는 시간을 가졌다. 어떤 아이는 자신이 살고 싶은 집의 대문을 철옹성으로 그리면서 아빠가 찾아오지 못하게 할 것이라고 했다. 그런가 하면 어떤 아이는 집 안에 식구들 각자의 방을 정해주면서 아빠 방도 그렸다. 아이는 아빠가 보고 싶다고, 엄마와 많이 싸웠지만 자기한테는 잘해줬다며 펑펑 울었다.

아이들의 울음에 나도 마음이 울렁거렸고 눈물을 참아내느라 힘들었다. 프로그램을 마치고 집으로 돌아가는 길에 결국 나는 소리 내어 울었다. 자기 잘못이 아닌데 상처를 받는 아이들 속에 어린 시절의 내가 있었다. 프로그램을 진행한 사람은 나였지만, 아이들

길 하나 건너면 벼랑 끝

덕분에 오히려 내가 위로받을 수 있었고 어린 나의 상처를 다시 들여다볼 수 있었다.

비록 서투르고 준비된 것 하나 없는 나였지만 그곳에서 1년 반 동안 인턴 생활을 했다. 말썽도 많았고 실수도 잦았지만 나를 지지해주고 응원해주는 선생님들 덕분에 인턴을 무사히 마칠 수 있었다. 부족한 나를 '선생님'이라고 부르며 함께해준 기관 선생님들에게 다시 한 번 감사의 인사를 전하고 싶다.

성매매 업소에서 일하면서 나는 늘 알선업자와 구매자들에게 이용만 당해왔다. 그래서 여성인권지원센터가 왜 나를 지원해주는지 의심하기도 했다. 그러나 여성인권지원센터에서 피해자 지원을 받은 것은 내 인생에 큰 도움이 되었다. 내가 지금의 삶을 살 수 있게끔 여러 자원을 갖추게 된 과정 속에서 여성인권지원센터의 역할은 막중했다.

취업을 고민하면서 첫 직장으로 여성인권지원센터에서 일하고자 하는 마음을 먹었을 때, 큰 용기가 필요했다. 그동안 내가 받은 보살핌과 사랑을 다른 성매매 경험 당사자들에게도 전해주고 싶었고, 함께 성장하고 싶었다. 성매매 경험 당사자로서 상담원이 되어서 또 다른 당사자와 함께한다는 것은 남다른 의미가 있다고, 서로에게 좋은 작용을 할 수 있는 기회가 될 것이라고 여겼다. 그러나 한편으로 내가 센터 지원을 받는 내담자였다는 사실이 다른 상담원들에게 부담이 될 것 같았다. 게다가 인턴 경력 한 번이 전부인 내가 많이 부족할 것이라는 걱정도 들었다. 그렇지만 일을 하게 된다면 내가 가진 능력을 발휘해 보탬이 되고 싶었다. 부족한 면은 노력을 통해서 채워나가면 될 것이라고 여기며 여성인권지원센터의 채용 공고에 지원했다.

온전히 내 삶을 살아가기 위해 첫 발을 내딛는 순간이었기에 그랬을까? 지원을 하면서도 도망치고 싶은 마음이 몰려왔다. 난생처음 입사지원서를 접수하고 면접을 보는데 긴장을 해서 실수가 많았다. 면접관의 질문에 어떤 대답을 했는지 기억도 나지 않았다. 며칠 후 채용되었다고 연락이 왔을 때 꿈만 같았고 믿어지지 않았다.

어엿한 직장인이 된다는 것이 좋아서 하루 종일 웃고 다녔다. 이제 안정적인 직업을 가짐으로써 가족과 사회에서 인정받을 수 있게 되었다. 펼치면 업소의 선불금 기록만 가득했던 한심한 통장도 안녕이었다. 급여통장을 만들면서 들뜨고 기뻐서 눈물이 났다. 생애 최초로 가져보는 급여통장은 내 인생의 큰 전환점과 같았다.

그러나 첫 출근을 하고 하루하루 근무를 하며 생각지도 않았던 변수와의 싸움에 시달렸다. 그 변수는 바로 나 자신이었다.

내담자들의 사례를 접한 날은 밤새 악몽을 꾸고 잠을 설쳤다. 밤낮이 바뀐 생활을 오래 했기에 가뜩이나 출근이 힘들었는데, 그

길 하나 건너면 벼랑 끝

런 날이면 출근을 하는 시간이 더더욱 지옥 같았다. 다른 직장에서 경험을 더 쌓고 입사했으면 어땠을까 하는 후회도 들었다. 함께 근무하는 동료들과의 사이에서도 성매매 여성이었다는 나의 피해의식과 열등감이 스멀스멀 다시 고개를 들기 시작했다. 남들은 신입 시절이 일을 배우는 시기라고 했다. 나에게는 견뎌내는 시기였다. 하루에도 몇 번씩 그만두고 싶다는 마음이 들 때마다 여기서 그만둘 수 없다고 초심을 되새기고 또 되새겼다.

성매매 업소와 미싱 공장이 내가 가진 경력의 전부였다. 그렇기에 보통의 직장에서 감정을 표현하거나 전달하는 방법을 잘 몰랐다. 그래서 문제를 해결해야 할 때 화를 내거나 짜증을 내는 식으로 접근하곤 했다. 직장은 나를 이해해주는 곳이 아니라는 것을 알면서도 그랬다. 그동안 나의 사회생활은 무척이나 제한적이었다. 길들여져 있던 습관, 언어, 그리고 사람들을 바라보는 나의 시선에는 여전히 성매매가 남긴 잔상이 묻어 있었다.

유독 사람들의 눈치를 많이 보는 편이라 출근을 하면 사무실 분위기부터 살폈다. 혹시나 실수하게 될까 봐 걱정했고, 동료의 마음을 상하게 할까 봐 걱정했다. 업소에서 업주나 마담, 구매자의 눈치를 보며 생활했던 습관이 그대로 직장에서 나타나고 있는 것이었다. 때로는 동료들과 어울리기도 했지만 집으로 돌아오는 길에는 이대로 수증기나 거품이 되어 사라졌으면 좋겠다는 느낌을 받기도 했다. 제대로 하는 것도 없으면서 자존심만 강해서 늘 큰소리쳤다. 그

것이 나를 방어하는 방법 중 하나였다. 지기는 싫고, 실력은 없고, 그런 내 모습을 인정하지도 못하겠고. 그렇게 어지러운 시간들을 보냈다.

내담자들을 지원하면서는 비록 부족하고 아는 것이 별로 없어도 공감하는 마음으로 임하려고 애썼다. 그러나 성매매 경험 당사자로서 느끼는 공감과 상담원으로서 상담을 진행하는 것은 별개였다. 나는 상담의 기술을 배워야 했다. 아무리 내가 당사자라 해도 모든 내담자들과 똑같은 경험이 있는 것도 아니었고, 내담자들의 마음을 다 이해할 수 있는 것도 아니었다. 유사한 경험을 했다는 사실만으로 나는 모든 것을 끌어안으려고 했다. 그 마음이 더 무거운 책임으로 다가와서 내 한계에 많이 힘들어했다.

경찰서나 법원으로 사건 지원을 나갈 때, 이미 나는 경찰에 대한 불신이 뿌리 깊었기에 애를 먹기도 했다. 내담자들을 범죄자로 낙인찍어 말하는 조사관들 앞에서 내담자를 대신해 의견을 보태면 "어떻게 그렇게 잘 알아요?" 하는 조롱 섞인 질문을 받기도 했다. "상담을 하고 있으니 당연히 알지요." 하며 웃고 넘기지만, 마음속에서는 '당신도 접대를 많이 받는 사람으로서 모르는 일이 아니겠지.' 하는 불신이 밀려오기도 했다.

사건이 잘못되면 안 되었기에 형사와도 좋은 관계를 유지해야 했다. 내게는 그게 모순적으로 보여서 힘들었다. 그렇지만 정말로 내담자의 사정을 이해하고 적극적으로 사건을 다루어주는 형사 덕분에 좋은 결과가 나오는 적도 있었다.

캠페인*이나 아웃리치**를 하면서 여전한 성매매의 현장을 보고 있노라면 암담한 마음이 들기도 했다. 전국 여러 곳에서 집결지가 폐쇄되기도 했지만, 내 눈으로 목격한 성매매 업소는 너무나 견고했다. 아직도 호황중인 집결지에 대한 세간의 관심은 재개발뿐이었다. 키스방, 귀 파주는 방, 오피스텔 성매매, 조건만남, 채팅 앱 등 더욱더 진화된 성매매 현장에서 호황을 누리고 있는 사람은 누구일까? 성매매 업소 후기 사이트, 업소 광고 등으로 벌어들이는 그 많은 돈이 흘러가는 경로의 마지막 종착지는 어디일까? 그 배후에는 누가 있을까? 분노하는 마음을 달래기 힘들었다.

탈성매매 이후, 업소를 전전하던 20년 동안 한 번도 들어보지 못했던 '성노동론'과 마주할 때가 있었다. '팔려가는 공포'를 느껴보지 않았기 때문에 할 수 있는, 이론에만 매몰된 말이라고 생각했다. 여성을 소비하는 것이 너무나 자연스러운 뿌리 깊고 공고한 구조하에서, 노동이라는 개념을 성매매 현장의 현실에 적용하는 데에는 큰 무리가 있다. 성매매 여성들이 주체적으로 살아갈 수 있게끔 하려면, 많은 여성들이 성매매에 유입되고 재유입되게 만드는 근본적

♦ 성매매 현장에서 겪게 되는 폭력을 대중에게 알리고 성매매에 대한 인식 변화를 이끌어내기 위해 진행한다. 주로 사람들이 많이 모이는 장소나 대학교 등에서 열린다.
♦♦ 성매매 업소를 방문하여 여성들에게 여성인권지원센터의 지원 내용을 알리고 업소의 동향을 파악하는 일이다.

인 문제들부터 해결되어야 하지 않을까.

내담자들이 탈성매매를 선택하고도 그 이후의 삶이 너무나 고단한 까닭에 다시 업소로 재유입되는 경우를 보면서 때로는 좌절하기도 했다. 하지만 내가 해줄 수 있는 일은 다시 만날 날을 기다리는 것뿐이었다.

상담원, 그리고 성매매 경험 당사자라는 두 가지 정체성을 가지고 일을 하며 아직도 많은 갈등을 겪는다. 그래도 나의 작은 힘이 보탬이 되기를 바라며 직장인으로서 충실하려 한다. 어쩌면 나는 직장인이기보다 반성매매를 실현하고 여성에 대한 폭력을 저지하는 운동을 하고 있는지도 모른다. 그동안 내가 겪었던 경험이 비로소 빛을 발하는 이곳에서 숙명처럼 나의 소명을 받아들이고 있는지도 모른다. 내가 받았던 돌봄과 사랑을 이제는 다른 누군가에게 돌려줘야 하는 시간이 왔다는 것을 깨달아가고 있다.

최근 나의 생활에는 몇 가지 큰 변화들이 생겼다. 하나는 혼자 살아가는 방을 얻게 된 것이다. 집을 구하러 다니면서 처음 업소에서 나와 집을 구했던 그 기억이 떠올랐다. 그때는 업소를 그만두고 집을 구한다는 것에만 들떠 있었고, 그 이후의 삶에 대해서는 계획이 없었다. 휴식이 필요했고, 업소를 벗어나고자 하는 마음만 간절했기 때문이었다. 그래서 시간이 지나고 세월이 흘러 다시 내가 살 집을 구하게 되던 날, 많은 감정들이 교차했다.

혼자 살면서 처음에는 그동안 직접 요리를 한 적이 없었다는 게 가장 난감했다. 업소에서는 음식을 시켜 먹거나 숙소에 주방 이모가 있었으므로 직접 요리를 할 일이 없었다. 그때는 음식이란 오직 숙취를 없애는 방편이었기에 영양소를 고려해가며 섭취하지 않았다. 겉모습만 중요했고 정작 내 몸의 건강에 대해서는 관심이 없었다.

건강하게 살아가고 싶어서 요리를 배우기로 했다. 이제는 무리하게 다이어트를 할 필요가 없었다. 영양가 있는 음식을 골고루 섭취하는 것이 아프고 고달팠던 내 몸에 대한 예의라고 생각했다. 시장을 둘러보면서 음식 재료를 장만하고, 상인들에게 조리법을 물어봐가며 하나하나 배워나갔다. 밥을 잘 못해서 설익기도 하고, 죽밥이 된 적도 있고, 음식을 까맣게 태우기도 했지만 나 자신을 위해서 노력하고 있다는 게 즐거웠다.

그러던 중 지인들과 해외여행을 다녀오게 되었다. 여행을 처음 제안받았을 때는 마치 사치를 부리는 것처럼 느껴졌다. 그러나 쉬지 않고 달려온 내 인생에 휴식을 선물해주기로 했다. 처음 가보는 여행이었기에 몹시도 두근거렸다. 지인들은 한 번도 해외에 나가본 적이 없는 나를 배려해서 가까운 여행지를 골라주었다. 떠나는 날, 직장 동료들은 무사히 잘 다녀오라는 문자와 함께 용돈을 보내주었다.

첫 여행으로 설레는 마음과 동료들의 따뜻한 마음이 어우러져 내 마음은 감사함으로 충만했고 나도 따뜻하고 고마운 마음을 전하는 사람이 되어야겠다는 다짐도 했다. 나의 첫 번째 해외여행은 삶의 여유가 없었던 긴 시간을 뒤로하고 오로지 나를 위해 보내는 귀중한 시간이 되어주었다.

몇 달 전에는 지인과 좋아하는 가수 이문세의 콘서트에 갔다. 내 돈으로 직접 티켓을 구매했고, 좋은 자리를 잡으려고 며칠간 예매 사이트를 붙들고 씨름을 했다. 콘서트에서 노래를 듣고 있으려니 어느새 뜨거운 눈물이 흘러내렸다. 내가 좋아하는 노래는 학교를 그만둔 그 시점에 머물러 있었다는 것을 발견하게 된 것이었다. 그 뒤로는 듣기 싫은 노래를 들어야 했고, 부르고 싶지 않은 노래를 불러야 했다. 업소에서는 노래 또한 강제적인 도구였다는 사실이 슬펐다. 그러다 이제는 이 자리에서 학창 시절 좋아했던 가수의 노래를 직접 듣는다는 사실에 기쁘고 가슴 뭉클했다. 노래가 몇 곡이 끝날 때까지 눈물을 흘렸다.

심리상담을 마치고 다시 일상으로 돌아온 내게 생긴 가장 큰 변화는 지긋지긋한 편두통이 사라졌다는 것이다. 언제 그런 일이 있었냐는 듯이 고통은 없어졌다. 그러나 몸이 욱신거리는 아픔은 아직도 사라지지 않았다. 마치 아버지와 구매자들에게 맞은 그 고통을 몸이 기억하는 듯했다. 성매매 업소에서 겪은 폭력의 잔상들이 내 몸 깊숙이 저장되어 있는 것만 같았다.

상담을 통해 불안정했던 감정들이 점차 안정되어갔다. 아직도 내 속에는 꺼낼 이야기들이 많이 있다. 나는 계속해서 나를 들여다보며 직면해야 한다. 무섭다고 도망치고 싶지 않다. 나의 트라우마, 아팠던 모습, 고통스러워했던 모습도 전부 내 모습으로 인정하는 시간이 필요하다.

13   그녀들을
떠나보내며

내 인생의 멘토가 8개월의 암 투병 끝에 세상을 등지셨다. 그분은
내가 늦깎이 대학생으로 들어간 학교에서 만난 교수님이었다. 조용
한 일요일 아침 부고를 알리는 문자에 눈동자가 흔들렸다. 꿈을 꾸
고 있는 것 같았다. 확인을 위해 전화를 했다. 그분의 어린 딸이 전
화를 받았다. 전화를 주셔서 고맙다고 인사를 하는 딸은 열아홉 살
이다. 주체할 수 없는 울음이 터져 나와 조문을 가겠다는 말을 미처
하지 못하고 전화를 끊었다. 장례식장은 집에서 가까웠다. 하지만
나는 꼼짝을 못하고 누웠다.

돌아가시기 두 달 전에 뵈었던 모습이 눈에 선했다. 급격하게
빨라진 암의 전이로 살이 쑥 빠졌고 머리카락은 백발이 되어가던
그 모습으로 병상에서 나의 손을 잡으며 웃으시던 그분의 모습이
내 마음을 더 아프게 했다.

샤워를 하고 옷을 갈아입었지만 다시 침대에 걸터앉아버렸다.
내 마음에서 고인을 보내드리지 못하고 있었다. 고인과 찍었던 사진
을 보며 많은 추억이 떠올랐다. 그분과 나는 스승과 제자로 만났다.
그분은 나에게 새로운 세상에 대한 눈을 뜨게 해준 분이었다. 내가
성매매 여성이었다고 고백했을 때, 그분은 그것이 나와 너 사이에

무슨 문제가 되느냐고 했다. 내가 과거를 밝혔을 때 대부분의 사람들은 눈빛이 흔들린다. 하지만 그분은 사람과 사람의 대등한 관계로 나를 대했다.

그분은 자주 사람으로서 사는 권리에 대해 말씀하셨다. 학교에서는 카리스마 넘치는 강의로 인기가 많았다. 언니같이 다정다감한 성격의 소유자였다. 강의 시간이 점심 시간과 맞물리면 함께 식사하며 좋은 이야기를 들려주었고, 때로는 집으로 초대해서 맛있는 밥을 해주셨다. 퍼주기 좋아하는 넉넉한 분이셨다.

장례식장으로 가는 버스 안에서 나는 참 많은 죽음을 보고 산다고 생각했다. 업소에 있을 때 가까이 지내던 동생이 죽었고, 간접적으로 성매매 여성의 사망 소식을 접할 때도 있었다. 그 죽음을 바라볼 때면 어떨 때는 내가 죽은 것 같았고, 어떨 때는 그곳에 두고 와서 미안한 마음이었다.

성매매 여성의 죽음에는 항상 그를 죽음으로 몰고 간 원인이 있다. 삶의 끈을 놓아야 할 정도로 비참한 환경들이 그녀들을 죽음으로 이끌었다. 나도 자살을 시도한 적이 있었다. 아무런 의미가 없는 삶을 끝내고 싶었다. 살아도 사는 이유가 없는, 더 이상 꿈도 없이 좌절만 있는 더러운 세상을 놓고 싶었다. 사람들은 쉽게 말한다. 죽을힘으로 살아가라고. 죽고자 하는 힘이 살아감으로 연결이 될까? 죽고자 하는 힘은 순간에서 끝이 나지만, 살아가고자 하는 힘은 끊임없이 다른 동력을 요구했다.

여성인권지원센터에서 집중적으로 의료 지원을 했던 언니♦가 떠올랐다. 언니와 처음 만난 자리는 병원이었다. 깡마른 언니의 팔에 여러 대의 주삿바늘이 꽂혀 있었다. 언니는 말도 제대로 하지 못했다. 잠시 숨을 고르는 언니와 짧은 대화를 나누었다. 언니의 차가운 말투가 당황스럽기도 했다. 몸이 아픈 언니는 만사가 귀찮다는 듯 나를 대했고, 나는 그런 언니의 아픔을 제대로 헤아리지 못하는 어리석은 상담원이었다.

언니와 만남이 잦아지면서 차츰 대화의 시간도 늘어갔다. 그제야 언니가 처해 있는 환경을 비로소 둘러볼 수 있었다. 병원으로 언니를 만나러 갈 때마다 좋아하는 음식이나 간식거리를 사들고 갔고, 맛있게 먹는 언니의 모습이 보기 좋았다.

그러던 어느 날 언니가 가슴속 깊이 숨겨둔 이야기를 들려주었다. 자신이 아프기 시작한 것은 집결지에서 오래 일하면서부터였다고. 증상이 심해지니 업주가 아픈 언니를 떠맡게 될까 봐 업소에서 나가라고 했고, 그때 언니는 빚만 있는 상태라 업소를 나와서 살아갈 길이 없었다고 했다. 결국 아픈 몸을 이끌고 가족들 앞에 나타나게 되었고, 다행히 동생들이 언니를 건사하게 되었다. 그러나 업소를 나온 언니를 기다리고 있는 것은 지독한 가난이었다. 동생들이 나서서 공공기관의 수혜를 받게 되면서 겨우 한숨 돌리며 살게 되

♦ 여성인권지원센터에서 내담자를 부르는 호칭이다. 업소에서 쓰는 '언니'라는 호칭이 아니라, 여성으로서 함께 연대한다는 의미를 가진다.

길 하나 건너면 벼랑 끝

었다는 언니의 이야기에 가슴이 아파 말을 보태기도 어려웠다.

빈곤한 처지에 몸도 아픈 언니 앞에 업주가 찾아온 적이 있었다. 업주는 언니가 청산하지 못한 선불금을 내놓으라고 했다. 아픈 이 몸에서 가져갈 게 뭐가 있냐고 했더니 업주는 별말 없이 조용히 돌아갔다고 했다. 눈에 눈물이 맺힌 언니를 안고 등을 쓸어주었다.

우리가 만나기로 약속한 하루 전날 언니는 심장마비로 한 많은 세상을 등졌다. 언니의 부고가 거짓말 같았다. 장례식장에 걸린 영정사진에서 언니는 아픔 없이 환히 웃고 있었다. 바쁜 일정 때문에 만나는 날짜를 미뤘던 것이 죄책감으로 남았다. 사람들 앞에서는 괜찮다고 했지만 슬픔을 어떻게 표현해야 할지 몰랐다. 언니의 장례는 가족들과 몇몇 지인들이 참석해 조용히 치러졌다. 언니가 업소를 나온 뒤 머무른 장소는 대부분 병원이었지만, 아프고 힘든 기억보다 좋은 추억을 간직하고 떠났기를 바라며 나는 일상으로 복귀했다.

그리고 몇 년이 흘러 어느 어린 내담자가 여성인권지원센터를 찾아왔다. 그녀는 깡마른 몸에 걸음걸이가 심상치 않았다. 그녀의 몸에서 나는 악취가 심하다는 것을 감지하면서 센터에서 시급하게 의료 지원을 하게 되었다. 병원에서 진단한 그녀의 병명 앞에 상담원들은 참담해서 말을 잇지 못했다. 병의 진행이 너무 빠르고 치료 시기를 놓친 것이 안타깝다고 의사는 말했다. 그러나 나이가 어린 사람은 치료를 잘하면 나아질 수도 있다며, 희망을 버리지 말라고 그녀를 위로했다. 그녀를 진료실에서 내보내고 나서 의사는 우리에게 관계가 어떻게 되는지 물어보았다. 가족이 아니라는 이유로 병에 대해서 자세하게 이야기할 수 없다는 의사를 설득해서 알게 된 그녀의 몸 상태는 한마디로 모든 것이 엉망이었다.

진료실을 나서며 그녀를 어떻게 대해야 할지 몰라 망설여졌다. 절대 입원은 안 한다고 치료를 거부하는 그녀에게 의사가 내린 진단을 다시 설명하기가 어려웠다. 자신의 몸 상태가 어떤지 모르는 그녀에게 어쩌려고 이 지경까지 방치했냐는 의사의 말까지는 차마 전달할 수 없었다.

병원에 입원하고 치료를 집중적으로 시작하면서 병원은 보호자를 찾았다. 자신을 보호해온 사람은 바로 자신이었던 어린 내담자는 가족이 없다고 말하면서 울었다. 급격하게 돌아가는 상황을 받아들이기 쉽지 않았는지 그녀는 매일 분노를 표출했다. 그 감정에 그녀도 상담원들도 힘이 들었다. 치료를 위해서 관계가 단절된 가족들을 찾는 일도 시급했다. 무엇보다 그녀에게 필요한 것은 그녀 곁에 있어줄 사람이었다. 나는 그녀에게 해줄 수 있는 것이 없다며 무능하고 멍청한 스스로를 자학했다.

집중치료가 잘 마무리되면서 그녀는 병원 생활에도 적응하고 있는 것 같았다. 그러나 아무도 찾아오지 않는 병원에서 혼자 지내는 시간이 길어질수록 그녀는 삶에 대한 애착보다 절망을 느끼는 듯했다. 종종 격한 감정들을 드러냈고, 다시 시작된 치료가 제대로 되지 않아 몸 상태가 급격하게 내리막을 걸으면서 감정 기복은 최고조에 달했다. 그녀의 몸은 길을 걷다가 쓰러지기도 하고 식사조차 제대로 할 수 없는 상태에 이르렀다.

어느 날 그녀가 나에게 물었다. "저 죽는 거예요? 지금 죽어도 괜찮아요. 이렇게 치료할 수 있었잖아요." 그녀의 말이 나에게 아프게 꽂혔다. 차라리 죽고 싶지 않다고 하지, 살려내라고 소리 지르지. 차분한 그녀가 오히려 미웠다. 모든 것을 체념한 그녀를 만나고 돌아오는 길에 나는 소리 내어 울었다. 죽음을 받아들이기에 아직 너무나 어린 그녀에게 해줄 수 있는 게 없는 자신이 원망스러웠다.

그녀의 모습이 나의 모습과 오버랩되는 순간이 있었다. 우리는 너무나 닮은 경험을 해왔기 때문이었다. 지독하게 따라다니는 외로움, 언제든지 버려질 수 있는 존재, 이용당하는 존재로 사는 삶. 죽지 못해 살았던 내 삶과 다른 것이 무엇일까? 업소에서 매일 나를 죽였던 그 시간들을 그녀와 나는 함께 겪었다는 것을 깨달으면서 몸에 한기가 들고 떨리기 시작했다. 그러나 그녀를 놓치고 싶지 않았다. 상담원이 아닌 언니로서 마지막으로 해야 할 일이 있다고 생각했다. 점점 더 약해져가는 그녀에게 나는 자신의 삶을 정리하고 가슴에 맺힌 감정들을 풀어내는 마지막 시간을 주어야 한다고 마음 먹었다. 그녀가 받아들이든 받아들이지 않든 그건 그녀의 몫이라고 생각했다.

병원으로 가서 그녀를 만났다. 벤치에 앉아 이런저런 이야기를 나누는데 그녀는 웃으면서 병원에서 있었던 일을 이야기했다. 그녀는 내가 무슨 말을 할지 알고 있는 것 같았다. 그렇게 웃는 그녀에게 죽음을 이야기하기가 힘들어 입을 떼지 못했다. 어릴 적 가족들에게 당한 폭력을 담담히 말하는 그녀가 애처로웠다. 그녀가 살아갈 곳은 거리였다. 어린 나이에 그녀가 처한 환경들이 결국 성매매로 이어졌다. 그 피해는 고스란히 그녀의 몫이 되었다. 어쩌면 그녀가 세상에 대해 부정적인 것이 당연하다는 생각이 들었다. 그러나 나는 그녀를 위해서 말을 해야 했다.

조용히 나의 말을 듣던 그녀가 눈물을 흘렸다. 나는 먼 하늘을 바라보며 그녀의 손을 잡아주었다. 울지 말아야 한다고 속으로 외치면서 입술을 깨물었다. 보고 싶은 사람이 있냐고 물으니 그녀는 없다고 단호하게 말했다. 그리고는 절대로 용서하지 못하는 사람은 있다고 말하는 그녀가 안쓰러웠다. 그녀는 "지금이 제일 행복해요." 라고 말하며 오히려 나를 위로해주었다. 깡마른 그녀를 안아주는 것으로 고맙다는 인사를 대신했다.

몇 달 후 그녀는 한 줌의 재가 되어 세상을 떠났다. 장례를 치를 여유도 없는 가족들을 대신해서 여성인권지원센터에서 장례를 치르기로 했다. 그녀가 생전에 나에게 준 사진 중에 제일 좋아했던 사진을 영정사진으로 걸었다. 그녀의 가족들이 어렵게 소식을 전해 듣고 모여들었다. 그녀의 가족들이 절을 하는 모습을 보면서 그녀가 이제야 사람으로서 대우를 받는 것 같다고 느꼈다.

길 하나 건너면 벼랑 끝

자신의 잘못으로 얻은 병이 아닌데도 그녀는 목숨을 내놓아야 했다. 그녀가 한 번도 자신의 인생을 제대로 살아보지 못한 시간들이 안타까웠다. 모든 것은 그녀의 잘못이 아니었다. 그리고 이 죽음은 그녀 한 사람의 일이 아니었다. 업소에서, 아니면 다른 어디에서, 어떻게 찾아왔는지도 모르는 죽음이 이어지고 있었다.

그녀를 성매매로 내몬 그 누구도 그녀에게 사과하지 않았다. 자신의 인생에서 병으로 앓던 시기가 제일 행복했다는 그녀를 가슴에 묻고, 나는 또 다른 그녀들을 만나고 있다.

발인을 끝내고 집으로 돌아와 누웠다. 귓가에 교수님의 목소리가 들려왔다. 조용하고 다정다감한, 따뜻한 그 목소리를 흘려보내지 않으려 귀 기울여 들어보았다. 한동안 상실감으로 힘들겠지만 교수님은 하늘에서 내 삶을 응원하고 계실 것이라 확신한다.

아직도 내 휴대폰에 저장되어 있는 언니들의 전화번호가 눈앞에 있다. 조용히 두 눈을 감고 그분들의 모습을 떠올려본다. 그분들 덕에 나는 겸손함을 배웠고, 그분들의 못다 한 삶을 이어받아 또 다른 언니들에게 좋은 에너지로 돌려주어야겠다고 다시 한 번 마음을 먹었다. 초심으로 돌아가 다시 일어서는 나에게는 긴 호흡이 필요하다.

14　　경험의
　　　　　재해석

여성인권지원센터에서 지원을 받고 있을 때였다. 서울 영등포 집결지에서 성매매 여성들의 시위가 있었다. 영등포 집결지 부근 백화점 앞에서 소복을 입은 여성들이 집단 시위를 했다는 기사가 신문에 실렸고, 인터넷 포털사이트에도 같은 내용들이 검색어 순위를 장악하고 있었다. 인터넷 기사에 달린 댓글을 읽어보면서 분노를 금치못했다. 다들 성매매 여성들에게 돌을 던지고 있었다. 그들도 사람이라며, 왜 성매매를 하는지 알기나 하냐며 나도 댓글을 달아봤다. 그렇지만 먹이를 노리는 늑대들처럼 낙인을 찍는 무리들이 공격을시작했고 그들의 악플에 나가떨어지고 말았다. 무슨 말로 그들을 설득할 수 있을까? 그러나 나도 잘 알지 못했다. 성매매가 왜 착취이고폭력인지 말하지 못했다.

　　담당 상담원 선생님에게 기사 이야기를 하면서 가슴이 답답하다고 했다. 사람들이 나를 쓰레기로 취급하는데 나는 아무것도 할수 있는 게 없었다. 가슴속에 가득 찬 울분을 토하고 싶은데 안전한장소가 없었다. 내 가슴속에는 울분만 있었던 것이 아니라 외로움도, 괴로움도, 저항하지 못한 환경에 대한 기억도 있었다. 속 시원하게 이야기를 나누고 싶은데 같이 나눌 상대가 없었다. 나중에 상담원 선생님으로부터 '자조모임'이라는 것이 있다고 설명을 들었을 때 숨통이 트이는 것 같았다. 자조모임은 성매매 경험 당사자만이 가입할 수 있는 곳이라고 했다. 얼른 가입할 수 있게 도와달라고 했다.

첫 모임을 가졌을 때 나는 상당히 긴장했다. 자기소개를 해야 하는데 나를 어떻게 소개해야 하는지 난감하기도 했다. 이름과 나이만 겨우 이야기했던 기억이 난다. 어색한 시간이 흘러가고 있었지만 동시에 가슴속에 뜨거운 무언가가 쏟아지는 느낌을 받았다. 낯설면서도 부자연스럽지 않은 이곳이 좋았다. 이 모임에서는 나를 드러내도 안전할 것 같았다. 운영위원장은 자조모임이 어떤 곳인지 상세하게 설명해주었다.

자조모임은 어디서도 말할 수 없는 성매매 경험을 이야기할 수 있는 공간이고, 서로의 경험을 통해서 힘을 얻는 모임이며, 매달 만나서 이야기 나누는 시간과 회의를 진행한다고 했다. 각 지역별로 여섯 개의 자조모임이 있고, 성매매 경험 당사자 네트워크인 '뭉치' 활동도 같이 한다고 설명해주었다. 자조모임이 지역별로 있다는 것도 처음 알았고, 네트워크가 형성되어 있다는 것도 놀라웠다. 운영위원장은 자조모임의 역할과 성매매 경험 당사자 네트워크 뭉치의 활동에 대해서도 자세히 설명해주었다. 그들은 오래전부터 활동하며 자기 경험을 드러내고 있었다는 것을 알게 되었고, 내 몸에는 소름이 돋고 가슴이 벅차올랐다. 첫 만남을 마무리하고 집으로 돌아가는 길에 가슴 벅찬 이 순간들을 잊지 말자고 되뇌었다.

자조모임을 하면서 나는 많은 혼란을 겪었다. 선불금은 내가 필요해서 업주에게 받아 사용했는데, 왜 그 선불금이 잘못되었다고 하는 걸까? 성매매가 나쁘다는 것은 알겠지만 정확히 무엇 때문에 나쁜 걸까? '자발', '비자발'은 대체 무슨 뜻일까? 모임 회원들은 내 궁금증을 풀어주려 많은 노력을 했다. 그러나 성매매에 관한 용어들조차 나에게는 어려웠다.

정체성의 혼란으로 힘들어하던 그 시기에 경상남도 창원에서 성매매 여성이 구매자에게 목 졸려 살해당하는 사건이 벌어졌다. 그날 저녁 상담원 선생님들과 언니의 추모식에 참석하게 되었다. 전국에서 많은 활동가들이 모여서 언니를 추모하고 알선업자와 구매자를 강력 처벌하라는 발언을 했다. 나는 그 속에서 활동가들이 나누어준 마스크를 끼고 분노하고 있었다. 사람이 죽었다는데, 모든 탓은 여성들에게 돌려지고 있었다.

추모식이 진행되고 있는 광장 주변 성매매 업소 업주들, 업소 주변 상인들이 모여들어 추모식을 방해했다. "여성들이 왜 빚을 지는지 아느냐? 맨날 호스트바 다니고 명품을 밝혀서 그렇다." "너희들이 성매매가 뭔지는 아냐?" "얼마 받고 집회 나왔냐?" 집회 끝나고 놀러오라며, 술값은 원가에 주겠다며 마이크를 들고 떠들었다. 그들의 말은 내 분노의 한계를 건드렸다. 마스크를 벗고 따져 묻고 싶었다. 당신들은 너무나 쉽게 돈을 벌지 않느냐고. 사람이 죽었는데 지금 무슨 말을 하고 싶은 것이냐고. 그러나 나는 비겁하게도 마

길 하나 건너면 벼랑 끝

스크를 벗지 못했다. 막상 눈앞에서 그들을 보니 두려움과 무서움이 밀려왔다.

추모식이 끝나고 집으로 돌아오면서 나는 많은 생각을 했다. 그들이 여성들을 편하게 돈을 벌 수 있는 도구로 사용하고 함부로 대하는 모습이 사람으로 보이지 않았다. 답답했던 내 마음을 자조모임 회원들과 나누면서 억울하고 힘들었던 경험들을 하나씩 풀어보았다.

내가 겪은 폭력들, 나는 그것이 폭력이라고 생각해본 적이 없었다. 물리적으로 사람을 때리는 것만이 폭력이라고 여겼기 때문이었다. 나는 업주에게 없어서는 안 되는 사람이라고, 귀여움 받고 사랑받는다고 자부했고, 업소에서 돈 많이 번 사람이라는 정체성으로 살아왔으니 어쩌면 당연한 결과였는지 모른다. 그 속에서 경험한 피해나 트라우마는 깊숙한 곳에 숨겼다. 나는 나를 포장했고, 내가 겪은 폭력은 모험담이 되었다.

무엇이 폭력이고 무엇이 착취인지도 몰랐던 삶을 오래 살았던 탓에 나의 비참한 모습들을 똑바로 보기가 힘들었다. 가족의 사랑을 받지 못했던 나는 업주들을 엄마, 아빠, 삼촌, 오빠 같은 호칭으로 부르면서 가족 같은 관계를 이루고 지내왔기에 혼란은 더욱 컸다. 처음 자조모임 회원들과 자신이 겪었던 경험을 이야기할 때도 나는 다른 사람들보다 내가 겪은 일들이 더 힘들었고 아프고 괴로웠다고만 강조했다. 나 자신을 이해하지 못해서인지 다른 사람을 이해하기도 어려웠다. 상처받지 않으려고 나를 지키는 일에만 몰두했다. 그러나 내 경험을 풀어내는 과정에서 자조모임은 나의 외모, 빚, 얼굴, 나이가 아닌 있는 그대로의 나를 바라봐주었고 환대해주었다. 이곳에서 나는 비로소 많은 사랑과 보살핌을 받고 있었다.

시간이 흐르면서 혼란스러웠던 정체성은 점점 안정되어갔고, 내가 겪은 경험이 평가받지 않고 있는 그대로 받아들여지는 공간에서 나는 안전함을 느꼈다. 어디에서도 말하지 못했던 폭력의 잔상들을 드러냈을 때 함께 들어주고 아파해주고 울어주는 친구들 속에서 나는 성숙해갔다. 활동을 함께하면서 다양한 방법으로 서로의 경험을 재해석하는 시간들을 가질 수 있었다. 그러면서 서로를 발견하게 되고 공감하며 안아주는 시간들이 소중했다.

자조모임과 뭉치의 지지에 힘입어 나는 사회를 향해 목소리를 내기 시작했다. 성매매의 착취 구조, 유입 과정, 무엇이 탈성매매를 힘들게 하는지, 탈성매매 이후의 삶 등에 대해서 용기를 내어 내 경험을 말했다. 사람들은 내 입에서 나오는 경험에 울어주고 격려해주었다. 나를 동정하거나 불쌍하다고 말하는 사람은 없었다. 내 용기에 박수를 보내는 사람들이 있다는 것에 내가 세상에 대해 가져온 선입견들이 무너지기도 했다. 점차 다시 업소로 되돌아가고 싶었던 마음이 사라졌고, 혼란스러운 정체성도 자리를 잡기 시작했다.

더 이상 나의 경험이 부끄럽지 않았다. 모든 잘못을 나에게서 찾던 습관도 점차 사라졌다. 이 모든 것을 가능하게 한 것이 바로 자조모임과 뭉치 활동이었다. 어디서도 말하지 못했던 가슴 아픈 경험을 함께 나눈다는 것은 내가 살아왔던 지난날을 재해석하는 일이었다. 그 재해석을 통해 아픔은 세상을 향해 말할 수 있는 용기로 재탄생했다.

경험의 재해석은 계속되고 있다. 때로는 고통스럽고 아파서 눈물을 흘리겠지만 나는 이제 조금씩 단단해져가고 있다.

15 성매매,
그리고 성폭력

2018년 새해가 밝은 지 얼마 지나지 않아 한 여성 검사가 자신이 당한 직장 내 성희롱 사건을 폭로했다. 사회적 권력이 있는 검사조차 그 조직 안의 여성들은 성폭력을 당한다는 사실에 분노했고 눈물이 났다. 그녀는 차분하게 폭력의 진실을 이야기했다. 그리고 연이어 영화계, 연예계, 정치계 등 각 분야의 여성들이 자신이 경험한 파렴치한 가해자들의 폭력을 고발하기 시작했다. 그녀들의 아픔이 내 몸으로 전달되는 것 같았다. 믿을 수 없는 일들이 벌어지고 있었다.

가해자들은 사과하지 않았다. "예뻐해준 것이다.", "딸 같아서 그랬다."라는 변명을 늘어놓았다. 사회는 그녀들의 고발을 의심했다. "왜 여태까지 가만히 있다가 이제야 말을 하지?", "자기들도 즐겼으면서.", "배역이 필요해서 스스로 옷을 벗었으면서, 승진 때문에 상사한테 잘 보이려고 그랬으면서 그게 무슨 성폭력이냐?" 같은 말로 전부 피해자의 책임으로 돌렸다. 가해자들이 저질렀던 폭력은 내 몸을 구매했던 구매자들과 너무나 흡사했다. 여성들이 한곳에 모여 밤을 새워 자신들이 겪은 폭력을 고발하는 릴레이 발언을 SNS로 지켜보았다. 나는 그날 뜬눈으로 밤을 지새웠고 흐르는 눈물을 주체할 수 없었다.

용기를 낸 여성들은 곳곳에서 집회를 열었다. 나도 집회에 참가했다. 그녀들의 용기에 박수를 보냈고 썩을 대로 썩은 남성들의 문화를 더 이상 참지 않겠다고 외쳤다. 저 자리에 서서 발언하기까지 얼마나 많은 갈등을 했을지, 이 발언으로 인해 어떤 공격을 당할지, 심지어 다니던 직장을 그만둬야 했을지도 모를 복잡했을 심정들이 고스란히 전달되었다. 차가운 아스팔트 위에 종이 한 장 깔고 앉아 있어도 마음만은 열기로 후끈거렸다. 학생들도 나섰다. 교사들이 했다던 "오늘 술집 나가냐?", "선생 꼬시려고 환장을 했다." 같은 말들은 교육자가 아닌, 성 구매자의 그것이었다.

그러나 그 자리 어디에서도 성매매로 인한 폭력을 고발하는 여성은 없었다. 그녀들의 당당한 목소리에 감동하면서도 나는 남몰래 좌절했다.

며칠이 지나고 시간이 흘러도 내 뜨거운 가슴은 진정되지 않았다. 나의 경험을 고발할 수 있는 방법은 없는지, 나의 마음을 전달할 수는 없는지 방법을 찾아 헤맸다. 그러나 세상은 성매매를 경험한 나에게는 아무런 관심이 없었다. 말할 수 있는 시간과 공간조차 허락하지 않았다. 나는 돈을 받고 몸을 팔았던 여성이기에 입을 다물 수밖에 없는 것일까? 나는 성매매 여성이기에 내가 경험한 성추행과 강간은 폭력이라고 말할 수도 없는 것일까?

나는 언제쯤이면 내 목소리, 내 얼굴로 폭력의 진실을 말할 수 있을까 하는 생각이 들었다. 성폭력은 성매매 업소에서 일했던 나의 일상에서는 매일같이 일어나는 일이었다. 그래서 그것이 폭력이라고 느끼지도 못했다. 그저 돈을 벌기 위해 참아내야 했던 순간들이었다. 세상은 구매자들이 그 돈으로 나에게 어떤 짓을 했는지 알려고 들지 않았다. 돈을 받은 나에게 잘못이 있다고 손가락질했다. 그 돈은 구매자들의 권력이다. 구매자들은 그 돈으로 내 영혼까지 산 것처럼 굴었다. 죄의식 없는 구매자들은 한 집안의 아버지로, 남편으로, 아들로 평온하게 살아가는데 왜 나는 이토록 괴로워하며 살아가야 할까? 성폭력과 성매매는 그렇게 딱 잘라 구분되는 걸까?

업소에서 일할 때 업주에게 내 생일은 무조건 쉬겠다고 조건을 건 적이 있다. 그다지 반갑지는 않아도 특별한 날로 여기고 싶었다. 생일에 구매자와 2차를 하거나 커피 배달을 하는 게 싫었다. 생일상은 없어도, 그 흔한 케이크 하나 없어도 하루라는 시간을 나에게 선물로 주고 싶었다.

집으로 돌아온 그날 이후 엄마는 나에게 늘 생일상을 차려주었다. 처음에는 엄청난 부담이었다. 엄마가 차려주는 음식을 가운데 두고 가족끼리 마주보고 식사를 하는 일이 그다지 즐겁지가 않았다. 엄마가 신경 써서 준비한 음식이었는데도, 가족들과 관계가 원만하지 않았던 나는 어색한 분위기가 힘들었다. 하지만 해를 거듭하고 나와 가족 사이가 점점 회복되면서 내가 먼저 가족들의 생일을 챙겼고, 가족들도 기쁜 마음으로 내 생일을 축하해주었다. 조카들은 앙증맞은 손 글씨 카드를 선물해주고 생일 축하 노래를 불러주었다. 관계를 회복하고 싶은 마음은 서로가 같았을 것이다.

그날은 내 생일이었다. 가족들의 축하를 받으며 기쁘고 즐거운 하루를 보내고 있었다. 동생들은 신발을 사주겠다며 백화점에 가자고 했다. 괜찮다고 했지만 동생들은 내게 좋은 선물을 하겠다고 우겼다. 저녁 메뉴는 무엇이 좋겠냐고 묻는 엄마의 말이 내 기분을 들뜨게 만들었다. 가족들과 함께 간 백화점은 사람들로 넘쳐났다. 온갖 상품들이 진열되어 있었고, 점원들은 여기저기에서 세일을 한다고 소리쳤다.

신발을 이것저것 신어보며 동생들과 이야기를 나누다가 한 남자와 시선이 마주쳤다. 그 남자는 자연스럽게 고개를 돌렸지만 나는 얼굴 표정이 굳어가는 것을 느꼈다. 단번에 알아볼 수 있었다. 그얼굴, 그 목소리. 어떻게 잊을 수가 있을까? 그놈이 내 앞에 나타났다. 내 기억 속에 자리 잡고 있는 잊어버릴 수 없는 그 얼굴. 오랜 시간이 지났어도 나는 정확하게 알아볼 수 있었다. 내 몸은 그 자리에서 얼어붙은 채로 서 있었다. 그놈이었다. 어린 나를 강간했던 그놈.

'어떻게 여기서 만날 수가 있지? 저놈은 아무렇지도 않게 활개를 치고 다니고 있었구나.' 머릿속이 온통 백지가 되어 그 자리에 주저앉고 싶었다. 하지만 가족들은 힘들어하는 나를 미처 보지 못한 것 같았다. 동생이 신발이 마음에 드냐고 말을 걸어서 고개를 돌리면서도 두근거리는 심장 박동 소리가 요란하게 울렸다. 혹시나 내 행동이 이상해서 가족들이 눈치를 챘다면 어떻게 둘러대야 하지? 그놈은 여유롭게 내 시야에서 사라졌고, 나는 동생들이 선물한 신발 쇼핑백을 들고 있었다.

여태까지 살아오면서 잊은 적이 없는 그 얼굴, 그 목소리. 그날 그 시간 이후로 나의 삶에는 늘 폭력이 따라다녔다. 그날 내가 강간당했던 장소에서 났던 독특한 냄새가 기억을 타고 올라와 내 코끝을 자극했다. 얼른 이곳에서 벗어나야겠다고 생각했다. 가족들에게어서 집으로 돌아가자고 했다. 그러나 가족들은 쇼핑을 더 해야겠다면서 나를 이끌었다. 힘든 내 마음을 가족들에게 드러내고 싶었지만 차마 말할 수가 없었다.

엄마는 식기를 파는 곳에서 멈춰 서서 "이 제품 세일하나 봐." 하며 물건을 들어 보였다. 나는 그만 가자고 하고 싶은 마음을 애써 억눌렀다. 동생과 엄마가 물건을 놓고 이야기를 나누는 사이 나는 또다시 그놈을 보았다. 달려가서 저놈의 멱살이라도 잡아야 하는 걸까? 여기는 많은 사람들로 북적이는 백화점인데, 내가 여기서 고함을 지르면 어떻게 될까? 어린 조카들이 나를 어떻게 바라볼까? 혼란스러운 나를 비웃듯이 그놈은 또다시 내 시야에서 사라졌다.

씻지 못할 범죄를 저지른 저놈은 세상을 즐기듯이 사는 모습에 분노가 치밀었다. 저놈을 단죄하지 못하는 나는 용기가 없는 것일까? 아직 맞서 싸울 힘이 없는 것일까?

　백화점 쇼핑이 끝났고 아무 일도 없었던 것처럼 집으로 돌아왔다. 가족들은 생일을 축하한다며 선물을 건넸고 조카들이 노래를 불러주었지만 나는 더 이상 즐겁지 않았다. 저녁 식사는 모래를 씹는 기분이었다. 그러나 맛있다고 하면서 웃었다. 술을 권하는 동생들에게 피곤하다고 둘러대며 일찍 잠자리에 들었다. 눈을 감아 잠을 청하면서 이 밤이 나를 더 이상 힘들게 하지 않기를 기도했다. 몸살을 앓는 마냥 끙끙거리며 잠이 들었다.

　다음 날 눈을 뜨자마자 내 집으로 돌아왔다. 몸은 뜨거워졌다 식었다를 반복했고, 발이 시려서 양말을 꺼내 신었다. 비상약을 꺼내 입에 털어 넣고는 조용히 누워 눈을 감았다. 그러다 예전의 기억이 떠올라 나를 수렁으로 빠뜨렸다.

　예전의 어느 날, 지하철 안에서 나는 그놈의 목소리를 들었다. 내 몸은 얼어붙었고 고개를 돌릴 수 없었다. 혹시나 지하철 차창에 비친 나를 그놈이 알아볼까 봐 눈을 감았다. 그러나 그놈의 목소리는 더욱 선명하게 가까이 다가오고 있었다. 나는 손잡이를 잡은 손에 얼굴을 묻었다. 그놈이 지나가기를 기다리는 그 순간은 마치 몇 년 같았다. 이내 지하철 안이 조용해졌다. 어디에서도 그놈의 목소리는 들리지 않았다. 마침내 고개를 들어 여기가 어딘지 확인했고, 목적지가 다가왔음을 알았을 때는 다리에 힘이 풀려 있었다. 그 이후 나는 집에 들어갈 때 현관등이 켜지지 않으면 무서움에 떨었다.

들어와서 집 전체에 불을 켜고 아무도 없음을 확인하고서야 숨을 돌릴 수 있었다.

밥도 먹고 싶지 않았고 일어나 움직이는 것도 싫었다. 조용히 누워만 있고 싶었다. 침대 위 전기장판의 온도를 높여 시린 발을 녹였다. 한숨 자면 개운해질 것이라고 다독이며 잠을 청했다. 강간의 고통은 여전히 나를 따라다녔다.

출근해서도 도무지 일이 손에 잡히지 않았다. 책상에 앉아만 있을 뿐이지 허수아비와 같았다. 동료에게 요동치는 내 감정을 이야기했다. 나를 위로해주는 동료가 고마웠으나 해결되지 못하는 내 마음은 공허했다.

그놈을 단죄할 수 있는 방법은 없는지 변호사의 자문을 구했다. 범죄 사실을 입증하는 방법에 대해 들었을 때 나는 포기하기로 마음먹었다. 증거를 제시하기에는 너무나 오랜 시간이 흘렀다. 그때 나는 미성년자였고, 그놈에 대해서는 아는 것이 없었다. 다녔던 공장 말고는 기억하는 것이 없었다.

나는 절망했다. 하지만 이렇게 전부 잊을 수는 없었다. 성매매 경험에 대해 말했듯 이제 강간에 대해서도 말할 시간이 왔다는 것을 느꼈다. 지금은 더 이상 혼자가 아니었고, 나에게는 안전한 공간들이 있었다. 또다시 그놈과 마주친다면 그때는 어떤 행동을 취할 수 있을지 모르겠지만, 적어도 그 폭력으로 인해서 자신을 놓아버리고 싶지는 않았다.

길 하나 건너면 벼랑 끝

몇 달의 시간이 흐르고 동생과 오붓하게 술을 한잔했다. 세상 살아가는 이야기, 직장생활 이야기를 나누며 오랜만에 깊은 대화를 했다. 그날 동생에게 내가 겪은 강간에 대해 말해야 한다고 느꼈다. 어떻게 말을 꺼내야 할지 눈치를 보다가 이내 용기를 냈다.

내 말에 동생은 너무나 놀라 낯빛이 변했다. "너는 그때 너무 어려서 몰랐을 거야." 하면서 어렵게 입을 떼어 그 강간의 장면들을 되짚었다. 동생은 믿을 수 없다는 표정으로 술잔도 잡지 못하고 멍하니 나를 바라보았다. 내 눈에서 눈물이 떨어졌고, 입안은 바짝 말라갔다. 술 한 잔으로 목을 축이고 동생을 바라보았다. 동생은 내가 예전에 성매매를 경험했다고 고백했을 때보다 더 큰 충격을 받았다고 했다. 나는 동생에게 "가해자와 피해자는 멀리 있지 않아."라고 말해줬다.

동생의 눈에는 눈물이 고였고, 아무 말 없이 고개를 숙였다. 우리는 그날 서로의 아픔에 기대서 눈물을 흘렸다. 동생의 눈물에서 나는 끈끈한 자매애를 느꼈다. 당당해지자고 마음먹었다. 내 경험이 나를 갉아먹지 않도록 하는 유일한 방법은 폭력을 폭력이라고 계속해서 말하는 것이다.

🥚

2018년 겨울, 미투 집회를 이어가던 중이었다. 나는 용기를 내고 싶었다. 내 목소리를 통해서 폭력을 말하고 싶었다. 발언 신청을 했다. 사람들이 많이 붐비는 시내 한복판에서 집회가 열렸다. 이 집회에서 나는 활동가로 소개되었다. 활동가인 내가 성매매 경험 당사자의 글을 대독하는 형태로 발언했다. 사실 그 글은 내가 쓴, 나의 경험을 쓴 글이었다. 큰 목소리로 발언 내용을 읽어 내려갔다. 발언 도중에 울컥하는 마음을 자제하려 애를 썼다. 활동가라는 이름을 빌려 비로소 집회에서 나의 경험을 드러냈다. 광장에서 나는 떨리는 입술로 내가 경험한 폭력을 말했다. 눈시울이 붉어지기도 했지만 끝까지 침착하게 발언을 읽었다. 거리를 지나다니는 사람들이 곁눈질로 나를 쳐다보는 것도 같았다. 내 가슴은 복잡한 감정들로 가득 차 있었다. 집회에 나와 있는 많은 여성들이 나에게 박수를 보내면서 문득 현실로 돌아왔다.

하나의 단계를 넘어선 기분이었다. 내가 겪은 성폭력, 성추행, 데이트 폭력은 성매매로 이어지는 과정에 큰 작용을 했다. 아니, 그 폭력들은 사실 같은 것들이었다. 집회를 마치고 돌아온 그날 밤은 악몽을 꾸지 않았다.

미투 운동을 통해 고발된 몇몇 가해자들은 구속되기도 했고 처벌받기도 했다. 그 과정에서 피해자들에게 가해진 엄청난 공격도 있었다. 그러나 피해자들의 고발과 폭로를 통해 세상은 조금씩 나아가고 있고, 사라지지 않은 폭력과의 싸움도 계속되고 있다. 나 역시 내가 겪은 경험을 폭로함으로써 그 싸움에 힘을 보태려 한다. 이

책을 통해 나의 경험을 기록하고 또 말하려 한 것 역시 그런 노력의 일환이다.

나는 과정 속에 서 있다

2013년, 지인을 통해서 한 블로그에 성매매 경험에 대해 글을 써달라는 제안을 받았다. 자유로운 형식으로, 글의 내용도 검열하지 않겠다고 했다. 성매매에 대한 인식 전환을 위해서라고 했다. 내가 경험한 폭력을 말이 아닌 글로 표현한다는 것이 얼마나 어려운 일인지 모르지 않았지만, 당시 한창 끓어오르는 감정들을 해소할 곳이 필요했던 나에게는 좋은 기회였다. 무지하고 무모한 도전을 시작했다.

글을 쓰기 시작하면서 지난날의 나를 되돌아보게 되었다. 그러면서 그날의 감정들이 살을 찢는 듯한 아픔으로 다가왔다. 내가 당한 일들이 폭력이라고 인지조차 못한 채 길들여지고 언젠가부터 나 자신도 동조하게 되었던 그 시간들. 글을 쓴다고 마음을 다독이며 앉아 있어도 내 머릿속은 온통 폭력의 현장 속으로 달려가고 있었다. 내 몸을 물건처럼 다루었던 구매자의 손길과 매상을 올리지 않으면 혼을 내던 업주의 고함소리가 파도를 쳤다.

한 페이지 가득 글을 쓰고도 글자 한 자 한 자가 나를 공격하는 것 같았고, 글 속에서 불쌍한 나는 살려달라고 애원하고 매달리고 있었다. 아무도 없는 외로운 방 안에서 상처투성이인 나를 꺼내보며 좌절하기도 했고, 하루 종일 눈물을 흘리기도 했다. 나는 소리 내어 울어본 적이 없다. 아버지와 엄마는 우는 나의 입을 틀어막고 그치라고 소리치면서 때렸다. 업주는 우는 나에게 "뭘 잘했다고 우냐? 재수 없다."라고 했다. 나는 울어서는 안 되는 사람이었다. 울음마저 허락되지 않는 공간에서 나는 나의 감정들을 죽였다.

글을 써가면서 나는 점점 내가 궁금해졌다. 왜 그랬을까? 그때는 왜? 수많은 질문들을 스스로에게 던지면서 어느새 새로운 힘이 생겨났다. 글 앞에서 울고, 웃으며 나는 나를 만나고 있었다. 그 시간들 속의 나를 다시 찾아가보고 싶었다. 나는 어떤 힘으로 살았는지, 무엇 때문에 살아왔는지, 나는 성매매로 인해 무엇을 잃었는지. 내 지난 삶 속에서 답을 찾아야 비로소 온전한 나를 만날 수 있다는 생각이 들었다.

온전한 나를 만나기 위해, 과거의 내가 살기 위해 몸부림쳤던 그 길을 다시 돌아보기로 했다. 가족들에게 생활비를 보내느라 늘 빠듯한 생활로 배가 고팠던 나, 잠시만 고생하면 나아질 것이라고 스스로를 다독이던 나. 무섭고 외로웠던 그 길을 다시 걸어보았다.

과거의 나를 찾아 나선 첫 발걸음은 친구와 함께 고향을 떠나가 도착했던 충청남도 D시였다. 대범한 척했지만 친구가 곁에 있다고 해서 무섭지 않은 것은 아니었다. 가난이라는 무게를 지고 있었던 나는, 생활비를 줄이고 아껴 보내는 돈으로 동생들은 꿈을 이룰 수 있을 것이라는 기대 뒤에 숨어 겁이 난 내 마음을 모른 체했다. 무섭고 서러웠던 그 길의 끝에는 배고프고 외로웠던 어린 내가 있었다.

지난 시간의 흔적을 찾아보려 했지만 세월의 흐름을 비켜갈 수는 없었다. 친구와 내가 살았던 여관은 허물어졌다가 다시 건물이 세워졌고, 그 건물은 새로운 이름으로 재탄생해 있었다. 아무리 건물이 새로이 들어섰다 해도 나의 기억을 지울 수는 없었다. 그곳에서 친구와 나는 서로를 의지하며 살아냈다. 여관의 달세가 밀려 독촉하는 여관 주인을 피해 지내면서도 2차는 못 나가겠다고 울며 버티던 어린 나는 결국 스스로를 포기하고 말았다.

친구와 내가 울며 해장국을 먹었던 허름한 식당은 그동안 많은 사람들에게 사랑을 받았는지 반듯하게 수리되어 유명 음식점으로 자리 잡고 있었다. 나는 지인들과 해장국집에 들어가 예전에 먹었던 국밥을 주문했다. 나와 함께 이곳에 앉아 해장국을 먹으며 울먹이던 그 친구는 어떻게 살아가고 있는지, 소식이라도 들었으면 좋겠다며 과거를 회상하는 동안 내 앞에는 김이 모락모락 나는 해장국이 놓였다.

숟가락을 들어 한 입 먹어보는 나를 보며 동행했던 지인은 "옛날 그 맛이 나니?" 하고 물어보았다. 잘 모르겠다고 대답했다. 내가 변한 걸까? 이 해장국이 변한 걸까? 모든 것이 변했겠지만, 가끔씩 나는 늘 그날을 살고 있는 것 같았다. 과거를 떠올리며 해장국을 깨끗이 비워냈다. 매번 업소를 옮길 때마다 이곳에 다시 올 일은 없을 거라며 도망치듯 떠나갔지만 결국은 다시 업소로 되돌아왔다. 나에게 업소는 무엇이었을까?

해장국집 주변에 기억에 남는 장소가 있는지 둘러보다가 소개소가 있었던 건물을 발견했다. 그 건물 1층에는 24시간 영업을 하는 식당이 있었다. 지금은 상호가 바뀌어 다른 식당이 되어 있었다. 식당 옆에는 작은 미용실이 있었고, 그 미용실에서 머리를 매만지고 소개소로 업주를 만나러 갔었던 기억이 떠올랐다. 분노의 감정들이 다시 떠올라 몸서리쳤다. 미용실 옆 좁은 계단을 통해 2층으로 올라가면 소개소가 있었다. 좁은 계단은 그대로 남아 있었지만 소개소는 사라지고 다른 사무실이 그 자리를 메우고 있었다. 그날 소개소 계단을 올라가던 발길이 떠올랐다. 뒤늦은 후회가 밀려오기도 했다. 그날을 떠올리며 나는 울었다. 그날을 잊고 싶지는 않다. 잊히지도 않는다. 다만 나에게 죄를 묻고 싶지 않을 뿐이었다. 내가 지니고 있던 죄책감을 털어내고 싶었다.

발길을 돌려 업소가 있었던 장소로 갔다. 그 화려하던 업소는 사라지고 없었다. 대기실은 늘 하이힐로 넘쳐났는데, 그 신발의 주인들은 다들 어디로 갔을까? 그녀들을 다시 만난다면 나는 무슨 말을 할 수 있을까? 이 빈 공간을 찾아온 나는 무엇을 얻으려 하는 것일까? 혼란스러운 마음으로 현기증이 났다. 이 업소를 벗어나 나는 행복해졌나? 별반 다르지 않은 업소들을 전전했을 뿐이었다.

까마득한 그날 서러웠던 이 도시는 너무나 크고 낯설었지만, 오늘 본 이 도시는 아담했다. 업소를 둘러보며 떠오르는 지난날의 기억들이 나를 불편하게 했다. 왜 내가 불편하고 부끄러워야 할까? 왜 죄책감은 피해자인 나만의 몫일까? 나를 팔았던 그 사람들은, 나를 구매했던 그 사람들은 왜 부끄러워하지 않는 것일까? 어째서 그들은 더 당당한가? 줄곧 나를 향해왔던 질문들을 이제 그들에게 던지고 싶었다. 눈물이 났다. 그렇지만 서럽지는 않았다. 다시 현실로 돌아가는 길, 이제부터 내가 무엇을 해야 하는지를 고민해보았다. 집으로 돌아오는 길의 어두운 밤하늘이 고요하고 편안했다.

내가 살고 있는 지역에는 일제 강점기 때부터 오랜 시간 자리를 지키고 있는 성매매 집결지가 있다. 이 지역 사람들에게는 공공연한 비밀의 장소다. 그곳은 길 밖에서는 보이지 않고 가정집과 울창한 나무들 사이, 여러 갈래로 나누어진 골목들 사이에 숨어 있다. 그 동네에서 나고 자란 어르신들은 자신들이 이곳에서 산다는 것을 밝히지 못한다고 했다. 밤마다 들려오는 고성과 붉은 조명이 트라우마로 자리 잡은 지 오래되었다고도 했다. 남자들에게는 만연한 비밀인 성매매 집결지에서 나는 몸을 팔았다.

두 번째 여정으로 내가 일했던 T시의 성매매 집결지를 다시 찾았다. 그때는 두렵고 비참해서 차마 '성매매 집결지'라고 부르지 못한 유리방 골목 앞에 섰다. 그곳을 다시 돌아보는 데에는 큰 용기가 필요했다. 유리방은 유난히 내 기억 속에 무서운 공간으로 자리 잡고 있었다. 그곳이 왜 무서웠는지 한마디로 표현하기는 어려웠다.

온통 유리로 된 골목을 걷다가 유리에 비친 내 모습을 발견했다. 붉은 불빛 아래 한껏 치장을 하고 유리창 밖에서 서성거리는 남자들과 눈을 마주치기 위해서 최선을 다했던 내 모습. 오늘은 어떤 홑옷을 걸칠까, 어떤 화장으로 나를 돋보이게 할까, 어떻게 하면 남자들의 시선을 끌 수 있을까 하는 생각으로 가득했던 그 시간들. 다시 돌아본 이 거리는 과거보다 화려해져 있었다. 그 모습 앞에서 심한 좌절감을 맛보았다. 사람 하나가 겨우 지나다니던 좁은 골목은 이제 자동차가 오갈 정도로 넓은 길이 돼 있었다. 유리방 입구의 낡은 슈퍼는 24시간 편의점이 됐다. 달라진 광경을 보며 이 업소들은 누구의 편의를 위해 존재하는가 하는 씁쓸한 마음이 들었다. 유리방 골목은 여전히 낮 영업을 하는 업소가 많아서 유리방 전체를 돌아볼 수 있는 시간은 한정적이었다.

비가 추적추적 내리는 유리방 골목에서 몇몇 나까이들이 무표정한 얼굴로 나를 바라보았다. 긴 시간이 흘렀지만 혹시 나를 알아보는 사람이 나타날까 봐 두려웠다. 화려하게 변신한 유리방 골목을 보면서 업주들은 그동안 얼마나 많은 돈을 벌었을지 짐작이 되어 한숨이 나왔다. 이곳에서 벗어날 수 없으리라는 괴로움에 붙들려 있던 그녀들은 그 후로 어떻게 살았을까? 업소 방에서 외롭게 울고 있는 그날의 내가 떠올랐다. 유리방에 첫발을 내딛던 그 순간부터 다시 돌아가고 싶은 마음이 굴뚝같았는데, 나는 왜 벗어나지 못했을까?

유리방 골목을 걷다가 스치듯이 바라본 건물 속에서 내가 일했던 업소를 발견했다. 문득 그 업주는 여전히 영업을 하고 있을까 하는 호기심에 그곳으로 발길을 돌렸다. 낮 이모가 잠시 자리를 비웠는지 아무도 없는 업소 주변을 살펴보았다. 건물 외벽 페인트의 빛이 바랜 것 외에는 예전의 그 모습 그대로였다. 나는 탈성매매를 한 뒤에도 여전히 업소 꿈을 자주 꾸었다. 특히 유리방에서 일했을 때의 꿈을 자주 꿨다. 꿈에서 보던 그 유리방이 내 눈앞에 있는데도 꿈인지 현실인지 헷갈렸다. 내가 앉아 있던 그 유리방, 구매자들이 어슬렁거리며 다가와 나까이와 흥정을 하고 손가락질로 아가씨들을 고르던 그 모습들이 어제 일처럼 눈앞에 펼쳐졌다. 업소 건물을 올려다보며 내가 지냈던 2층 방을 바라보았다.

저 2층 방의 창문을 열면 온통 업소밖에 보이지 않았다. 그런 곳에서 오로지 빚을 갚고 벗어나겠다는 마음만으로 얼마나 노력하며 살았는지. 정액이 묻은 침구를 세탁소에 맡기고 잠을 조금이라도 더 자면 될 텐데도 그 돈을 아끼려고 이불 빨래를 하며 세탁기 앞에서 졸던 내 삶이 이곳에 묻혀 있다. 많은 돈을 벌고 싶었던 게

길 하나 건너면 벼랑 끝

아니었다. 오로지 붉은 조명으로 넘쳐나는 이곳에서 벗어나기 위해 돈을 벌었다. 살기 위해 몸부림쳤던 그날의 나를 뒤로하고 조용히 유리방 골목을 빠져나왔다.

최근 내가 일했던 집결지의 폐쇄가 결정되었다는 소식을 전해 들었다. 모든 업소가 철거되기 전에 유리방의 마지막 모습을 보기 위해 서둘러 그곳을 다시 찾았다. 여성인권센터 활동가와 함께 업주와 여성들이 떠난, 비어 있는 업소에 들어가 보았다. 화려하게 변한 겉모습과 달리 업소 안의 광경은 시간이 멈춘 것 같았다. 업주들은 구매자를 최대한 많이 받아서 이득을 올릴 욕심으로 한 사람이 누울 수 있는 공간만 있으면 방을 만들어놓았다. 그 업소를 돌아보며 가슴속이 울컥했다. 악랄한 업주의 행태를 모르지 않았는데도 막상 현장의 모습을 보니 이 좁은 방에서 구매자들과 실랑이를 벌였을 여성들이 떠올라 둘러보는 내내 마음이 먹먹했다.

'남자들은 성욕을 해소할 수단이 필요하다.'라는 핑계가 여전히 통용되는 이 사회에서 유리방 골목은 오랜 시간 당당하게 존재해왔다. 폐쇄가 결정된 후 긴급하게 돌아가는 상황에서도 업소를 팔지 않겠다고 버티는 업주가 있다고 했다. 이익을 최대한 챙겨 나가겠다는 속셈일 것이다.

곳곳의 성매매 집결지가 폐쇄 수순을 밟고 있다. 내가 일했던 유리방도 건물이 하나둘씩 철거되고 있다. 다시는 떠올리고 싶지 않고 꿈에 나타날까 두려운 업소이지만, 역설적이게도 나는 이 공간들에서 위로를 받았다. 나를 죽여가면서도 열심히 살아왔던 흔적이 그곳에 고스란히 남아 있기 때문이었다. 누군가에게는 몸을 파는 더러운 여자로 낙인 찍혔겠지만, 내 나름으로는 누구보다도 충실한 삶을 살아왔던 모습들이 이곳에 남아 있다. 그런 지난날의 내 모습들은 무너지는 업소 건물과 함께 사라지고 있었다. 이곳에서 힘들게 삶을 이어나가며 착취당했던 여성들의 삶은 누가 기억해줄까?

이 공간이 사라지면 내 기억도 사라지는 걸까? 세상에서 지워지는 존재, 세상이 기억하고 싶지 않은 존재로 살아야 했던 그 시간들을 위로해줄 수는 없는 걸까? 유리방이 사라지는 자리에는 아파트 단지가 들어선다고 했다. 그 많은 여성들이 울부짖고 죽어나가던 이곳이 여성들의 삶을 기억하는 공간으로 재탄생했으면 하는 나의 바람은 결국 바람으로만 남아 내 가슴을 때린다. 성매매 여성이었던 나를 받아들이듯, 이곳도 이제는 '유리방'이 아닌 '성매매 집결지'라는 제대로 된 이름으로 불러본다.

집결지 폐쇄와 함께 여성들의 자활지원 조례가 제정되면서 집결지 여성들이 안전하게 살아갈 수 있는 대책이 마련되었다. 그러나 성매매 여성들이 사회로 복귀하는 문제는 그리 간단하지만은 않다. 그녀들의 삶이 이 사회에서 빛날 수 있도록 함께 손을 잡아주기를 바라는 간절한 마음을 전해본다. 성매매 집결지는 폐쇄되어간다고 해도 그 여성들이 살아왔던 삶까지 폐쇄되지는 말기를, 누군가의 기억에서는 그 여성들이 살아 숨쉬기를 바란다.

전라북도 J시는 소개쟁이가 돈벌이가 잘된다고 입이 마르도록
칭찬하던 도시였다. 나를 팔아넘기기 위해 그 정도 입에 발린 말은
일도 아니었다. 돈을 많이 번다면, 그 돈으로 선불금을 갚고 자유로
운 몸이 된다면 무엇인들 못 하겠는가? 그 말이 거짓말이라는 것을
알게 되는 데는 그리 오랜 시간이 걸리지 않았다. 하지만 책임지지
않는 그들의 뻔뻔함을 알면서도, 업소를 전전하는 내게 소개쟁이의
권력은 엄청났다.

시간이 흐른 거리에서 예전의 업소를 찾기란 상당히 어려웠다.
변화한 이 도시의 모습을 상상해보지 않았던 것 같다. 내 일부는 처
음 업소에 유입되었던 그 시간에 머물러 있는 것만 같다. 한참을 돌
아봤지만 도무지 떠오르지 않는 기억과 싸우다 포기하고 발길을 돌
리려는 찰나, 한 건물의 귀퉁이에서 오래전 그 업소를 발견할 수 있
었다. 업소는 2층에서 여전히 성업 중이었다. 내 기억 속 한 부분을
찾아 업소 주변을 돌아보았다. 그 당시 업소 맞은편에는 호텔이 있
었다. 그 호텔 역시 몇 번의 리모델링을 거쳤지만 그 자리에 그대로
서 있었다. 업주는 호텔을 이용하는 남자들이 자주 업소를 찾는다
면서 '격'에 맞는 아가씨가 필요하다고 강조했다. '옷 잘 입고 자기관
리 잘하는 아가씨가 최고'라던 그 목소리가 귓가에서 울리는 듯했
다. 곁에 있던 친구가 이 근처에 오래된 집결지가 있다며 안내를 해

주었다.

길 하나 건넜을 뿐인데 딴 세상에 온 느낌을 받았다. 고층 건물은 몇 채 되지 않았고, 나지막한 건물들이 서로 기댄 채 나를 바라보고 있었다. 이 길 건너에서 나 역시 구매자들의 먹이가 되어 있었음에도 불구하고, 그 시절의 나는 집결지에서 일하는 여성들을 천시했으며 룸살롱에서 일하는 내가 잘났다고 생각했었다. 지난날의 기억 앞에서 허무한 마음이 들었다. 결국 내가 집결지를 내 발로 찾아가기까지는 그다지 오랜 시간이 걸리지 않았다. 나 또한 몸을 팔고 있지만 '더 추한 일'을 하지 않는다는 것으로 스스로를 위안했는지도 모른다. 업주는 여기보다 더 심한 지옥이 있는 것처럼 "말 안들으면 사창가에 팔아버린다."라고 협박했지만, 결국에는 모든 업소가 지옥이었다.

업소에서는 업주도 상무도 자신을 아빠라고, 엄마라고, 삼촌이라고 부르게 했다. 마치 내가 가족의 울타리에서 보호받고 사는 사람인 것처럼, 나를 아껴주고 보살펴주는 것처럼 가르쳤다. 자신을 엄마, 아빠라고 부르라 했던 업주들은 사실 나의 희생을 먹고 산 사람들이었다. 그들과의 친밀한 관계는 내가 그들에게 돈벌이가 될 때에만 가능했다. 가치가 떨어지면 가차 없이 나를 팔아버렸다.

가족에게 버림받는 것보다 업주들에게 버림받는 것이 더 서러웠던 나의 마음을 위로해주는 사람들은 업소에서 만난 친구들과 언니들뿐이었다. 술 한 잔에 내 빈 가슴을 보여도 부끄럽지 않았던 친구들과 언니들이 그리웠다. 때로는 서로 상처를 주기도 하고 헐뜯고 미워하기도 했지만, 우리는 서로에게 유일하게 의지가 되는 존재였다. 상처투성이인 내 삶을 그들이 지탱해주었다. 힘들다고 호소하지도 못하는 아픔을 함께 나누며 의지하고 지냈던 사람들이 그립다. 지금 우리가 다시 만난다면 어떤 이야기를 나눌까?

탈성매매를 하면서 전화번호를 바꾸고 전화기에 입력되어 있는 모든 번호를 삭제했다. 업소에서 서로 의지했던 언니들, 친구들, 동생들과의 관계를 끊어내는 일이 나를 힘들게 했다. 그들이 보고 싶고 어떻게 살아가는지 너무나 궁금했지만, 다시는 업소로 돌아가지 않겠다는 내 의지가 꺾여 버릴까 봐 그들을 향한 내 그리움을 놓아버렸다. 힘든 시간들 속에 서로를 의지하며 지냈던 그날들이 오히려 다시 나를 유혹할까 봐 나는 두려웠다.

탈성매매 이후 쉽지 않은 새로운 인간관계가 나를 힘들게 하고 낯선 환경들에 적응하기 어려워 자학하는 일들이 빈번하게 일어날 때마다, 다시 업소로 돌아가고 싶은 일종의 회귀 본능이 일었다. 업소로 돌아가면 어떤 일이 벌어질지 누구보다 잘 알면서도 힘들고 좌절할 때 다시 돌아가고 싶은 충동을 다잡는 것은 세월이 이렇게 흐른 지금에도 어렵다. 나는 어쩌면 더는 흔들리지 않기 위해, 계속 흔들리면서 연습을 하고 있는지도 모른다.

아팠던 길은 꼭 슬픔을 통해 바라봐야 하는 것일까? 가끔은 건조하고 가볍게 그 길을 걸어보고 싶다. 성매매 여성인 나를 인정했듯, 그 기억과 경험을 인정하면 오히려 몸과 마음이 더 가벼워지지 않을까 하는 기대감을 안고 나는 다음 여정으로 향했다.

제주도로 가는 공항에서 나는 그날의 나를 만났다. 많은 사람들이 떠나고 돌아오는 공항은 사람들로 붐볐다. 곳곳에서 들뜬 사람들의 웃음소리가 들려왔다. 나도 그 인파 속에 묻혀 잠시 고통을 잊고 설레는 마음이 들었다. 그러나 비행기 좌석에 앉는 순간 갑자기 내 마음은 통제 불능이 되었다. 눈을 감고 안정을 취해보려 했지만 비행기에 탑승하는 승객들의 말소리에 점점 지쳐가고 있었다. 심장은 두근거렸고, 얼굴이 붉어지기도 했다. 애써 외면했던 그 상처가 떠올라서 그런 것일까? 여러 가지 생각으로 머릿속이 복잡했다. 다이어리를 꺼내 내가 느끼고 있는 감정을 적어보았다. 그러면서 마음도 안정이 되었다. 비행기 안에서 내려다본 하늘은 더없이 푸르고 아름다웠다.

짧은 비행이 끝나고 제주도에 도착했다. 관광지답게 많은 사람들로 붐볐다. 사람들 사이를 뚫고 당장 업소를 찾아다니고 싶었지만 마음이 상당히 지쳐 있었다. 잠시 휴식을 취하기로 하고 숙소로 이동했다. 예약한 숙소 근처에 비자림 숲길이 있었다. 숙소에 짐을 내

길 하나 건너면 벼랑 끝

려놓고 비자림 숲길을 걸으며 나만의 시간을 가졌다. 크고 울창한 나무는 너무나 멋지게 자라 있었다. 잘 자란 나무를 만져보았다. 이렇게 곧고 푸른 나무가 되기까지 비바람을 견디고 가뭄을 견디고 태풍을, 눈보라를 몸으로 견뎌냈을 나무가 대견했다. 어쩌면 나는 이런 큰 나무가 되고 싶었는지도 모른다. 풍랑 속에서도 묵묵히 견뎌내며 키워낸 무성한 가지로 그늘과 곁을 내어주는 그런 사람. 성매매 업소의 세파 속에 나를 돌보지 못했고, 내 생활에 급급하여 인색한 사람으로 변해가고 있었다. 베푸는 사람이 되고 싶었던 꿈을 버리는 것은 업소를 견뎌내는 방편이었는지도 모르겠다. 촉촉하게 젖은 눈가를 매만지며 숙소로 돌아와 쉬었다.

다음 날 나는 잔뜩 긴장한 채로 기억을 더듬어 내가 일했던 업소를 찾아 나섰다. 상호명만 바뀌었을 뿐 그 자리 그대로 낡은 업소가 있었다. 나밖에 없다던 업주는 온데간데없고, 그 폭력을 견디지 못해 자살을 시도했던 지난날의 내가 이곳에 서 있었다. 시커먼 바다를 보며 뛰어들지 못했던 나, 업주와 마담의 이간질에 놀아나면서 그것이 내 삶의 방식이라며 스스로를 다독였던 나. 시간이 멈춰버린 업소에서 도망치듯이 발길을 돌렸다.

주변을 돌아보니 낯익은 간판이 보였다. 미용실이었다. 아직도 그 상호 그대로였다. 주변 환경은 급속도록 바뀌었는데 변화가 없는 이곳이 무섭기도 했다. 미용실과 가까운 거리에 있었던 목욕탕도 그 모습 그대로였다. 주변에 새로운 업소들도 많이 보였다. 서로 기생하면서 사는 업소와 주변 시설들. 업소들이 폐쇄될 때마다 주변 상인들은 합세를 해서 자신들의 생존권을 이유로 들어 성매매 업소 폐지 반대를 외쳤다. 자신들이 벌어들이는 돈이 성매매 여성들을 착취해서 나오는 것을 너무나 잘 알면서도 말이다.

제주도를 떠날 시간이 되었다. 그날도 지금도 제주공항은 관광객들로 붐볐다. 그래도 오늘의 나는 발걸음이 가볍고 마음이 평안했다. 그리고 더 이상 사람들의 웃음소리가 귀에 거슬리지 않았다. 지금 내 양손에는 가족들에게 줄 선물이 가득 들려 있다. 다시 일상으로 돌아가는 나에게 좋은 기운들이 솟아나기를 바라며 비행기에 몸을 실었다.

살아내기 위해 걸었던 그 길의 끝은 어디일까? 집을 떠나오면서 다시 돌아올 수 있을 것이라고 스스로를 위로하며 나는 걸었다. 끝이 보이지 않았던 그 길에서 수많은 좌절과 고통, 괴로움과 외로움을 겪었다. 길고 긴 터널 속을 빠져나와 다시 집으로 돌아오던 길은 희망에 넘쳐 있거나 기대감으로 벅찬 것과는 거리가 멀었다. 나는 쉬고 싶었다. 성매매 경험이라는 고름이 차 있는 몸을 이끌고는 어떤 삶도 계획할 수 없었다.

마지막으로 집으로 돌아올 수 있게 되었던 그 길을 다시 돌아

길 하나 건너면 벼랑 끝

보기로 했다. 커피를 파는 곳이라는 이름을 달고 있었지만, 그곳의 정체는 여성의 몸을 파는 곳이었다. 커피는 수단일 뿐이었다. 읍면 소재지의 시골에는 특히나 티켓다방이 몰려 있었고, 다방을 기웃거리며 여성들을 찾는 사람은 도처에 깔려 있었다. 그들은 나에게 커피보다 몸을 원했고, 적은 비용으로 성관계를 요구했다. 티켓다방은 아침부터 밤늦은 시간까지 영업을 하기 때문에 체력이 버텨주지 못했다. 아침, 저녁을 가리지 않고 여성들을 찾는 전화가 빗발쳤다. 당시 내 몸에서 일어나는 고통을 너무 가볍게 생각했던 나는 통증과 동반해서 살아왔다. 삶을 끝내고 싶은 욕구가 가장 자주 찾아왔던 곳이 티켓다방이었다.

업소를 돌아보기 전에 힘든 삶을 아픔으로 끝낸, 내담자였던 언니의 추모식을 했다. 바닷가 한편에서 언니의 명복을 빌며, 친구가 언니를 기억하며 선물해준 케이크에 촛불을 켰다. 언니는 유독 바닷가를 좋아했고, 안개꽃을 좋아하는 소녀 같은 사람이었다. 언니에게 전하지 못한 말들을 쓴 편지를 읽었다. 고단했던 삶을 결국 고통으로 끝낸 언니의 삶을 돌아보며 하늘에서는 아픔과 고통 없이 지내기를 기원했다. 함께한 일행들이 각자의 방법으로 언니의 명복을 빌어주었고, 언니가 좋아하던 안개꽃을 바다로 던져 보내며 마지막 작별 인사를 했다. 어두워진 밤바다에서 사라져가는 안개꽃을 바라보며 추모식을 마쳤다.

작은 시골 마을에 들어서니 겨울 해풍에 생선을 말린다고 좌판에 깔아놓은 해산물들의 풍경이 내 눈에 들어왔다. 논밭일이 비교적 없는 어촌 마을은 바다가 주는 자원으로 살아가고 있었다. 이 작은 어촌에 유일하게 많은 것이 티켓다방 간판이었다. 내가 일했던 다방은 가파른 계단이 많아서 힘들었는데도 지팡이를 짚고 자기 집처럼 드나들던 힘 좋은 영감들이 있었다. 낭만을 느껴보겠다며 다방에 들러 쌍화차를 주문하는 사람들이 좋게 보이지 않았던 기억이 떠올라 씁쓸한 웃음이 났다. 그 다방은 골목 안 2층에 자리 잡고 있었다. 다방으로 올라가는 계단 앞에 커피 배달 오봉이 나와 있는 모습을 보고 차분했던 심장이 갑자기 두근거리기 시작했다. 여기까지 왔는데 업소로 올라가는 계단 앞에서 나는 주저하고 있었다. 저 커피 배달 오봉을 들고, 사람들의 시선 따위는 신경 쓸 겨를이 없던 그 시간들이 떠올라서일까? 두근거리는 가슴을 진정하고 업소로 들어섰다.

다방에 들어섰을 때 나이가 들어 보이는 남자와 주인 여자가 이야기를 나누고 있었다. 함께한 일행들과 나를 본 주인 여자는 커피 마시러 온 손님 대하듯이 "어서 오세요."라는 짧은 인사를 하며 자리에서 일어났다. 나를 알아보지 못한 것 같았다. 주방으로 향하는 주인 여자를 따라가 조용히 말을 걸었다. 주인 여자는 고개를 돌려 잠시 동안 나를 바라보더니 "어머나! 이게 누구냐!" 하고 놀라워했다. 나는 주인 여자를 바라보며 웃었다. 내 손을 잡은 주인 여자는 "세상에, 세상에……." 하며 더 이상 말을 잇지 못했다. 주인 여자의 흰 머리카락은 세월이 흘렀음을 알려주었고, 그녀가 살아온 흔적을 얼굴의 주름에서 보았다. 내 손을 잡으며 그 동안 어떻게 지냈냐고 물어보는 주인 여자의 손은 차갑지도 따뜻하지도 않았다. 잘 지내고 있다고 짧게 대답했다. 세월 속에 묻혀 있었던 오랜 기억들을 하나둘 떠올렸다. 주인 여자는 요즘 티켓다방에서는 조선족이나 탈북 여성들이 많이 일한다고 했다. 예전처럼 업소에 많은 아가씨를 두지 않는다면서, 돈벌이는 시원찮지만 밥 먹고 살 정도는 된다고 했다. 큰돈 벌 욕심은 없다고 하는 주인 여자의 말에서 역시 업주는 늘 똑같은 말을 한다고 느꼈다. 자신은 큰 욕심 없다고, 현상 유지만 하면 장사 잘하는 것이라고.

성매매 여성들이 스스로 돈을 벌기 위해 업소를 찾았다며 자신들은 아무런 죄가 없다는 말을 하는 업주들, 오히려 자신들은 돈도 못 벌고 여성들의 눈치를 본다는 파렴치한 말을 하는 업주들. 주인 여자가 건네는 커피를 마시며 심란했다. 괜히 업소를 돌아보려고 했다가 보고 싶지 않은 광경을 보고, 듣고 싶지 않은 이야기를 듣게 된 것 같았다. 여성들이 몸을 팔아서 벌어다주는 돈으로 '현상 유지'를 한다고 말하는 저 사람을 나는 과연 용서할 수 있을까? 자신의 이익의 도구가 되었던 내가 자신이 예상했던 모습과 정반대로 살고 있는 것을 업주는 대견해하고 있었다.

돌아가는 길이 멀다는 핑계로 나는 자리에서 일어섰다. 주인 여자는 잘 지내라고 하면서 나에게 고맙다는 인사를 했다. 예전에도 나는 주인 여자에게 고마운 존재였을 텐데, 왜 이제야 고맙다는 말을 할까? 그때와 지금은 무엇이 다른 것일까? 돈벌이 수단이었던 나는 고마운 존재가 아니었던 걸까? 수많은 질문들이 나를 혼란스럽게 했다.

밤늦은 시간에 도착한 집은 불이 꺼져 있었다. 그러나 외롭거나 무섭지 않았다. 성매매라는 굴레를 벗고 집으로 되돌아오기까지 무척이나 많은 시간이 걸렸지만 나는 결국 돌아왔고, 변화하는 삶을 살아가고 있다.

내가 돌아보았던 이 길은 끝이 아니라 시작이었다. 그리고 또 다른 길이 나를 기다리고 있다. 이 길을 걸으며 나를 만났고, 온전한 나를 만나기 위해 내 삶을 돌아본다. 성매매로 얼룩진 내 삶을 되돌아본다는 것은 후회한다는 의미가 아니다. 내가 어떻게 여기까지 달려올 수 있었는가, 지난날을 버텨온 원동력은 무엇이었는가를 유추해보는 시간들이 결국 나의 경험을 재해석하고 앞으로 살아갈 인생을 꾸려나가는 힘이 되는 것이 아닐까?

나는 성매매로 인해서 무엇을 잃었고 무엇을 얻었을까? 성매매로 인해서 상실하고 좌절한 경험만이 가득했다고 여겼지만, 되돌아보면 내가 누구인지를 찾아가는 용기를 얻은 것 같다. 나는 인생의 전환점을 여러 번 맞이했다. 탈성매매가 가장 큰 전환점이었지만, 그 이후로 급속하게 변화한 주변 환경이 가져다준 여러 전환점들도 내가 탈바꿈하는 것에 영향을 주었다. 모든 것을 잃었다고 느껴지는 상태에서 삶을 다시 꾸려가기 위해서는 부족한 자원을 갖추게 해주고 사회생활을 할 수 있게 돕는 지원도 필요하다. 그러나 무엇보다도 필요한 것은 나의 인생을 돌아보며 스스로가 스스로를 보듬어주는 시간이다. 개개인이 가지고 있는 힘이 다르듯이, 사람마다 그 시간이 얼마나 걸릴지는 장담하기 어렵다. 그러나 자신의 삶을 주체적으로 살아가기 위해서는 온전히 나 자신을 받아들이는 작업과 긴 시간이 필요하다는 것을 강조하고 싶다.

돈이 있다고, 권력이 있다고 남의 성을 사는 행위를 쉬쉬하고 덮어주는 것, 더 어린 여자의 성을 구매하기 위해 어플을 만들고, 성행위 영상을 불법으로 촬영해서 돌려보며 웃는 구매자들을 심판하지 않는 행위에 대해서는 이 사회 모두가 방관자다. 성매매의 경험을 성찰하는 것은 경험 당사자만의 몫이 아니다. 다른 사람의 성을 구매하는 행위에 대해 '필요악'이라는 궤변으로 포장하는 문화가 사라지기를 바란다. 뿌리 깊은 성매매에 대한 깊은 성찰과 반성이 있어야 이 사회가 비로소 안전해지지 않을까?

성매매 경험을 했던 20여 년의 시간은 다시 돌아오지 않는다. 아무리 성찰한다고 해도 나에게 휘둘러진 폭력의 잔상이 완전히 사라지지는 않을 것이다. 다만 나는 내가, 내 친구가, 내 가족이 안전한 세상을 원한다. 그러기 위해 계속해서 '나답게' 목소리를 내고 행동할 것이다. 앞으로 펼쳐질 내 인생이 어떤 방향으로 어떻게 흘러갈지는 알 수 없다. 그러나 나는 언제나 상상하고 꿈꾸면서 살아갈 것이다.

길 하나 건너면 벼랑 끝

성매매라는 착취와 폭력에서 살아남은 한 여성의 용감한 기록

1판 1쇄 펴냄 2019년 11월 29일
1판 5쇄 펴냄 2021년 10월 8일

지은이 봄날

편집 최예원 조은
미술 김낙훈 한나은
전자책 이미화
마케팅 정대용 허진호 김채훈 홍수현 이지원 이지혜
홍보 이시윤
저작권 남유선 김다정 송지영
제작 임지헌 김한수 권혁진 임수아
관리 박경희 김하림 김지현

펴낸이 박상준
펴낸곳 반비

출판등록 1997. 3. 24.(제16-1444호)
(06027) 서울특별시 강남구 도산대로1길 62
대표전화 515-2000, 팩시밀리 515-2007
편집부 517-4263, 팩시밀리 514-2329

글 ⓒ 봄날, 2019. Printed in Seoul, Korea.

ISBN 979-11-90403-98-6 (03300)

반비는 민음사출판그룹의 인문 · 교양 브랜드입니다.

만든 사람들
책임편집 최예원
디자인 한나은